Lisa Skydla

Tanz der Finsternis

Roman

Merlin´s Bookshop

Liebe macht das Unmögliche möglich und manchmal springt man sogar über seinen Schatten.

Charlotte, die in einem drittklassigen Varieté in Paris auftritt, hat nur wenig Hoffnung, dass sich ihr tristes Leben ändert, bis sie auf Monsieur Leblanc trifft. Der mysteriöse Mann berührt ihr Herz, doch weshalb sollte er ausgerechnet sie wollen? Außerdem stellt ihr der widerwärtige Monsieur Miller nach, der sie eindringlich vor dem Mann mit der dunkeln Ausstrahlung warnt.

Maurice ist in die Frau mit dem traurigen Blick verliebt, seit er sie zum ersten Mal singen gehört hat. Leider weiß er ganz genau, dass er sich von ihr fernhalten muss, denn mit ihm zusammen zu sein, bedeutet Gefahr. Als er eines Nachts seinen Erzfeind Miller erwischt, wie dieser Charlotte bedrängt, ist er nicht mehr in der Lage, sie ihrem Schicksal zu überlassen. Doch Maurice trägt ein fürchterliches Geheimnis in sich, da sind seine dominant-sadistischen Neigungen sein kleinstes Problem. Wird seine geliebte Charlotte bei ihm bleiben, obwohl sie seine dunkelste Seite kennenlernt?

Ein Roman, der den Leser nach Paris entführt, dort wo Liebe, Leidenschaft und Treue eine große Rolle spielen. Der Roman enthält explizite Szenen und ist in sich abgeschlossen.

Original-Ausgabe erschienen im November 2023 bei Merlins Bookshop.

Korrektorat & Lektorat: Merlins Bookshop, Birlenbach

Verlag: Merlins Bookshop, Waldstr. 22, 65626 Birlenbach

Druck: Step Printing House, Türkei

ISBN: 978-3-96248-533-7

Dies ist ein Roman.

Orte, Events, Markennamen und Organisationen werden in einem fiktiven Zusammenhang verwendet. Alle Handlungen und Personen sind frei erfunden. Alle Ähnlichkeiten mit lebenden oder verstorbenen Personen sind rein zufällig und nicht beabsichtigt.

Inhalt

Kapitel 1 - Seltsame Begegnung

Charlotte lehnte den Kopf gegen die Scheibe des Wagons. Sie fühlte sich unendlich müde, nicht weil sie zu wenig geschlafen hatte, sondern weil das Leben sie erschöpfte. Ausgebrannt, mutlos, das passte besser. Seufzend suchte sie auf ihrer Playlist, die auf ihrem Handy gespeichert war, einen Song, der ihre Stimmung aufheiterte. Sie musste schnellstens aus diesem Tief herauskommen, sonst würde sie ihren Job verlieren.

Fast hätte sie spöttisch aufgelacht, es war nur eine Frage der Zeit, wann der Direktor ihr die Kündigung auf den Tisch legte.

Aktuell war sie auf dem Weg in das drittklassige Varieté am Rande von Paris, wo sie als Tänzerin und Sängerin ein Engagement hatte. Es war ein Wunder, dass sie mit Mitte vierzig überhaupt noch dort auftreten durfte. Wahrscheinlich lag es daran, dass die Gäste sich weniger für die Aufführungen interessierten, sondern extrem dem Alkohol zusprachen, darüber hinaus besserten viele ihrer jüngeren Kolleginnen ihr Gehalt auf eine gewisse Weise auf.

Für sie war das nichts, bisher hatte sie es vermeiden können, ihren Körper zu verkaufen, das sollte bitte schön auch so bleiben.

Als sie an ihre Arbeitskolleginnen dachte, erinnerte sie sich an ihre Anfänge. Sie war so dumm gewesen! Nach dem Abitur hatte sie Gesang und Tanz am berühmten Conservatoire national supérieur de musique et de danse de Paris, kurz Pariser Konservatorium, studiert. Damals hatte sie die Hoffnung, Opernsängerin oder Musicaldarstellerin zu werden. Charlotte schloss die Augen, als die Erinnerungen sie überwältigten.

Sie meinte erneut den Geruch von Hoffnungslosigkeit und Erfolg wahrzunehmen, der in den Gängen hing, hörte die Stimme ihrer Ballettlehrerin, die mit dem Stock auf den Boden klopfte. Diese Dame war niemals müde geworden, ihnen zu sagen, wie schlecht sie tanzten. Trotzdem gaben sich dort alle Lehrer Mühe, damit etwas aus ihren Eleven wurde. Im Grunde war es eine glückliche Zeit, in der sie große Pläne gehabt hatte. Ihre Ziele hatte sie damals deutlich vor Augen, fest davon überzeugt, dass sie es schaffen konnte. Leider hatte sie sich extrem dumm verhalten, wie sie heute sehr genau wusste.

Noch ehe sie ihre Ausbildung beendete, bekam sie ein Angebot vom Lido de Paris, dem berühmten Varieté-Theater, das mittlerweile geschlossen war. Begeistert, dass man sie für ein so bekanntes Haus haben wollte, sagte sie zu, dabei störte die Nacktheit der Tänzerinnen sie zwar, trotzdem fühlte sie sich geschmeichelt. Außerdem glaubte sie, alles unter einen Hut zu bekommen. Jetzt lachte sie doch bitter auf. Natürlich, jeden Abend auf der Bühne stehen, neue Choreografien einstudieren, nebenbei das Konservatorium besuchen war ja auch so gar kein Problem.

Zuerst klappte es hervorragend, sie verdiente mehr, als sie jemals gedacht hatte, zog in eine schicke kleine Wohnung, die sie eine Stange Geld kostete, und ließ ihr Studium schleifen. Besonders ihre Ballettlehrerin versuchte, ihr Vernunft einzubläuen, leider auf eine Art, die ihren Widerstand weckte. Immer wieder führte sie Charlotte vor, rief sie gerade dann auf, um vorzutanzen, wenn sie unausgeschlafen war oder von einer Probe im Lido kam. Mit hämischen Worten sorgte sie dafür, dass die gesamte Klasse sie auslachte.

Heute verstand Charlie, was die Frau damit bezwecken wollte, damals war sie zu dumm gewesen, einzusehen, dass sie den falschen Weg gewählt hatte. Sie meldete sich am Konservatorium ab, um sich ganz ihrer Karriere zu widmen. Ein verdammt blödsinniger Fehler, denn mit einer abgebrochenen Ausbildung im Lebenslauf war an eine Rolle in einem Musical oder gar einer Oper nicht mehr zu denken. Vielleicht hatte sie sich mit den Auftritten im Lido von Anfang an ihren Weg verbaut. Wer wusste das schon?

Ärgerlich schob sie die Erinnerungen zur Seite, man konnte die Vergangenheit nun mal nicht ändern.

Die Metro hielt, sodass sie eilig ausstieg, jetzt musste sie sich auch noch beeilen, damit sie das Theater pünktlich erreichte. In ihrem Alter durfte sie sich keine Fehler erlauben, ein weiteres Etablissement, das ihr einen Job gab, würde sie kaum finden.

Sie betrat das Haus durch den Hintereingang, lief einen engen, schlecht beleuchteten Gang hinunter, bis sie in der Sammelumkleide ankam. Hier hingen schon ihre Kostüme bereit, die sie an dem Abend zu tragen hatte.

Angewidert verzog sie das Gesicht, als sie die fast durchsichtigen Stoffe betrachtete. Ihr Körper war immer noch in Bestform, straff und muskulös, wie es von einer Tänzerin verlangt wurde. Charlotte hätte am liebsten geschrien, weil sie nur auf ihr Aussehen reduziert wurde. Wie sehr sie das Glitterzeug, den angeblichen Glamour, hasste. Sie war gezwungen, enorm auf ihre Fitness sowie ihr Gewicht zu achten. Jedes Gramm mehr sah man, was sie ihren Job kosten konnte. Die Falten auf ihrer Stirn stellten kein Problem dar, sie überschminkte sie einfach. Oft trug sie auch eine Maske, nur ihren Leib durfte sie nicht verdecken.

Eilig streifte sie ihre schäbige Winterjacke, ihre Sneakers, die Jeans und den dicken Pullover ab, anschließend hüllte sie sich in einen Bademantel. Auf keinen Fall wollte sie ihre Alltagskleider mit dem Glitzerpuder einstäuben. Die Socken ließ sie an, weil sie ständig kalte Füße hatte.

Wie gerne würde sie sich mal satt essen oder noch besser, soviel in sich hineinstopfen, wie irgendwie möglich. Sich gehen lassen, einen Tag lang ihr Aussehen völlig ignorieren.

Sie zog ihr erstes Kostüm an, ein durchsichtiges Kleidchen mit Federn in rosa und weiß. Es handelte sich mehr um einen Body, der viel zu viel von ihrem Körper zeigte, allerdings ihre Brüste sowie die Scham bedeckte. Eilig streifte sie sich wieder ihren Morgenmantel über, bevor sie daran ging, sich zu schminken.

„Hey, Charlie, bereit für deinen großen Auftritt?“ Der Conférencier, Pierre Duval, lehnte sich mit der Hüfte an ihren Schminktisch.

Sie drehte sich mit einem aufgesetzten Lächeln zu ihm um. „Machst du Witze? Bei der Darbietung kann man wohl kaum von einem großen Auftritt sprechen.“ Sie unterdrückte mit aller Macht den bitteren Unterton in ihrer Stimme. „Ich bin keine Diva, darüber hinaus sind wir nicht das Moulin Rouge.“

Pierre lachte leise, gleichzeitig betrachtete er sie. „Du bist immer noch eine schöne Frau, weshalb angelst du dir keinen reichen Ehemann?“

„Ich liebe meine Selbstständigkeit, außerdem lasse ich mich niemals aushalten, genauso wenig verkaufe ich mich.“ Sie drehte sich zum Spiegel, einerseits musste sie sich langsam beeilen, andererseits war das Gespräch für sie beendet. Sie pflegte nur einen losen Kontakt zu ihren Kollegen, hauptsächlich wegen der Oberflächlichkeit, die alle an den Tag legten.

„Tut mir leid, ich habe es nicht böse gemeint." Pierre suchte ihren Blick im Spiegelglas. „Ich sehe doch, wie schwer es dir fällt, jeden Tag in diese geschmacklosen Kostüme zu steigen."

Traurig nickte sie. „Du hast recht, aber ich habe meinen Weg vor langer Zeit selbst gewählt. Es ist meine eigene Schuld." Energisch widmete sie sich jetzt dem Make-up, bei dem zum Schluss das Glitzerpuder aufgetragen wurde. Die Illusion von Reichtum und Schönheit.

Die Eingangsmusik erklang, ein paar Momente später hörte sie Pierres Stimme, der die Tänzerinnen gekonnt ankündigte. Mit einem falschen Lächeln reihte sie sich zwischen ihren Kolleginnen ein, die alle noch Hoffnung in den Augen hatten.

Auf der Bühne ging die Show ihren gewohnten Gang, bis sie auf einen Gast aufmerksam wurde, der sie eindringlich musterte. Die Iriden schimmerten schwarz, wobei sie bemerkte, dass er sie auf magische Weise in seinen Bann zog. Sie kam aus dem Takt, etwas, das ihr schon seit Jahren nicht mehr passiert war. Zum Glück war sie Profi genug, um den Patzer sofort auszugleichen. Ihr Lächeln saß in ihrem Gesicht wie aufgemalt, doch als sie wieder zu dem Platz sah, saß niemand dort. Fast hätte sie sich nach dem Mann, der sie so irritierte, umgesehen, aber was sollte ihr das bringen?

Die Show zog sich in die Länge und Charlotte stellte fest, dass ihre Knie anfingen zu schmerzen. Verdammt, sie hatte vergessen, vorher Schmerzmittel einzunehmen. Jetzt musste sie die Zähne zusammenbeißen, auf keinen Fall durfte sie ihren Part hinwerfen, sonst war sie den Job sofort los.

In einer kurzen Pause ließ sie sich auf den Stuhl vor ihrem Schminkspiegel sinken, wo sie eine Packung Ibuprofen aus der Schublade holte. Mittlerweile konnte sie das Mittel ohne Wasser schlucken. Wie gerne hätte sie sich über die Augen gerieben, doch dann verschmierte sie das gesamte Make-up. Für einen Moment schloss sie die Lider, gleichzeitig dachte sie daran, dass sie sich nach einer anderen Anstellung umsehen musste. Lange würde sie nicht mehr durchhalten.

Nur, was sollte sie tun? Als Verkäuferin im Backladen stehen? Mit Kusshand nähme sie einen solchen Arbeitsplatz an, nur war sie auch hier bereits zu alt. Die jüngeren Arbeitnehmer zog man natürlich vor. Darüber hinaus hatte sie keine Ausbildung in der Richtung, sie konnte lediglich singen und tanzen.

Eine ihrer Kolleginnen berührte sie vorsichtig an der Schulter. „Alles in Ordnung, Charlie?"

Sofort zauberte sie ein beruhigendes Lächeln auf ihr Gesicht. „Aber ja, Liebes. Ich bin nur ein wenig müde. Die letzten Tage waren anstrengend."

Babette war eine Seele von Mensch, immer darauf bedacht, dass es jedem gut ging. Sie musste unbedingt lernen, ihre Ellenbogen einzusetzen, falls sie in dem Beruf weiterkommen wollte.

„Ich hatte den Eindruck, dass dir etwas zu schaffen macht", gab sie leise zu, während sie Charlotte eindringlich betrachtete.

„Mach dir keine Sorgen, ich bin okay." Charlie stand auf, dabei biss sie die Zähne aufeinander. Noch wirkte das Schmerzmittel nicht, sodass ihre Knie und auch ihre Füße protestierten, allerdings nutzte es nichts, the Show must go on. High Heels und Glitzer, das war die Devise.

Ihre beiden Solos bekam sie an dem Abend nur mit Mühe hin, doch es fiel niemandem auf. Die Gäste beschäftigten sich lieber damit, den leichtbekleideten Mädchen auf die Hintern zu glotzen. Normalerweise interessierte es sie nicht, nur im Moment war sie offensichtlich ziemlich dünnhäutig. Wie gerne hätte sie den Kerlen ihre Verachtung ins Gesicht geschrien.

Endlich hatte sie auch den letzten Auftritt überstanden und sie atmete heimlich auf. Sie wollte nur noch so schnell wie möglich nach Hause, da am kommenden Tag eine Probe vor der Abendgala stattfand, was hieß, dass sie mit sehr wenig Schlaf auskommen musste.

„Charlotte, meine Liebe, dein Solo war wieder einmal umwerfend." Der Besitzer des Etablissements kam mit einem weiteren Mann im Schlepptau zu ihr. „Darf ich dir Monsieur Miller vorstellen?"

Innerlich seufzte sie auf, denn was jetzt kam, ahnte sie bereits, trotzdem zauberte sie ein Lächeln auf ihre Lippen. „Enchanté, Monsieur." Sie hielt ihm geziert die Hand hin. Normalerweise würde sie ihn zum Teufel jagen, aber ihr Chef schickte ihr schon einen mahnenden Blick.

„Unser Gast war so angetan von deinem Gesang, dass er dich unbedingt kennenlernen wollte. Er ist Amerikaner." Martin Bertrand sorgte für einen Unterton in seiner Stimme, bei dem sofort jeder wusste, was genau den Mann dermaßen angezogen hatte. Ihre Darbietung war es jedenfalls nicht.

„Das ist reizend von Ihnen, Monsieur." Charlotte fühlte eine Spannung in sich aufsteigen, als ob sie lieber wegrennen sollte.

„Vielleicht darf ich Sie nach Hause bringen, Madame?"

Der Kerl verlor in der Tat keine Zeit, sodass Charlie sich schnell etwas ausdenken musste. Fieberhaft überlegte sie, was sie sagen konnte, ohne ihn zu beleidigen. „Es tut mir leid, aber ich werde bereits von einem Verehrer begleitet." Sie lächelte ihm erneut zu. „Sie verstehen sicherlich, dass ich da niemanden bevorzugen kann. Er hat mir seine Begleitung zuerst angeboten." Bedauernd zuckte sie mit den Schultern, ehe sie ihrem Chef einen bösartigen Blick zuwarf. Martin wusste genau, dass sie keine erotischen Verabredungen einging. Das war sogar in ihrem Vertrag festgehalten worden, trotzdem brachte er ihr immer wieder solche Schmierlappen.

„Oh, Sie sind liiert? Das war mir unbekannt." Verärgert drehte sich der Kerl zu Bertrand um.

„Nein, das ist sie nicht. Aber sie ist eben sehr begehrt." Eilig versuchte er die Wogen zu glätten, indem er den Mann am Arm packte, um ihn aus der Garderobe zu führen.

„Was für ein mieser Zug", bemerkte Babette leise.

„Ich fand ihn süß. Der hat bestimmt Geld", mischte sich Mireille ein, die ein verträumtes Lächeln im Gesicht hatte. „Ich hätte ihn sofort begleitet."

Charlotte verkniff sich einen Kommentar, zumal alle wussten, dass ihre Kollegin kein Kind von Traurigkeit war. Es lag ihr allerdings fern, irgendjemanden zu verurteilen, jeder sollte nach seiner Façon glücklich werden.

Eilig schminkte sie sich ab, zog sich um und verabschiedete sich von ihren Kolleginnen, ehe sie sich auf den Weg zur Metro machte.

Es war kalt, Regentropfen schlugen ihr ins Gesicht, was ihre Stimmung auf einen neuen Tiefpunkt sinken ließ. Bestimmt war sie völlig durchnässt, ehe sie in der U-Bahn-Station ankam.

Noch bevor sie sich weitere Gedanken machen konnte, hielt jemand einen Schirm über sie. Jetzt betete sie, dass es sich nicht um Monsieur Miller handelte. Sollte er sie bei einer offensichtlichen Lüge erwischen, würde sie ihn wohl kaum wieder los. Sie holte tief Luft, um den Kerl endgültig zu verjagen, blickte aber in die seltsamen dunklen Augen des Mannes, der ihr an diesem Abend schon einmal aufgefallen war.

„Es tut mir leid, wenn ich Sie erschreckt habe, meine Liebe. Wir haben zufällig den gleichen Weg, da ist es doch Unsinn, dass Sie sich dem Regen aussetzen." Er lächelte sie gewinnend an.

Charlotte stimmte ihm leise zu, zumal sie sich auf ungewöhnliche Weise beschützt fühlte. „Danke, ich war so dumm, meinen Schirm zu Hause zu lassen", gab sie mit einem Schulterzucken zu.

„Das war mein Glück, somit kann ich Ihnen zu Hilfe eilen."

Er betrachtete sie auf eine Art, die in ihr widersprüchliche Gefühle hervorrief. Einerseits spürte sie deutlich die Gefahr, die von ihm ausging, andererseits zog irgendetwas an ihm sie an wie die Motte das Licht. „Es ist sehr zuvorkommend von Ihnen, bieten Sie immer so selbstlos Ihre Unterstützung an?" Sie drehte sich, um ihn anzusehen.

„Oh, nein, nur wenn mir die Dame gefällt." Er zwinkerte ihr zu, als sie jetzt im Gleichschritt zur Metro gingen. „Entschuldigung, ich bin unhöflich, mein Name ist Maurice François Leblanc." Er verbeugte sich ein wenig.

Charlie schmunzelte über seine altbackene Art, trotzdem gefiel sie ihr. „Angenehm, ich bin ..." Weiter kam sie nicht, da er bereits eine Hand hob.

„Ich weiß, Sie, meine Liebe, sind Charlotte de Chenonceau. Es sei denn, das ist Ihr Künstlername."

Verlegen rieb er sich über den Nasenrücken, dabei kam ihr der Verdacht, dass er ihr etwas vorspielte.

„Ich bin kaum erstaunt, dass Sie meinen Namen kennen. Sie waren heute in der Vorstellung." Nachdenklich betrachtete sie ihn von der Seite. Irgendwas sagte ihr, dass sie sich schnellstens verabschieden sollte, doch eine andere Stimme in ihr hielt sie an ihrem Platz fest. „Weshalb habe ich den Eindruck, dass Sie genau wissen, wie ich in Wirklichkeit heiße?" Ein misstrauischer Klang mischte sich in die Frage.

„Weil es stimmt. Ich habe mir erlaubt einige Informationen über Sie einzuholen", gab Maurice mit einem charmanten Lächeln zu. „Aber hier müssen wir uns trennen. Sie sind an Ihrem Ziel angekommen." Er deutete auf die Treppe, die zur U-Bahn-Station führte. „Au revoir, meine Liebe."

Noch ehe sie etwas erwidern konnte, trat er einen Schritt zurück, nickte ihr zu und ging in die Richtung, aus der sie gekommen waren. Verwirrt starrte sie ihm hinterher. Hatte er nicht gesagt, dass sie den gleichen Weg hatten? Was war das überhaupt für ein Auftritt? Sie dachte daran, dass sie ihm hinterherlaufen sollte, doch dazu fühlte sie sich viel zu müde, darüber hinaus stellte sie erstaunt fest, dass sie ihn komplett aus den Augen verloren hatte. Plötzlich zog Nebel auf, was für dieses Stadtviertel ungewöhnlich war, deshalb beeilte sie sich, nach Hause zu kommen.

In der Bahn steckte sie sich die Ohrstöpsel ihrer Kopfhörer in die Ohren, startete ihre Playlist, ehe sie die Lider schloss. Ihr taten die Füße und die Knie weh, außerdem musste sie ständig an die seltsame Begegnung denken. Weshalb hatte der Mann das Varieté verlassen, nur um jetzt urplötzlich aufzutauchen?

Was wollte er von ihr? Irgendwie fühlte es sich falsch an, an einen Zufall zu glauben.

Viel zu schnell kam sie an ihrer Haltestelle an, von wo aus sie noch ein gutes Stück zu laufen hatte. Endlich war sie zu Hause, wo sie erschöpft ins Bett fiel. Eins wurde ihr wieder einmal bewusst: Sie war langsam zu alt für so ein Leben.

~~°~~

Der Wecker holte Charlie aus einem düsteren Traum, in dem sie vor einem Verfolger davongelaufen war. Sie fühlte sich wie gerädert, trotzdem musste sie sich fertigmachen, da heute Proben angesetzt waren. Verdammt sie brauchte den Job!

Eilig duschte sie, schluckte zwei Schmerztabletten, stellte die Kaffeemaschine an, ehe sie mit ihrer Toilette fortfuhr. Einen Kaffee im Stehen, anschließend lief sie zur Metrostation.

Als sie an dem heruntergekommenen Gebäude ankam, erwartete sie eine unschöne Überraschung, denn Monsieur Miller, der Amerikaner, stand vor dem Eingang. Wie gerne hätte sie jetzt umgedreht, doch das würde sie in ein schlechtes Licht setzen.

„Es tut mir leid, dass ich Sie gestern so überfahren habe.“ Er hielt ihr eine einzelne weiße Rose hin. „Ich hoffe, dass Sie meine Entschuldigung annehmen.“ Charmant lächelte er ihr zu.

Misstrauisch betrachtete Charlie ihn. Aktuell trug sie alte Sneakers, Jeans, Pullover und eine schäbige Winterjacke, sie war also alles andere als schick gekleidet. „Danke, aber das ist völlig unnötig. Sie haben mir ja lediglich angeboten, mich nach Hause zu bringen.“ Sie zwang sich zu lächeln, gleichzeitig überlegte sie, ob sie sich dermaßen in dem Kerl getäuscht hatte. Wollte er sie tatsächlich richtig daten?

„Vielleicht haben Sie den Eindruck bekommen, dass ich Sie in mein Bett zerren will.“ Er zuckte leicht mit den Schultern. „Ich bin manchmal etwas ungeschickt in solchen Sachen. In der Tat möchte ich Sie wirklich nur besser kennenlernen.“ Er zwinkerte ihr zu. „Zumindest am Anfang.“

Offen begegnete sie seinem Blick. „Weshalb? Wieso ausgerechnet ich? In unserem Ensemble sind hübschere und jüngere Frauen.“ Irgendetwas warnte sie, obwohl sie ihm zu gerne glauben würde. War sie zu misstrauisch?

„Vielleicht ist es genau das, was Sie als Makel ansehen. Ich bin kaum auf der Suche nach einer Gesellschaft, die halb so alt ist wie ich selbst.“ Er lachte leise. „Die jungen Dinger sind so anstrengend.“

Jetzt schmunzelte Charlie mit ihm, dabei fiel ihr auf, dass er vorzüglich französisch sprach, was sie von einem Ausländer so nicht erwartet hätte. „Ihre Sprachkenntnisse sind fantastisch“, rutschte es ihr heraus.

„Vielen Dank, ich lebe schon seit einigen Jahren hier.“ Er deutete auf die Tür. „Sie müssen zur Arbeit, oder?“

Erschrocken zuckte sie zusammen, über dem Gespräch hatte sie doch tatsächlich die Zeit vergessen. „Mon dieu, ja, entschuldigen Sie mich bitte.“ Sie klopfte und kurz darauf war sie verschwunden.

Der Mann sah ihr mit einem Gesichtsausdruck hinterher, den ein Fremder nur schwer deuten konnte, dann drehte er sich in die entgegengesetzte Richtung, um pfeifend davonzugehen. Er war seinem Ziel ein gutes Stück nähergekommen.

„Ah, Madame erscheint auch endlich zur Arbeit." Die Stimme ihres Chefs klang durch das leere Lokal, als sie sich zu ihren Kolleginnen auf die Bühne stellte.

„Es tut mir leid, Monsieur Miller hat mich vor dem Bühneneingang abgefangen. Ich dachte, dass er ein geschätzter Gast ist, den man besser beachtet, anstatt ihn einfach stehen zu lassen." Charlie hob den Kopf ein wenig höher, als sie ihrem Boss entgegentrat.

„Und das fällt dir so plötzlich ein? Gestern Abend hast du ihn eiskalt abblitzen lassen." Martin betrachtete sie mit einem abfälligen Blick. „Wobei ich nicht verstehe, dass er ausgerechnet dich kennenlernen will."

Jetzt biss sie sich auf die Lippen, um ihren Kommentar zurückzuhalten. Ihr war bekannt, dass er an den Einnahmen, die die Mädchen in ihrem Nebengewerbe erwirtschafteten, beteiligt wurde. Zuhälter nannte man das dann wohl.

„Egal, wir haben viel zu tun. Vite, vite." Er klatschte in die Hände, woraufhin Alexandre, der Tanzlehrer, zu ihnen trat.

Kurz erklärte er eine neue Choreografie, anschließend lächelte er Charlotte bedauernd an. „Bertrand hat angeordnet, dass du hinten tanzt."

Charlie nickte nur. Im Grunde war es ihr sehr recht, eben nicht im Rampenlicht zu stehen, so fielen Fehler weniger auf. Andererseits wusste sie, dass die Position die Höhe des Gehalts bestimmte. Der Schweinehund Bertrand machte es tatsächlich von der Reihe abhängig, wie viel er bezahlte. Zum Glück brauchte er sie für die Solopassagen, denn die anderen Mädchen konnten nicht wirklich singen, im Gegensatz zu ihr. Damit glich sie einen Teil wieder aus. Trotzdem war es eine klare Warnung, sollte sie Miller weiterhin auf Abstand halten, würde sie in naher Zukunft einen neuen Job brauchen.

Charlie biss die Zähne zusammen, egal, was kam, sie ließ sich auf keinen Fall in die Prostitution drängen!

Ein paar Sekunden später hatte sie keine Zeit mehr, über ihre Möglichkeiten nachzudenken, denn Alex nahm sie hart ran, damit die Performance in der kommenden Woche präsentiert werden konnte. Warum sich Bertrand die Mühe überhaupt machte, war unklar, da die meisten Gäste sich kaum für die Darbietung der Tänzerinnen interessierten.

Verschwitzt und ziemlich fertig ließ Charlie sich nach dem Training auf ihren Stuhl vor dem Schminktisch fallen. Obwohl sie gut in Form war, brauchte sie jetzt eine Pause. Zum Glück gab es hier Duschen, sodass sie im Varieté bleiben konnte, bevor die Abendshow begann.

„Puh, der hat aber heute Gas gegeben“, bemerkte Babette, die auch völlig außer Atem war.

„Was ihr wieder habt, der Job ist eben nichts für unsportliche Faulenzer.“ Chantal sah ihre Kolleginnen abfällig an. „Wird es für dich vielleicht langsam Zeit, in Rente zu gehen, Charlotte?“ Sie lachte gehässig.

„Es besteht kein Grund, neidisch zu werden. Nur weil du den halben Abend auf der Ersatzbank sitzt, bist du so ausgeruht. Manche schaffen es nie über die Zweitbesetzung hinaus.“ Charlie betrachtete die Kollegin, gleichzeitig seufzte sie leise. Es war unklug den Liebling des Chefs dermaßen herauszufordern. Sie war die Nichte von Bertrand, leider fehlte ihr das Talent, sie bekam zwar die volle Gage, durfte aber nur selten auf die Bühne.

„Das wirst du bereuen! Du glaubst immer, dass du etwas Besseres bist, nur weil du in deiner Jugend mal im Lido aufgetreten bist. Das ist allerdings lange vorbei, wie man gut sieht.“

Charlie tat den Seitenhieb mit einem Schulterzucken ab, es wurde Zeit, sich für den Abend fertigzumachen, so wie sie jetzt aussahen, konnten sie keinesfalls vor die Gäste treten. Eilig duschte sie sich, trug die dicke Schicht Schminke auf, puderte sich mit dem Goldstaub ein, der für den ersten Auftritt nötig war, zumindest sah Bertrand es so, anschließend atmete sie noch einmal tief ein. Sie mochte den Glitter am wenigsten, weil er irgendwie einen Hauch von Eleganz erzeugte, der bei genauerem Hinsehen sofort in sich zusammenfiel.

Hinter Babette lief sie durch den winzigen Gang bis zur Bühne. Ihr war es egal, wo sie stand, in der zweiten Reihe gefiel es ihr sogar besser, dort fiel man nur selten auf.

Bei der ersten Nummer war Chantal nicht dabei, sodass Charlie keine Bösartigkeiten befürchten musste. Die kleine Bitch griff auch zu richtig fiesen Mitteln, wie zum Beispiel, ihr ein Bein zu stellen, sollte sich die Gelegenheit bieten.

Natürlich saß Monsieur Miller direkt an der Bühne und lächelte ihr zu. Dieses Mal nickte sie verhalten zurück. Er hatte sich entschuldigt, da würde sie jetzt nicht zickig sein. Zu ihrem Bedauern war keine Spur von Monsieur Leblanc zu sehen. Seltsam, dass sie ihn fast schon vermisste. Immerhin hatten sie nur ein paar Worte gewechselt.

Die Musik änderte sich und sie passte sich automatisch ihren Kolleginnen an, da die neue Choreografie zuerst richtig einstudiert werden musste, absolvierte sie die Schritte im Schlaf.

Erst als am späteren Abend jemand hereinkam, um sich in die Nähe der Bühne zu setzen, schlug ihr Herz etwas schneller, da sie Maurice erkannte. Sofort hob sich ihre Laune, obwohl sie es eilig darauf schob, dass sich der Feierabend ankündigte.

Immer wieder sah sie verstohlen zu ihm rüber, doch ehe sie zum Abschluss kamen, war er verschwunden. Ob er sie erneut an der Metro abpasste oder nachdem sie das Varieté verlassen hatte? Irgendwie hoffte sie es, wobei sie sich diese seltsame Anziehung nicht erklären konnte.

Kapitel 2 - Gefahr

Ein wenig enttäuscht machte sich Charlotte auf den Heimweg, wie gerne hätte sie wenigstens ein paar Worte mit dem mysteriösen Mann gewechselt. In der Garderobe hatte Chantal natürlich weiter gelästert, dabei lenkte sie ihr Augenmerk erneut auf Charlie. Ihr entging leider auch nicht, dass diese sich eine Schmerztablette einwarf.

Die Information landete unter Garantie beim Chef, davon durfte sie ruhig ausgehen. Seufzend lief sie zur Metro, während sie feststellte, dass sie schon wieder ihren Schirm vergessen hatte. Egal, auf ein wenig Regen kam es wirklich nicht mehr an.

Ständig sah sie sich um, bemerkte allerdings nur Miller, der in einigem Abstand hinter ihr herlief, als ob er plante, sie auszuspionieren. Kurz vor der Metrostation wurde es ihr zu bunt, sie drehte sich um und ging auf ihn zu. „Entschuldigung, verfolgen Sie mich?" Offen betrachtete sie den Mann, der ihr nachgelaufen war.

Der schmierige Kerl lächelte sie entwaffnend an, gleichzeitig hob er die Hände an. „Schuldig im Sinne der Anklage. Ich wollte nur sicherstellen, dass Sie gut zu Hause ankommen." In seinem Blick lag etwas Unehrliches, Falsches.

Charlotte schüttelte langsam den Kopf. „Deshalb laufen Sie mir hinterher? Sie hätten sich auch bemerkbar machen können." Ihr kam das Verhalten extrem seltsam vor.

„Trotzdem danke, ich bin in der Lage, alleine zu meinem Apartment zu finden." Sie drehte sich um, doch er packte sie sofort am Arm.

„Einen Moment, ich bin noch nicht mit dir fertig."

Jetzt sah er überhaupt nicht mehr freundlich aus, wie sie mit einer Gänsehaut feststellte.

„Ich dachte, dein Chef hätte dir gesagt, dass du nett zu mir sein sollst." Sein Grinsen bekam etwas Schmieriges, woraufhin sie verzweifelt versuchte, sich loszureißen.

„Lassen Sie mich sofort los! Ich schwöre, ich schreie den gesamten Bezirk zusammen." Verbissen kämpfte sie um ihre Freiheit, während sie sehnlichst hoffte, dass irgendjemand vorbeikäme, leider war die Gegend um die Uhrzeit wie ausgestorben.

„Zier dich nicht so, mit anderen gehst du ja auch ins Bett. Ihr Hupfdohlen seid doch alle gleich." Ohne große Anstrengung zog er sie dicht an sich, bis jemand ihn zurückriss.

Einen Augenblick lang dachte Charlotte, dass sie stürzen würde, aber ein Arm legte sich blitzschnell um ihre Taille, gleichzeitig hörte sie erleichtert Leblancs Stimme.

„Seit wann hast du es nötig, dich einer Dame aufzudrängen, Matthias." Er klang spöttisch. Seine Aufmerksamkeit wandte sich ihr zu. „Geht es Ihnen gut?"

Zitternd nickte sie. „Ja, zum Glück sind Sie gerade noch rechtzeitig eingeschritten." Sie warf Miller einen bösartigen Blick zu. „Ich glaube, der Herr möchte sich verabschieden, oder?"

Jetzt lachte Maurice leise. „Das denke ich nicht. Er ist seinem ursprünglichen Ziel sehr nahegekommen. Richtig, mein Bester?" Fast freundschaftlich klopfte er dem wütenden

Mann auf die Schulter. „Eigentlich willst du doch mich, warum belästigst du die Dame?“

„Dame? Sie ist eine Tänzerin, die mit jedem ins Bett steigt, solange der Preis passt“, brachte Miller hervor.

Irgendwie bekam Charlie den Eindruck, dass er gehen wollte, allerdings auf eine merkwürdige Art festgehalten wurde. Etwas erschien ihr fürchterlich falsch. „Was ist hier los? Weshalb haben Sie mich verfolgt? Was meint Monsier Leblanc mit dieser seltsamen Andeutung?“ Auffordernd blickte sie von einem zum anderen.

„Das erklärt er dir, du Hure. Wahrscheinlich bist du mit ihm schon intim gewesen, nur weißt du es nicht.“ Höhnisch lachte Matthias auf, gleichzeitig versuchte er einen Schritt auf sie zuzugehen, aber seine Füße schienen am Boden festgeklebt zu sein.

„Spar dir die Bemühungen, du bleibst, bis ich etwas Gegenteiliges entscheide.“ Fürsorglich legte Maurice einen Arm um Charlotte. „Keine Angst, mon cœur, er will dich nur gegen mich aufbringen.“

Jetzt verzog Miller sein Gesicht zu einer gehässigen Fratze. „Du hast ihr verheimlicht, was du bist, du Feigling. Kein Wunder, dass sie so von dir angetan ist.“ Er holte tief Luft, doch im gleichen Moment brachte er keinen Ton mehr heraus. Seine Augen quollen aus dem Kopf, so sehr bemühte er sich, ihr etwas zu sagen, nur gelang ihm das nicht.

„Du solltest endlich lernen, dich zu beherrschen. Du machst der Dame Angst“, tadelte Leblanc ihn sanft.

Charlotte sah die beiden Männer an, dabei wurde sie sich erneut der dunklen Ausstrahlung ihres Beschützers bewusst. Dennoch fühlte sie sich bei ihm geborgen, was sie sich kaum erklären konnte.

„Ich möchte eine Antwort: Weshalb sind Sie hinter mir her?“ Vor Furcht zitternd, baute sie sich trotzdem vor dem Gast, den ihr Chef angeschleppt hatte, auf. „Denken Sie wirklich, dass mein Vorgesetzter mich hierzu zwingen kann? Das ist vielleicht in Amerika üblich, hier nicht.“

Maurice sah sie schmunzelnd an. „Er wird dir ab sofort aus dem Weg gehen. Ich bringe dich zur Metro, damit du nach Hause kommst. Du siehst müde aus.“

Charlotte schüttelte den Kopf und holte Luft, um ihm zu widersprechen, aber er stoppte sie mit einem liebevollen Lächeln.

„Glaub mir, es ist besser, wenn du mit mir gehst. Dieses Viertel ist um die Uhrzeit sehr unsicher, wie du gemerkt hast.“

Mit sanfter Gewalt drehte er sie um und ging mit ihr auf die Metrostation zu. „Ich lasse niemals zu, dass dir jemand etwas zuleide tut.“

Irritiert bemerkte sie erst jetzt, dass er sie duzte. „Sie behandeln mich ziemlich vertraut“, begann sie zaghaft. Was war aus dem höflichen Herrn geworden? Wollte er ihr auch an die Wäsche?

Maurice lachte leise, während er mit ihr auf die Bahn wartete. „Meinst du nicht, dass wir die förmliche Anrede hinter uns haben? Immerhin hatte ich gerade das Vergnügen, dich vor Matthias zu retten.“ Sein brennender Blick lag auf ihr, sodass sie nur vorsichtig nickte.

„Woher kennen Sie ...“ Sie schluckte. „Weshalb kennst du Monsieur Miller?“

Er seufzte. „Sagen wir mal, dass wir Konkurrenten sind. Er arbeitet für ein Unternehmen, das meinem komplett entgegensteht.“ Lächelnd strich er ihr über die Wange. „Glaub mir, du bist viel zu schade für ihn.“

Fast hätte sie spöttisch aufgelacht, doch ihr saß der Schreck noch in den Knochen. „Natürlich, um mich reißen sich die Männer, sobald sie einsam sind.“ Ihre Antwort klang bitter.

„Nein!“ Obwohl er leise sprach, kam sie sich vor, als würde er sie anschreien, weshalb sie ihn ängstlich ansah. „Fürchte dich nicht vor mir, mon chérie, aber ich verbiete dir, so über dich selbst zu denken. Du bist eine wundervolle Frau, mit Charme, Ausstrahlung und einem festen Willen, das bewundere ich.“

Misstrauisch forschte sie in seinem Gesicht nach, ob er sie auf den Arm nehmen wollte. Sie sollte begehrenswert sein? So verbraucht, wie sie war? Natürlich wusste er nichts von der Menge an Schmerzmitteln, die sie einnahm, um ihren Part auf der Bühne zu überstehen, trotzdem sah man ihr an, dass die besten Jahre hinter ihr lagen. „Du erlaubst dir einen Spaß mit mir“, murmelte sie, ließ es dennoch zu, dass er sie enger an sich zog.

Es tat gut zu spüren, dass jemand sich um sie kümmerte.

„Das ist mein Ernst, Charlotte. Wie ich dir schon gesagt habe, weiß ich mehr über dich, als du denkst.“ Er legte ihr einen Finger auf die Lippen, als sie aufbegehren wollte. „Keine Sorge, ich bin kein verrückter Stalker. Im Gegenteil, ich möchte nur das Beste für dich. Ein Leben, das lebenswert ist.“

Kurz überlegte sie, aufzubegehren, aber ihr fehlte schlichtweg die Kraft. Der Abend hatte sie gefordert und der Überfall von Monsieur Miller ging auch nicht spurlos an ihr vorbei. „Wer sagt mir, dass ich dir vertrauen kann? Du wirkst irgendwie ... dunkel.“ Offen sah sie ihn an, nur fiel ihr keine andere Beschreibung ein, die besser gepasst hätte.

„Ich beweise es dir, gerne, doch zuerst sorge ich dafür, dass du nach Hause kommst, ehe du hier umkippst." Besorgt musterte er sie, dabei überging er ihre Bemerkung gekonnt.

Die Bahn stoppte direkt vor ihnen, woraufhin Charlotte sich verabschieden wollte, aber er stieg ein, hielt ihr charmant eine Hand hin, um ihr behilflich zu sein. Sein Mantel blähte sich ein wenig, als er sich vorbeugte, was den düsteren Eindruck noch verstärkte.

Trotzdem zuckte sie nicht zurück, im Gegenteil, sie fühlte Erleichterung, dass er bei ihr blieb. Auf seltsame Weise kam sie sich an seiner Seite beschützt vor.

Galant ließ er ihr den Vortritt, ehe er sich neben sie setzte, um sie an sich zu ziehen. „Ruh dich aus, ich werde über dich wachen."

Obwohl sie dagegen ankämpfte, fielen ihr die Augen zu und sie schlief ein.

~~°~~

Als Charlotte aufwachte, lag sie in ihrem Bett, wobei sie lediglich T-Shirt und Unterhose trug. Verwirrt sah sie sich um, sie wusste nicht, wie sie hergekommen war. Es kam ihr unwahrscheinlich vor, dass Maurice sie ins Schlafzimmer gebracht hatte. Wie hätte er auch hereinkommen sollen? Sofort setzte sie sich auf, um sich umzusehen, aber ihre Tasche lag wie immer auf dem Tisch.

Unruhig lief sie hin, stellte allerdings schnell fest, dass keine Wertsachen fehlten. Handelte es sich vielleicht um einen Traum? Doch weshalb schaffte sie es nicht, sich daran zu erinnern, wie sie nach Hause gekommen war? Sie lehnte

Alkohol bei der Arbeit ab, daher war sie sich sicher, dass sie keinen Vollrausch gehabt hatte.

Nachdenklich betrachtete sie ihr Apartment, nur fand sie keinen Hinweis darauf, dass irgendjemand außer ihr hier gewesen war. Sollte sie tatsächlich dermaßen senil sein?

Charlotte schluckte heftig, weil sie sich den Filmriss einfach nicht erklären konnte.

Ihr Blick fiel auf die Uhr, die ihr sagte, dass es an der Zeit war, um sich langsam fertigzumachen. In der Tat hatte sie fast bis Mittag geschlafen.

Ihr Magen knurrte, sodass sie beschloss, zuerst zu frühstücken, dabei hoffte sie, dass der Kühlschrank noch etwas hergab. Leider wurde es am Monatsende immer sehr knapp bei ihr.

Traurig starrte sie in den Schrank, in dem sie einen Rest Milch fand, mit der sie ein Müsli machen konnte. Das war es dann für die nächsten zwei Tage, die musste sie mit Hilfe von Nudeln und Ketchup überstehen.

Leise fluchend aß sie ihr karges Frühmahl, ehe sie ins Bad ging, um festzustellen, dass an ihrem Hals ein roter Fleck prangte. Verdammt, welches Vieh hatte sie denn da erwischt? Es sah aus, als ob sie mit einem Vampir geknutscht hätte. Ein hysterisches Lachen kroch in ihr hoch, während sie die Rötung genauer ansah. Wie kam sie ausgerechnet darauf?

Seufzend betrachtete sie ihr Gesicht im Spiegel, sie sah müde aus, die ersten Falten zogen sich über ihre Stirn, darüber hinaus erkannte man in ihren Augen, dass sie keinen Illusionen hinterherjagte. Stumpf blickte sie sich an, die Lebensfreude, die sie früher ausgestrahlt hatte, war erloschen, stattdessen blieb die bittere Erkenntnis, dass Jugend vergänglich war.

Ja, sie fand sich immer noch hübsch, nur konnte sie nicht länger mit den jungen Kolleginnen mithalten. In ihren Haaren gab es mehr graue Strähnen, als ihr lieb war, sodass sie in Kürze zumindest den Ansatz nachfärben musste. Wie sehr hing ihr die Oberflächlichkeit zum Hals raus. Gerne würde sie zu ihrem Alter stehen, sie war Mitte vierzig, keine achtzig, also normalerweise kein Grund, um sich zu verstecken. Nur in ihrem verdammten Job zwang man sie, sich ständig den Anschein ewiger Jugend zu geben. „Glitter und High Heels", dachte sie verbittert. Das war ihr früher unendlich wichtig gewesen, jetzt wusste sie es besser. „Zu spät!" Traurig hallten ihre eigenen Worte in dem Badezimmer nach.

Sie machte sich fertig, schnappte sich ihre Tasche, anschließend ging sie zur Metro, wobei sie nach Maurice Ausschau hielt. Als sie ihn nirgendwo entdeckte, musste sie sich eingestehen, dass sie wohl doch geträumt hatte. Wahrscheinlich war sie irgendwie in ihr Apartment gelangt und sofort eingeschlafen.

Monsieur Miller fiel ihr ein, ihm traute sie ein so schändliches Verhalten zu, bis sie sich daran erinnerte, dass er sich plötzlich nicht mehr bewegen konnte. So etwas gab es nur in Filmen. Spöttisch lachte sie auf, so langsam verlor sie den Verstand!

~~°~~

Die Probe ging ohne Schwierigkeiten vonstatten, sogar Chantal ließ sie in Ruhe, da sie genug mit der neuen Performance zu tun hatte. Die Arbeit beruhigte ihre Nerven, sodass sie sich einredete, dass sie die Begegnung mit Maurice tatsächlich geträumt hatte.

Ihr Magen knurrte, doch sie ignorierte es, weil sie sich nicht leisten konnte, einen Lieferdienst zu bemühen.

Babette sah besorgt zu ihr herüber, verkniff sich aber einen Kommentar. Sie wusste, wie empfindlich die Kollegin in dem Punkt war.

Sie hatten jetzt bis zur Abendvorstellung frei, allerdings lohnte es sich für die Tänzerinnen kaum, nach Hause zu fahren, daher vertrieben sie sich die Zeit im Lokal.

Charlie setzte sich auf einen Barhocker, um über den letzten Abend nachzudenken. Die gesamte Sache störte sie gewaltig, weil sie nicht glauben wollte, dass sie so viel einfach vergessen hatte.

„Charlotte? Monsieur Miller fragt nach dir." Ihr Chef Martin kam mit einem Grinsen auf sie zu. „Er sagt, dass er sich bei dir entschuldigt hat, und du wärst einem Gespräch nicht abgeneigt."

Kurz schloss sie die Augen, davon hatte sie nie etwas gesagt, aber sie war es leid, sich mit ihrem Boss zu streiten. Mit einem Lächeln nickte sie, wobei sie erneut an den seltsamen Abend denken musste. Was, wenn es gar kein Albtraum gewesen war? Eine Gänsehaut breitete sich auf ihrem Leib aus, die sich noch verstärkte, als Matthias Miller hinter Martin das Lokal betrat. Irgendetwas an seinem Blick jagte ihr Angst ein und plötzlich wusste sie auch, was es war: Er sah sie genauso gierig an wie in ihrem Traum.

Unwillkürlich zuckte sie zurück, als er ihr eine Hand hinstreckte, fing sich aber augenblicklich. Wäre er ihr gestern tatsächlich zu nahe getreten, würde er wohl kaum die Dreistigkeit besitzen, hier aufzukreuzen. Zumindest versuchte sie, sich damit zu beruhigen.

„Monsieur Miller, was verschafft mir die Ehre?“ Sie sah ihn vorsichtig an, bereit sofort um Hilfe zu schreien, falls er zudringlich wurde.

„Ich wollte Sie sehen, ist das so ungewöhnlich? Ich habe doch schon mein Interesse an Ihnen bekundet, das weit über ein amouröses Abenteuer hinausgeht.“ Er lächelte, allerdings strahlten seine Augen eisige Kälte aus.

Charlie zwang sich, geschmeichelt auszusehen, gleichzeitig lief ihr eine Gänsehaut über den Leib, die sie vor einer unsichtbaren Gefahr warnte. Von Miller durfte sie nur Schlechtes erwarten, das sagte ihr ihr Bauchgefühl ganz deutlich. Darüber hinaus musterte er sie auf eine seltsame Art, als ob er etwas in Erfahrung bringen wollte. „Es tut mir leid, wenn Sie sich irgendwelche Hoffnungen gemacht haben, aber ich bin gerne Single.“ Sie milderte ihre Abfuhr mit einem leisen Seufzen. „Obwohl ein Mann wie Sie bestimmt eine Bereicherung ist.“

Bei den Worten verrutschte sein Lächeln kurz und Bösartigkeit trat in seinen Blick, allerdings änderte sich seine Mimik so schnell, dass Charlie glaubte, sich zu irren. „Irgendwie werde ich das Gefühl nicht los, dass Sie auch aus einem anderen Grund hergekommen sind.“ Deutlich hörte sie Maurice’ Stimme aus ihrem Traum, dass Miller versuchte, an ihn heranzukommen.

Verlegen rieb Matthias sich über das Kinn. „Ich weiß nicht, wie ich es Ihnen sagen soll.“ Er sah auf die restlichen Tänzerinnen, die teilweise offen zu ihnen blickten. „Können wir uns unter vier Augen unterhalten?“

Jetzt klingelten bei Charlotte alle Alarmglocken, sie wollte auf keinen Fall mit dem Mann in ein verschwiegenes Eckchen gehen.

Nur wie kam sie aus dieser Zwickmühle heraus? Ihren Albtraum sollte sie besser für sich behalten.

„Bitte, Madame de Chenonceau, es ist wichtig, weil es um Ihre Sicherheit geht." Seine Stimme hatte etwas Drängendes, was ihre Abneigung steigerte. Gekünstelt lachte sie auf. „Was könnte das wohl sein? Ich kann nicht glauben, dass irgendeiner Interesse daran hat, einer alternden Tänzerin zu schaden." Sie zwang sich, eine Hand auf seinen Arm zu legen. „Vertrauen Sie mir, Monsieur, bei mir sind keine Reichtümer zu holen." Wieder schüttelte sie gespielt amüsiert den Kopf.

Unwillig stieß Matthias die Luft aus. „Darum handelt es sich auch nicht, wir sprechen von Ihrem Leben, Ihrer Gesundheit. Bitte, ich muss mit Ihnen reden, alleine."

Natürlich kam in dem Augenblick Bertrand zu ihnen. „Ich überlasse Ihnen gerne mein Büro. Die Sicherheit meiner Damen steht an erster Stelle." Höflich deutete er mit der Hand den Weg an.

Charlie hätte ihm am liebsten vors Schienbein getreten, aus irgendeinem Grund wusste sie, dass die größte Gefahr von Miller ausging. Schnell unterdrückte sie ein Seufzen, gleichzeitig folgte sie den Männern.

Kaum war die Bürotür geschlossen, musterte Matthias sie ernst. „Ich weiß, dass wir einen schlechten Start hatten, trotzdem bitte ich Sie, mir zu glauben." Er schenkte ihr ein unehrliches Lächeln, wobei sie deutlich sah, dass er sich zwingen musste, um überhaupt höflich zu bleiben.

„Hören Sie mit Ihren Spielchen auf! Sie mögen mich nicht mal. Weshalb sind Sie hinter mir her?" Sie stemmte die Hände in die Seiten, während sie ihn auffordernd ansah.

Erschrocken zuckte Matthias zurück. „Wie kommen Sie denn zu der unsinnigen Annahme?“ Er schüttelte entsetzt den Kopf. „Ich habe ehrliches Interesse an Ihnen, das schwöre ich. Allerdings habe ich bemerkt, dass Sie von einem Mann verfolgt werden, der Ihnen wirklich schaden kann.“

Jetzt horchte sie auf, meinte er tatsächlich Maurice? „Und wer sollte das sein?“ Sie beschloss auf das Spiel einzugehen, anders würde sie die Wahrheit kaum herausbekommen.

„Leblanc, er war gestern hier im Varieté. Außerdem hat er Sie vorgestern zur Metro gebracht.“

Empört stieß sie die Luft aus. „Spionieren Sie mir etwa hinterher?“ Gekonnt überspielte sie die Angst, die ihr langsam über den Rücken kroch. War es vielleicht doch kein Traum gewesen? Aber in dem Fall sollte Miller sich von ihr fernhalten, oder?

„Ich bin bloß um Ihre Sicherheit besorgt, vertrauen Sie mir bitte. Maurice ist nicht das, was er vorgibt zu sein.“ Er suchte nach den passenden Worten, dabei fasste er sich ein paar Mal an den Hals. „Er ist skrupellos, rücksichtslos und ein Menschenleben bedeutet ihm nicht viel.“

Sofort erinnerte Charlie sich an die dunkle Ausstrahlung des Mannes, trotzdem weigerte sie sich, zu glauben, dass er ein Mörder war. „Das ist doch nur eine bösartige Einschätzung von Ihnen. Sollte er wirklich jemanden umgebracht haben, würde er von der Polizei gesucht, n’est-ce pas? Ich denke, dass Sie auf eine sehr unfaire Art einen Konkurrenten ausschalten wollen.“ Sie hielt seinem eiskalten Blick stand, gleichzeitig kamen ihr noch weitere Momente ihres Traumes in den Sinn. Auch Maurice hatte von Konkurrenz gesprochen.

Traurig schüttelte Miller den Kopf. „Das liegt mir fern. Falls ein anderer Mann Ihr Herz erobert, werde ich mich selbstverständlich zurückziehen. Leider geht es bei Leblanc kaum um eine liebevolle Beziehung." Er packte sie an den Schultern. „Ich kann Sie nur bitten, extrem vorsichtig zu sein, was diesen Herrn angeht."

Sofort trat Charlotte einen Schritt zurück, gleichzeitig streifte sie seine Finger von sich. Die Berührung widerte sie an, was sie sich nicht wirklich erklären konnte. Als er erneut etwas sagen wollte, hob sie abwehrend eine Hand. „Ich höre mir keine weiteren Verleumdungen von Monsieur Leblanc an, dass das klar ist. Haben Sie Beweise, dass er ein Mörder ist? Dann gehen Sie zur Polizei." Für sie war das Gespräch beendet, sodass sie sich zur Tür drehte.

„Sie werden es bitter bereuen, ihm mehr zu vertrauen als mir", stieß Matthias bösartig hervor.

Sofort wandte sie sich wieder ihrem Gesprächspartner zu. „Wollen Sie mir drohen?" Ernst hielt sie seinem Blick stand.

„Wenn es sein muss, um Sie von diesem Kerl fernzuhalten, ja!"

„Es reicht! Halten Sie sich in Zukunft von mir fern." Mit den Worten verließ Charlotte den Raum. Sie war es leid, dass er sie bedrohte. Eilig stürmte sie auf die Garderobe zu, wo der Mann ihr nicht folgen konnte. Aber kurz vor der Tür stoppte ihr Chef sie.

„Du hast ihn wohl nicht einfach in meinem Büro stehen gelassen, oder?" Wütend starrte Bertrand sie an.

„Doch, weil er mir gedroht hat. Ist es jetzt üblich, dass wir uns auch Bedrohungen gefallen lassen müssen?" Sie holte tief Luft. „Er wollte mir verbieten, weiterhin Kontakt zu einem anderen Gast zu pflegen. Ich dachte, es sei gewünscht, dass alle sich hier wohlfühlen." Zornig blitzte sie ihren Boss an.

Bertrand hob abwehrend die Hände. „Zieh die Krallen wieder ein. Damit habe ich ehrlich nicht gerechnet. Er schien wirklich von dir angetan zu sein, wie ein Stalker sah er weniger aus."

„Ich weiß, dass du gehofft hast, ich würde mit ihm ins Bett gehen. Tut mir leid, doch das kommt nicht infrage." Sie seufzte leise. „Können wir das Gespräch jetzt beenden? Ich möchte mich vor dem Auftritt etwas ausruhen."

Nachdenklich musterte Bertrand sie. „Stimmt es, dass du den Abend nur überstehst, wenn du Schmerzmittel nimmst?"

War ja klar, dass die kleine Bitch Chantal geplaudert hatte. „Aktuell habe ich Probleme mit meinem Knie, aber kein Grund zur Sorge, ich werde meinen Part weiterhin ausfüllen können." Sie deutete auf ihren Stuhl. „Darf ich darum bitten, etwas Zeit für mich zu bekommen?"

Unwillig nickte ihr Chef, ehe er sie in die Garderobe gehen ließ.

Seufzend setzte sie sich auf ihren Platz, waren denn jetzt alle verrückt geworden?

Kapitel 3 - Konkurrenzkampf

Maurice lief unruhig in seinem Stadthaus herum, weshalb musste ihm ausgerechnet Matthias in die Quere kommen. Sicher, sie waren alte Feinde und oft machte es ihm sogar Spaß, dass der Kerl nicht aufgab. Trotzdem kam er ihm jetzt gerade mehr als ungelegen. So langsam durfte er ruhig einsehen, dass er keine Chance hatte, zu gewinnen.

Mit gerunzelter Stirn blickte er auf die Uhr, anschließend nahm er seinen Rundgang durch das Wohnzimmer erneut auf. Bestimmt war die Filzlaus in dem Moment dabei, Charlotte Angst einzujagen. Hoffentlich wurde er nicht wieder aufdringlich. Seine Augen zogen sich zu Schlitzen zusammen, als er an den vergangenen Abend dachte. Was bildete sich dieser Malotru, dieser ungehobelte Kerl, eigentlich ein, sich an seine Herzensdame heranzumachen.

Bei dem Gedanken an die Tänzerin bekamen seine Gesichtszüge einen weichen Ausdruck, so lange hatte er auf diese eine Begegnung gewartet. Natürlich gab es Liebschaften in seinem Leben, aber keine Frau hatte sein kaltes Herz berührt. Er erinnerte sich deutlich an die Nacht vor zwei Wochen, als er ihre Stimme gehört hatte. Er war auf der Suche nach einem geeigneten Opfer durch Paris gestreift, dabei war er am Varieté Drôle d'oiseau vorbeigekommen. Hier fand er immer mal jemanden, der bereit war, mit ihm zu gehen. Das Lied, das aus der geöffneten Tür erklang, ging ihm direkt unter die Haut, genau wie der Klang. Plaisir d'amour, normalerweise hätte der Song ihm lediglich ein ironisches Grinsen entlockt, doch an dem Abend änderte sich alles.

Kurz warf er einen Blick auf die Sängerin, bevor er sich eilig zurückzog. Auf keinen Fall wollte er sie unüberlegt überfallen und so von sich treiben. Mit seinen Beziehungen war es leicht, Informationen über sie einzuholen, trotzdem wartete er ab, bis er es selbst vor Sehnsucht kaum mehr aushielt.

Ein verträumtes Lächeln glitt über sein Gesicht, als er an ihre erste Begegnung dachte. Wie gerne hätte er sie einfach auf seine Arme gehoben und hierher, in sein Domizil entführt. Lachend stellte er sich vor, wie sie anschließend sicherlich versucht hätte, ihm die Augen auszukratzen.

Seufzend erinnerte er sich daran, in welche Gefahr er sie gebracht hatte, weil er seinem Herzen gefolgt war. Matthias war für ihn zwar nur ein kleines Ärgernis, aber ihr gegenüber konnte er mehr als unangenehm werden. Durfte er sie unter diesen Umständen überhaupt wiedertreffen? Sobald Miller bemerkte, dass er kein Interesse an der Dame hatte, würde sie in Ruhe leben können.

Jetzt lachte er bitter auf, sie vegetierte vor sich hin, eine andere Beschreibung gab es kaum, wohingegen er plante, sie auf Händen zu tragen. Mit einer Portion Selbstironie gab er zu, dass er gar nicht in der Lage war, sich von seiner einzig wahren Liebe zu distanzieren. Eilig schob er die dunklen Gedanken von sich, stattdessen überlegte er, ob es zu früh war, sie zu einem Abendessen auszuführen. Würde sie ihm einen Korb geben? Zu dumm, dass er ihr die Erinnerung hatte nehmen müssen. Allerdings war die Gefahr zu groß gewesen, dass sie zu schnell hinter sein Geheimnis kam.

Müde rieb er sich über die Augen, aktuell gestaltete sich seine Existenz extrem kompliziert.

Ein wenig sehnsüchtig erinnerte er sich an die Zeit, in der er dem Hochadel angehört hatte, durch seine besonderen Fähigkeiten bekam er einfach alles, was er wollte. Nur die echte Liebe fehlte, dennoch hatten sie das Leben in allen Zügen genossen.

Mit einem Lächeln dachte er an seine damalige Mätresse, die fürstlich für ihre Dienste belohnt worden war. Diese Frau las ihm jeden Wunsch von den Augen ab und im Bett war sie sehr abenteuerlustig, um es mal vorsichtig auszudrücken. Trotzdem trennte er sich von ihr, ohne wirkliches Bedauern, als er von der Bildfläche verschwinden musste. Sie hatte ihn unter Tränen angefleht, bei ihr zu bleiben, aber er war kalt geblieben. Zu der Zeit glaubte er, dass er kein Herz besitzen würde. Charlotte belehrte ihn eines Besseren, nur durch ihren Anblick.

Maurice schüttelte über sich selbst den Kopf, jetzt lief er schon seit Stunden durch sein Haus, anstatt sich um seine Geschäfte zu kümmern. Wie ein verliebter Narr. Diese Erfahrung war neu für ihn, was ihn faszinierte.

Langsam schlug er den Weg zum Arbeitszimmer ein, da ein paar Dinge seine Aufmerksamkeit benötigten. Er hatte es zwar nicht mehr nötig zu arbeiten, aber es machte ihm Spaß. Darüber hinaus gab er vielen Menschen eine Stelle, die sonst niemand einstellte. Ein Teil seiner Seele war tiefschwarz, dennoch liebte er es zu helfen, vielleicht auch, um seine Schuld zu mindern.

~~°~~

Charlotte konzentrierte sich an dem Abend besonders auf ihre Arbeit. Sie wollte nicht ständig über das merkwürdige Verhalten von Miller nachdenken. Darüber hinaus hatte sie die Nase voll davon, nachzugrübeln, ob es ein Traum gewesen war. Was denn auch sonst? Niemand spazierte einfach so in ihre Wohnung, außerdem hatte sie weder etwas gegessen noch getrunken, daher schloss sie ein Betäubungsmittel aus. Eine Spritze? Daran würde sie sich erinnern, zumindest an den Einstich. Nur woher kamen die seltsamen Flecken an ihrem Hals? Vielleicht waren es doch Einstichstellen?

Verdammt, jetzt dachte sie schon wieder über den letzten Abend nach, anstatt sich auf die Choreografie zu konzentrieren. Zum Glück tanzte sie in der zweiten Reihe, sodass niemandem ihre Patzer auffielen. Nur bei ihrem Solo sollte sie sich besser zusammenreißen.

Ihr Herz schlug schneller, als sie Maurice erkannte, Monsieur Leblanc, verbesserte sie sich in Gedanken. Sie wusste ja nicht mal, ob sie tatsächlich zum Du gewechselt waren.

Die nächste Nummer war ihr Soloauftritt, den sie mit dem Lied *Ganz Paris träumt von der Liebe* bestritt. Sie schenkte den Gästen ein Lächeln, wobei ihr Blick ein wenig zu lange bei Maurice verweilte. Zu allem Überfluss bemerkte Miller den Blickwechsel, wie sehr hatte sie gehofft, dass er wenigstens heute den Anstand hatte, wegzubleiben. Aber jetzt war kaum der richtige Zeitpunkt, darüber nachzudenken.

Sie atmete ein paar Mal ein, während die Musik einsetzte, anschließend performte sie den Song, wie noch nie in ihrem Leben. Unwillig gestand sie sich ein, dass sie ihren dunklen Verehrer beeindrucken wollte, doch an dem Abend erreichte sie genauso die anderen Gäste. Für einen Augenblick hatte sie das Gefühl, dass sie tatsächlich auf einer großen Bühne stand.

Dankbar lächelte sie in die Menge, zwinkerte Leblanc verschmitzt zu, ehe sie zurück in die Garderobe ging.

„Du warst toll." Babette sah sie von der Seite aus an. „Du siehst ziemlich glücklich aus."

Charlie zuckte nur leicht mit den Schultern. „Das bin ich auch. Irgendwie habe ich die Vermutung, dass alles gut wird." Sie seufzte leise. „Keine Ahnung, wie ich das erklären soll." In der Tat keimte Hoffnung in ihr auf, die sie verzweifelt unterdrückte. Es gab keinen wirklichen Lichtblick in ihrem Leben, nur weil zwei Männer sie attraktiv fanden. „Wahrscheinlich liegt es daran, dass die freien Tage vor der Tür stehen." Sie zwinkerte der Kollegin lachend zu.

Montags und dienstags war Ruhetag, da bekamen sogar die Tänzerinnen frei, was Charlotte gerade gut in den Kram passte. Sie brauchte dringend eine Auszeit, um ihrem Körper eine Pause zu gönnen, aber auch um nachdenken zu können.

„Du warst sensationell, meine Liebe."

Die Stimme des Direktors ließ sie hochschrecken. Wen hatte er denn jetzt wieder im Schlepptau, bestimmt kam er nicht, um ihr zu gratulieren. Langsam drehte sie sich um, ein gezwungenes Lächeln auf den Lippen. „Vielen Dank, doch ich tue nur meinen Job." Sofort hellte sich ihr gesamtes Gesicht auf, als sie Maurice sah.

„Das glaube ich nicht, Madame, Sie haben mit so viel Leidenschaft gesungen." Er verbeugte sich ein wenig. „Verzeihen Sie, dass ich Sie in Ihrer Pause belästige, aber Monsieur Bertrand meinte, eine kurze Störung wäre in Ordnung." Er zeigte auf ihren Boss, der breit grinsend neben ihnen stand.

„Für ein Kompliment darf man mich immer stören, Monsieur Leblanc.“ Sie würde kein Geheimnis daraus machen, dass sie sich bereits kannten, das war in ihren Augen einfach nur albern. Sie drehte sich, ehe sie aufstand.

„Bitte, bleiben Sie sitzen, es muss sehr anstrengend sein, jeden Abend diese Leistung zu bringen.“ Maurice deutete auf den Stuhl, woraufhin sie sich wieder setzte. Natürlich war ihm ihr schmerzhaftes Zusammenzucken nicht entgangen. „Ich frage mich nur, warum ein solches Talent in der zweiten Reihe tanzt. Sie gehören ins Rampenlicht.“ Er konnte nur schwer seine Wut auf den Direktor unterdrücken, da er wusste, dass dieser Charlotte auf die Weise erpresste.

Charlie hob eine Hand. „Ganz einfach, Monsieur, es gibt bessere Tänzerinnen als mich. Schauen Sie sich Chantal an.“ Kurz fühlte sie das schlechte Gewissen, weil sie seine Aufmerksamkeit auf ihre Feindin lenkte.

„Für mich sind Sie die Beste, ma chère. Darf ich Sie heute Abend zum Essen entführen?“ Er drehte sich zu ihrem Chef. „Sie geben ihr bestimmt gerne frei, nach so einem Auftritt, richtig?“

Bertrands Augen sahen plötzlich glasig aus, gleichzeitig nickte er eifrig. „Natürlich, sie hat eine Verschnaufpause verdient und ab Mittwoch wird sie in der ersten Reihe tanzen.“

Irritiert blickte Charlotte von einem zum anderen. Was ging hier vor sich? Normal war das Verhalten ihres Bosses nicht, allerdings würde sie sich auf keinen Fall einmischen. Freizeit bei vollem Lohnausgleich gab es praktisch nie.

„Bitte, geben Sie mir keinen Korb.“ Maurice schenkte ihr ein charmantes Lächeln.

Kurz überlegte sie, wobei sie sich an die Warnung von Miller erinnerte, trotzdem nickte sie. Das war die beste Gelegenheit, um Antworten zu erhalten. „Sehr gerne, jedoch bestehe ich auf einer schriftlichen Erlaubnis, dass ich gehen darf, ohne etwas vom Lohn abgezogen zu bekommen." Sie sah ihren Chef eindringlich an. Jetzt hatte er die Möglichkeit einen Rückzieher zu machen, aber er stimmte bereitwillig zu. Alles in allem war er zu freundlich, außerdem war da der stumpfe Glanz in seinen Augen.

„Ich bin überglücklich und erwarte Sie am Ausgang. Bis gleich, ma chère." Leblanc verbeugte sich leicht, ehe er mit Bertrand abzog.

„Was war das denn?", erkundigte sich Babette erstaunt. „Der Alte hat noch nie einer von uns freiwillig freigegeben."

Charlie nickte nachdenklich. „Du hast recht, irgendwas ist im Busch. Entweder der Gast besitzt enorme Macht oder viel Geld."

„Oder beides", mischte sich Chantal ein. „Aber in dem Fall würde er dich wohl kaum ansehen."

„Eifersüchtig? Immerhin gibt es Männer, die mit mir ausgehen wollen." Charlotte lächelte sie kalt an, ehe sie sich abschminkte. Einen unverhofften frühen Feierabend wollte sie keinesfalls hier in der Garderobe verbringen. Eilig zog sie sich um, dabei stellte sie fest, dass sie für ein Abendessen eher keine passende Kleidung trug, nur nahm sie das gerne in Kauf, wenn sie endlich Antworten erhielt. Mit einem Schulterzucken ging sie über ihre schlichte Aufmachung hinweg und machte sich auf den Weg ins Büro. Ohne eine schriftliche Bescheinigung würde sie das Varieté auf keinen Fall verlassen.

Bertrand gab ihr den Zettel mit Widerwillen, was sie deutlich sah, doch sie fragte nicht lange nach. Bevor er seine Meinung ändern konnte, war sie bereits verschwunden.

„Endlich, ich dachte schon, du kommst nicht mehr, mon cœur." Maurice küsste sie auf beide Wangen.

Lächelnd schüttelte sie den Kopf. „Wieso sollte ich eine solche Einladung ablehnen?" Sie blickte ihn ernst an. „Es ist für mich die Gelegenheit, Antworten zu bekommen."

Fragend sah er sie jetzt an. „Was liegt dir auf der Seele?" An den vergangenen Abend dürfte sie sich kaum erinnern, daher konnte er sich auf diese Ansage keinen Reim machen. Als sie leicht zitterte, legte er einen Arm um ihre Schultern. „Komm, ich entführe dich in ein schönes Restaurant, hier ist es definitiv zu kalt." Er steuerte auf eine Mercedes S-Klasse zu, die am Straßenrand parkte.

Augenblicklich stemmte Charlie sich gegen ihn, auf keinen Fall würde sie mit ihm fahren, ganz besonders nach den Andeutungen von Miller war sie auf der Hut. „Stopp, zuerst reden wir." Leider jagte erneut ein Schauder über ihren Körper, da sie in ihren zu dünnen, abgetragenen Sachen dem schlechten Wetter fast schutzlos ausgesetzt war.

Maurice blieb stehen, um ihr tief in die Augen zu sehen. Ihm widerstrebte es, ihr seinen Willen aufzuzwingen, doch er ließ es nicht zu, dass sie sich hier auf der Straße erkältete. Der Wind frischte auf, der Herbst neigte sich dem Ende zu, es war deutlich kälter geworden. „Du kommst bitte einfach mit mir, mon amour. Du vertraust mir, da ich auf dich aufpasse."

Charlotte lachte leise auf, gleichzeitig tippte sie sich an die Stirn. „Was soll das werden? Glauben Sie im Ernst, dass ich willig mitkomme, nur weil Sie es sagen? Ich kenne Sie kaum und bisher haben Sie sich ziemlich mysteriös gegeben."

Sie verschränkte die Arme vor der Brust. „Es ist besser, wenn ich jetzt nach Hause gehe."

Sanft packte Maurice sie am Oberarm, dabei musterte er sie fasziniert, denn das war ihm noch nie passiert. Normalerweise folgten alle seinen Worten, ohne überhaupt zu bemerken, dass er sie manipulierte. „Bitte, gib mir diese eine Chance. Ich schwöre, dass ich dir niemals schaden werde."

Irgendetwas in seinem Blick sagte ihr, dass sie ihm vertrauen könnte, trotzdem blieb sie eisern. „Nein! Zuerst sagen Sie mir, was hier los ist. Gestern Abend haben Sie mich vor Miller gerettet, zumindest erinnere ich mich dunkel daran. Andererseits weiß ich nicht, wie ich in meine Wohnung gekommen bin." Sie redete sich in Rage. „Heute taucht der Kerl im Varieté auf und warnt mich vor Ihnen. Er hat so getan, als ob Sie Menschen einfach umbringen." Entsetzt schlug sie die Hand vor den Mund, weil sie schon viel zu viel gesagt hatte.

Maurice riss sich zusammen, um seine Wut unter Kontrolle zu bekommen. „Merde!" Der leise Fluch rutschte ihm trotz allem heraus. Er konnte sich kaum erklären, weshalb sie sich an den Abend erinnérte. Vielleicht hatte es etwas damit zu tun, dass sie seine wahre Liebe war? Andererseits bereute er es, Matthias unterschätzt zu haben. Natürlich hatte er ihm eine Blockade verpasst, die es ihm unmöglich machte, ihr die komplette Wahrheit zu sagen, dennoch war der Kretin zu weit gegangen. „Bitte, du frierst und ich möchte nur, dass es dir gut geht. Wenn du willst, reden wir im Auto, während ich dich nach Hause fahre." Er zeigte auf seinen Wagen.

Charlotte seufzte, ihr Verstand schrie ihr zu, dass sie gehen sollte, ihr Herz sagte etwas völlig anderes. Dummerweise knurrte in dem Augenblick ihr Magen, sodass auch Maurice es hörte. „Gut, ich komme mit Ihnen, aber ich werde sofort die Polizei anrufen, falls Sie irgendetwas im Schilde führen." Sie deutete auf ihre Tasche, in der ihr Handy steckte.

„Ganz wie du willst, du hast jedoch nichts vor mir zu befürchten, das verspreche ich dir." Er legte ihr eine Hand in den Rücken, so brachte er sie zu seinem Mercedes. Zuvorkommend öffnete er ihr die Tür, wartete, bis sie saß, ehe er sich auf die Fahrerseite setzte. „Wenn es dir recht ist, fahren wir ins Passionné. Oder hast du einen anderen Vorschlag?" Mit einem zärtlichen Schimmern in den Augen blickte er sie an.

Charlotte lachte leise auf, gleichzeitig deutete sie auf ihre Kleidung. „Du machst Scherze, in dem Aufzug lassen die mich niemals in ihr Restaurant. Außerdem wirst du, ohne einen Tisch reserviert zu haben, dort wohl kaum essen können." Misstrauisch beobachtete sie ihn, dabei fiel ihr wieder auf, dass sie sich von ihm angezogen fühlte. Was hatte dieser Kerl nur an sich?

„Wenn du möchtest, halten wir an einer Boutique an. Es wäre mir ein Vergnügen, dir ein passendes Outfit zu schenken." Schon als er die Worte ausgesprochen hatte, wusste er, dass er gerade in ein Fettnäpfchen getreten war. „Bitte, es ist nicht so, dass ich dich kaufen will."

Empört sah Charlie ihn an. „Was bildest du dir eigentlich ein? Glaubst du, nur weil du Geld hast, darfst du dir alles erlauben?" Sie schämte sich, als sie zugeben musste, dass sie sich weder das Restaurant noch den Besuch in einer Boutique leisten konnte. Dazu kam, dass sie das Gefühl beschlich, dass Maurice sich bestens darüber informiert hatte, wie es um ihre Finanzen bestellt war. „Halt an und lass mich sofort aussteigen."

„Es tut mir leid, ehrlich. Ich wollte dich keineswegs verletzen, ganz im Gegenteil. Ich möchte dir das Leben einfacher machen.“ Er dachte gar nicht daran, jetzt stehen zu bleiben, allerdings war er froh, dass die Türen automatisch verriegelten, sobald er losfuhr. In ihrer Rage war sie in der Lage, aus dem fahrenden Auto zu springen.

„Du spionierst mir nach, weißt offensichtlich viel mehr über mich, als mir lieb ist, und zu allem Überfluss beschämst du mich auch noch, indem du mich mit der Nase draufstößt, dass ich kein Geld habe.“ Charlie war den Tränen nahe. Sie wollte ihm gefallen, obwohl er sie im Augenblick zur Weißglut trieb, aber wie sollte sie das anstellen? Ihr war sehr bewusst, was für einen Eindruck sie in den schäbigen alten Klamotten machte. Trotzdem würde sie sich niemals kaufen lassen. „Ich eigne mich nicht zur Geliebten, die man mit Geschenken bei Laune hält. Stopp sofort den Wagen, ich will aussteigen.“ Ihrer Stimme hörte man an, dass sie mit ihren Gefühlen kämpfte, verdammt, ihr Nervenkostüm war auch nicht mehr das Beste.

„Bitte, wir können doch vernünftig darüber reden. Ich entschuldige mich in aller Form, weil ich über das Ziel hinausgeschossen bin. Allerdings sage ich es gerne noch einmal: Ich möchte nur, dass es dir gut geht.“ Bittend blickte er sie an, als sie an einer roten Ampel standen. „Ich lege dir die Welt zu Füßen, wenn du mich lässt.“ Wie ernst er es in dem Augenblick meinte, konnte sie kaum ahnen.

„Lass es sein, Maurice. Ich verlange Antworten, anschließend fahre ich nach Hause.“ Seufzend schloss sie die Augen, sie war es leid zu kämpfen. „Sag mir einfach nur, was das für ein seltsamer Konkurrenzkampf zwischen dir und Miller ist. Darüber hinaus will ich wissen, was es mit meinem Traum auf sich hat.“ Sie öffnete die Lider.

„Ich beantworte dir, was ich kann, aber nicht hier im Auto.“ Wieder schenkte er ihr einen Blick, der sie schwach werden ließ. „Bitte, gehe mit mir essen.“

„Ich muss mich für so ein feines Restaurant wie das Passionné umziehen.“ Sie klang jetzt richtig müde, erschöpft. „Außerdem habe ich keinen Hunger.“ Ausgerechnet in dem Augenblick knurrte ihr Magen erneut.

Maurice lachte leise. „Ja, das höre ich.“ Er dachte kurz nach. „Ich verspreche dir, dass dich niemand herablassend behandelt, gehst du in dem Fall mit mir hin?“

Seufzend schüttelte Charlie den Kopf. „Du gibst nie auf, oder?“

„Non, jamais.“ Er zwinkerte ihr zu. „Ich bin es gewohnt, zu bekommen, was immer ich will. Du bist die Ausnahme, was mich fasziniert. Bei dir muss ich mich tatsächlich anstrengen.“ Er schmunzelte vergnügt.

„Weshalb nimmst du es dann auf dich? Du könntest ...“ Sie brach ab, als ihr auffiel, dass sie ihn geduzt hatte. „Tut mir leid, ich habe meinen Anstand wohl zu Hause gelassen. Monsieur Leblanc vergessen Sie bitte meinen Ausrutscher. Es war extrem unhöflich von mir, Sie einfach zu duzen.“ Es war ihr wirklich peinlich, ihn so vertraut angesprochen zu haben.

„Das ist völlig in Ordnung, immerhin halte ich mich auch nicht an die Höflichkeitsform. Mir gefällt es, dass du ein wenig lockerer wirst.“ Er drückte kurz ihre Hand, ehe er sich wieder auf den Verkehr konzentrierte. „Lass uns beim Du bleiben.“

Charlotte fehlte die Kraft, um ihm erneut zu widersprechen, also nickte sie nur.

„Soll ich denn jetzt den Weg zum Passionné nehmen? Oder möchtest du dich vorher umziehen?“ Abwartend sah er sie an, während er langsam weiterfuhr. „Ich genieße deine

Anwesenheit sehr, trotzdem macht es keinen Sinn, im Kreis zu fahren."

Dem stimmte sie zu, allerdings wollte sie auf keinen Fall in ihren abgetragenen Sachen ein so teures Restaurant betreten. „Ich wohne ...", weiter kam sie nicht, da Maurice sie mit einem Schmunzeln stoppte.

„Ich kenne deine Adresse." Damit setzte er den Blinker, um die richtige Richtung einzuschlagen. Das Viertel, das sie ansteuerten, gehörte keineswegs zu den besseren, trotzdem verlor er kein Wort darüber.

„Was weißt du eigentlich nicht über mich?" Charlie hatte keine Ahnung, was sie von ihm halten sollte. Auf der einen Seite freute sie sich, dass er sich solche Mühe gab, andererseits jagte es ihr Unbehagen ein, dass er so viel über sie wusste.

„Einiges, mon amour. Ich kenne nur die Eckdaten, wozu auch deine Adresse gehört, allerdings weiß ich nur sehr wenig über deine Vorlieben, deine Hobbys. Es scheint mir fast, als ob du nur die Arbeit hast."

Damit traf er direkt ins Schwarze, dennoch lachte sie nur leise. „Manche Dinge behalte ich am Anfang lieber für mich." Sie fühlte sich in seiner Gegenwart geborgen, was ihr nur selten passierte, trotzdem war sie auf der Hut. In ihrem Leben hatte sie gelernt, zuerst einmal jedem zu misstrauen.

Nach einer guten halben Stunde hielt er vor dem Appartement, in dem auch ihre Wohnung lag. Charlotte überlegte, wie sie ihn davon abhalten konnte, mit hochzukommen, aber da lächelte er sie bereits an.

„Ich vertraue darauf, dass du mich nicht versetzt, während ich hier warte." In seinen Augen glitzerte es, sodass sie nur leicht nickte.

„Ich stehe zu meinem Wort." Damit stieg sie aus und lief auf den Eingang zu.

Kapitel 4 - Rendezvous

Als die Haustür hinter ihr zufiel, atmete Charlie durch. Sie kam sich vor, als ob sie einen Marathon gerannt wäre. Was hatte sie sich nur dabei gedacht, sich auf ein Date mit diesem dunklen Mann einzulassen? Ehrlich gestand sie sich ein, dass er sie faszinierte. In seiner Gegenwart hatte sie das Gefühl, sie selbst sein zu dürfen, darüber hinaus fühlte sie sich beschützt. Eilig schüttelte sie den Kopf über so unsinnige Gedanken, sie kannte ihn kaum, außerdem erinnerte sie sich gut an die warnenden Worte von Miller. Aber wäre sie nicht noch dümmer, die Chance, ihn besser kennenzulernen, ungenutzt verstreichen zu lassen? Ihr Bauchgefühl sagte ihr, dass sie ihm vertrauen durfte. Leider ließ ihre Intuition sie regelmäßig im Stich, sobald es um sie ging. Seufzend lief sie ins Bad, um sich wenigstens zu waschen, für eine ausgiebige Dusche war die Zeit zu knapp, da sie verhindern wollte, dass Maurice unnötig lange wartete. Anschließend suchte sie sich im Kleiderschrank einen zwar altmodischen, aber eleganten Hosenanzug heraus. Eine weiße Bluse und schwarze Pumps rundeten das Outfit ab, sodass sie sich auch in ein Etablissement wie das Passionné traute.

Eilig schnappte sie sich ihre Clutch, warf Portemonnaie mit etwas Kleingeld und Haustürschlüssel hinein, ehe sie zu Maurice zurückging. Ihr Herz klopfte ihr bis zum Hals, da sie irgendwie erwartete, dass er es sich anders überlegt hatte, doch das Auto parkte immer noch am gleichen Punkt. „Das ging schnell und du siehst bezaubernd aus.“ Er betrachtete sie mit einem charmanten Lächeln. Wie gerne hätte er sie neu ausgestattet, einfach weil sie es verdiente, allerdings gab er zu, dass sie toll aussah. Der dunkle Hosenanzug stand ihr hervorragend. Mit einem Schmunzeln bemerkte er, dass sie auf jegliches Make-up verzichtete, was ihm bestätigte: Charlotte war keine Frau, die viel Wert auf künstliche Schönheitsmittel legte. Das hatte sie auch nicht nötig.

„Merci, doch ich weiß, dass der Anzug längst außer Mode ist. Genau wie die Kleidung habe ich die besten Tage schon hinter mir.“ Sie blickte ihn mit einer leichten Bitterkeit in den Augen an. „Wirst du mir ehrlich sagen, was du von mir willst? Oder geht das Ratespiel weiter?“ Müde rieb sie sich über die Lider.

„Ich habe nur einen Wunsch, dass du dich wohlfühlst, am liebsten an meiner Seite, als meine Partnerin, aber für die Entscheidung ist es zu früh.“ Er lächelte versonnen, als ob er bereits wüsste, was in Zukunft auf sie wartete. „Deshalb möchte ich jetzt einfach nur Zeit mit dir verbringen, damit wir uns kennenlernen können.“

Seufzend akzeptierte sie die Antwort, wobei sie davon überzeugt war, dass er sie anlog. Es gab so viele hübschere, jüngere und auch wohlhabendere Frauen, weshalb sollte er sich eine alternde Tänzerin nehmen?

„Du glaubst mir nicht? Das ist schade, allerdings werde ich dich vom Gegenteil überzeugen.“ Maurice richtete einen Augenblick seine Konzentration auf die Ampel, die in der Sekunde auf Rot gesprungen war und Charlie glaubte zu träumen, denn es erschien sofort das grüne Licht. Ungläubig starrte sie auf das Gerät, vielleicht handelte es sich um einen

Kurzschluss? Alle anderen Autos blieben jedoch stehen, sodass sie freie Fahrt hatten. Wahrscheinlich bildete sie sich nur ein, dass die Rotphase gerade erst angefangen hatte. „Du bist ein Charmeur, Maurice, aber es braucht mehr, als ein paar schmeichelnde Worte, um mich zu überzeugen.“ Kurz überlegte sie, ob sie erneut hinzufügen sollte, dass sie sich tatsächlich nicht kaufen ließ, entschied sich allerdings dagegen.

Nach einer Weile summte sie ein Lied, da sie sich auf einmal sehr viel besser fühlte. Es gab keinen Grund, weshalb sie den Luxus ablehnen müsste. Sie konnte sich seit Langem mal wieder sattessen, fuhr in einem wirklich tollen Auto und hatte eine charmante Begleitung. Manchmal durfte man die Dinge einfach nehmen, wie sie waren, trotzdem wollte sie auf der Hut bleiben.

„Deine Stimme ist etwas ganz Besonderes, sie berührt mein Herz“, bemerkte Maurice plötzlich. „Würdest du für mich singen?“

Charlie lachte auf. „Was hier?“

„Ja, was spricht dagegen? Andere stellen das Radio an, ich ziehe es vor, dir zu lauschen. Was könnte daran falsch sein?“ Auffordernd musterte er sie. Er sehnte sich danach, sie singen zu hören, denn in der Tat fühlte er sich dann wieder richtig lebendig.

„Welches Lied bevorzugst du?“ Charlotte wusste nicht, was sie davon halten sollte, trotzdem würde sie ihm den Gefallen tun.

„Egal, was ist dein Lieblingslied?“

Jetzt musste sie in der Tat überlegen. „Da gibt es viele, es kommt immer auf meine Stimmung an.“ Im Moment war ihre Laune ausgezeichnet, was sie sich kaum erklären konnte, obwohl sie misstrauisch war und sich Gedanken machte, was das mit diesem Mann wohl war. Leise begann sie mit *J´aime Paris*, weil es der Wahrheit entsprach, sie liebte ihre Heimatstadt.

„Das war wundervoll, du vergeudest dein Talent in dem Schuppen." In seiner Aussage klang eine Frage mit, auf die sie jetzt keinesfalls einging.

„Das sehen die Herren der gehobenen Etablissements anders. Vielleicht liegt es auch an meiner Vergangenheit ..." Sie brach schnell ab, da sie verhindern wollte, dass der Abend endete. Wenn Maurice erst wusste, dass sie im Lido gearbeitet hatte, würde er sie unter Umständen sofort loswerden wollen.

„Das glaube ich nicht, es kommt doch auf das Können an, weniger, ob jemand in einem anrüchigen Lokal aufgetreten ist. Jugendsünden haben wir ja alle, oder?" Er legte eine Hand auf ihren Oberschenkel, drückte ihn kurz, ehe er sich erneut auf den Verkehr konzentrierte.

Auf eine Antwort verzichtete Charlie lieber, denn auf den Abschnitt ihres Lebens war sie nicht gerade stolz.

Vor dem Passionné wartete bereits ein Bediensteter, der ihr galant aus dem Wagen half, anschließend ging er zur Fahrerseite, um die Schlüssel entgegenzunehmen. Service wurde hier großgeschrieben.

Maurice bot ihr höflich den Arm und begleitete sie so in eins der angesagtesten Lokale in der Stadt.

Der Maître de Restaurant eilte herbei. „Guten Abend, Monsieur Leblanc." Er lächelte Charlotte zu. „Madame, willkommen."

„Ihnen auch einen schönen Abend, Louis, ich möchte mit meiner Begleitung essen."

Sofort runzelte sich die Stirn des Angestellten, weil diese Gäste natürlich keine Reservierung vorzuweisen hatten, allerdings wies man jemanden wie Leblanc nicht einfach ab. „Würden Sie mir folgen?“ Der Mann zeigte ihnen höflich den Weg, bis sie an einer schlichten, aber extrem eleganten Bar ankamen. „Darf ich Sie bitten, einen Moment hier Platz zu nehmen? Bestellen Sie sich ein Getränk Ihrer Wahl aufs Haus.“

Maurice nickte dem Maître zu, gleichzeitig half er Charlotte auf einen der Barhocker. „Beeilen Sie sich, Louis, meine Herzensdame hat Hunger.“ Er zwinkerte Charlie zu, doch man sah deutlich, dass er es ziemlich ernst meinte.

„Wirklich, Maurice, wir können kaum erwarten, dass sie sofort einen Tisch für uns freimachen.“ Sie schüttelte tadelnd den Kopf, sie war es nicht gewohnt, dass man für sie eine Extrawurst briet.

„Das sehe ich anders, mon cœur, immerhin bin ich der Eigentümer.“ Er lächelte über ihren erstaunten Gesichtsausdruck. „Außerdem habe ich dir bereits gesagt, dass ich immer erreiche, was ich will.“

Verwirrt betrachtete sie ihn. „In dem Fall müsstest du überhaupt keine Rechnung hier bezahlen, der Maître hat aber extra betont, dass der erste Drink umsonst ist.“ Die Information überwältigte sie ein wenig.

„Er kennt mich nur als Gast. Ich halte es für nötig, meine Identität geheimzuhalten, nur so kann ich kontrollieren, ob alles so läuft, wie ich es haben möchte.“ Er bestellte einen halbtrockenen Sauvignon blanc aus der Gascogne und prostete Charlotte damit zu. „Auf eine bezaubernde Frau, die mein Herz zum Schlagen bringt.“

„Du übertreibst, wie du selbst gesagt hast, kennst du mich kaum. Vielleicht habe ich ja Angewohnheiten, die dich abstoßen." Trotzdem hob sie ihr Weinglas, um mit ihm anzustoßen. Der Wein war vorzüglich, stieg ihr allerdings sofort zu Kopf, sodass sie das Glas schnell wieder abstellte. Ihr Magen war so leer, dass sie besser aufpassen sollte, was sie trank. „Du schuldest mir Antworten, Maurice." Auffordernd sah sie ihn an, doch er nahm lediglich ihre Hand.

„Verzeih mir, mein Herz, aber hier möchte ich keine Erklärungen abgeben, außerdem ist es zu früh." Er küsste ihren Handrücken, was sie für einen Moment ablenkte.

Der Maître kam kurz darauf zu ihnen, um sie zu einer Nische zu führen, wobei Charlie deutlich die wütende Stimme eines Gastes hörte, der sich beschwerte, weil er fortgeschickt wurde.

„Das ist einfach falsch, wir verderben einem anderen Paar den Abend", bemerkte sie ungehalten, als sie sich gesetzt hatten.

Maurice zuckte leicht mit den Schultern. „Manchmal gewinnt man und dann wieder verliert man. Ich habe vor langer Zeit gelernt, meine Vorteile auszunutzen. Es ist ja nicht so, als ob es hier in Paris keine Restaurants gibt."

Die Antwort gefiel ihr überhaupt nicht, was sie mit einem leisen Schnauben kundtat. „Es ist rücksichtslos und das ist kaum meine Art."

„Das weiß ich, deshalb bekommt der Mann auch eine mehr als angemessene Entschädigung. Die nächsten drei Besuche gehen auf meine Kappe. Denkst du, dass das ausreicht?"

Erstaunt über so viel Großzügigkeit nickte sie lediglich, ehe ihr wieder ihr seltsamer Traum einfiel. „Habe ich mir den letzten Abend eingebildet oder hast du mich tatsächlich vor Miller gerettet?“ Sie platzte mit ihrer Frage raus, ohne weiter darüber nachzudenken. Sie musste endlich Klarheit bekommen.

Seufzend stieß Maurice die Luft aus, ihm widerstrebte es, sie anzulügen, für die Wahrheit war es jedoch zu früh. Auf keinen Fall wollte er sie verscheuchen oder ihr Angst einjagen. „Ich bitte dich um einen Vertrauensvorschuss.“ Augenblicklich hob er eine Hand, weil er die Zornesfalten in ihrem Gesicht deutlich erkannte. „Ich verspreche dir, dass ich immer ehrlich zu dir bin. Die Antwort auf deine Frage ist allerdings erschreckend.“

Stumm schüttelte sie den Kopf. „Ich wusste ja, dass du mich hinhältst. Ich sollte gehen.“ Sie stand auf, aber Maurice hielt sie vorsichtig am Ärmel fest.

„Ich flehe dich an, bleib.“ Er schenkte ihr einen Blick, der sie sofort weich werden ließ. „Es war kein Traum“, schob er leise hinterher.

Langsam setzte sie sich wieder, dabei musterte sie ihn eindringlich. „Weshalb kann ich mich nur schlecht an den Abend erinnern? Wie bin ich in meine Wohnung gekommen?“ Ihr jagte die Erinnerung Angst ein, außerdem wusste sie ja nicht mal, ob sie ihm tatsächlich trauen durfte. „Erklär es mir bitte, ich fürchte, dass ich den Verstand verliere.“

Sanft nahm er ihre Hand. „Keine Sorge, du bist völlig gesund, doch nachdem Miller dich bedrängt hat, bist du einfach umgekippt. In deiner Handtasche habe ich den Schlüssel deines Apartments gefunden.“ Er zuckte leicht mit den Schultern. Es war die Wahrheit, er ließ nur einen entscheidenden Punkt aus: Er hatte dafür gesorgt, dass sie ohnmächtig wurde. „Manchmal sind die Dinge anders, als sie scheinen.“

Unwillig seufzte Charlie. „Aber, wenn der Kerl mir tatsächlich an die Wäsche wollte, ist es doch eine Dreistigkeit, dass er mir heute entgegengetreten ist, als ob nichts passiert wäre.“ Sie schluckte. „Irgendetwas ist hier faul.“

„Es gibt einige Details, die ich dir noch verschweigen muss.“ Er strich vorsichtig mit dem Daumen über ihren Handrücken. „Schenkst du mir einen Vertrauensvorschuss? Bitte?“

Diesem Blick konnte sie kaum widerstehen, sodass sie zaghaft zustimmte, außerdem brachte der Kellner in dem Moment das Amuse-Gueule.

Es sah fantastisch aus und Charlotte lief das Wasser im Mund zusammen, was auch daran lag, dass sie in der letzten Zeit wenig gegessen hatte.

„Guten Appetit, mon cœur.“ Maurice nickte ihr zu, gleichzeitig ließ er sich die Pastete auf der Zunge zergehen. Nicht umsonst hatte er die besten Köche engagiert.

Sie probierte, für einen Augenblick vergaß sie sogar ihre Probleme, als ein wahres Feuerwerk des Geschmacks in ihrem Mund explodierte. Nur mühsam hielt sie ein genüssliches Stöhnen zurück. „Wow, das ist fantastisch“, bemerkte sie verzückt.

„Ja, es ist wirklich gut“, stimmte Maurice ihr vergnügt zu, wobei er mehr Spaß daran hatte, sie zu beobachten, als am Essen selbst. Es bereitete ihm Freude, zu sehen, wie sehr sein Engel die Pastete genoss. Wie gerne würde er ihr jeden Wunsch von den Augen ablesen, nur musste sie ihm zuerst einmal genug vertrauen. Darüber hinaus fürchtete er sich davor, ihr die ganze Wahrheit zu sagen.

„Habe ich gekleckert? Du starrst mich so seltsam an.“ Unsicher fuhr sie mit der Serviette über die Lippen.

Maurice schmunzelte. „Nein, mein Herz, ich genieße es, mit dir zusammen zu sein. Ich bin selten jemandem begegnet, der eine Vorspeise dermaßen zelebriert."

Lachend legte sie das Besteck zur Seite. „Du machst Scherze, oder? Wie könnte man bei einer derartigen Köstlichkeit nicht jeden Bissen auskosten?" Ihr war es unverständlich, dass es Menschen gab, die ein solches Kunstwerk einfach herunterschlangen.

Zärtlich lächelte Maurice sie an, sie gefiel ihm immer besser, je mehr Nuancen ihrer Persönlichkeit er entdeckte, trotzdem befiel ihn erneut das schlechte Gewissen. Allein mit diesem Abend hatte er sie weiter in seine Welt gezogen, was Gefahr für sie bedeutete. Kurz runzelte er die Stirn, als er daran dachte, dass er Miller später einen Besuch abstatten musste. Der Kerl war wie ein Dorn in seiner Haut.

„Habe ich etwas Falsches gesagt?" Unsicherheit klang in Charlies Stimme mit, während sie ihr Gegenüber fast schon furchtsam ansah. Die dunkle Aura, die sie von Anfang an bemerkt hatte, war jetzt deutlich spürbar, was ihr eine Gänsehaut über den Leib schickte.

Sofort entspannte Maurice sich, drückte ihre Hand und schüttelte den Kopf. „Nein, mein Herz, im Gegenteil, du bist perfekt."

Leise lachte sie, mit solchen Komplimenten konnte sie nur schlecht umgehen. Im Varieté bekam sie zwar öfter ähnliche Dinge zu hören, aber nur zu einem Zweck: Sie ins Bett zu bekommen.

„Du glaubst, ich würde dir nur schmeicheln." Er streckte die andere Hand aus, packte ihr Kinn, womit er sie zwang, ihn anzusehen. „Ich schmeichele niemandem, um an mein Ziel zu kommen, dafür habe ich bessere Mittel." In seinen Augen blitzte es auf, was sie zum Lächeln brachte.

„Sicher, du nutzt bestimmt die Befehlsform, die schon bei mir versagt hat." Sie lachte leise, verstummte aber sofort, als er nur nickte. „Du willst mir weismachen, dass deine Umgebung darauf reagiert?" Fest davon überzeugt, dass er sie auf den Arm nahm, betrachtete sie ihn.

„In der Regel, ja. Das ist ein weiteres Detail, das mich an dir so fasziniert. Du bist die Erste, die mir widerstehen kann." Er ließ ihr Kinn mit leichtem Bedauern los. „Du bist eine ganz besondere Frau, mon cœur."

Verlegen senkte sie den Blick, weil ihr keine Antwort einfiel, bisher hatte sie das Gefühl gehabt, ihr Leben vor die Wand gefahren zu haben, nur in seiner Gegenwart kam es ihr komplett anders vor.

Der nächste Gang rettete sie vor ihren eigenen Gedanken, zumal sie das Essen mit allen Sinnen genießen wollte. Wer wusste schon, wann sie erneut die Gelegenheit bekam, ein solches Menü serviert zu bekommen.

„Erzähl mir etwas über dich", verlangte Maurice plötzlich.

Kurz dachte Charlotte nach, dabei musterte sie ihn. „Was möchtest du wissen? Mir scheint es so, dass du bereits alles Wissenswerte über mich weißt." Misstrauen kroch ihr wieder über den Rücken.

„Bei Weitem nicht, ma chère. Ich kenne die Eckdaten, die Informationen, die man auf einfache Weise erhält. Aber ich bin an dem interessiert, was in deinem hübschen Kopf vorgeht." Er nahm erneut ihre Hand. „Was sind deine Ziele, deine Träume?"

Bitter lachte sie auf, dabei überlegte sie, ob sie die Berührung unterbinden sollte. „Aktuell versuche ich, irgendwie zu überleben. Dir ist sicherlich nicht entgangen, dass ich eigentlich längst zu alt für die Bühne bin.“ Sie biss sich auf die Innenseite ihrer Wange, weil sie ihn mit ihren Problemen auf keinen Fall langweilen wollte. Dazu kam, dass es unklug war, ihm noch mehr über sich zu verraten. „Wie wäre es, wenn du mir etwas über dich erzählst? Ich bin im Nachteil, da ich lediglich deinen Namen kenne.“ Sie zauberte ein Lächeln auf ihre Lippen.

„Ich bin ziemlich unspektakulär, um es mal freundlich auszudrücken. Ich wohne meistens in Saint-Germain-des-Prés. Aktuell ziehe ich meine Jacht vor, aber ich habe auch eine Suite im Hotel Keppler.“ Er zuckte mit den Schultern. „Geld spielt für mich keine Rolle.“ Sofort hob er eine Hand, um ihren Kommentar zu stoppen. „Das ist keine Anspielung. Es ist nur ein Fakt, außerdem habe ich gelernt, dass man die wichtigen Dinge niemals kaufen kann. Du wolltest die Eckdaten über mich“, fügte er entschuldigend hinzu.

Charlotte bekam ein schlechtes Gewissen, weil sie so aggressiv auf das Thema reagierte, immerhin konnte er nichts dafür, dass sie so knapp war. „Tut mir leid, es ist mein Schwachpunkt“, gab sie leise zu.

„Es ist alles in Ordnung, mein Herz. Du lernst mich ja gerade erst kennen.“ Zärtlich lächelte er sie an, dabei beschloss er, seine restlichen Besitztümer vorerst zu verschweigen. „Ich bin fünfundfünfzig Jahre alt, im April geboren. Meine Heimat ist Paris, hier fühle ich mich wohl, allerdings habe ich auch schon in vielen unterschiedlichen Städten und Ländern gelebt.“

Neugierig musterte sie ihn. „Das klingt interessant. Ich war lediglich im Urlaub mal in Italien. Meine Arbeit ließ es nicht zu, dass ich irgendwo anders hinziehen konnte." Eilig schob sie die belastenden Erinnerungen an eine Zeit, in der es ihr noch besser gegangen war, zur Seite. „Wo hast du dich am liebsten aufgehalten, sobald du im Ausland warst? Und welches Land würdest du wählen, wenn du Frankreich verlassen müsstest?"

Maurice überlegte einen Augenblick, auf keinen Fall durfte er ihr alle seine vergangenen Wohnorte aufzählen, da es für ein einzelnes Menschenleben zu viele waren. „Mich faszinieren die britischen Inseln, Irland, Island, aber auch Österreich hat einen besonderen Charme. Wien ist eine fantastische Stadt mit ihren zuvorkommenden Einwohnern." In seinen Augen blitzte es auf, als er sich an seinen Aufenthalt dort erinnerte. Kaiserin Sisi war in aller Munde, weil sie sich so gar nicht an die Konventionen hielt, der Adel wusste sich zu amüsieren und die Nächte im Wurstelprater hatten ihren eigenen Reiz.

„Was geht dir durch den Kopf? Es muss etwas sehr Schönes sein."

Ihre Frage riss ihn aus seinen Erinnerungen. „Oui, ich habe an die Zeit in Wien gedacht. Es ist wirklich eine außergewöhnliche Stadt mit vielen Sehenswürdigkeiten." Er lächelte versonnen. „Gerne würde ich sie dir zeigen."

Sofort runzelte sie die Stirn. „So weit sind wir nicht, Monsieur."

„Das sehe ich genauso, darüber hinaus gibt es auch in Paris genug zu erleben."

„Was machst du beruflich oder lebst du von den Einkünften deines Restaurants?" Charlotte versuchte, ihre Neugier zu bezähmen, wobei sie sich ehrlich eingestand, dass der Mann sie interessierte.

„Ich besitze einige lohnende Aktien, allerdings lebe ich im Großen und Ganzen von den Einnahmen meiner Lokale." Er schluckte, weil er sich jetzt doch verraten hatte.

„Du sprichst in der Mehrzahl? Darf ich davon ausgehen, dass du mehr als das Passionné besitzt?" Ihr wurde es mulmig, der Unterschied zwischen ihnen könnte kaum auffälliger sein.

„Ja, es sind ein paar Geschäfte, aber ist es wirklich wichtig?" Eindringlich musterte er sie. „Am Ende kommt es auf andere Dinge als Besitz an, n'est-ce pas?"

Dem stimmte sie von Herzen zu. „Welche Hobbys hast du?" Das Thema war unverfänglich.

„Ich liebe Musik, angefangen von der Oper bis hin zum Musical oder auch Popkonzerte. Außerdem vertiefe ich mich sehr gerne in ein fesselndes Buch." Er hatte in seinem Leben so ziemlich alles ausprobiert, aber das konnte er ihr wohl kaum erzählen. „Ich mag lange Spaziergänge im Mondschein, leckeres Essen und guten Wein, darin bin ich Pariser durch und durch." Er lachte.

„So wie du aussiehst, besuchst du regelmäßig ein Fitness-Studio." Charlotte biss sich auf die Lippen, weil ihr die Bemerkung herausgerutscht war. Auf keinen Fall sollte er denken, sie hätte irgendein körperliches Interesse an ihm.

„Danke für das Kompliment, es freut mich, dass ich dir gefalle." Süffisant lächelte er sie an. „In der Tat gehe ich oft in der Nacht joggen, seit ich an Schlaflosigkeit leide." Hier musste er die Wahrheit ein wenig biegen, da er keinen Schlaf benötigte.

„Das sieht man dir nicht an. Weshalb hast du diese Probleme?" Mitfühlend betrachtete sie ihn, dabei fiel ihr auf, dass er in der Tat ziemlich blass aussah.

Maurice zuckte leicht mit den Schultern. „Das ist mir unbekannt. Aber lass uns bitte von etwas Erfreulicherem sprechen. Du schuldest mir noch eine Antwort, welche Träume hast du?“

Wieder lachte sie bitter auf. „Im Laufe der Zeit hat man mir beigebracht, dass es keinen Sinn hat, sich Ziele zu setzen oder Wünsche zu haben. Am Ende wird man nur enttäuscht. Aktuell stehe ich vor dem Problem, dass ich einen anderen Job brauche, allerdings keine Qualifizierung besitze. Ich habe immer gesungen und getanzt, das ist alles, was ich kann.“ Sie schluckte, als sie sich so plötzlich mit ihrem Leben auseinandersetzen musste. „Das ist kein passendes Thema für einen so schönen Abend.“ Sie schüttelte leicht den Kopf. „Ich komme klar.“

Maurice war klug genug, auf ihr Ablenkungsmanöver einzugehen. Ihm war bewusst, dass es zu früh war, um ihr zu helfen oder weiter in sie zu dringen.

Das Essen neigte sich dem Ende zu, dabei hatte er viel mehr erfahren, als er gehofft hatte.

Charlie fühlte sich zum ersten Mal seit Langem so richtig satt, außerdem genoss sie die Gegenwart dieses Mannes, trotz seiner dunklen Ausstrahlung.

Ganz Gentleman bezahlte er die Rechnung, half ihr in ihre Jacke und brachte sie zu seinem Auto zurück.

„Ich danke dir für den bezaubernden Abend.“ Er küsste ihr auf eine altmodische, aber charmante Art die Hand. „Sehen wir uns wieder?“ Jetzt hielt er die Luft an.

„Ich werde dir kaum verbieten, ins Varieté zu kommen.“ Charlotte verkniff sich ein Auflachen, doch als sie sein enttäuschtes Gesicht sah, schüttelte sie leicht den Kopf. „Ich sollte mich von dir fernhalten. Du spielst definitiv in einer anderen Liga als ich, außerdem bist du meinen Fragen geschickt ausgewichen.“ In dem Augenblick fiel ihr ein, dass Miller sie bedrängt hatte. „Sagst du mir wenigstens, was ich wegen Matthias tun kann? Mein Chef wird mir nicht glauben, somit sind mir die Hände gebunden, falls ich meinen Job behalten will.“ Fröstelnd rieb sie sich über die Oberarme.

„Lass das meine Sorge sein, ich werde dich beschützen, mon amour.“ Er zog sie an sich. „Sehen wir uns wieder? Sag ja, bitte.“

Sie lehnte sich an ihn, dabei fühlte sie erneut diese Geborgenheit, die sie so sehr vermisst hatte. „Wenn du es wirklich möchtest, gerne.“

Erleichtert drückte er sie an sich, sah ihr tief in die Augen, ehe er sie zärtlich küsste. Sanft drang er mit der Zunge in ihren Mund ein, entlockte ihr ein leidenschaftliches Stöhnen. Ihr Geschmack berauschte ihn dermaßen, dass er fast die Beherrschung verlor, trotzdem kostete er den Moment aus, bis er deutlich an seine Grenzen stieß.

Charlie drängte sich an ihn, ließ sich in den Kuss fallen, blendete die gesamte Umgebung aus, bis er sie abrupt von sich schob. Irritiert suchte sie seinen Blick, doch er weigerte sich, sie überhaupt anzusehen. Mit abgewendetem Kopf deutete er auf den Eingang. „Geh! Sofort.“

Tränen traten ihr in die Augen, deshalb gehorchte sie, ohne einen weiteren Gedanken darüber zu verschwenden. War ja klar, dass er es nicht ehrlich mit ihr meinte. Wer wollte schon eine abgehalfterte Tänzerin, die die besten Jahre hinter sich hatte?

Kapitel 5 - Dunkle Wolken

Fluchend suchte Maurice Schutz in seinem Auto, dabei machte er sich die schlimmsten Vorwürfe. Weshalb hatte er seiner Sehnsucht nachgegeben, obwohl er bereits befürchtete, dass er seine wahre Natur in ihrer Nähe kaum unter Kontrolle brachte.

Im Rückspiegel sah er, dass die Haustür ins Schloss fiel, was ihm einen Stich ins Herz gab. Bestimmt redete sie sich jetzt einen Haufen Unsinn ein, dennoch war es das Einzige, was er tun konnte. Zu genau erkannte er, dass sich seine Pupillen rot verfärbt hatten, der Anblick war gelinde gesagt gruselig. Erneut fluchte er, dabei schlug er auf das Lenkrad ein. Das erste Rendezvous hatte er sich verdammt noch mal anders vorgestellt.

Wütend auf sich selbst startete er den Wagen, wobei er kurz überlegte, ob er tatsächlich schon nach Hause fahren sollte. Auf seiner Jacht kam er zwar zur Ruhe, allerdings belastete ihn die Einsamkeit dort umso mehr. Besonders jetzt, wo er Charlotte endlich kennenlernen durfte. Matthias fiel ihm ein. Das war genau die richtige Ablenkung! Er würde sich den Kerl vorknöpfen, damit er sich von seiner Gefährtin fernhielt.

Stinksauer biss er die Zähne zusammen, als er daran dachte, dass dieser Kretin sich an seine Frau herangemacht hatte. Eine unbändige Wut darüber, dass Miller sich seiner Liebsten aufdrängte, kochte in ihm hoch und es wunderte ihn selbst, dass er in dem Augenblick noch einen Rest an Beherrschung aufgebracht hatte.

Langsam lenkte er seinen Mercedes durch die Straßen von Paris, dabei überlegte er, wie er seinen Erzfeind zur Räson bringen wollte. Am einfachsten wäre es, ihm die Kehle durchzuschneiden, doch das war nicht seine Art, Manipulation wirkte bei ihm offensichtlich nur zum Teil. Leider besaß der Kretin extrem viel Erfahrung, was die Besonderheiten in Maurice' Familie anging.

Nach einer guten Viertelstunde kam er an einem schäbigen Apartmenthaus im Quartier de la Goutte-d'Or an. Kurz verzog er das Gesicht, war ja klar, dass der Kerl sich keine vernünftige Unterkunft leistete und sich im ärmsten Viertel einquartierte. Matthias widerte ihn immer mehr an, denn er hatte weiß Gott genug Geld, um sich eine bessere Wohnung zu leisten, anstatt den Armen hier auch noch den Wohnraum zu stehlen.

Maurice parkte, stieg aus und lief, ohne auf irgendeine Menschenseele zu achten, auf das Haus zu. Ungeduldig hämmerte er auf den Klingelknopf. Natürlich könnte er einfach reingehen, zumindest bis zur Wohnungstür, allerdings wusste er, dass Miller verschiedene Fallen aufgestellt hatte. Leider war Matthias kein Anfänger.

Es dauerte nicht lange, bis der Summer ertönte, jetzt wurde Maurice vorsichtig. Er drückte die Tür auf, starrte einen Moment in den dunkeln Flur, dabei benutzte er alle seine Sinne. Hier gab es noch keine Schwierigkeiten, deshalb stieg er bedacht die Treppe rauf.

Im dritten Stock wartete sein Widersacher in der Tür zu seiner Einzimmerwohnung. „Was verschafft mir die Ehre, Monsieur Leblanc? Oder soll ich besser sagen, Duc du Maine?“ Er lächelte hinterhältig.

„Lass die Spielchen, Matthias. Die Zeiten des Adels sind längst vorbei und heute nutzt es mir auch kaum etwas, dass ich der Enkel von Luis quatorze bin.“ Er blieb vor ihm stehen, um ihn eindringlich zu mustern. „Aber kommen wir direkt zum Punkt, hatte ich dir nicht gesagt, dass du dich von meiner Gefährtin fernzuhalten hast?“ Drohend zog er die Augenbrauen zusammen, gleichzeitig bemerkte er, dass eine magische Barriere ihn hinderte, näher an die Wohnungstür zu gelangen. Dumm war der Schweinehund nicht.

„Ich dachte, die Dame hat das Recht zu erfahren, was sie erwartet. Da du allerdings einen Bann über mich gelegt hast, musste ich einen Umweg gehen.“ Miller grinste selbstgefällig. „Wie ich sehe, hat es geklappt. Bist du gekommen, um mir dein Herz auszuschütten?“ Er lachte gehässig.

„Um genau zu sein, bin ich hier, um dir den Hals umzudrehen.“

Bei den Worten trat Matthias sofort rückwärts über die Schwelle. „Komm her, wenn du kannst.“ Wieder sah er seinen Feind mit Abscheu in den Augen an. „Du weißt, dass du meine Einladung benötigst. Natürlich habe ich die Wohnung ordentlich gemietet. Darüber hinaus habe ich mich gegen dein Eindringen mit diversen Mitteln geschützt.“ Fast hätte er laut gelacht, allerdings wusste er aus Erfahrung, dass er Leblanc besser nicht zu sehr reizen sollte.

„Du bist ein Feigling, sonst würdest du dich kaum hinter magischen Schutzbarrieren verbergen.“ Maurice sah ihn herausfordernd an.

„Manchmal vermisse ich die alten Zeiten, wo man solche Probleme wie dich einfach mit einem Duell gelöst hat."

Miller lachte spöttisch auf. „Deinesgleichen hat da andere Methoden. Keiner von euch ist ein Risiko eingegangen. Die Menschen, die nach Einbruch der Dunkelheit unterwegs waren, stellten eine leichte Beute dar, das meinst du doch eigentlich."

Zu gerne hätte Maurice ihm eingetrichtert, dass sie niemanden töteten, weder damals noch heute, aber das war vergebene Liebesmühe. „Hören wir mit dem Geplänkel auf. Lass die Finger von meiner Gefährtin, sonst überlebst du die kommende Nacht nicht. Ist das jetzt klar?" Drohend blickte er den Mann an, dabei war ihm bewusst, dass sich sein Gesicht verändert hatte. „Sie ist zu schade für einen Schmierfink wie dich."

„Sie ist eine billige Hure, eine Tänzerin, die sich jedem an den Hals wirft, der Geld hat", stieß Matthias wütend hervor. Zu gut erinnerte er sich an ihre Abfuhr, obwohl sie sich geschmeichelt fühlen sollte, dass er sie überhaupt zur Kenntnis nahm. „Mir ist es ein Rätsel, weshalb du ausgerechnet sie haben willst. Aber mir soll es recht sein, denn jetzt kenne ich deine Schwachstelle." Überheblich lachte er, bis Maurice ihn blitzschnell packte und aus der Wohnung zog. Miller starrte ihn mit geweiteten Augen an. „Das ist unmöglich, du kannst den Schutz nicht durchbrechen."

Milde lächelte er, dabei bleckte er die Zähne. „Ich bin unfähig, ohne Erlaubnis in dein Refugium zu gelangen, das ist richtig." Er unterdrückte den Impuls, seine Hand vom Kragen seines Feindes zu lösen, weil sie höllisch schmerzte.

„Aber hineinzugreifen ist kein Problem, wie du siehst. Selbst dein Abwehrzauber hat mich keineswegs abgehalten, dich in die Finger zu bekommen.“ Langsam ging er näher an ihn heran, bis ihre Nasenspitzen sich fast berührten.

„Bitte, Gnade, ich habe es nicht so gemeint. Selbstverständlich lasse ich die Dame in Ruhe“, wimmerte Matthias, der sich kaum bewegen konnte.

Ruhig nickte Maurice. „Davon bin ich überzeugt, weil ich dafür sorge. Packst du sie noch ein einziges Mal an, befreie ich dich von deinem Elend, selbst wenn es mir den Magen verdirbt.“ Er ließ ihn los, gab ihm einen Stoß, sodass er in seine Wohnung katapultiert wurde. Auf keinen Fall wollte er sich an dem Kerl vergreifen, egal, wie groß die Versuchung gerade war. Sein Familienkodex hielt ihn jedoch ab, jemanden ohne Not zu töten.

Wütend rannte er die Treppe herunter, stieg in seinen Wagen und fuhr zum Jachthafen, der ihm auch gehörte.

Am liebsten hätte er irgendetwas zertrümmert, eine Vase an die Wand geworfen oder sich einen Faustkampf geliefert, leider stand ihm kein geeigneter Partner zur Verfügung. Nicht mal betrinken konnte er sich, merde!

Nur langsam beruhigte er sich, dabei ließ er den Abend Revue passieren. So hatte er sich den Ausgang ganz bestimmt nicht vorgestellt. Weshalb war er auf die dämliche Idee gekommen, Charlotte zu küssen? Er wusste doch, dass er kaum in der Lage war, sein wahres Gesicht unter den Umständen zu verbergen. Wieder fluchte er. Ob sie überhaupt noch mal mit ihm reden würde? Sein Herz zog sich schmerzhaft zusammen, als er an diese Möglichkeit dachte. Hatte er am Ende alles verdorben?

Traurig ließ er sich auf sein Bett fallen, das auch nur zum Schein hier stand, weil er keinen Schlaf benötigte.

Fluch und Segen, zumal er jetzt gerne wenigstens für ein paar Stunden wegdriften würde. Ein sanftes Kribbeln auf seiner Haut kündigte den Sonnenaufgang an, daher betätigte er schnell einen Schalter, der die Jalousien herunterließ. In dem Punkt musste er äußerste Vorsicht walten lassen, sonst konnte es sein, dass er die kommende Nacht nicht mehr erlebte. Es gab Zeiten, da kam ihm diese Lösung sehr verführerisch vor.

~~°~~

Als Charlie am nächsten Tag aufwachte, dachte sie, dass ein Dampfzug samt Anhänger über sie hinweggerattert wäre. Ihr Kopf dröhnte, ihre Muskeln schmerzten und zu allem Überfluss litt sie unter Liebeskummer. Das plötzliche Zurückweichen, der harte Befehl und die Tatsache, dass er ihr kaum nachgesehen hatte, sorgten dafür, dass sich ihr Herz schmerzhaft zusammenzog. Nicht mal ihre Telefonnummer hatte er wissen wollen, was wohl bedeutete, dass er doch kein ehrliches Interesse an ihr hatte. Tränen brannten in ihren Augen, die sie ärgerlich wegwischte. Er war ein weiterer Mann, der sie als minderwertig einstufte, das sollte sie mittlerweile gewohnt sein. Einer von vielen, denn es gab bereits eine ganze Menge Leute, die ihr einen negativen Stempel aufdrückten, ohne sie wirklich zu kennen. Energisch versuchte sie sich einzureden, dass es eben eine Erfahrung mehr war, nur gelang ihr das nicht richtig.

Weshalb tat es so weh? Sie kannte den Kerl ja kaum. Nur weil er sie in ein teures Restaurant ausgeführt hatte? Seit wann ließ sie sich von Geld beeindrucken?

Seufzend strich Charlie sich durch die Haare. Es lag weder an dem Luxus, mit dem er sie verwöhnt hatte, noch daran, dass er offensichtlich reich war, nein, sie vermisste das Gefühl der Geborgenheit. Noch nie in ihrem Leben hatte sie sich dermaßen beschützt gefühlt! Bei der Erkenntnis zog sich ihr dummes Herz erneut schmerzhaft zusammen. Verdammt, sie hatte sich verliebt.

„Liebe!" Sie stieß das Wort fast angewidert aus. Am Ende saß man trauernd in einer Ecke, weil der Prinz sich in einen Frosch verwandelt hatte. Energisch schob sie die düsteren Gedanken zur Seite, auf keinen Fall wollte sie wegen Monsieur Leblanc auch noch leiden. Sie stand auf, duschte und überlegte, was sie mit ihrer Freizeit anfangen sollte. Die nächsten beiden Tage blieb das Varieté geschlossen, doch im Augenblick wäre es ihr tatsächlich sehr recht, arbeiten zu können. So weit hatte der Kerl sie schon gebracht, zut alors!

Unwillig sah sie sich einen Moment um, sie würde aufräumen, das war bestimmt eine gute Idee. Zu dumm, dass sie in einer winzigen Wohnung hauste, sodass sie in spätestens zwei Stunden jedes Fleckchen sauber hatte. Ihr Blick glitt zum Fenster, wo dicke Regentropfen an den Scheiben hinunterrannen, bei dem Wetter machte es keinen Spaß in der Stadt spazieren zu gehen. Hatte sich denn alles gegen sie verschworen?

Seufzend ging sie an die Arbeit, danach wollte sie überlegen, wie sie den restlichen Tag herumbrachte. Auf Sport würde sie verzichten, obwohl es nach dem reichhaltigen Menü gestern besser wäre, aber ihr tat auch so schon jeder Knochen weh.

Während sie Staub wischte und aufräumte, drifteten ihre Gedanken immer wieder zu Maurice, dabei überlegte sie, weshalb er sie so plötzlich fallen gelassen hatte. Im Restaurant war noch alles in Ordnung gewesen, selbst als sie zugegeben hatte, dass sie als Tänzerin im Lido gearbeitet hatte. Verstehe die Männer, wer wollte, sie stand vor einem Rätsel. Nicht dem einzigen, wie sie sich eingestand. Die seltsamen Anspielungen von Miller, die Tatsache, dass er ihr an die Wäsche gegangen war und sie geglaubt hatte, dass sie den Vorfall nur geträumt hatte, machten ihr darüber hinaus zu schaffen. In was war sie da nur wieder hineingeraten?

Müde setzte sie sich an ihren kleinen Küchentisch, das Staubtuch in der Hand sah sie den Regentropfen zu. Das Wetter passte zu ihrer Stimmung, es sah fast so aus, als ob der Himmel für sie weinen würde. Manchmal dachte sie in der Tat daran, einfach wegzugehen, die Brücken hinter sich abzureißen, um in einem anderen Land neu anzufangen. Traurig lachte sie auf. Das war eine Option, die ein Wunschtraum blieb, denn ohne Perspektive gab es auch keinen Neuanfang, egal, wie weit sie wegrannte.

Maurice' Frage kam ihr in den Sinn: Was war aus ihren Träumen geworden? Hatte sie überhaupt noch welche?

Ganz kurz erlaubte sie sich darüber nachzudenken, bis sie lächelnd zugab, dass sich ihre Ansichten gründlich geändert hatten. Früher war ein Engagement an der Pariser Oper oder in einem bekannten Musical auf Platz eins auf ihrer Wunschliste gewesen. Heute sehnte sie sich nach einem bürgerlichen Leben. Sie wollte einen Job, bei dem sie sich nicht mit Schmerzmitteln vollstopfen musste, vielleicht einen kleinen Garten, einen Partner, mit dem man lachen und weinen konnte. Einfache Dinge, die für andere Menschen eher selbstverständlich waren.

Wieder sah sie Maurice vor sich, der sie behutsam küsste, sie an sich zog und dafür sorgte, dass sie sich wenigstens für einen Abend wie eine Prinzessin fühlte. Seufzend verscheuchte sie die Erinnerungen, es tat noch zu weh. In einigen Tagen würde es bittersüß werden, das wusste sie aus Erfahrung, aber heute kam es ihr vor, als ob ihr Herz zerriss.

Erneut starrte sie auf die Regentropfen, die unermüdlich am Fensterglas herunterrannen. Plötzlich ertrug sie die Stille nicht mehr, es kam ihr vor, als ob die Wände zusammenrückten. Eilig stand sie auf, schaltete das Radio ein, ehe sie sich daran machte, ihr Bett abzuziehen und die Wäsche zusammenzusuchen. Dummerweise musste sie zum Waschsalon an der Ecke, was bei dem Regen keine Freude war. Sie stellte den Wäschekorb an die Wohnungstür in der Hoffnung, dass das Wetter noch umschlug.

Ein Radiosprecher erinnerte seine Hörer an die Tatsache, dass das Weihnachtsfest mit großen Schritten auf sie zu kam, das Fest der Liebe.

Sarkastisch dachte sie darüber nach, dass sie ausgerechnet am Heiligen Abend auf der Bühne stehen sollte. Sie hatten eine Abendgala geplant, wobei vermutlich die gleichen Gäste wie immer anwesend sein würden. Zumindest das bedeutete für sie einen Lichtblick, denn der Gedanke, an den Feiertagen alleine in ihrer Wohnung zu sitzen, gefiel ihr überhaupt nicht.

Charlie brachte den Tag mehr schlecht als recht herum, dabei beschloss sie, den Besuch im Waschsalon auf den kommenden Morgen zu verschieben. Am frühen Abend verkroch sie sich mit einem Roman und einer Tasse Tee im Bett, aber auch jetzt musste sie an Maurice denken. Er hatte ihr erzählt, dass er gerne las, ein Hobby, über das sie stundenlang reden konnte. Leider gab es in ihrem Umfeld niemanden, der sich für Bücher interessierte. Seufzend schlug sie die erste Seite auf und vertiefte sich in die Geschichte, wenigstens hier war sie in der Lage, sich wegzuträumen.

~~°~~

Der nächste Tag verging für sie kaum besser, sie sehnte sich nach Maurice, gleichzeitig versuchte sie sich irgendwie abzulenken, nur klappte das nicht so wie sonst. Ihre verzwickte Situation drückte auf ihr Gemüt, der Liebeskummer machte ihr zu schaffen, dabei weigerte sie sich, an Liebe zu glauben. Gekonnt redete sie sich ein, dass sie es lediglich vermisste, wie ein normaler Mensch behandelt zu werden.

Zum Glück ging die Zeit irgendwann herum, sodass sie froh war, endlich wieder zur Arbeit zu gehen. Das hätte sie sich auch niemals träumen lassen, allerdings lenkte es sie von noch dunkleren Gedanken ab.

Fast fröhlich begrüßte sie ihre Kolleginnen, sogar Chantal bekam ein strahlendes Lächeln von ihr.

„Erzähl! Monsieur Leblanc hat dich offensichtlich glücklich gemacht.“ Babette lachte sie an, gleichzeitig erkannte sie, dass die Kollegin eine Lovestory erwartete.

„Tut mir leid, Liebes, doch es gibt kein Happy End. Wir sind ins Passionné gegangen.“ Bei dem Namen hörte sie ein leises Zischen, als die Frauen begeistert die Luft ausstießen, nur hob sie abwehrend eine Hand. „Anschließend hat er beschlossen, dass ich nicht gut genug für ihn bin.“ Sie winkte ab, als einige sie trösten wollten. „Es ist, wie es ist.“

„Hast du wirklich geglaubt, dass ein Mann wie er dich will?“ Chantal musste natürlich wieder ihr Gift verspritzen.

„Ich verstehe sowieso nicht, weshalb er dich ausgewählt hat. Mon oncle hat mir erzählt, dass er unermesslich reich ist, aber auch exzentrisch. Niemand sieht ihn tagsüber, als ob er sich für einen Vampir hält."

Charlotte schüttelte leicht den Kopf. „Ich bin an deinem Tratsch kaum interessiert, Chantal. Du solltest dein Wissen besser für dich behalten." Ihr war es zuwider, dass sie hier Gerüchte ausstreute.

Zum Glück erschien Pierre, der das Gesprächsthema auf die kommende Show lenkte. „Mesdames, ihr seht fantastisch aus. Heute tanzt Charlie wieder in der ersten Reihe." Er lächelte ihr zu und zuckte gleichzeitig mit den Schultern, als sie fragend eine Augenbraue hochzog. „Chantal, meine Liebe, du wirst nicht gebraucht, es sei denn, jemand fällt doch noch aus." Er klatschte in die Hände, woraufhin sich die Frauen für ihren Eröffnungsauftritt zurechtmachten.

Irritiert betrachtete Charlotte den Conférencier, dem ihre Kollegin erbost hinterher sah. Mit dieser Wendung hatte sie kaum gerechnet, bis ihr einfiel, dass Maurice ihrem Chef einen seiner eigenartigen Befehle gegeben hatte. Eilig schüttelte sie über sich selbst den Kopf, wahrscheinlicher war, dass er Bertrand für die Änderung bezahlt hatte. Ärgerlich verscheuchte sie die Überlegungen, weil sie erneut bei dem Mann mit der dunklen Aura landete. Dem Kerl, der sie offensichtlich nicht wollte, wie sie traurig hinzufügte.

Der Abend begann unspektakulär, die Show wurde wie immer nur spärlich besucht und die Gäste interessierten sich heute mehr für den Alkohol als für die Tänzerinnen. Trotzdem blickte Charlotte hoffnungsvoll auf die kleine Menge, vielleicht war Maurice ja da?

Es gab ihr einen Stich ins Herz, als sie Miller erkannte, aber keine Spur von Leblanc fand. Weshalb besaß dieser Schmierlappen die Dreistigkeit, erneut hier aufzutauchen? Fast hätte sie ihre Schrittfolge vergessen, weil sie sich über sein Auftauchen dermaßen ärgerte. Mittlerweile wusste sie ja, dass er tatsächlich versucht hatte, sie gegen ihren Willen zu nehmen. Bei der Überlegung stoppte sie, wer sagte ihr denn, dass Maurice ihr die Wahrheit erzählt hatte? Es konnte ja auch sein, dass er sie nur auf seine Seite ziehen wollte.

Tief in ihrem Inneren kannte sie die Antwort, trotzdem hielt sie sich an der neuen Vermutung fest, in dem Fall tat seine Ablehnung nicht mehr ganz so weh. Zumindest redete sie sich das gekonnt ein.

Als sie in die Garderobe zurückkam, erschien ihr Chef. „Charlotte, Monsieur Miller möchte mit dir sprechen. Er wartet in meinem Büro auf dich." Verstimmt betrachtete Bertrand sie, dabei sah man ihm deutlich an, dass er es hasste, als Laufbursche missbraucht zu werden.

„Danke, ich komme sofort." Ein ungutes Gefühl kroch ihr über den Rücken, was sie ignorierte. Sie wollte wenigstens von dem Kerl wissen, in was für ein perfides Spiel sie hineingezogen wurde.

Eilig lief sie zu dem kleinen Raum, nur um direkt an der Tür stehen zu bleiben. Auf keinen Fall würde sie dem Mistkerl die Chance geben, sich ihr auf irgendeine Art zu nähern. „Was wollen Sie?" Sie bemühte sich nicht einmal um einen freundlichen Ton.

„Weshalb so frostig? Bestimmt hat Leblanc Ihnen gesagt, dass ich Sie gegen Ihren Willen in mein Bett ziehen werde. Liege ich richtig?" Traurig seufzte er. „Der Kerl macht auch vor Lügen kaum halt, dabei möchte ich Sie doch nur beschützen."

Misstrauisch musterte Charlie ihn, den Satz hatte sie in der letzten Zeit definitiv zu oft gehört. „Bitte, Monsieur, um was geht es? Ich muss zurück zu meiner Arbeit."

„Ich habe gesehen, dass Sie mit Leblanc gefahren sind." Er holte tief Luft. „Er meint es nicht ehrlich mit Ihnen, vertrauen Sie mir."

Das hatte sie mittlerweile am eigenen Leib erlebt, deshalb nickte sie nur leicht. „Das ist mir bewusst oder glauben Sie, dass ich dermaßen naiv bin? Er hat mir deutlich zu verstehen gegeben, dass ich kaum in seiner Liga spiele. War es das?" Sie wollte gerade vor Miller nicht an diese Demütigung erinnert werden. Ungehalten drehte sie sich um, wurde aber am Arm festgehalten. „Lassen Sie mich los, sofort! Sonst schreie ich."

Augenblicklich löste Matthias den Griff, gleichzeitig trat er einen Schritt zurück. „Er wird niemals einfach aufgeben, das versichere ich Ihnen. Er war vor zwei Tagen bei mir, hat mich bedroht, anschließend hat er mir geraten, mich von Ihnen fernzuhalten." Er sah ihr eindringlich in die Augen. „Was muss ich tun, damit Sie mir glauben? Leblanc ist gefährlich."

„Oh, Monsieur, ich weiß das, allerdings konnte ich in den letzten Jahren durchaus ohne Ihre Hilfe überleben." Sie ärgerte sich, dass sie innerlich Partei für Maurice ergriff. Er hatte sie von sich gestoßen, ohne auch nur einen Grund zu nennen, und sie regte sich darüber auf, dass Miller sie erneut warnte. Wie naiv war sie eigentlich? Trotzdem sagte ihr Bauchgefühl ihr deutlich, dass sie dem Kerl hier noch weniger trauen sollte. Wieder fiel ihr der Abend ein, an dem er sie an der Metrostation abgefangen hatte. „Sie haben schon einmal eine Grenze übertreten und Monsieur Leblanc ist eingeschritten."

Charlie beobachtete ihn eindringlich, daher bemerkte sie das getroffene Zusammenzucken sehr wohl. In dem Punkt hatte Maurice also nicht gelogen! Sofort legte sie eine Hand auf die Klinke in ihrem Rücken, damit sie in der Lage war zu flüchten.

„Das ist eine Lüge. Ich wusste ja, dass der Mistkerl zu solchen Mitteln greift", ereiferte sich Matthias, leider eine Sekunde zu spät, sodass sie sein Schauspiel leicht durchschaute. „Es ist genau umgekehrt gewesen, aber jetzt ist mir klar, weshalb Sie mich so misstrauisch behandeln." Wieder kam er auf sie zu, doch sie hob abwehrend eine Hand.

„Bleiben Sie mir vom Leib, Monsieur, ich weiß, was ich erlebt habe." Sie musste sich beherrschen, da alles in ihr danach drängte, zu ihren Kolleginnen zu laufen.

„Bestimmt hat er Ihnen ein Mittel gegeben, sodass Sie an eine verschobene Wahrheit glauben." Matthias blieb auf Abstand, trotzdem bemühte er sich, sie zu überzeugen. „Ich war es, der Sie zu Ihrem Apartment gefahren hat, nachdem ich ihn verscheucht hatte. Sie standen völlig unter Schock, da ist es kaum verwunderlich, dass Sie seine Erklärung als Tatsache hinnehmen."

Skeptisch zog sie eine Augenbraue hoch. „So? Sie haben mich zu meinem Haus gebracht? Den ganzen Weg bis zur Rue de la Chapelle?" Gekonnt spielte sie ihm ihr Erstaunen vor.

„Ja, selbstverständlich, was sollte ich denn sonst tun? Ich konnte Sie ja nicht sich selbst überlassen." Er hob versöhnlich die Hände. „Natürlich gab es keinen Vorfall zwischen uns. Ich bin ein Ehrenmann, der so eine Situation niemals ausnutzt."

Nachdenklich musterte sie ihn, jetzt hatte sie ihren Beweis, er war es, der sie anlog.

„Als ich wieder zu mir kam, lag meine Lieblingsvase zerbrochen auf dem Boden. Können Sie mir sagen, was genau passiert ist? Ich erinnere mich nur noch an Bruchstücke."

Erleichtert, dass sie ihm tatsächlich glaubte, nickte er. „Das war meine Schuld und ich ersetze Ihnen das gute Stück selbstverständlich." Er lächelte sie an, gleichzeitig zog er sein Portemonnaie aus der Tasche. „Reichen fünfzig Euro? Oder war es ein Erbstück? Wirklich, ich bin untröstlich, aber als ich Sie hineingeführt habe, sind Sie gestolpert und gegen die Blumenvase gestoßen."

Ablehnend schüttelte sie den Kopf. „Es war also offensichtlich meine eigene Ungeschicklichkeit, daher ist es unnötig, dass Sie etwas bezahlen. Bitte behalten Sie Ihr Geld." Ihr Lächeln verschwand, zeitgleich drückte sie die Klinke herunter. „Ich wohne übrigens in Saint-Denis und besitze keine Vasen." Noch ehe er nach ihr greifen konnte, flüchtete sie in den Flur. Wütend rannte sie den Weg zurück zur Garderobe, dabei hörte sie, dass tatsächlich Chantal ihre Solopassage sang. Es tat ihr in den Ohren weh, doch im Augenblick hatte sie ärgere Probleme, denn die Kolleginnen standen auf der Bühne. Gehetzt sah sie sich um, Miller war ihr auf den Fersen.

Gerade als sie sich entschied in den Gastraum zu flüchten, packte er sie am Arm. Zornig und voll Abscheu betrachtete er sie. „Du bist genau das, was ich vermutet habe: Eine verlogene Schlampe. Wahrscheinlich bist du ihm längst verfallen, weißt es nur nicht mehr. Aber ich werde euch beiden das Handwerk legen."

„Lassen Sie mich los, ehe ich um Hilfe schreie", warnte Charlotte ihn, dabei verfluchte sie ihre zitternde Stimme, umso erstaunter war sie, dass er ihr gehorchte.

„Wir sind noch nicht fertig miteinander." Mit den Worten zog er sich zurück, im gleichen Augenblick stand Pierre bei ihr.

„Ist alles in Ordnung, meine Liebe?" Bei der Frage sah er den Gast warnend an, zumal er den letzten Satz mitbekommen hatte. Vorsichtig schob er sich zwischen Charlie und den Mann.

„Monsieur Miller wollte gerade gehen. Danke." Sie strahlte den Conférencier dermaßen an, dass dieser sofort wusste, dass er genau rechtzeitig gekommen war.

Miller schenkte ihr noch einen bösartigen Blick, ehe er sich umdrehte, um in den Gastraum zurückzukehren.

„Alles in Ordnung? Du bist ziemlich blass. Soll ich Chantal sagen, dass sie deinen Part übernimmt?" Bei dem Vorschlag verzog sich sein Gesicht. „Obwohl ich nicht weiß, wie wir das Gejaule ein weiteres Mal aushalten."

Charlotte lachte leise. „Danke für deine Hilfe. Du bist genau im richtigen Moment gekommen." Sie umarmte den Kollegen. „Ich bin wieder einsatzbereit."

Ein erleichtertes Seufzen entkam ihm, woraufhin sie beide lachen mussten.

Charlie ging zurück in die Garderobe, dabei bemerkte sie, dass die anderen Frauen sie neugierig ansahen. „Es gibt nichts zu erzählen. Monsieur Miller ist keine Option für mich." Damit war das Thema für sie beendet, jedenfalls offiziell. In ihrem Kopf jedoch kreisten die Gedanken. Maurice hatte ihr die Wahrheit gesagt, dennoch blieb die Tatsache bestehen, dass er definitiv nur mit ihr gespielt hatte.

Kapitel 6 - Wendungen

Maurice hatte die letzten beiden Tage genauso schlecht herumgebracht wie seine Gefährtin. Zum ersten Mal in seinem langen Leben hatte er keine Ahnung, was er tun sollte. Sein Gewissen riet ihm, Abstand zu halten und sie auf keinen Fall in seine dunkle Welt hineinzuziehen. Sein Herz hingegen schrie ihm entgegen, dass er sie einfach festhalten musste.

Immer wieder war er losgefahren, nur um eine Seitenstraße vorher umzukehren. Es war gefährlich sich mit ihm einzulassen, besonders weil Miller Jagd auf ihn machte. Es lag klar auf der Hand, dass der Mistkerl sich erneut an Charlotte heranmachen würde, allein um ihn aus der Reserve zu locken.

Seufzend blickte er auf die Uhr, noch war es zu hell, als dass er seine Jacht verlassen könnte, trotzdem fühlte er ein drängendes Bedürfnis, nach seiner Gefährtin zu sehen. Ihr ging es nicht gut, das spürte er deutlich.

Spöttisch lachte er auf, selbstverständlich litt sie, da er ihr den Eindruck vermittelt hatte, sie sei uninteressant für ihn. Fluchend lief er durch sein Schlafzimmer, wobei das Bett ihn zusätzlich verhöhnte. Wie gerne würde er Charlotte nach allen Regeln der Kunst hier verwöhnen.

Maurice schüttelte über sich selbst den Kopf, Sex war das Letzte, was er von ihr wollte. Natürlich gehörte es dazu, aber er wünschte sich so viel mehr!

Endlich zeigte ein Kribbeln auf seiner Haut ihm, dass die Sonne endgültig untergegangen war. Diese körperlichen Zeichen halfen ihm, damit er verhindern konnte, gegrillt zu werden, falls er mal keine Uhr zur Hand hatte.

Er hämmerte auf den Schalter, der die Jalousien hochfahren ließ, somit öffneten sich auch die Türen. Egal, was kam, er musste Charlotte sehen, ihr zeigen, dass er immer noch großes Interesse an ihr hatte. Die letzten zwei Tage waren die Hölle für ihn gewesen und er gestand sich ehrlich ein, dass er sich kaum stark genug fühlte, um sie tatsächlich gehen zu lassen. Jetzt hoffte er nur, dass sie ihm verzeihen konnte. Abgesehen von der Kleinigkeit, dass er ihr sagen sollte, was genau er war. Da kam eine sehr spezielle Aufgabe auf ihn zu.

Energisch schob er die Gedanken zur Seite, zumal er deutlich spürte, dass sie ihn brauchte. Er hatte seine Entscheidung getroffen, daran hielt er sich fest.

Der Verkehr in Paris trieb ihn in den Wahnsinn, sodass er seinen Wagen auf dem Parkplatz seines Hotels abstellte und zu Fuß weiterging. Eilig lief er in eine Seitengasse, versicherte sich, dass keine Passanten ihn sahen, ehe er losrannte. Jetzt kam ihm seine spezielle Fähigkeit gelegen, denn ein menschliches Auge schaffte es nicht ihn wahrzunehmen, dazu war er zu schnell. Einige würden einen unverhofften Luftzug spüren, aber das war es auch schon.

Vor dem Varieté stoppte er, strich sich durch die Haare und richtete seine Kleidung, ehe er das Lokal betrat. Seine geschärften Sinne sagten ihm, dass Miller bereits anwesend war, nur konnte er ihn nirgendwo sehen. Was plante der Schweinehund? Setzte er sich tatsächlich über seine Warnung hinweg?

Gerade als er sich in Richtung Garderobe drehte, kam sein Widersacher aus der Tür, die hinter die Bühne führte. An seiner Miene erkannte man deutlich, dass er verärgert war.

Kurz überlegte Maurice, zu Charlotte zu gehen, doch er musste damit rechnen, dass sie ihn abwies, deshalb wollte er warten, bis er sie alleine zu packen bekam. Sie sollten in Ruhe reden, ohne von ihren Kolleginnen gestört zu werden.

Miller bemerkte ihn und verzog angewidert das Gesicht, was er mit einem charmanten Lächeln quittierte, gleichzeitig zeigte er seine Eckzähne. Eine kleine Erinnerung, dass er ihm überlegen war, in jeder Hinsicht.

Nervös setzte er sich an einen Platz, an dem Charlotte ihn auf jeden Fall sehen musste, dabei wurde ihm bewusst, dass sie aufgrund seines Verhaltens bestimmt die falschen Rückschlüsse gezogen hatte. Verdammt, weshalb hatte er sich von seinem Gewissen zurückhalten lassen? Sie gehörte zu ihm, egal, was der Rest der Welt dazu zu sagen hatte.

~~°~~

Charlie hatte sich genug gefangen, um ihren Platz in der Gruppe einzunehmen. In der Garderobe schwärmte Chantal gerade von ihrem Soloauftritt, was die anderen Frauen mit gerunzelter Stirn über sich ergehen ließen.

„Ach du warst das, ich dachte, jemand würde eine Katze quälen." Charlotte lächelte sie freundlich an. „Mal unter uns Pfarrerstöchtern, du kannst nicht singen, meine Liebe. Daher solltest du es unterlassen." Bisher hatte sie solche Sticheleien vermieden, doch nach dem Zusammenstoß mit Miller war ihr klar, dass sie sich wehren musste. Darüber hinaus ertrug sie es keine Sekunde länger, dem ungerechtfertigten Eigenlob zuzuhören.

Babette nickte ihr lachend zu, aber auch die anderen lachten.

„Was wagst du dich? Ich bin besser als du, deshalb hast du das gesagt." Chantal sah sie wütend an. „Ich werde meinen Onkel bitten, dich zu feuern. Er ist sowie so sauer auf dich, weil du dich mit zwei Gästen amüsierst, ohne für seine Vermittlung zu zahlen."

Es war ein offenes Geheimnis, dass Bertrand regelmäßig die Hand aufhielt, sobald eine seiner Tänzerinnen mit einem Besucher ausging. Er stand auf dem Standpunkt, dass die Dame ohne ihren Auftritt keine Chance gehabt hätte.

„Das glaube ich dir sofort, allerdings ist es meine Sache, mit wem ich meine Freizeit verbringe. Ich nehme keinen Mann aus, daher kann ich nichts mit deinem Onkel teilen." Sie lächelte sie erneut freundlich an. „Das darfst du ihm gerne sagen. Du hast ihm ja freundlicherweise mitgeteilt, dass ich Schmerzmittel einnehme."

Nach der Ansage besaßen sie die komplette Aufmerksamkeit der gesamten Gruppe.

„Du tratscht unsere Geheimnisse weiter? Das ist das Letzte", ereiferte sich Nanette. „Jetzt ist mir auch klar, weshalb Bertrand wusste, dass ich einen neuen Verehrer habe. Dabei ist er mir beim Joggen an der Seine begegnet." Empört sah sie auf die junge Frau, die sich verlegen wand.

Die Pause war vorüber und die Tänzerinnen mussten zurück zu ihrer Aufführung, doch als Charlie an ihrer Feindin vorbeiging, bekam sie eine Gänsehaut. Für diese Aussage würde sie leiden, das war ihr bewusst, trotzdem fühlte es sich gut an, sich zu wehren.

Mit einem ehrlichen Lächeln betrat sie die Bühne, nur um direkt in Maurice' Gesicht zu sehen. Ihr Herz setzte einen Augenblick aus, ehe es losraste, eilig erinnerte sie sich daran, dass er sie abserviert hatte. Jetzt zwinkerte er ihr sogar zu. Was sollte das? Fand er keine Willigere, mit der er seine Spiele treiben konnte? Wütend wandte sie ihren Blick ab, nur um Miller zu erkennen, der sich immer noch im Lokal aufhielt. Wenigstens er hätte den Anstand haben können, sich einfach zu verabschieden.

Ihr Lächeln war wie aufgemeißelt, doch ein aufmerksamer Beobachter erkannte, dass sich ihre Laune schlagartig geändert hatte. Vorher erreichte es ihre Augen, jetzt war es lediglich aufgesetzt.

Auch dieser Teil ging vorbei, dabei hoffte sie, dass Maurice nicht in der Umkleide auftauchte, zuzutrauen war es ihm.

„Dein Verehrer ist im Publikum und du sagst, es gibt kein Happy End?“ Babette stieß sie mit der Schulter an, als sie zurück in die Garderobe liefen. „Ich denke, dass du dich geirrt hast.“ Die junge Frau freute sich ehrlich für sie.

Seufzend schüttelte Charlie den Kopf. „Keine Ahnung, weshalb er gekommen ist, aber glaub mir, es ist nicht wegen mir.“

Genau in dem Augenblick erklang seine Stimme. „Da täuscht du dich, mon cœur.“

Babette zeigte ihr ein breites Grinsen, ehe sie mit den anderen Tänzerinnen in dem Raum verschwand, nur Charlotte blieb wie angewurzelt stehen. Sie war unsicher, ob sie sich dem, was da auf sich zukam, stellen sollte. Die zwei Tage, in denen sie gelitten hatte, reichten ihr vollkommen. Deutlich spürte sie, dass er direkt hinter ihr stand, sein Atem kitzelte ihren Nacken.

„Siehst du mich nicht mal mehr an, chérie? Ich habe dich vermisst."

Der tiefe Klang seiner Stimme ließ sie schwach werden, ihr Herz flog ihm zu, nur ihr Verstand hielt sie davon ab, sich in seine Arme zu werfen.

Langsam drehte sie sich um, vermied es ihm in die Augen zu sehen, weil sie dann auch den letzten Rest ihres Stolzes verlieren würde. „Was willst du?" Kalt musterte sie eine Stelle neben seinem Kopf.

„Ich weiß, dass ich dich verletzt habe, deshalb bin ich hier." Maurice strich sich durch das dunkle Haar, dabei kam er sich zum ersten Mal so verdammt unsicher vor. Eine Erfahrung, die wirklich komplett neu für ihn war.

„Ach? Ist das so?" Sie zog eine Augenbraue hoch, wobei sie ihn jetzt doch ansah. „Bestimmt erklärst du mir gerne, weshalb wir nicht zusammenpassen, um dein Gewissen zu beruhigen? Keine Sorge, ich komme gut zurecht. Du brauchst dir keine Gedanken zu machen." Schwer schluckte sie. „Du entschuldigst mich."

Als sie sich umgedreht hatte, hielt er sie vorsichtig am Arm zurück. „Bitte, Charlotte, gib mir diese eine Chance. Ich will dich nicht verlieren." Sanft drehte er sie zu sich um, packte ihr Kinn, damit sie ihm ins Gesicht blicken musste. „Du bist eine Frau, wie ich sie noch nie vorher getroffen habe. Es gibt Gründe für mein Verhalten, aber es lag niemals an dir."

Zu gerne würde sie ihm glauben, zumal es sich verdammt richtig anfühlte, in seiner Nähe zu sein. Die dunkle Aura trat jetzt deutlich hervor, trotzdem sehnte sie sich danach, von ihm in die Arme geschlossen zu werden. Leise seufzte sie. „Ich habe keine Zeit, mein nächster Auftritt ist in wenigen Minuten."

„Bitte."

Das kleine Wort sorgte dafür, dass sie weich wurde. „Gut, wenn ich Feierabend habe, bekommst du deine Chance. Ich gebe dir eine Viertelstunde, bis wir an der Metro angekommen sind."

Erleichtert zog er sie an sich, hielt sie für einen Augenblick fest, ehe er nickte. „Du wirst es nicht bereuen, das verspreche ich dir." Mit Gewalt riss er sich von ihr los, zumal ihre Kollegin bereits nach ihr rief.

Charlottes Herz tanzte, gleichzeitig tobte ihr Verstand. Wie konnte sie nur so naiv sein und ein weiteres Mal auf ihn hereinfallen? Andererseits, hatte nicht jeder Mensch eine zweite Chance verdient? Die Gedanken schossen ihr durch den Kopf, während sie sich in Windeseile für den kommenden Part umzog. Misstrauen und unbändige Freude wechselten sich so schnell ab, dass ihr ganz schwindelig wurde, trotzdem brachte sie ihre Auftritte routiniert hinter sich. Sogar das Solo passte, obwohl sie selbst kaum mit ihrer Leistung zufrieden war, die Nervosität machte ihr schwer zu schaffen.

~~°~~

Wie angekündigt wartete Maurice am Hintereingang auf sie, sodass ihr Herz bei seinem Anblick automatisch schneller schlug. Weshalb sah dieser Kerl so gut aus? Selbst die grauen Schläfen unterstrichen seine Attraktivität.

Mit einem liebevollen Lächeln kam er auf sie zu, um sie in seine Arme zu ziehen.

„Ich habe dich vermisst, kannst du mir das glauben, mon amour?", flüsterte er ihr zu, nachdem er ihr einen Kuss auf den Scheitel gedrückt hatte.

Vorsichtig befreite sie sich aus der Umarmung, was ihr ziemlich schwerfiel. „Ich gebe zu, dass es sich anders angefühlt hat. Du hast mich zur Seite geschoben, zwei Tage ignoriert und willst mir jetzt versichern, dass du dich nach mir gesehnt hast?“ Zweifelnd hob sie eine Augenbraue an.

„Es gibt vieles, was du nicht weißt, ma petite. Der Abend mit dir war eine Offenbarung.“

Sie lachte spöttisch auf. „Sicher, deshalb hast du mir ja auch zu verstehen gegeben, dass ich minderwertig bin.“ Sie verschränkte die Arme vor der Brust, um den Abstand zu wahren. In seiner Gegenwart musste sie sich zusammennehmen, um an ihren Grundsätzen festzuhalten.

„Das war nie meine Absicht. Ich möchte dich beschützen.“ Bestürzt musterte er sie. „Ich hätte fast die Beherrschung verloren. Dein Kuss war heiß, verheißungsvoll und ich habe mich danach gesehnt weiterzugehen, nur kam es mir verfrüht vor.“ Er bemerkte selbst, dass seine Erklärung ziemlich schwach war, aber mehr konnte er ihr noch nicht verraten.

„Du hättest mir einfach die Wahrheit sagen können.“ Sie schluckte. „Ich kam mir so ungenügend vor wie Abfall, den man entsorgt.“

Mit einem Schritt überwand er den Abstand, zog sie mit sanfter Gewalt an sich. „Das wollte ich nicht, bitte verzeih mir.“ Zärtlich drückte er sie an sich. „Miller will über dich an mich herankommen“, erzählte er ihr widerwillig, da ihm bewusst war, dass er ihr wenigstens ein Stück der Geschichte erzählen musste.

„Ich weiß, er hat versucht, mich erneut gegen dich aufzubringen. Dabei hat er mich dreckig angelogen.“

Sie lehnte sich genüsslich an ihn, gleichzeitig kam es ihr vor, als ob sie endlich angekommen wäre. „Er ist gefährlich, n'est-ce pas?“

„Du bist sehr schlau, ma petite. Ja, das ist er und deshalb habe ich mich die letzten Tage von dir ferngehalten, aber ich schaffe es keine Sekunde länger.“ Er schob sie ein winziges Stück von sich, hob ihr Kinn mit dem Handrücken an, um ihr in die Augen zu sehen. „Verzeih mir, dass ich dich in diesen unleidlichen Konkurrenzkampf hineinziehe. Ich bin zu schwach, um auf dich zu verzichten.“ Er beugte sich vor, küsste sie leidenschaftlich, ehe er sie erneut fest an sich zog. Es tat so unendlich gut, sie in den Armen zu halten.

„Wie geht es jetzt weiter? Wirst du mich immer wieder von dir wegstoßen, sobald du denkst, dass es zu gefährlich wird?“ Fragend blickte sie zu ihm hoch, als sie eng umschlungen zur Metrostation gingen.

„Nein, niemals, diese eine Erfahrung hat mir wirklich gereicht.“ Er blieb stehen. „Ich verstehe sehr gut, wenn du das Risiko lieber vermeiden willst. Überleg es dir gut, ma chère.“

Charlotte lachte leise, als ob sie eine echte Wahl hätte. Ihr Herz hatte den Kampf gegen den Verstand doch längst gewonnen. „Da ich die genauen Umstände nicht kenne, kann ich keine Entscheidung treffen. Was ist das zwischen dir und Miller?“ Sie lehnte sich enger an ihn, weil allein die Erinnerung an Matthias sie frösteln ließ.

„Er redet sich ein, dass ich Menschen töte, was schlichtweg gelogen ist.“ Kurz sah er sie an, ob sie ihm glaubte, aber in ihrer Miene erkannte er lediglich Aufmerksamkeit. „Seit er herausgefunden hat, wo ich wohne, schleicht er mir hinterher. Wie gesagt, er hält mich für einen Mörder, ihm fehlen allerdings die Beweise." Maurice hielt sich dicht an der Wahrheit, nur den entscheidenden Punkt behielt er für sich.

„Zeig ihn an, dann bist du ihn los." Charlotte zitterte leicht, als sie an das wutentbrannte Gesicht des Kerls dachte.

„Leider hat er bisher kein Verbrechen begangen. Er ist einfach nur lästig." Er stieß die Luft aus. „Ich vermute, dass sich das in Kürze ändert. Er hat bereits gedroht, dass er dich benutzen will, um an mich heranzukommen."

Bestätigend nickte Charlie. „Ja, mir gegenüber hat er auch so seltsame Andeutungen gemacht. Er meinte, ich wäre schon mit dir im Bett gewesen, wüsste es nur noch nicht. Außerdem behauptet er, dass ich dir verfallen bin." Sie schmunzelte. „Damit könnte er sogar recht haben, nur woher weiß er das?"

Unbehaglich zuckte Maurice mit den Schultern. „Egal, was er sagt, es ist wichtig, dass wir uns vor ihm in Acht nehmen, mein Herz."

Dem stimmte sie uneingeschränkt zu. „Wie geht es weiter? Wir müssen ihn irgendwie loswerden."

„Non, mon amour, ich kümmere mich um das Problem, du hältst dich da raus." Eindringlich musterte er sie. „Versprich mir, dass du ihm aus dem Weg gehst." Kurz überlegte er, ob er ihr jetzt schon anbieten konnte, zu ihm zu ziehen, doch dazu war es definitiv zu früh. „Ich werde dich zur Arbeit bringen und auch abholen, das wird ihn abschrecken."

Bei dem Vorschlag tippte Charlie sich leicht mit dem Finger an die Stirn. „Auf gar keinen Fall, der Aufwand ist wirklich zu groß. Wenn er mir erneut zu nahe tritt, zeige ich ihn an. Das ist der sicherste Weg." Sie schob ihn ein wenig von sich, bevor sie die Arme vor der Brust verschränkte.

Seufzend schüttelte Maurice den Kopf. „Das ist leider schwieriger, als du denkst. Matthias ist gerissen, glaub es mir. Ich kenne ihn schon verdammt lange und bisher ist es mir nicht gelungen, ihn loszuwerden." Er lächelte ironisch. „Das sollte Beweis genug sein, dass ich kein gemeiner Mörder bin."

„Ich habe ihm kein Wort geglaubt." Sie zuckte leicht mit den Schultern. „Jedenfalls solange es um die Geschichten über dich ging."

„Da bin ich froh, es ist ermüdend gegen Gerüchte anzukämpfen, darüber hinaus kann der Mistkerl sehr überzeugend sein." Er strich ihr sanft über die Wange.

Kurz schmiegte sie sich in seine Handfläche, ehe ihr ein entscheidender Punkt einfiel. „Was meinte er eigentlich damit, dass ich bereits mit dir geschlafen habe, es aber nicht weiß." Ihre Augen zogen sich zu engen Schlitzen zusammen. „Sag es mir ehrlich, wenn du die Situation ausgenutzt hast." In ihrem Kopf spielte sich ein ganz bestimmtes Horrorszenario ab, in dem Maurice sie benutzte, während sie bewusstlos war.

„Mon amour, dein Ernst? Traust du mir das wirklich zu?" Betrübt sah er sie an. „Nein, ich habe keinen Spaß daran, mich mit einer Frau zu vergnügen, solange sie ohnmächtig ist."

Sofort bekam sie ein schlechtes Gewissen. „Es tut mir leid." Sie rieb sich über das Gesicht. „Ich bin unsicher, was diesen seltsamen Abend angeht. Immer wieder stoße ich auf Fragen, dazu kommen die Warnungen des Kerls, der offensichtlich keine Grenzen kennt." Seufzend ließ sie es zu, dass er sie erneut an sich zog.

„Wie gerne würde ich dich einfach mit zu mir nehmen, doch das erwartet er." Maurice überlegte kurz. „Bitte, erlaube mir, dich im Hotel unterzubringen. Ich möchte mir keine Sorgen um deine Sicherheit machen müssen."

Langsam lehnte sie ab. „Das wird kaum helfen. Sobald ich meine Arbeit erledigt habe, kann er mir folgen." Sie drückte sich näher an Maurice heran, als sie an Miller dachte. „Ich denke, wir sollten ihn in einen Hinterhalt locken. In dem Augenblick, in dem er handgreiflich wird, können wir ihn anzeigen."

„Glaubst du tatsächlich, dass ich tatenlos ansehe, wie dieser Kretin sich erneut an dich heranmacht? Sogar abwarte, bis wir genug gegen ihn in der Hand haben?" Seine Stimme wurde härter, sein Blick kälter. „Auf gar keinen Fall lasse ich es zu, dass du in Gefahr gerätst."

Vorsichtig wich sie einen Schritt zurück, wenn er wütend wurde, machte er ihr Angst. „Willst du mich einsperren? Mich kontrollieren?" Trotz ihrer Furcht wurde sie lauter.

Sofort entspannte Maurice sich. „Ja, das werde ich, sollte es nötig sein. Du bist das Wichtigste in meinem Leben, das ist mir in den letzten zwei Tagen klar geworden."

Ein Lächeln huschte bei diesen Worten über ihr Gesicht. „Das ist wundervoll gesagt, nur habe ich gelernt, auf mich selbst aufzupassen." Sie legte eine Hand auf seinen Arm. „Ich bin ein großes Mädchen."

Ernst stimmte er ihr zu. „In der Tat, allerdings hattest du es noch nie mit einem Gegner wie Miller zu tun." Er seufzte, anschließend strich er ihr eine Strähne aus den Augen. „Ist es so schwer zu verstehen, dass ich mir Sorgen mache? Der Schweinehund ist bereits zwei Mal über deine Grenzen hinweggetrampelt."

Liebevoll schlang sie ihre Arme um seinen Nacken, dabei sah sie ihn direkt an. „Ja, doch ich war nie alleine. Zuerst hast du mich gerettet und heute war Pierre da. Er kann nicht gewinnen." Mit einem zärtlichen Lächeln küsste sie ihn.

Maurice beschloss, das Thema vorerst auf sich beruhen zu lassen, allerdings ärgerte er sich, dass Miller einfach über seine Warnung hinweggetrampelt war. Er war der einzige Mensch, der sich das traute. Vielleicht sollte er seine Familie zu Hilfe rufen? Unbehaglich schob er den Gedanken von sich, sie würden Charlotte sofort reinen Wein einschenken, was dann passierte, wusste niemand.

„Los, wir fahren essen." Er schloss kurz die Augen. „Tut mir leid, aber wir müssen die Metro nehmen, mein Auto steht am Hotel Keppler." Wie konnte er das nur vergessen? Langsam musste er seinen Verstand wieder einsetzen.

„Bitte, Maurice, ich bin müde. Der Abend war anstrengend und ich möchte nur in mein Bett." Sie sah ihn offen an, dabei bemerkte er, dass ihre Beine zitterten.

Sofort hob er sie auf seine Arme, ehe er den Weg zur Metrostation einschlug.

„Bist du wahnsinnig? Lass mich wieder runter", protestierte Charlie lachend, gleichzeitig klammerte sie sich an ihn.

„Nein! Du bist erschöpft und ich stehe hier, um mit dir zu diskutieren. Das ist unverzeihlich." Ohne große Anstrengung trug er sie bis zur Haltestelle, wo er sie sanft auf ihre eigenen Füße stellte. Fürsorglich gab er ihr Halt, indem er einen Arm um ihre Taille legte. „Irgendjemand muss doch auf dich aufpassen." Mit einem Kuss verhinderte er jeglichen Widerspruch.

Charlotte genoss es, so umsorgt zu werden, sodass sie sich einfach nur an ihn lehnte.

Die Bahn kam, woraufhin sie einstieg, dabei sah sie ihn hoffnungsvoll an. „Kommst du mit?"

„Selbstverständlich, mon cœur."

Sie setzten sich dicht nebeneinander, kosteten die Gegenwart des anderen aus, zu sehr hatten sie unter der Trennung gelitten.

Müde schloss Charlie die Augen, legte den Kopf an seine Schulter und fühlte sich vollkommen sicher, sogar hier in der Metro. Sie dämmerte weg, wobei sie im Halbschlaf spürte, dass sie erneut hochgehoben wurde. Vertrauensvoll schmiegte sie sich an den Mann, der ihr Herz im Sturm erobert hatte.

Maurice schmunzelte, gleichzeitig atmete er auf, dass sie ihm offensichtlich verziehen hatte. Jetzt mussten sie nur noch Miller loswerden und er sollte ihr langsam sagen, was es mit seinen Besonderheiten auf sich hatte. Innerlich schimpfte er sich einen Feigling, denn sein Schweigen machte die Situation kaum besser.

Vor ihrer Haustür setzte er sie sanft ab. „Schließt du bitte auf, mein Herz?"

Benommen kramte sie den Schlüssel aus der Tasche, den sie ihm reichte, um misstrauisch zu sein, war sie einfach zu fertig. Mit einem Lächeln ließ sie zu, dass er sie bis in ihr Schlafzimmer trug, wo er sie auf dem Bett absetzte. „Wenn du ein Vampir wärst, hättest du an der Schwelle um Erlaubnis fragen müssen", murmelte sie, ehe sie leise lachte. Zum Glück hatte sie die Lider weiterhin geschlossen, sodass sie seinen schockierten Gesichtsausdruck nicht sehen konnte.

„Wie kommst du darauf, dass ich ein Vampir bin?" Maurice musste sich zusammenreißen, um seine Stimme belustigt klingen zu lassen.

Jetzt sah sie ihn an, dabei zuckte sie mit den Schultern. „Chantal hat eine Bemerkung in die Richtung gemacht. Bertrand hat wohl mit ihr über dich gesprochen." Sie überlegte kurz. „Du seist exzentrisch und würdest nur ausgehen, sobald die Sonne untergegangen ist, eben wie ein Blutsauger."

Bei der Bezeichnung fuhr er zusammen, fing sich jedoch sofort wieder. „Das ist interessant, allerdings leicht erklärt: Ich leide unter einer starken Sonnenallergie.“ Die Ausrede kam ihm selbst extrem schwach vor, aber etwas anderes fiel ihm beim besten Willen nicht ein.

„Das tut mir leid.“ Sie legte eine Hand an seine Wange. „Andererseits komme ich tagsüber auch kaum aus dem Haus. Wenn man die halbe Nacht arbeitet, schläft man in der Regel in den Tag hinein.“ Sie lachte leise, ehe sie ernst wurde. „Danke, für deine Fürsorge. Es ist lange her, seit ich mich so sicher gefühlt habe.“

Zärtlich zog er sie an sich, küsste sie auf die Stirn, anschließend sah er sie eindringlich an. „Immer wieder gerne, mein Herz. Jetzt lasse ich dich schlafen und morgen hole ich dich ab. Wann musst du zur Arbeit?“

Sie holte bereits Luft, um ihm zu widersprechen, aber er schüttelte nur mit dem Kopf, gleichzeitig strich er auf seltsame Weise über ihren Rücken. Ein leises Murmeln drang an ihr Ohr, doch sie hörte es nicht mehr richtig. Ihre Lider fielen zu, bevor sie eine Antwort formuliert hatte. „Ich sollte gegen achtzehn Uhr da sein“, bemerkte sie, ehe sie vollends eingeschlafen war.

Zufrieden schmunzelte Maurice, wenigstens der Schlafzauber funktionierte einwandfrei. Sie würde tief und fest schlafen, bis die Sonne aufging, somit sorgte er dafür, dass sie die Ruhe bekam, die sie brauchte. Darüber hinaus ging er unnötigen Diskussionen aus dem Weg.

Umsichtig zog er sie bis auf T-Shirt und Unterhose aus, rückte sie im Bett in die Mitte, ehe er sie zudeckte. „Träum etwas Schönes, mon amour.“ Noch einmal küsste er sie, bevor er das Haus verließ.

Gerade als er die Haustür hinter sich zuzog, löste sich eine Gestalt aus den Schatten.

„Du hast dir also definitiv Zutritt zu ihrer Wohnung verschafft." Miller betrachtete ihn mit Abscheu, gleichzeitig hielt er eine Wasserpistole auf ihn gerichtet.

Der Anblick wäre lächerlich gewesen, wenn Maurice nicht genau gewusst hätte, dass das Teil mit Weihwasser gefüllt war. Natürlich konnte er ihn damit kaum umbringen, aber das Zeug brannte wie die Hölle. Zu dumm, dass der Kerl ein enormes Wissen über seine Art besaß. „Du weißt, dass ich sie schon einmal nach Hause gebracht habe." Er trat einen Schritt auf ihn zu, dabei verzog sich sein Gesicht vor Wut. „Du hast es gewagt, sie erneut zu bedrohen", stellte er hart fest. Seine Eckzähne verlängerten sich, seine Pupillen verfärbten sich blutrot, gleichzeitig nahm seine Haut eine weiße Farbe an, fast wie Porzellan. „Ist dir dein Leben so wenig wert?"

Sofort ging Miller rückwärts, während er die Plastikpistole anhob. „Ich habe Vorkehrungen getroffen, bleib mir vom Leib." In seiner Stimme klang die Furcht deutlich mit.

„Du glaubst, dass du mich mit Weihwasser aufhalten kannst?" Maurice lachte bösartig auf. „Du weißt doch genau, dass mich das kaum umbringt." Er machte einen weiteren Schritt auf ihn zu. Wie gerne hätte er ihm einfach den Hals umgedreht, allerdings scheute er davor zurück, ein Menschenleben zu beenden. Nicht nur die Komplikationen, die ein Mord nach sich zog, hielten ihn davon ab, es verlangte eine enorme Überwindung, sogar bei einem Schwein wie Miller.

„Sie ist eine Tänzerin, die mit jedem ins Bett geht." Jetzt hörte sich seine Stimme weinerlich an. „Du willst doch nur mit ihr spielen."

Anklagend musterte er seinen Gegner, während er eine Halskette mit einem Kreuz unter seinem Kragen hervorzog.

Maurice sah ihn spöttisch an, dabei fühlte er fast so etwas wie Mitleid. Mit einem Ruck riss er ihm die Kette vom Hals, betrachtete das Schmuckstück einen Moment, bevor er es ihm ins Gesicht warf. „Ich hatte mehr von dir erwartet. Du solltest nicht jedem Mythos glauben." In der Tat hatten Kruzifixe oder Knoblauch keinerlei Effekt auf ihn. „Ich habe heute einen guten Tag, deshalb warne ich dich ein letztes Mal: Wenn du dich Madame de Chenonceau noch einmal aufdrängst, beende ich dein Leben. Geh ihr aus dem Weg!" Er musterte den Mann, der sich jetzt mit aller Kraft gegen einen Baum drückte, während er das Kreuz umklammert hielt. „Hör auf, mir oder ihr hinterherzuspionieren." Mit den Worten verwandelte er sich zurück, anschließend ging er die Straße herunter. In seinem Rücken kribbelte es unangenehm, was ihm sagte, dass der selbsternannte Vampirjäger keine Ruhe geben würde. Ein Ärgernis, das größere Ausmaße annahm, als er gedacht hatte, aber noch reichte es ihm eben nicht, ihn einfach umzubringen. „Ein Vampir mit Gewissen", murmelte er spöttisch.

Kapitel 7 - Fantastische Geschehnisse

Am nächsten Morgen wachte Charlotte erfrischt auf, doch im ersten Moment glaubte sie, dass sie erneut geträumt hätte. Verwirrt rieb sie sich über die Lider, bis ihr einfiel, dass Maurice sie tatsächlich ins Bett gelegt hatte. Ein verliebtes Lächeln schlich sich auf ihre Lippen, das von einem Seufzen abgelöst wurde. Sie war einfach eingeschlafen, was musste er jetzt von ihr denken? Außerdem hatte sie versäumt ihm ihre Telefonnummer zu geben, das wollte sie auf jeden Fall am Abend nachholen.

Obwohl sie seine Begleitung nach wie vor ablehnte, fand sie es schön, dass er sich dermaßen um sie kümmerte.

Genüsslich streckte sie sich, anschließend machte sie sich für den Tag fertig. Ihr Kühlschrank gab leider nicht mehr viel her, aber für ein Müsli reichte es, den Rest der Woche würde ihr Magen öfter knurren. Natürlich hatte Bertrand nach dem letzten Vorfall ihre Gage zurückgehalten. Vielleicht war es auch Chantal zu verdanken, die ihre Drohung ganz bestimmt wahr gemacht hatte.

Normalerweise bekamen sie am Monatsanfang ihren Gehaltsscheck, was durchaus üblich war, doch bisher hatte sie keinen Umschlag auf ihrem Schminktisch gefunden. Seufzend dachte sie daran, dass sie am Abend früher zur Arbeit musste, um mit ihrem Chef zu sprechen. Auf keinen Fall würde sie sich länger hinhalten lassen, sie benötigte die Kohle dringend.

Zum Glück hatte sie einen kleinen Notgroschen angelegt, sodass sie in der Lage war, ihre Miete bei einem Engpass zu bezahlen. Jetzt fiel ihr wieder Maurice ein, der sie ja abholen wollte.

Leise fluchte sie, da sie unter den Umständen kaum ein Gespräch mit Bertrand führen konnte. Die zwei Stunden, bis der Laden öffnete, brauchte sie, um sich warm zu machen und umzuziehen. Dumm nur, dass sie die Einladung zum Abendessen abgelehnt hatte, das würde ihr heute nicht passieren.

Sofort schüttelte sie über sich selbst den Kopf, seit wann dachte sie überhaupt darüber nach, sich auf diese Weise aushalten zu lassen? Das kam auf keinen Fall infrage.

Das Müsli schmeckte alt und muffig, aber es beruhigte ihren Magen, sodass sie sich jetzt die Stellenanzeigen über ihr Handy ansehen konnte. Egal, wie eng es bei ihr wurde, den Handyvertrag überwies sie regelmäßig. Abgesehen davon, dass Bertrand sie erreichen musste, sollten sich Änderungen ergeben, wollte sie die geringe Chance nutzen, einen anderen Job zu bekommen.

Langsam scrollte sie durch die Angebote, allerdings gab es kaum etwas für eine ungelernte Kraft, andererseits würde sie vielleicht eine Anstellung als Servicekraft ergattern. Beherzt schrieb sie mehrere Bewerbungen als Verkäuferin, Bedienung, im Service. Egal, um was für Arbeiten es sich handelte, alles war besser, als weiterhin auf der Bühne zu stehen.

Die erste Absage kam schon nach einer Stunde, was ihre Hoffnung ziemlich dämpfte, trotzdem nahm sie sich vor, auch morgen wieder nachzusehen und weitere Anfragen zu schreiben. Besonders jetzt, wo sie Maurice hatte, wollte sie aus ihrer Notlage heraus, alleine, ohne seine Hilfe.

Die Zeit verging viel zu schnell, sodass sie eilig die benötigten Sachen zusammenpackte, ehe sie ihre Wohnung verließ. An der Haustür spähte sie zuerst auf die Straße, ob Miller irgendwo zu sehen war. In ihrem Viertel war Nachbarschaftshilfe kaum ein Thema.

Erleichtert sah sie, dass Maurice gerade aus seinem Mercedes ausstieg und auf sie zulief. In seinem Gesicht erkannte sie deutlich, dass er mit ihrem Verhalten unzufrieden war.

„Mon dieu, du solltest auf mich warten." Trotz seines Unmutes zog er sie liebevoll an sich, um sie leidenschaftlich zu küssen.

„Das habe ich, allerdings haben wir versäumt die Telefonnummern auszutauschen, sodass ich dich nicht erreichen kann. Sonst hätte ich angerufen und gefragt, ob du da bist." Sie lehnte sich glücklich an ihn. „Jetzt muss ich los, es ist schon spät."

Er legte einen Arm um ihre Schultern, so brachte er sie zum Wagen, wo er ihr höflich die Tür aufhielt.

„Gibst du mir deine Nummer?" Aufmerksam betrachtete sie ihn, während er das Auto geschickt durch den Verkehr lenkte. Es war bereits dunkel, aber die Leuchtreklamen vermittelten den Eindruck, dass die Sonne noch nicht komplett untergegangen war.

„Sicher, mon cœur, allerdings erst, wenn wir angekommen sind." Er sah kurz zu ihr rüber. „Ich muss sie heraussuchen, denn in der Regel rufe ich mich nicht selbst an." Er lachte vergnügt.

Daran hätte sie denken sollen, er musste sie ja für unterbelichtet halten. Mit einem leisen Seufzen lehnte sie sich zurück, dabei stellte sie fest, dass es etwas anderes war, als mit der überfüllten Metro zu fahren.

„Hast du dich ausruhen können, mein Herz?", erkundigte Maurice sich plötzlich ohne ersichtlichen Grund.

Irritiert über die Frage musterte sie ihn. „Ja, absolut. So tief habe ich schon lange nicht mehr geschlafen. Sonst hatte ich immer ..." Sie stoppte, weil sie ihn keinesfalls mit ihren Problemen belasten wollte. „ ... tausend Gedanken im Kopf." Eilig beendete sie den Satz, aber sie hätte ihn besser kennen sollen.

„Was raubt dir den Schlaf, mon amour? Welche Sorgen plagen dich?" Er legte eine Hand auf ihren Oberschenkel, was es ihr unmöglich machte, eine Ausrede zu finden.

„Na ja, ich verdiene keine Reichtümer, wie du dir denken kannst." Sie schluckte. „Nur ist das wohl kaum deine Sache. Ich komme klar." In dem Augenblick knurrte ihr Magen.

„Hast du heute nichts gegessen?" Besorgt sah er sie an, bevor er sich wieder auf den Verkehr konzentrierte.

„Doch Müsli, aber ich habe wirklich lange geschlafen, außerdem muss ich auf mein Gewicht achten." Sie strich sich eine Strähne aus dem Gesicht, die Versuchung, ihm die Wahrheit zu sagen, war enorm. „In meinem Alter ist das Aussehen in meinem Job das Wichtigste." Bitter schluckte sie.

„Das ist Unsinn, du hast eine perfekte Figur, du bist sogar ein wenig zu dünn, mon amour." Er hielt vor dem Varieté, wo er sie eindringlich ansah. „Raus mit der Sprache, was ist los?"

„Bertrand hat mir meinen Scheck bisher nicht gegeben." Sie hob müde eine Hand. „Es ist kein Drama, Maurice. Wahrscheinlich hat er es einfach vergessen. Ich werde morgen mit ihm sprechen und jetzt muss ich los." Sie küsste ihn schnell, anschließend sprang sie aus dem Mercedes. Ehe er sie einholen konnte, war sie bereits im Hintereingang verschwunden.

Natürlich war er in der Lage, sie aufzuhalten, doch noch wollte er sich nicht verraten, deshalb blickte er ihr schmunzelnd, aber genauso besorgt hinterher. Auf keinen Fall ließ er zu, dass sie weiter hungerte, allerdings würde er auch ein ernsthaftes Wörtchen mit Bertrand reden.

Er wendete den Wagen, um einen Supermarkt zu suchen. Für ihn kaufte eine Haushaltshilfe ein, sodass er immer einen gefüllten Kühlschrank hatte, obwohl er die Lebensmittel meistens nicht brauchte. Bevor etwas verschimmelte, verschenkte er die Sachen, trotzdem hielt er die Scharade aufrecht.

Eilig packte er alles ein, wovon er glaubte, dass Charlotte es benötigen könnte. In den nächsten Tagen litt sie jedenfalls keinen Hunger und auch in ihrem restlichen Leben nie wieder, dafür wollte er sorgen.

Er fuhr zu ihrer Wohnung, knackte geschickt das Schloss, anschließend räumte er die Lebensmittel in ihre Küche. Mit einem Lächeln dachte er daran, dass sie wohl ziemlich toben würde, aber den Sturm hielt er problemlos aus.

Kurz sah er sich um, wie gerne würde er sie in einem seiner Häuser unterbringen, dabei war es ihm egal, ob es in einem Hotel oder einem Privathaus war. Alles war besser als diese Absteige. Seufzend zog er sich zurück, denn dazu war es definitiv zu früh. Einerseits lehnte sie es ganz bestimmt ab, andererseits müsste er ihr einige Besonderheiten erklären, allem voran, warum er sich nur nach Sonnenuntergang nach draußen wagte. Nein, er war noch nicht bereit, ihr die volle Wahrheit zu gestehen, die Angst sie zu verlieren, saß zu tief.

Miller fiel ihm ein, was ihn knurren ließ. Was bildete sich der Kerl eigentlich ein? Lauerte ihm sogar auf, was eine Frechheit darstellte. Dieser Fanatiker hatte sich seine Meinung gebildet, von der er kein Stück abwich. Für einen Moment überlegte Maurice, ob es Sinn machte ihm einen Besuch abzustatten, aber das letzte Mal hatte er keinen Erfolg damit, daher durfte er sich die Zeit ruhig sparen. Ein Blick auf die Uhr sagte ihm, dass es zu früh war, um ins Varieté zu fahren. Natürlich besaß er die Fähigkeit jeden zu manipulieren, fast jeden, korrigierte er sich in Gedanken an Charlotte, trotzdem wollte er ihr ein wenig Freiraum lassen. Nur stand er jetzt vor einem anderen Problem, er wusste nicht, was er mit seiner Freizeit anstellen sollte, auch das war eine Erfahrung, die komplett neu für ihn war.

Sein Telefon klingelte und mit einem Lächeln nahm er den Anruf an. „Bonne nuit, Maman, comment ça va?“ Er liebte seine Mutter, daher freute er sich ehrlich, dass sie sich meldete.

„Es ist schön, dich endlich mal zu hören, mein Sohn. Wie geht es dir?“ Ihre Stimme hatte einen besorgt neugierigen Unterton.

„Gibt es etwas, was du nicht weißt? Dir ist bestimmt bereits zu Ohren gekommen, dass ich mit einer Frau ausgehe, n'est-ce pas?“ Er schmunzelte, selbst nach so vielen Jahren funktionierte ihr Spionagenetz ausgezeichnet.

„Oui, nur wollte ich es von dir erfahren. Außerdem habe ich seit einer Weile das Gefühl, dass dich Sorgen plagen.“ Sie stoppte in Erwartung einer Antwort.

Maurice seufzte, er hätte das Gespräch gerne abgebrochen, nur wusste er, dass er der Inquisition in Form seiner Mutter kaum ausweichen konnte. „Ich bin leider zu schwach, um mich von ihr fernzuhalten, obwohl ich es versucht habe“, gab er leise zu.

„Aber weshalb solltest du das tun? Du bist eine gute Partie, um die sich die Frauen reißen. Oder erwidert sie deine Gefühle nicht?“ Bei der Frage hörte man deutlich die Sorge in ihrer Stimme.

„Liebe ist kein Problem. Du weißt sehr genau, dass unsere Art überall auf Intoleranz stößt. Ich hatte Bedenken, sie in meine dunkle Welt zu ziehen, darüber hinaus ist Miller wieder aufgetaucht.“ Er knurrte den Namen nur.

„Wirklich? Der Mann ist schwieriger loszuwerden als Kaugummi, der am Schuh klebt.“ Amüsiert lachte sie, bis sie bemerkte, dass ihr Sohn ernst blieb. „Du willst mir jetzt aber nicht erklären, dass der Knilch ein ernsthaftes Hindernis darstellt, oder?“

„Leider ist genau das der Fall, er hat bereits zwei Mal eine Grenze bei Charlotte überschritten. Für ihn ist sie Freiwild, über das er an mich herankommt. Dazu kommt, dass er sie für minderwertig hält, weil sie als Tänzerin arbeitet.“ Eigentlich wollte er die Geschichte für sich behalten, weniger um den Beruf seiner Freundin zu verschweigen, sondern wegen der Reaktion seiner Mutter.

„Das ist doch ein schlechter Scherz. Ich dachte, dass das Ärgernis mit den Millers im letzten Jahrhundert geklärt wurde.“ Adeline stieß wütend die Luft aus. „Wir kommen sofort zu dir. Dem Kerl muss man Einhalt gebieten.“

„Non!“ Er stoppte sie, weil seine Stimme herrisch wurde. „Ihr bleibt, wo ihr seid, ich werde alleine mit ihm fertig. Sollte ich euch brauchen, rufe ich an.“

„Ich verstehe dich nicht, mon fils. Über die Zeit, in der du uns unbedingt beweisen wolltest, dass du auf eigenen Beinen stehst, sind wir längst weg.“

Er hörte deutlich, wie verwirrt sie über seine Ablehnung war. „Sie hat keine Ahnung, was ich bin“, bekannte er mit einem schweren Seufzen.

„Mon dieu, so haben wir dich nicht erzogen, Maurice. Du musst es ihr sagen, sofort.“ Adeline glaubte, sich verhört zu haben. Wie konnte ihr Sohn annehmen, dass er es schaffte, mit einem solchen Versäumnis eine Beziehung aufzubauen?

„Das ist meine Sache! Halte dich raus.“ Wieder vergriff er sich im Ton. „Tut mir leid, aber die Situation ist kompliziert.“ Er wollte nicht noch mehr verraten, zumal er wusste, dass er keine Chance hatte, eine Diskussion mit seiner Mutter zu gewinnen. Im Stillen gab er ja zu, dass sein Verhalten alles andere als korrekt war. „Ich brauche einfach etwas Zeit“, fügte er resignierend hinzu.

Jetzt lachte Adeline auf. „Du hast deine Gefährtin gefunden und fürchtest, dass sie dich wegstößt, wenn sie weiß, dass du ein Nosferatu bist.“ Ihre Stimme wurde sanft. „Wahre Liebe findet ihren Weg, mon fils. Egal, was du anstellst.“

„Ich hoffe es sehr, Maman. Bitte, gib mir ein wenig Aufschub.“ Er hoffte, dass er sie überzeugen konnte. Falls seine Familie beschloss, ihm einen Besuch abzustatten, verursachte es nicht nur einen riesigen Wirbel, sondern noch weitere Probleme. Sein Geheimnis gegenüber Charlotte wäre dann keins mehr.

„Du weißt hoffentlich, was du tust, mein Sohn.“ Adeline seufzte leise. „Ich weiß, dass ich dir kaum helfen kann, obwohl ich es gerne würde. Aber du bist wirklich alt genug. Melde dich, wenn du Hilfe brauchst. Ich habe dich lieb.“

Maurice atmete auf, verabschiedete sich und legte auf. Einerseits freute er sich, dass er sich auf seine Leute verlassen konnte, andererseits war es manchmal auch lästig, dass gerade seine Mutter stets auf dem Laufenden war.

Wenigstens hatte das Telefonat dafür gesorgt, dass die Zeit schneller herumgegangen war, sodass er jetzt zum Varieté fuhr. Wie immer ging er durch den Haupteingang, grüßte die Dame am Einlass höflich, während er den Eintritt bezahlte. Anschließend ließ er Bertrand zu sich holen. Dieser schleimige Wurm sollte es nie wieder wagen, seiner Kleinen das Leben schwer zu machen.

„Monsieur Leblanc, was kann ich für Sie tun?" Bertrand kam zu seinem Tisch, allerdings sah man ihm deutlich an, dass er es überhaupt nicht schätzte, wie ein niederer Angestellter herbestellt worden zu sein.

Eindringlich sah Maurice ihm in die Augen, bis er bemerkte, dass der Blick seines Gegenübers glasig wurde. „Du stellst Charlotte sofort ihren Gehaltsscheck aus und legst einen Bonus drauf. Ich denke das Doppelte ihrer Gage ist angemessen."

Wie eine Puppe nickte der Mann, blieb ansonsten unheimlich still.

„Gut, dass wir uns einig sind. Du wirst ihr in Zukunft freigeben, sobald ich bemerke, dass es eine schöne Nacht ist. Natürlich bei vollem Lohnausgleich. Darüber hinaus wird sie nur noch die Hälfte der Auftritte absolvieren." Er überlegte kurz, ob er etwas vergessen hatte, aber er sollte es auch nicht übertreiben. Seine Kleine war zu schlau, um zu deutliche Veränderungen ohne Gegenfrage hinzunehmen. „Verstanden?"

Bertrand nickte.

„Dann bring mir jetzt einen Merlot aus deiner privaten Sammlung." Damit schickte er ihn weg und sofort änderte sich der Gesichtsausdruck des Mannes.

Er schüttelte sich, als ob er gerade aus einem Traum aufgewacht wäre, beeilte sich aber trotzdem, um dem Wunsch des Gastes zu entsprechen.

Maurice lehnte sich zufrieden zurück, bis sein Blick auf den Eingang fiel, wo Miller erschien. Das durfte doch nicht wahr sein! Der Kerl nahm auch keine seiner Warnungen ernst, was ihn dazu zwang, härtere Maßnahmen zu ergreifen. Ein Weg, den er nur sehr ungern gehen wollte.

~~°~~

Charlotte hatte sich zusammen mit ihren Kolleginnen mit Stretchübungen und leichter Gymnastik aufgewärmt, anschließend waren sie duschen gegangen. Die ganze Zeit ließ sie die Sticheleien über sich ergehen, die Chantal von sich gab. Ihr war klar, dass das die kleinliche Rache der Göre darstellte. Immerhin wurde sie seit dem letzten Abend von allen gemieden. Egal, wo sie auftauchte, verstummten die Gespräche.

Kurz kämpfte Charlie mit einem Anflug von schlechtem Gewissen, doch das hatte sie sich selbst zuzuschreiben.

Bertrand kam zu ihr und sie bereitete sich innerlich auf eine unschöne Szene vor, denn der Mann starrte sie bösartig an. „Hier dein Scheck, es tut mir leid, dass ich vergessen habe, ihn dir zu geben."

„Danke." Sie antwortete ihm kühl, auf keinen Fall sollte er glauben, dass er mit dem Verhalten durchkam. „Ich wollte sowieso darüber reden. Es kann nicht sein, dass ich mein Geld erst Mitte des Monats bekomme."

Augenblicklich hob ihr Chef abwehrend eine Hand. „Es wird nie mehr vorkommen, darauf hast du mein Wort."

Erneut sah er sie mit so viel Bösartigkeit an, dass sie fast glaubte, sich zu verhören. Seine Beteuerung passte überhaupt nicht zu seinem fiesen Blick. Irgendetwas war hier enorm faul.

„Ab sofort trittst du nur bei jedem zweiten Stück auf und natürlich bei den Soloauftritten." Er holte tief Luft.

Charlotte schluckte, ihr war ja klar, dass das dicke Ende noch kam. Fest biss sie sich auf die Lippen, denn eine Diskussion machte es nur schlimmer, das wusste sie aus Erfahrung. Stumm nickte sie, etwas anderes blieb ihr auch kaum übrig. Ihr Leben wurde nach dieser Ankündigung erst recht zu einer Herausforderung.

„Selbstverständlich bekommst du weiterhin deine komplette Gage. Ein Talent wie dich möchte ich unbedingt behalten." Er presste die Worte hervor, anschließend drehte er sich um und ging aus der Garderobe.

Verwirrt sah Charlie ihm hinterher, bis ihr Blick auf den Scheck fiel, den sie beinahe fallen ließ. Jetzt verstand sie die Welt nicht mehr. Bertrand sprach mit ihr in einem Ton, als ob er sie lieber sofort feuern wollte, kürzte ihre Auftritte bei vollem Lohnausgleich, gleichzeitig gab er ihr einen Bonus, der ihr Gehalt verdoppelte. Das passte kein bisschen zusammen.

Plötzlich erinnerte sie sich an etwas, das Maurice gesagt hatte, ob er dahintersteckte?

Sie glaubte zwar nicht so ganz an die Geschichte, dass er allein mit seinen Befehlen Menschen steuern konnte, aber das war die einzige Erklärung, die ihr einfiel.

„Was war das denn? Hat Bertrand Drogen genommen?" Babette musterte sie erstaunt. „Er hat noch nie mehr bezahlt, als er musste."

Charlie zuckte mit den Schultern, anschließend schenkte sie ihrer Kollegin ein strahlendes Lächeln. „Vielleicht hat er endlich seine menschliche Seite entdeckt."

Bei den Worten schnaubte Chantal auf, aber sie hielt den Mund.

Charlotte bereitete sich auf den ersten Auftritt vor, dennoch ging ihr die Sache mit ihrem Chef nicht aus dem Sinn. Zuerst gab er ihr frei, damit sie mit einem Gast ausgehen konnte und jetzt? Erneut starrte sie auf ihren Gehaltsscheck. Sie weigerte sich, an das Märchen von der Manipulation zu glauben, es musste irgendeinen anderen Grund geben, nur welchen?

Als sie auf die Bühne trat, lächelte sie Maurice verliebt zu, ehe ihr Blick auf Miller fiel, bei seinem Anblick wäre sie fast aus dem Takt gekommen. Der Kerl war wirklich lästig.

Der Abend verging relativ schnell und ohne Schmerzen, da sie ja nur noch die Hälfte der Nummern mittanzte. Vor dem Künstlereingang wartete Maurice auf sie, der sie zärtlich in die Arme nahm, doch sie schob ihn energisch von sich.

„Habe ich etwas falsch gemacht?" Betroffen musterte er sie, dabei war er sich dieses Mal keiner Schuld bewusst.

Lächelnd schüttelte sie den Kopf, ehe sie sich bei ihm einhakte. „Nein, aber sollte Bertrand auf die Idee kommen, dass wir ein Verhältnis haben, wird er die Hand aufhalten." Sie deutete mit dem Kinn in die Richtung, in der die Metro lag. „Lass uns gehen."

„Non, wir fahren oder hast du vergessen, dass ich mit dem Auto da bin?“ Er schmunzelte, als sie die Augen verdrehte.

„Ich bin es so sehr gewohnt, die Bahn zu nehmen, dass ich das tatsächlich verdrängt habe.“ Sie lachte leise über ihren Fehler, ehe sie gemeinsam mit ihm zu seinem Wagen ging, der ein Stück die Straße runter am Straßenrand stand.

„Wir müssen reden“, begann sie unsicher, als er den Motor angelassen hatte.

Er nickte nur lächelnd. „Das wollte ich auch gerade sagen. Aber zuerst möchte ich wissen, worauf du Hunger hast? Sollen wir ins Passionné gehen oder steht dir der Sinn nach etwas anderem?“

Zu dumm, dass genau in der Sekunde ihr Magen knurrte. Seufzend gab sie nach. „Mir ist im Augenblick jedes Restaurant recht. Nur wäre es toll, wenn nicht noch mal ein Gast weggeschickt wird.“

Zärtlich drückte Maurice ihre Hand. „Keine Sorge, ich habe reserviert, wie es sich gehört.“ Er setzte den Blinker, anschließend sah er sie wieder kurz an. „Was willst du mit mir besprechen?“

In dem Moment kam sich Charlie absolut idiotisch vor, die Idee, dass er etwas mit der Gehaltserhöhung zu tun hatte, hörte sich in ihren Ohren völlig daneben an. „Bertrand hat mir das doppelte Gehalt ausgezahlt, daher möchte ich heute bezahlen.“ Innerlich schüttelte sie sich, als sie daran dachte, dass sie eine solche Einladung in eine neue Zwangslage brachte.

„Auf keinen Fall, mon amour, das ist nicht verhandelbar.“ Maurice lächelte ihr zu. „Aber ich habe das Gefühl, dass es um ein anderes Thema geht. Was liegt dir auf dem Herzen?“

Charlotte schluckte. „Du hast mir mal gesagt, dass du sehr ungewöhnliche Mittel besitzt, um den Menschen deinen Willen aufzudrücken. Was genau meintest du damit? Kannst du die Leute in deinem Umfeld wirklich nur mit deinen Befehlen manipulieren?“ Sie lachte spöttisch auf. „Vergiss es bitte, ich stelle die unmöglichsten Thesen auf, nur weil ich keine Erklärung finde, weshalb Bertrand mir einen Bonus gezahlt hat.“

„Nein, es ist völlig in Ordnung, dass du fragst.“ Er dachte einen Augenblick über seine Antwort nach. „Ich besitze einige außergewöhnliche Gaben oder vielleicht sind es auch Gendefekte. Einer davon ist in der Tat, dass ich in der Lage bin, Menschen meinen Willen aufzuzwingen. Nur bei dir klappt es nicht, was mir zeigt, dass du etwas ganz Besonderes bist.“ Er streichelte leicht über ihren Oberschenkel. „Ja, ich habe deinen Chef dazu gebracht, dich zu schonen und dir mehr Gehalt zu zahlen. Du hast es verdient, außerdem denke ich, dass du keinerlei finanzielle Hilfe von mir annimmst, n’est-ce pas?“

„Darauf kannst du Gift nehmen, ich lasse mich nicht kaufen.“ Zornig starrte sie ihn an. „Aber du musstest dich ja unbedingt einmischen.“

„Oui, ich würde es jederzeit wieder tun. Dein Vorgesetzter ist ein Halsabschneider, der euch ausbeutet, um ein luxuriöses Leben zu führen. Glaub mir, ich habe Informationen über ihn eingeholt.“ Maurice schnalzte ungeduldig mit der Zunge, als die Ampel auf Rot umsprang. Sofort änderte sich das Signallicht.

Dieses Mal hatte Charlotte es deutlich gesehen, was ihr unheimlich war. „Was ist mit der Ampel los? Scheint, dass sie kaputt ist.“ Natürlich stürzte sie sich auf die erste logische Erklärung.

„Non, mon cœur, das ist eine meiner Besonderheiten. Schau!“ Er demonstrierte es ihr erneut. Ihm war klar, dass er ihr nach und nach die Wahrheit sagen musste, doch aktuell war es ihm lieber, sie dachte, dass er ein Mutant war.

„Beeindruckend, kannst du mir das beibringen?“ Noch wusste sie nicht, was sie davon halten sollte. Es fühlte sich ungewohnt an, zu wissen, dass er dafür gesorgt hatte, dass ihr Arbeitsleben einfacher wurde. Andererseits überforderten sie die Information.

„Nein, tut mir leid, das ist angeboren, nicht erlernt.“ Er zuckte leicht mit den Schultern. „Wenn es nach mir geht, wirst du es auch niemals brauchen. Ich beabsichtige, sehr viel Zeit mit dir zu verbringen.“

Seine Worte wärmten ihr Herz, gleichzeitig betrachtete sie ihn von der Seite aus. Durfte sie ihm tatsächlich glauben? Oder band er ihr gerade einen riesigen Bären auf. „Sag mir bitte ehrlich, hast du Bertrand gedroht?“

Lachend verneinte Maurice. „Absolut nicht, mon amour, bei ihm reicht es, dass ich ihm vorschreibe, was er tun oder lassen soll. Vertrau mir, er ist willig auf meinen Vorschlag eingegangen.“

Charlotte runzelte die Stirn, doch dann erinnerte sie sich an die Sache mit der Ampel. Offensichtlich sagte er die Wahrheit, zumal ihr Chef bestimmt eine entsprechende Bemerkung gemacht hätte. Darüber hinaus war es egal, weshalb sie mehr Lohn bekam, es machte ihr Leben einfacher. „Danke.“ Sie lehnte sich kurz an ihn, genoss es, dass er sie leicht an sich drückte, bevor sie wieder von ihm abrückte.

„Ich habe dir versprochen, dass ich auf dich aufpasse, das gehört dazu." Maurice wusste, dass sie mit dem Gedanken, gekauft zu werden, ein großes Problem hatte, trotzdem ließ er es nicht zu, dass es ihr an irgendetwas fehlte. Er hatte verdammt noch mal mehr als genug Geld. „Ich habe für dich eingekauft und muss dir beichten, dass ich in deine Wohnung eingebrochen bin." Jetzt hielt er die Luft an, weil ihm bewusst war, dass sich gleich ein Gewitter über ihm entladen würde.

„Du hast was?" Entsetzt sah sie ihn an. „Hast du die Tür beschädigt?" Es war eine Horrorvorstellung, dass ihr Vermieter ihr den Schaden in Rechnung stellte.

Abwehrend schüttelte er den Kopf. „Du darfst mir ruhig ein wenig mehr Finesse zutrauen. Ein so einfaches Schloss zu knacken, ist wirklich keine Herausforderung." Er setzte ein schuldbewusstes Gesicht auf. „Es tut mir leid, ich hätte dich fragen sollen, allerdings habe ich befürchtet, dass du meine Unterstützung ablehnst. Ich möchte nur sichergehen, dass du nicht hungerst."

Wut und unbändige Freude kämpften in ihr um die Vorherrschaft. Einerseits hatte er sich unbefugt Eintritt verschafft, andererseits konnte sie diese Hilfe mehr als gut brauchen. „Du bist unmöglich, weißt du das?" Sie lachte leise, weil sie ihm recht geben musste, sie hätte ihm seine Hilfsbereitschaft um die Ohren gehauen. Verdammter Stolz! Ihr Herz flog ihm zu, allein aufgrund der Tatsache, dass er sich durchsetzte, einen Streit riskierte, um ihr das Leben leichter zu machen.

„Da stimme ich dir gerne zu." Erleichtert atmete er auf.

Kapitel 8 - Opéra Garnier

Sie parkten unweit des Restaurants und Charlotte genoss es, dass er ihr einen Arm um die Schultern legte. Dieses Mal hatte sie sich von vorneherein elegant gekleidet, nachdem ihr Arbeitstag vorüber war. Ehrlich gestand sie sich ein, dass sie ihm gefallen wollte.

Wie beim letzten Mal wurden sie höflich begrüßt, anschließend brachte man sie an einen Tisch in einer Nische, wo sie ziemlich ungestört waren.

„Ich bin neugierig", begann Charlie, dabei sah sie ihn eindringlich an. Sie haderte immer noch mit seiner Antwort. Mutanten gab es höchstens in Filmen, andererseits fand sie keine logische Erklärung.

Mit einem liebevollen Lächeln nahm Maurice ihre Hand. „Das denke ich mir. Was möchtest du wissen, mon cœur?"

„Wenn du so außergewöhnliche Fähigkeiten hast, wieso bist du kein Versuchsobjekt geworden? Ich meine, es muss doch jemandem aufgefallen sein." Sie konnte sich beim besten Willen nicht vorstellen, dass seine Eltern über eine solche Gabe hinweggesehen hätten.

In seinen Augen blitzte es amüsiert auf. „In meiner Familie gibt es diese Besonderheiten schon sehr lange. Natürlich waren meine Urgroßeltern kaum in der Lage, Ampeln umzustellen, weil die noch erfunden werden mussten, aber die Manipulation liegt uns im Blut."

„Irgendetwas verschweigst du mir." Ihr Verstand weigerte sich, an so eine Lösung zu glauben. „Normalerweise wärt ihr zu Zeiten der Inquisition verbrannt worden."

Traurig nickte er. „Du hast völlig recht, man hat es versucht. Meine gesamte Sippe sollte ausgerottet werden. Zum Glück waren wir darauf gefasst." Er biss sich vorsichtig auf die Lippe, denn das Problem tauchte nicht nur in dieser dunklen Epoche auf. Im Grunde kämpften sie ja sogar heute noch darum, friedlich unter den Menschen leben zu dürfen.

Mitfühlend drückte sie seine Hand. „Es tut mir leid, dass ich das Thema angesprochen habe."

Er beugte sich vor, küsste sie zärtlich, ehe der Kellner den Wein brachte.

„Auf eine bezaubernde Frau, die mein Herz gestohlen hat." Er zwinkerte ihr zu, gleichzeitig stieß er sein Glas an ihres.

„Du Charmeur." Lachend betrachtete sie ihn, dabei fühlte sie, dass sie sich mehr als verliebt hatte. Das Gefühl ging deutlich tiefer. Eilig schob sie die Erkenntnis zur Seite, dazu war es zu früh. „Erzähl mir von dir, du scheinst ein äußerst interessanter Mann zu sein." Auffordernd sah sie ihn an.

Er zuckte mit den Schultern. „Du weißt bereits eine ganze Menge. Sogar meine Besonderheiten hab ich dir gebeichtet. Glaub mir, es gibt nicht viele Menschen, die davon wissen."

„Dein Geheimnis ist bei mir sicher", beteuerte sie sofort. Erst jetzt wurde ihr bewusst, wie sehr er ihr vertrauen musste, um ihr so etwas anzuvertrauen. „Ich danke dir."

„Das ist doch selbstverständlich, mon amour. Ich kann kaum von Liebe sprechen, wenn ich dir misstraue oder solche Sachen vor dir geheim halte." Innerlich schimpfte er sich einen verdammten Feigling, weil er sich nicht traute, ihr die gesamte

Wahrheit zu sagen. „Es gibt allerdings ein paar Dinge, da bitte ich dich um Geduld.“

Sofort betrachtete sie ihn neugierig. „Noch mehr Fähigkeiten?“ Sie zog zweifelnd die Augenbrauen hoch.

„So kann man es nennen, aber wie gesagt, ich benötige hier einen Aufschub. Es ist nicht so einfach, über meine Besonderheiten zu reden.“

Das verstand sie, zumal sie selbst nur ungern über sich redete, daher ließ sie das Thema fallen, darüber hinaus hatte sie für einen Abend auch genug erfahren. „Hast du ein gutes Verhältnis mit deinen Eltern?“ Charlie griff auf die erste Frage zurück, die ihr einfiel, wobei ihr sofort bewusst wurde, dass sie ziemlich schlecht gewählt war.

„Oui, wir sehen uns zwar nur selten, weil sie nach Schottland gezogen sind, um genau zu sein, nach Dufftown.“ Er lächelte bei dem Gedanken an seine Sippe. „Mein jüngster Bruder ist bei ihnen.“

„Das ist perfekt, so haben sie immer Hilfe.“ Natürlich stellte Charlotte sich ältere Herrschaften vor, die vielleicht nicht mehr so ganz fit waren.

Maurice lachte auf. „Du machst dir gerade ein völlig falsches Bild. Meine Mutter hat alle im Griff, sie ist der Feldherr der Familie.“ Amüsiert dachte er daran, was Adeline wohl von der Idee, Unterstützung zu benötigen, hielt. „Mein Vater ist der Ruhepol. Er ist auch der Einzige, der meine Mama beruhigen kann, sollte sie sich aufregen.“ Wieder huschte ein zärtliches Lächeln über sein Gesicht.

Charlotte seufzte leise, weil sie an ihre Eltern erinnert wurde. Eilig schob sie die Gedanken zur Seite. „Hört sich nach sehr viel Temperament an.“

„Davon darfst du ausgehen, allerdings ist sie immer besorgt, dass es ihren Kindern, Enkeln und Schwiegerkindern gut geht.“ Nachdenklich betrachtete er sie. Natürlich wusste er, dass sie keinen Kontakt mehr zu ihrer Familie hatte, aber der Hintergrund interessierte ihn. „Was ist mit deinen Leuten? Wie sind sie so?“

„Unerbittlich.“ Das rutschte ihr heraus, ehe sie die Hand vor den Mund schlug. „Das meinte ich nicht so.“

„Lügen? Mon cœur, das ist absolut unnötig.“ Ein Blitzen erschien in seinen Augen. „Außerdem lasse ich das niemals ungestraft durchgehen.“

Sofort wurde sie aufmerksam. „Was willst du mir damit sagen?“

Sanft schüttelte Maurice den Kopf. „Du weichst aus, mein Herz. Jetzt möchte ich etwas über deine Leute hören.“

Kurz überlegte sie, ob sie dem Gespräch ausweichen sollte, aber irgendwann erfuhr er es ja doch. „Meine Mutter hat den Kontakt abgebrochen, als ich im Lido angefangen habe. Seitdem herrscht Funkstille, keiner interessiert sich dafür, wie es mir geht. Sogar meine Schwester hat sich von mir distanziert.“ Sie blinzelte die Tränen weg. Verdammt sie vermisste ihre Familie immer noch.

„Hast du jemals versucht mit ihnen zu sprechen? Ihnen deine Entscheidung erklärt?“ Maurice zerriss es das Herz, als er bemerkte, wie sehr sie unter der Trennung litt.

„Ja, mehrfach, aber meine Anrufe wurden abgeblockt, meine Briefe kamen ungeöffnet zurück. Mittlerweile sind meine Eltern umgezogen, über meine Schwester weiß ich nichts.“ Jetzt strich sie sich ärgerlich eine Träne von der Wange. „Ich sollte längst darüber hinweg sein, entschuldige bitte." Charlie schimpfte im Stillen mit sich, denn niemand mochte flennende Weiber.

Blitzschnell wechselte Maurice den Platz, legte einen Arm um ihre Schultern, um sie zärtlich an sich zu ziehen. „Halte niemals deine Emotionen vor mir geheim, mein Herz. Es ist nachvollziehbar, dass du sie vermisst, außerdem zeigt es, dass du keine leichtfertige Person bist." Er küsste sie liebevoll.

Charlie genoss den Augenblick, in dem sie verstanden wurde, in dem er sie tröstete, obwohl sie für die Geschehnisse allein verantwortlich war. „Sie haben mich vorgewarnt, aber ich wollte nicht hören." Man hörte die Melancholie deutlich heraus. „Damals dachte ich, dass ich alles unter einen Hut bekommen würde. Ich habe mich maßlos überschätzt und die falsche Entscheidung getroffen."

„Du warst jung und die Verlockung sehr groß." Maurice versuchte, ihre Selbstvorwürfe zu beschwichtigen, doch sie schüttelte bereits den Kopf.

„Nein, jeder hat mich gewarnt, dass es zu viel wird, dass die Auftritte dort meiner Karriere schaden." Sie holte zittrig Luft. „Ich bin allein schuld, dass ich in dieser miserablen Spelunke auftreten muss. Damals gab es etliche Möglichkeiten, ich habe mich jedoch für den Weg in den Abgrund entschieden." Sie lachte bitter. „Jetzt werde ich auch noch theatralisch. Ich denke, ich sollte weniger Wein trinken." Unsicher musterte sie ihn, ob er nach ihrem Gefühlsausbruch von ihr abgestoßen war, doch sie erkannte nur liebevolles Mitgefühl.

„Du bist zu streng mit dir, mon amour. Uns allen unterlaufen Fehler, glaub mir." Erneut drückte er sie an sich, ehe der Kellner mit dem nächsten Gang kam.

„Ich mache mich schnell frisch“, flüsterte sie ihm zu, anschließend verschwand sie in Richtung Toiletten. Charlie brauchte einen Moment für sich, um sich zu fangen. In den letzten Jahren hatte sie sich verboten an ihre Familie, besonders an ihre Schwester zu denken. Es tat immer noch weh, darüber hinaus war sie überzeugt, dass sie das Verhalten verdiente.

Traurig starrte sie sich im Spiegel an, weshalb hatte sie auf niemanden gehört? Die Angst, dass Maurice doch irgendwann von ihr abgestoßen wurde, kroch ihr langsam über den Rücken. Hatte sie denn überhaupt eine Chance, einen Mann wie ihn zu halten? Es gab so viele hübschere, jüngere und bessere als sie. Die Selbstzweifel hielten sie fest im Griff, sodass sie nichts dagegen tun konnte, außer ihre professionelle Maske aufzusetzen.

Eilig wusch sie sich das Gesicht, zwang sie zum Lächeln und ging zum Tisch zurück.

Maurice saß jetzt wieder auf dem Platz ihr gegenüber, doch er betrachtete sie besorgt. „Alles in Ordnung? Es tut mir leid, dass ich offensichtlich eine Wunde aufgerissen habe. Verzeih mir bitte.“ Sanft strich er ihr über die Wange.

„Es ist nicht deine Schuld, außerdem ist es lange her.“ Sie lächelte ihn an, aber ihre Augen blieben stumpf.

Kurz überlegte er, ob er sie erneut darauf hinweisen sollte, dass sie sich gerade ihm gegenüber niemals verstellen musste, doch er entschied sich dagegen. Mit der Zeit würde er ihr schon beibringen, dass er keine Sonnenscheinbeziehung wollte.

„Erzähl mir irgendetwas Lustiges“, bat sie leise, anschließend widmete sie sich ihrem Essen.

„Denkst du, dass ich so oberflächlich bin? Dich belastet es, dass du den Kontakt zu deiner Familie verloren hast, da werde ich wohl kaum den Komiker geben." Eindringlich sah er sie an. „Es ist in Ordnung, wenn man traurig ist. Es gehört zum Leben."

Dankbar nickte sie, in der Tat war ihr jetzt nicht nach Witzen oder komischen Erzählungen.

Schweigend beendeten sie das Essen, allerdings war es keine belastende Atmosphäre, ganz im Gegenteil, Charlie fühlte sich verstanden. Das hatte sie schon lange nicht mehr erlebt.

Galant half Maurice ihr in ihre Jacke, als sie das Restaurant verließen. „Was hältst du von einem kleinen Spaziergang?" Er deutete mit dem Kopf auf die Straße vor ihnen.

„Sehr gerne, ich möchte noch nicht alleine sein", gab sie leise zu.

Sofort drehte er sie zu sich, legte eine Hand unter ihr Kinn, um sie zu zwingen, ihm in die Augen zu sehen. „Du bist niemals alleine, mon cœur. Ich bleibe bei dir, solange du es zulässt."

In seinem Blick erkannte sie, dass er die tiefere Bedeutung ihrer Worte verstanden hatte. Zaghaft lächelte sie ihn an. „Ich will verhindern, dass du glaubst, ich würde mich an dich klammern." Sie schluckte. „Wir kennen uns doch kaum", fügte sie verlegen hinzu.

Maurice lachte leise auf. „So schnell wirst du mich nicht los, es sei denn, du sagst mir deutlich, dass du mich verabscheust." Er beugte sich zu ihr, strich vorsichtig mit seinen Lippen über ihre, leckte leicht über ihre Mundwinkel, bevor er mit der Zunge in ihren Mund eindrang.

Genüsslich erkundete er sie, nahm ihren Geschmack auf, wobei er seine andere Seite fest an der Kette hielt. Es war immer noch ein Risiko, sich ihr auf diese Weise zu nähern, trotzdem wollte er den Moment auskosten. Seine Hand glitt in ihren Nacken, packte ihre Haare, um sie festzuhalten, während er sie an sich presste.

Ihre Kehle bog sich ihm verführerisch entgegen, außerdem hörte er ihr Blut, das durch ihren exquisiten Leib pulsierte. Das war ein weiterer Grund, weshalb er den Kuss länger auskostete.

Charlotte drängte sich an ihn, schloss die Lider, um die Umwelt auszublenden. Der Augenblick gehört nur ihnen, eine Sekunde des Glücks. Ihr Atem wurde hektischer, ihr Puls schoss in die Höhe, gleichzeitig rückten alle dunklen Erinnerungen in die Ferne. Allein mit dieser fast unschuldigen Zärtlichkeit raubte er ihr den Verstand, vernebelte ihre Sinne, was sie begrüßte. Selbst, wenn er sie jetzt in eine Seitengasse gedrückt hätte, um seine Begierde zu stillen, wäre sie kaum abgeneigt. Im Gegenteil, sie sehnte sich danach, ihn noch intensiver zu spüren, ihm ganz zu gehören.

Bei dem Gedanken stockte sie, seit wann wollte sie das Eigentum eines Mannes werden?

Maurice erkannte deutlich, dass sie etwas beschäftigte, deshalb entließ er sie vorsichtig aus seiner Umarmung. Zum Glück wurde sie abgelenkt, denn lange hätte er sich nicht mehr zurückhalten können. „Bin ich zu weit gegangen?“, erkundigte er sich, nachdem er sicher sein konnte, dass seine Eckzähne ihn nicht beim Sprechen behinderten.

„Nein, ich gebe zu, dass ich alles um mich herum vergessen habe.“ Sie lächelte ihn verliebt an.

„Trotzdem hat dich irgendetwas gestört." Er sah ihr tief in die Augen. „Was belastet dich? Liegt es an mir?"

Sofort schüttelte sie den Kopf. „Mir ist etwas in den Sinn gekommen, über das ich in Ruhe nachdenken möchte." Sie legte eine Hand auf seine Brust. „Bitte, gib mir die Zeit, um mir über meine Sehnsüchte klar zu werden."

Er nahm ihre Hand, küsste ihre Fingerspitzen, bevor er sie charmant anlächelte. „Selbstverständlich, wie könnte ich dir diesen Wunsch abschlagen, wo ich doch selbst darum gebeten habe?"

Erleichtert lehnte sie sich erneut an ihn. „Danke." Charlie raubte sich einen schnellen Kuss, anschließend schlenderten sie die Rue Bergère entlang, bogen auf die Rue du Faubourg Montmartre ab, bis sie auf den Boulevard Montmartre stießen, der in den Boulevard Haussmann überging.

Sie genoss es, an den alten Häusern vorbeizuschlendern und einfach die Gegenwart des Mannes zu genießen, dem sie ihr Herz geschenkt hatte. Immer wieder bewunderten sie die Fassaden, die an den ehemaligen Reichtum erinnerten.

Maurice musste sich sehr zusammennehmen, um sein Geheimnis nicht voreilig zu verraten. Natürlich dachte er sofort an die Zeit, in der er mit dem Einspänner durch die Straßen zum Opernhaus gefahren war. Damals hatte er das Leben in vollen Zügen genossen, ohne eine Ahnung davon zu bekommen, wie es war, wenn einem alles überdrüssig wurde. Melancholisch betrachtete er die Häuser, die von der früheren Pracht erzählten, denen man aber mittlerweile die Spuren des Alters ansah. Ein Lächeln schlich sich auf sein Gesicht, als er sich an den Roman von Gaston Leroux erinnerte. Das Phantom der Oper, es hätte fast seine Lebensgeschichte werden können. Zum Glück gab es seine Familie, die ihn davon abhielt, Menschen zu töten, die lästig waren.

„Was ist mit dir? Habe ich dir die Laune verdorben?“ Charlotte sah ihn besorgt von der Seite aus an. Sie bemerkte deutlich, dass seine Stimmung sich veränderte.

„Nein, das kannst du gar nicht. Im Gegenteil, du bist der Lichtstrahl in der Dunkelheit.“ Er küsste sie auf die Stirn. „Ich musste daran denken, dass ich um ein Haar einen ziemlich bösartigen Weg eingeschlagen hätte. Meine Familie hat mich zurückgehalten.“ Sanft streichelte er ihr über den Rücken. „In meinem Leben gab es Entscheidungen, die ich besser niemals gefällt hätte.“

Charlotte lehnte sich gegen ihn. „Dann sind wir gar nicht so verschieden. Nur du hast auf deine Eltern gehört, wozu ich zu dumm war.“

„Das ist keine Dummheit, mon amour. Man muss seinen eigenen Weg gehen, Fehler machen und auch auf die Nase fallen, das nennt man, Erfahrungen sammeln.“ Er strich ihr erneut über den Oberarm, während er sie sanft in die Richtung lenkte, in die er wollte. „Vielleicht hast du die Augen verschlossen, als sich Möglichkeiten gezeigt haben, um dich selbst zu bestrafen. Könnte das sein?“

Langsam nickte sie, der Gedanke war ihr bisher nicht gekommen, trotzdem musste sie es in Betracht ziehen. „Du meinst, ich habe Alternativen übersehen?“ Aktuell fiel ihr zwar keine ein, doch das war ja genau der Punkt.

„Wahrscheinlich, nur dass du dir entweder sofort eingeredet hast, dass du zu schlecht bist oder unbewusst an deiner Selbstbestrafung festgehalten hast, sodass du zum Vorsingen erst gar nicht angetreten bist.“

Er deutete auf das Opernhaus, das jetzt in Sicht kam, dabei spürte er deutlich, dass sie zusammenzuckte. „Hast du dich jemals bei der Opéra Garnier beworben?“

Energisch schüttelte sie den Kopf. „Nein, diese Blamage habe ich mir erspart. Glaubst du wirklich, dass sie eine ehemalige Tänzerin vom Lido nehmen würden?“ Charlie stoppte kurz. „Ohne deine Einmischung versteht sich.“

„Um ehrlich zu sein, ich kann die Antwort nur vermuten. Allerdings kenne ich den derzeitigen Direktor und von ihm weiß ich, dass für ihn nur das Können zählt.“ Mit sanfter Gewalt schob er sie weiter auf das Gebäude zu. „Lass uns reingehen.“

Sofort protestierte Charlotte. „Du spinnst doch, es ist geschlossen, und ehe wir auch nur das Schloss berühren, ist die Polizei hier. Nein! Maurice, nein, ich will nicht noch einen Aufenthalt im Knast in meinem Lebenslauf haben.“

Leise lachend zog er einen Schlüssel aus der Tasche, gleichzeitig stieß er seufzend die Luft aus. „An deinem Vertrauen müssen wir dringend arbeiten. Glaubst du tatsächlich, dass ich dich in Gefahr bringe?“ Er brachte sie zum Pavillon des Kaisers, wo er die Tür aufschloss. „Diesen Eingang hat Napoleon III. sich bauen lassen, damit er ohne Kontakt mit den Besuchern in seine Loge kommen konnte“, erklärte er, während er sie ins Gebäude schob.

„Weshalb hast du einen Schlüssel?“ Charlotte betrachtete ihren Freund von der Seite aus. „Sag nicht, dass du hier einem Job als Nachtwächter nachgehst.“ Sie lachte über ihre Vermutung.

Auch Maurice schmunzelte, denn er hatte den ersten Schlüssel von Napoleon III. selbst erhalten. Damals war er der Leibwächter des Kaisers, was ihm nur erlaubt wurde, weil er seine Identität geheim hielt. Als Enkel von Louis XIV. stellte er natürlich historisch betrachtet den Feind dar, dazu kam, dass er längst tot sein müsste. Er liebte die Oper, sodass er immer dafür gesorgt hatte, einen der Hauptschlüssel zu bekommen. Mit seinen Fähigkeiten war das keine große Herausforderung gewesen. „Non, mon cœur, ich brauche keine weitere Arbeitsstelle, also liegt es mir fern, einem anderen den Arbeitsplatz wegzunehmen." Er schaltete die Taschenlampe in seinem Smartphone ein, woraufhin sie etwas sehen konnte. „Ich habe viel Geld gespendet, damit das Opernhaus erhalten bleibt, als Gegenleistung bekam ich den Schlüssel." Er zwinkerte ihr zu. „Ich gebe zu, dass ich ein kleines bisschen nachgeholfen habe."

„Du bist unmöglich." Charlotte lächelte bei dem Tadel, bis sie auf die elegante Treppe sah, die die Besucher auf dem Weg zu ihren Plätzen hinaufstiegen. Vor ihr lag ihr großer Traum und sie wusste nicht, ob sie es schaffte, sich auch noch die Trümmer anzusehen. Wie angewurzelt blieb sie auf der ersten Stufe stehen.

„Komm, mein Herz, ich möchte dich einmal auf der berühmten Bühne singen hören." Maurice sah ihr an, dass es sie Überwindung kostete, aber er hatte eigene Pläne. „Tu es mir zuliebe."

Mit einem tiefen Atemzug nahm sie seine Hand, die er ihr hinstreckte. Langsam stieg sie die Treppe hoch, bis ihr einfiel, dass sie auf diesem Weg wohl kaum zum Bühnenaufgang kamen. Oft genug hatte sie den Grundriss studiert, während sie von ihrem Auftritt träumte. „Hier gelangen wir nur zu den Besucherplätzen", bemerkte sie leise.

„Ich weiß, aber das Deckengemälde von Marc Chagall solltest du dir anschauen. Oder kennst du es bereits?" Fragend hob er eine Augenbraue.

„Nein, nachdem mein größter Traum geplatzt war, habe ich es nicht mehr gewagt, das Opernhaus zu betreten", gab sie zögernd zu.

„Gut, dann lass mich dir dieses wundervolle Bauwerk zeigen." Er lächelte sie an, nahm eine Taschenlampe aus einem kleinen versteckten Schrank, mit der er die Räume gut ausleuchten konnte.

Langsam gingen sie durch die Oper, bewunderten die Gemälde, die Wandelhalle, die ein wenig an den Spiegelsaal in Versailles erinnerte, bis sie über einen Seitengang in das Foyer de la Danse gelangten. In dem Zimmer wärmten sich auch heute noch die Tänzerinnen auf.

„Früher war das der Treffpunkt der reichen Herren mit den Damen vom Ballett." In Maurice' Stimme hörte man den Abscheu deutlich heraus. „Hier fing so manches Drama an."

Neugierig betrachtete Charlotte ihn. „Es klingt fast so, als ob du es selbst erlebt hättest." Sie lachte im gleichen Moment auf. „Ich rede Unsinn, wahrscheinlich, weil ich weiterhin befürchte, herausgeworfen zu werden."

„Das wird nicht passieren, vertrau mir." Er legte eine Hand in ihren Rücken, so gingen sie weiter, bis sie nur noch durch einen Vorhang von der Bühne getrennt waren.

Charlie blieb stehen, nahm den Anblick in sich auf, gleichzeitig kämpfte sie gegen die Tränen an. Hier sah sie alles, was sie mit einer Fehlentscheidung weggeworfen hatte. Ihr großer Traum lag zerbrochen vor ihr und es gab für sie keine Möglichkeit, die Scherben irgendwie zusammenzufügen.

Maurice litt mit ihr, doch für seinen Plan, musste er sie zwingen, an diesem Ort eine kleine Vorstellung zu geben. „Tust du mir den Gefallen und singst für mich?“ Abwartend blickte er sie an, wobei sein Herz sich schmerzhaft zusammenzog. Natürlich könnte er die Direktion manipulieren, aber dann kam sie ihm sofort auf die Schliche. Leider waren sie noch nicht so weit, dass sie ihm einen solchen Eingriff in ihr Leben verzeihen würde. Darüber hinaus sollte sie niemals daran zweifeln, dass sie es auf legalem Weg geschafft hatte.

In Charlotte kämpften zwei Stimmen, die eine forderte sie auf, augenblicklich loszulaufen, um wenigstens zu erleben, wie es hätte sein können. Die andere riet ihr, auf dem Absatz umzukehren, um sich die Qual zu ersparen. Hin- und hergerissen starrte sie auf die Bühne, die jetzt vom Licht der Taschenlampe beleuchtet wurde.

Kapitel 9 - Träume

„Vertrau mir, mon cœur, du wirst es bereuen, solltest du die Chance nicht nutzen." Maurice stand neben ihr, doch die Entscheidung musste sie für sich treffen.

Tränen schnürten ihr die Kehle zu, während sie daran dachte, dass sie sich ihren Herzenswunsch selbst kaputtgemacht hatte. Weshalb war sie nur so dumm gewesen? Allein hier zu stehen, wo die Sänger auf ihre Auftritte warteten, zeigte ihr, was sie verloren hatte. Charlie legte eine Hand an ihren Hals, weil es sich anfühlte, als ob jemand sie würgen würde.

„Warte einen Augenblick", flüsterte Maurice ihr zu, dann war er verschwunden.

Jetzt fühlte sie sich auch noch einsam, eine Träne lief über ihre Wange, gleichzeitig verstärkte sich das bittere Gefühl. Weshalb wurde sie so sehr bestraft? Sie hatte eine dumme Entscheidung getroffen, kein Verbrechen begangen.

Plötzlich flammten die Scheinwerfer auf und tauchte den Platz vor ihr in ein helles Licht. Es war fast, als ob die Vorstellung beginnen würde.

Das Bühnenbild für den ersten Akt von *Don Pasquale* war bereits aufgebaut. Es zeigte den Salon von Pasquale und ein gequältes Lächeln schlich sich auf ihr Gesicht. Wie oft hatte sie sich vorgestellt, genau in dieser komischen Oper die Rolle der Norina zu spielen.

War es töricht einmal so zu tun, als ob? Es stellte ihre einzige Chance dar, überhaupt in dem berühmten Opernhaus zu singen.

Endlich sprang sie über ihren Schatten, schob ihre Bedenken zur Seite und ging auf die Bühne. Einen Moment benötigte sie, um sich die Noten in Erinnerung zu rufen, doch die Arie der Norina würde sie niemals vergessen. Im Konservatorium hatte sie ihre beste Bewertung genau damit bekommen.

Noch einmal kämpfte sie gegen die Tränen an, dabei sah sie, dass Maurice jetzt in der vordersten Reihe saß. Sie lächelte ihm zu, schloss kurz die Lider, ehe sie in die Rolle schlüpfte.

Den Blick auf ihren Liebsten gerichtet brachte sie die ersten unsicheren Töne heraus, doch je mehr sie sich auf die Musik einließ, desto sicherer wurde sie. Schon nach wenigen Minuten hatte sie ihre Höchstform erreicht. Selbst die Tatsache, dass sie a cappella sang, störte sie nicht.

Maurice sah stolz zu ihr hoch, während er ihre Darbietung mit dem Smartphone aufnahm. Dieser kleine Einblick in ihr Können sollte ihr die Tür öffnen, dafür wollte er sorgen. Wie gut, dass er über all die Jahre immer der Mäzen der Opéra Garnier geblieben war.

Wie beim ersten Mal, als er sie gehört hatte, keimte die Sehnsucht ihn ihm auf, sie in seine Arme zu ziehen und nie wieder loszulassen. Ihre Stimme berührte sein Herz, mehr als irgendjemand sonst. Als sie endete, brauchte er einen Augenblick, um zurück zur Realität zu finden. Begeistert applaudierte er, was Charlotte aus ihrem Traumzustand holte.

Ein wenig enttäuscht sah sie sich um, als sie realisierte, dass sie sich einen Auftritt vor Publikum lediglich eingebildet hatte. Seufzend betrachtete sie den fast leeren Saal.

Wenigstens durfte sie ein einziges Mal hier singen, wenn auch nur für die Privatvorstellung für ihren Freund. Eilig verließ sie die Bühne, jetzt tat es noch mehr weh.

„Du warst fantastisch, mon cœur. Vielen Dank für dieses einzigartige Erlebnis.“ Maurice kam mit einem Strahlen im Gesicht zu ihr, aber sie warf sich weinend in seine Arme. Sofort drückte er sie an sich, streichelte ihr über den Rücken, dabei unterdrückte er sein schlechtes Gewissen. „Ganz ruhig, meine Kleine, es wird alles gut“, murmelte er.

Charlie kam nicht länger alleine mit ihrer Trauer klar, ihr zerriss es das Herz, da sie noch deutlicher erkannte, was sie weggeworfen hatte. Sie brauchte ihn jetzt mehr denn je.

Nach einer Weile schob Maurice sie sanft von sich. „Wir sollten gehen, mon amour. Du zitterst, außerdem wird es bald hell und ich möchte nicht erklären müssen, was ich hier tue.“ Er zwinkerte ihr zu, küsste sie auf die bebenden Lippen, ehe er sie aus dem Opernhaus brachte. Vor der Tür legte er ihr seinen Mantel um die Schultern, da sie tatsächlich erbärmlich fror.

Charlotte beruhigte sich langsam, dabei gab sie ehrlich zu, dass sie auf diese Erfahrung niemals hätte verzichten wollen. Es tat unheimlich weh, trotzdem würde sie es jederzeit wieder tun, allein um einmal das Gefühl zu haben, auf einer so bekannten Bühne zu stehen.

„Danke für alles. Du hast mir meinen großen Traum verwirklicht.“ Sie schlang ihre Arme um seinen Nacken, zog ihn zu sich herunter und küsste ihn mit der gesamten Leidenschaft, die sie in dem Augenblick für ihn fühlte.

„Immer gerne, aber das war nur der Anfang, vertrau mir.“ Schmunzelnd schüttelte er den Kopf, als sie ansetzte, um etwas zu erwidern. „Warte es ab.“

Fast unhöflich blockte er sie ab, wobei er sie zu seinem Auto zurückbrachte. Seine innere Uhr sagte ihm deutlich, dass ihm nicht mehr allzu viel Zeit blieb, ehe die Sonne aufging. Zum Glück war es bereits Herbst, im Sommer wäre er jetzt schon tot.

Wie jedes Mal brachte er sie bis zur Haustür, küsste sie sanft, anschließend verabschiedete er sich.

„Magst du mit hochkommen?" Schüchtern sah sie ihn an, dabei klang die Hoffnung in ihrer Stimme mit.

Traurig lehnte Maurice ab. „Es tut mir leid, aber ich habe gleich einen wichtigen Termin, den ich nur schwer verschieben kann." Er hob ihr Kinn an, zwang sie ihm in die Augen zu sehen. „Rede dir keinen Unsinn ein, mein Kleines. Ich will nur dich und das für immer. Nur gibt es auch in meinem Leben Verpflichtungen." Noch einmal zog er sie eng an sich, ehe er sie mit einem sanften Schubs aufforderte zu gehen. „Ich hole dich heute Abend ab."

Mit gesenktem Blick ging Charlotte in ihre Wohnung, dabei kämpfte sie gegen die Überzeugung an, dass er doch die Nase von ihr voll hatte. Ja, er hatte ihr gesagt, dass sie sich etwas Falsches einredete, aber weshalb lehnte er es ab mitzukommen? Gerade nach diesem aufreibenden Erlebnis wollte sie nicht alleine sein. Immer wieder musste sie daran denken, wie es wohl wäre, tatsächlich ein Engagement bei der großen Opéra Garnier zu bekommen. Eine kleine Nebenrolle stellte für sie schon einen Hauptgewinn dar.

Leise fluchend machte sie sich für die Nacht fertig, denn ihre Sehnsüchte, ihre Träume waren präsenter als je zuvor. So lange hatte sie vermieden auf ihre Ziele hinzuarbeiten, jeden Gedanken an einen Auftritt dort von sich geschoben. Bitter schloss sie die Lider, dabei fragte sie sich, weshalb Maurice sich so grausam ihr gegenüber verhielt. Sofort stoppte sie die Überlegungen, immerhin hatte er ihr ein einzigartiges Erlebnis beschert.

Ihr Telefon klingelte und mit einem Lächeln erkannte sie, dass es ihr Herzensmann war. „Schön, dass du dich doch noch meldest.“ Mit aller Macht unterdrückte sie die Enttäuschung, dass er einfach so gegangen war.

„Sei mir nicht böse, meine Kleine, ich musste gehen. Glaub mir bitte, dass mir die Entscheidung sehr schwergefallen ist. Besonders nach deiner Vorstellung.“ Er seufzte, wie gerne würde er ihr die gesamte Wahrheit sagen, aber er traute sich nicht. Zuerst wollte er dafür sorgen, dass sich ihr Leben in die richtige Richtung drehte. Die Möglichkeit, dass sie sich von ihm trennte, sobald sie seine wahre Natur kannte, bestand durchaus.

„Es tut mir leid, dass ich so kindisch bin. Es ist verständlich, dass du dich um dein Geschäft kümmern willst. Ich fühle mich nur nach dem Erlebnis sehr aufgewühlt“, gab sie leise zu. „Ich danke dir, ohne dich hätte ich nicht mal diesen einen Auftritt gehabt.“ Sie lachte, er hörte jedoch die Bitterkeit deutlich heraus.

„Wenn du möchtest, schicke ich dir einen Fahrer, der dich sofort zu mir bringt. Wie gesagt, ich muss nur den einen Termin wahrnehmen.“ Maurice biss sich auf die Lippen, denn falls sie seine Einladung annahm, musste er ihr erklären, weshalb die Jalousien heruntergelassen waren. Ob sie ihm die Geschichte mit der Sonnenallergie abnahm, stand in den Sternen. Bisher war er gut damit gefahren, allerdings widerstrebte es ihm, sie weiterhin anzulügen.

„Nein, du hast zu tun und ich sollte langsam schlafen gehen. Es ist immerhin bereits Morgen. Heute Abend werde ich mich selbst verfluchen." Charlotte seufzte leise. Zu gerne würde sie einen Tag freinehmen, aber das kam bei ihrer pikanten finanziellen Lage kaum infrage.

„Melde dich krank, den Rest erledige ich für dich", schlug Maurice vor, der deutlich hörte, dass sie erschöpft war.

„Ich brauche diesen Job." Mehr sagte sie nicht dazu. „Was ist eigentlich mit dir? Du stürzt dich jetzt schon in deine Arbeit, wann willst du schlafen?" Besorgt hakte sie nach, da sie auf keinen Fall wollte, dass er wegen ihr seine Gesundheit strapazierte.

„Mach dir da mal keine Gedanken, ich lege mich einfach später etwas hin. Auf Grund meiner Sonnenallergie habe ich mir angewöhnt, das meiste nachts zu erledigen." Er lachte leise. „Deshalb gibt es ja das Gerücht, dass ich mich für einen Vampir halte." Manchmal war Angriff die beste Verteidigung.

„Kann man denn gar nichts gegen die Allergie tun? Ich meine, es muss doch irgendein Mittel geben." Charlotte kannte es zu gut, wenn man fast nur in der Dunkelheit unterwegs war, aber sie konnte jederzeit aus dem Haus gehen.

Maurice lächelte, als er die Besorgnis in ihrer Stimme hörte. Es war verdammt lange her, dass sich jemand außerhalb seiner Familie Sorgen um ihn gemacht hatte. „Ich bin es so gewohnt, mein Herz. Es ist, wie es ist." Er schob erneut das schlechte Gewissen zur Seite, weil er sie anlog. „Du solltest jetzt schlafen und ich muss meinen Termin wahrnehmen. Mein Geschäftspartner wird in wenigen Minuten hier sein."

„Bis heute Abend, mon amour." Zum ersten Mal sprach sie vorsichtig aus, was sie für ihn empfand. Normalerweise hätte sie gelacht, wenn einer ihrer Bekannten nach so kurzer

Zeit von echten Gefühlen redete, doch es fühlte sich einfach richtig an.

„Ich kann es kaum erwarten, dich wiederzusehen, ma petite." Damit legte er auf, anschließend lehnte er sich für einen Moment in seinem Chefsessel zurück. Am liebsten würde er sie zu sich holen, aber noch war es wirklich zu früh. Leise fluchte er, weil er immer wieder davor zurückschreckte, ihr die Wahrheit zu sagen. Außerdem sehnte er sich auch körperlich nach ihr, nur in dem Fall sollte sie wissen, auf was sie sich einließ.

Es klopfte und sein Sekretär meldete den Intendanten der Opéra Garnier an.

„Guten Morgen, Herr Neeb, ich danke Ihnen, dass Sie sich die Zeit nehmen, um mir bei einem kleinen Anliegen zu helfen." Maurice sprach den Mann in seiner Muttersprache an, da er im Laufe seines langen Lebens natürlich auch Deutsch gelernt hatte.

Neeb reichte ihm die Hand, dabei lächelte er gewinnend. „Es ist mir eine Ehre, Monsieur Leblanc, immerhin sind Sie der großzügigste Mäzen, den die Opéra Garnier hat. Was kann ich für Sie tun?"

Er setzte sich, gleichzeitig holte Maurice sein Smartphone hervor.

„Ich bitte Sie, sich den Clip einmal anzusehen. Selbstverständlich entschuldige ich mich dafür, dass ich gestern Abend von meinem Schlüssel Gebrauch gemacht habe, ohne jemandem etwas zu sagen." Jetzt sah er den Intendanten direkt an, sodass dieser nur mit einem Schmunzeln antwortete, ehe er das Gerät in die Hand nahm, um besser hören zu können.

Eine ganze Weile lauschte er Charlottes Darbietung, bis er begeistert nickte. „Das ist ein außergewöhnliches Talent, wo kann ich sie treffen?“ Neeb kam sofort zum Punkt, zumal er sich denken konnte, was sein Gönner vorhatte.

„Sie ist meine Freundin.“ Bei dem Wort verzog er leicht das Gesicht, da sie so viel mehr für ihn darstellte, außerdem mochte er die für ihn neumodische Bezeichnung nicht. „Es ist mir eine Ehre, sie Ihnen vorzustellen. Uns passt es am kommenden Montag am besten.“ Natürlich war ihm bekannt, dass an dem Abend keine Vorstellung war, sodass einem echten Vorsingen nichts im Wege stand.

Neeb zog sein Smartphone aus der Tasche, um seinen Terminkalender zu prüfen, kurz runzelte er die Stirn, ehe er zusagte. „Sie ist wirklich außergewöhnlich, sonst würde ich ablehnen. Sagen wir um zwanzig Uhr?“ Er lächelte, als er das sagte.

„Ich liebe die Oper. Wenn meine Freundin kein Talent hätte, würde ich sie in eine andere Richtung schieben, glauben Sie mir.“ Maurice musste sich ein breites Schmunzeln verkneifen. „Die Uhrzeit passt, wir freuen uns, Sie dort zu treffen.“

Die Männer reichten sich die Hände und verabschiedeten sich, anschließend kümmerte Maurice sich um seine Geschäfte, hauptsächlich um sich selbst davon abzuhalten, seine Kleine jetzt schon einzuweihen. Es sollte die Überraschung überhaupt werden. Danach nahm er sich vor, wollte er ihr die Wahrheit über sich erzählen, allerdings erst, wenn sie das Engagement bekommen hatte.

~~°~~

Während ihr Liebster alles dafür tat, dass sie in Kürze ein besseres Leben führen konnte, versuchte Charlie endlich einzuschlafen. Sie war müde, erschöpft, dennoch hielt die neu erwachte Sehnsucht sie wach. Immer wieder musste sie darüber nachdenken, was Maurice gesagt hatte. Am Ende zählte das Können.

Sie hatte weiter geübt, ständig die Passagen aus den verschiedenen Opern gesungen, und wenn es gut lief, hatte sie auch Gesangsstunden genommen. Trotzdem sagte eine innere Stimme in ihr, dass sie mittlerweile zu alt war. Andererseits ließ sich die Hoffnung kaum mehr unterdrücken. Sollte sie es vielleicht wagen, an einem Vorsingen teilzunehmen?

Schnell schob sie die Idee von sich, ohne Beziehungen, ohne vorheriges Training und mit ihrem Lebenslauf war die Blamage vorprogrammiert.

Sie warf sich von einer Seite auf die andere, bis sie in einen unruhigen Schlummer fiel, aus dem sie viel zu früh erwachte.

Müde ging sie in die Küche, um sich einen Kaffee zu kochen, als sie die Milch aus dem Kühlschrank nahm, staunte sie nicht schlecht. Es gab wirklich alles, was sie für die nächsten zwei Wochen brauchte. Mit einem mulmigen Gefühl im Magen öffnete sie auch den Vorratsschrank, wo sie die zahlreichen Lebensmittel betrachtete. Sie schwankte zwischen Ärger und Freude. Einerseits fühlte sie sich beschämt, andererseits machte es ihr Leben um einiges leichter. Außerdem konnte sie natürlich besser arbeiten, wenn sie satt war.

Mit einem Schmunzeln holte sie ihr Handy, dabei dachte sie darüber nach, ob sie Maurice wohl bei seinem Termin störte. Falls er keine Zeit hatte, würde er kaum ans Telefon gehen.

„Hast du schon ausgeschlafen, mon cœur?“

Seine Stimme ließ sie lächeln, es tat gut, wie besorgt er war. „Ich bin früh aufgewacht und habe entdeckt, was du alles eingekauft hast." Sie schluckte. „Vielen Dank, Liebster." Kurz überlegte sie, ob sie ihm anbieten sollte, die Summe zurückzubezahlen, aber das verkniff sie sich besser. Auf keinen Fall wollte sie ihn verärgern, außerdem hatte er ihr deutlich zu verstehen gegeben, dass er genug Geld besaß.

„Immer gerne. Ich hoffe, ich habe die richtigen Lebensmittel ausgesucht. Leider weiß ich nicht, was du bevorzugst." Lächelnd stellte er sich jetzt vor, wie sie zwischen Dankbarkeit und Wut schwankte. Er wusste genau, dass sie mit seiner Hilfe haderte.

„Es ist perfekt, aber viel zu viel, wenn ich das alles aufesse, werde ich fett." Sie lachte. „Du hast mir eine riesige Last von den Schultern genommen." Kurz stockte sie. „Meintest du das gestern wirklich ernst? Denkst du ehrlich, dass ich eine Chance bei einem Vorsingen hätte?" Unsicher lief sie durch die Wohnung. „Vergiss es, ich jage Hirngespinsten nach, die nur dafür sorgen, dass ich mich blamiere."

„Non! Stopp. Du bist gut, Charlotte. Hör auf, dir einzureden, dass du zu alt bist, sonst lege ich dich übers Knie." Verdammt, jetzt hätte er sich fast verraten.

Charlie spürte bei der Drohung keine Angst, sondern ein Ziehen in ihrem Unterleib. Wie es wohl war, wenn er sie auf diese Weise züchtigte. Keine Sekunde zweifelte sie daran, dass er auch in dem Fall auf sie aufpassen würde. „Das wagst du nicht." In ihrer Stimme hörte man deutlich die Herausforderung, was sie selbst erstaunte.

„Unterschätz mich besser nicht, mein Herz." Schmunzelnd überlegte er, ob er sie weiter in die Richtung treiben sollte. „Glaub mir, du bist nicht die Erste, die das erlebt."

Interessiert horchte sie auf, erleichtert, dass er das Thema mit dem Vorsingen fallenließ. „Willst du mir etwas beichten? Stehst du auf BDSM?“ In dem Punkt war sie schon immer neugierig gewesen, nur hatte es niemanden gegeben, mit dem sie den Weg gehen wollte, zumindest bis jetzt. Seltsamerweise konnte sie sich eine Session mit Maurice durchaus vorstellen.

„Und wenn es so wäre? Stößt es dich ab?“ Bei der Frage hielt er die Luft an. Sollte sie seinen Lebensstil ablehnen, nahm er sich vor, darauf zu verzichten seine Neigung auszuleben, allerdings hoffte er, dass sie sich auf das Abenteuer einließ.

„Das kann ich nicht sagen, ich kenne mich nur theoretisch aus.“ Charlie fiel es am Telefon viel leichter, ihm ihre Sehnsüchte anzuvertrauen, sodass sie über ihren Schatten sprang. „Ich gebe zu, dass ich neugierig bin. In einigen Foren gibt es ansprechende Bilder.“

„Du machst mich gerade zum glücklichsten Mann der Welt, ma petite. Wo hast du dich nur all die Jahre versteckt?“ In der Tat fasste er sein Glück kaum, Charlotte passte perfekt zu ihm.

„Das heißt nicht, dass es mir am Ende auch gefällt“, stoppte sie ihn. „Aber ich habe genug im Leben verpasst, jetzt will ich die Gelegenheit nutzen. Das verdanke ich dir.“ Sie schluckte. „Ich musste ständig darüber nachdenken, dass ich mich selbst bestrafe, und ich gebe dir recht. Es gibt so viele Dinge, die ich mir ausgeredet habe.“

„Ich stehe dir gerne zur Verfügung, bei allem, was du dir vorstellst, allerdings möchte ich unsere Beziehung zuerst vertiefen, ehe ich dir die Welt aus Dominanz und Unterwerfung zeige.“ Fast hätte er bei seinen Worten geseufzt, denn das bedeutete auch, dass er ihr die Wahrheit sagte. Auf keinen Fall würde er seine menschliche Fassade aufrechterhalten können, wenn er sich auf diese Weise mit ihr vereinigte. Selbst bei einem leidenschaftlichen Kuss kam er dicht an seine Grenze heran.

„Das verstehe ich sehr gut, aber du wirst ja nicht immer morgens bereits zu einem Termin rennen, oder?“ Den kleinen Seitenhieb konnte sie sich nur schwer verkneifen.

„Ich habe dir angeboten, dich in einem meiner Hotels unterzubringen“, erinnerte er sie sanft. „In dem Fall wäre ich nach einer knappen Stunde wieder bei dir gewesen.“

„Tut mir leid, ich wollte dich nicht anzicken. Es prasselt nur gerade so viel auf mich ein.“ Sie holte seufzend Luft. „Auf der Bühne zu stehen, hat in mir eine Sehnsucht hervorgeholt, die ich all die Jahre gekonnt unterdrückt habe. Ich weiß nicht, was ich tun soll. Die Zweifel sitzen tief, doch du hast eine Hoffnung geweckt, die ich kaum noch verscheuchen kann.“

„Versuch mir zu vertrauen, mon amour. Dein Leben wird sich ändern, weil ich auf keinen Fall zulasse, dass du dein Talent weiterhin in dieser zweitklassigen Spelunke vergeudest.“ Es war ihm sehr ernst damit. „Mir ist bewusst, dass du verlernt hast, Hilfe anzunehmen, ohne eine Bösartigkeit dahinter zu erwarten. Aber ich zeige dir gerne, dass du dich auf mich verlassen darfst.“

Das klang zu schön, um wahr zu sein, trotzdem stimmte sie ihm zu. „Das hast du bereits. Ich habe nur Angst, aufzuwachen und festzustellen, dass alles nur ein ferner Traum war.“

Er schüttelte leicht den Kopf. „Niemals! Du solltest langsam etwas essen, denn mit leerem Magen lasse ich dich nicht arbeiten.“

Bei der Ansage lachte sie laut auf. „Ich bin immer noch für mich selbst verantwortlich, Monsieur Leblanc. Du hast recht, wir sehen uns gleich." Mit einem warmen Gefühl im Herzen verabschiedete sie sich.

Auch Maurice legte mit einem Schmunzeln auf, das sofort verschwand, als sein Sekretär ihm einen Brief von Miller vorlegte. Dieser Kerl wurde mehr als lästig.

„Verehrter Duc du Maine,

ich rate Ihnen, sich von Madame de Chenonceau fernzuhalten, da ich ansonsten entsprechende Maßnahmen ergreife. Ich weiß genau, wozu Sie fähig sind, und das hat selbst eine schamlose Tänzerin nicht verdient.

Seien Sie auf der Hut, denn ich werde es sein, der Ihnen das Handwerk legt. Das bin ich meiner Familie einfach schuldig. Diese alte Fehde wird in unserem Jahrhundert beendet.

Es gibt für Sie nur noch eine Möglichkeit dem Ende zu entgehen: Verlassen Sie Europa oder gehen Sie am besten direkt in die Sonne.

Matthias Miller"

Amüsiert betrachtete Maurice den Zettel, dachte dieser Kretin tatsächlich, dass er auf eine so plumpe Drohung reagieren würde? Wenn er nicht so lästig wäre, würde er laut lachen, aber hier ging es um Charlotte. Natürlich war ihm klar, dass der Kerl über seine Geliebte an ihn herankommen wollte. Ein Schachzug, der der Familie Miller vor fast zweihundert Jahren beinahe gelungen war. Damals hießen sie noch Müller und lebten in Wiesbaden. Ihre Wurzeln zeigten sie deutlich, indem sie auch weiterhin deutsche Vornamen verwendeten.

Seufzend zerknüllte er den Brief, strich ihn jedoch sofort wieder glatt, vielleicht brauchte er den Beweis später. Kurz dachte er darüber nach, seine eigenen Regeln zu brechen und den Mann von seinem irdischen Dasein zu erlösen. Leider drehte sich ihm allein bei dem Gedanken, ausgerechnet einen Miller zu beißen, der Magen um.

Wann sahen diese selbsternannten Vampirjäger endlich ein, dass seine Art ihren Wirt nicht tötete. Damit würden sie sich doch nur selbst schaden. Keiner von ihnen nahm mehr, als der Spender vertragen konnte. Sobald einer ihrer Sippe aus der Reihe tanzte, kümmerten sie sich auf ihre Weise um ihn.

Maurice drückte auf einen Knopf der Gegensprechanlage. „André? Kommst du bitte mal?"

Sofort erschien der junge Mann, der ihn fragend ansah. „Ärger?"

„Kann man so sagen. Eher ein lästiges Anhängsel." Er hielt ihm den Brief hin.

„Das darf doch nicht wahr sein. Haben die Millers immer noch nicht aufgegeben? Mittlerweile dürfte die halbe Welt über sie lachen. An Vampire glaubt niemand mehr." Er stoppte verlegen. „Tut mir leid, ich wollte dich keineswegs beleidigen."

Maurice machte eine wegwerfende Handbewegung. „Ist schon okay, du hast ja recht, immerhin steht deine Familie seit einigen Jahrhunderten in unserem Dienst." André war sein Vertrauter, Freund und engster Mitarbeiter.

„Soll ich den Brief an deine Mutter weiterleiten?" André musste sich ein Schmunzeln verkneifen, als er den Vorschlag aussprach. Er konnte sich sehr gut vorstellen, wie Adeline ihrem Sohn zu Hilfe eilte. Die Frau war wie ein Wirbelsturm, sobald es um ihre Kinder ging. Miller hätte in dem Fall kaum hoch etwas zu lachen.

„Wag es dich. Charlotte weiß nichts über meine Hintergründe und du kennst meine Mama.“ Er verzog ein wenig das Gesicht.

Erstaunt musterte der Sekretär seinen Chef. „Du hast ihr kein Sterbenswörtchen gesagt? Wow, dich hat es ja richtig erwischt.“ Nachdenklich betrachtete er ihn. „Du weißt, dass das unfair ist, oder?“

Mürrisch nickte Maurice. „Ja, aber ich habe zum ersten Mal in meinem Leben eine verteufelte Angst, dass mir ein Fehler unterläuft“, gab er unwirsch zu.

Jetzt musste der junge Mann sich das Lachen verkneifen. „Dass ich das noch erleben darf.“ Auf den wütenden Blick seines Arbeitgebers hin, deutete er auf den Brief. „Was machen wir damit?“

„Gute Frage, ich habe bereits versucht ihn zu warnen, doch offensichtlich nimmt er mich kaum ernst.“ Seufzend zuckte Maurice mit den Schultern. „Abwarten ist zwar nur eine schlechte Alternative, allerdings sehe ich keine andere.“

André überlegte angestrengt. „Da stimme ich dir zu, es sei denn, du willst eure eigenen Gesetze brechen. Verdient hätte der Stinker es allemal.“

Sofort wehrte Maurice ab. „Nein, auf das Niveau lasse ich mich nicht herunter. Außerdem gibt es bestimmt noch andere, die wir damit auf den Plan rufen.“ Er rieb sich über die Lider. „Ich mache mir nur Gedanken um Charlotte. Er ist bereits übergriffig geworden, hat ihr Lügen über mich erzählt und hält sie für ein Flittchen.“ Seine gesamte Ausstrahlung wurde kälter, dunkler.

„Wow, das hätte ich ihm nicht zugetraut. Aber vielleicht kann sie ihn anzeigen, immerhin reden wir von Belästigung." André sah seinen Chef an. „Ich nehme mal an, dass du sie kaum als Köder einsetzen willst." Bei dem Vorschlag verzog Maurice drohend das Gesicht, sodass er augenblicklich die Hände in einer abwehrenden Geste hob. „Bleib bitte ruhig, es ist nur eine Idee."

„Auf gar keinen Fall werden wir Charlottes Gesundheit aufs Spiel setzen. Ich gehe sowieso davon aus, dass er versucht sie in seine Gewalt zu bekommen. Der Schweinehund weiß genau, dass ich dann in seine stümperhaften Fallen tappe." Die Wut auf seinen Widersacher wuchs, woraufhin sich seine Pupillen rot verfärbten. „Halt einfach die Augen und Ohren offen. Zu gegebener Zeit greifen wir ihn uns." Damit entließ er seinen Sekretär, der froh war, aus dem Zimmer zu kommen.

Kapitel 10 - Paris bei Nacht

Vergnügt kochte Charlotte sich etwas, gleichzeitig bedauerte sie, dass Maurice nicht bei ihr war. Trotzdem dachte sie ständig an ihn. Es fühlte sich an wie ein Wunder, dass er so plötzlich in ihr Leben geschneit war. Mit einem fröhlichen Lied auf den Lippen setzte sie sich an ihren Küchentisch, um zu essen, dabei überlegte sie, dass sie tatsächlich in Betracht zog, bei einem Vorsingen teilzunehmen.

Ihr neu erwachtes Selbstbewusstsein sorgte dafür, dass sie sich die aktuelle Besetzung von *Don Pasquale* in der Opéra Garnier ansah. Erstaunt stellte sie fest, dass die Rolle der Norina von einer Frau besetzt wurde, die bereits fast vierzig war.

Charlie lehnte sich zurück, schloss die Lider und erlaubte sich, zum ersten Mal seit Langem zu träumen. Eventuell hatte Maurice ja recht und sie bekam eine zweite Chance. Wie gut, dass sie durch ihren Job immer auf ihre Fitness geachtet hatte. Aktuell sah sie wesentlich jünger aus, als sie wirklich war. Mit einem Lächeln kehrte sie in die Realität zurück, nahm ihr Smartphone erneut zur Hand, doch jetzt schaute sie gezielt nach Ausschreibungen, die für sie infrage kamen.

Unsicher scrollte sie durch die Beschreibungen, las sich die Anforderungen durch, die ihr in den meisten Fällen keine Schwierigkeiten bereiteten, trotzdem brachte sie es nicht über sich, einen Termin zu notieren. Geschweige denn, sich zu bewerben. In ihrem Repertoire gab es genug Arien in verschiedenen Sprachen, sodass sie da kein großes Problem sah. Gut, sie müsste üben, dazu wäre ein passender Probenraum mit entsprechender Akustik gut. Ein paar Gesangsstunden könnten auch kaum schaden, ganz im Gegenteil. Seufzend legte sie das Smartphone weg, die Zweifel überwältigten sie schon wieder. Wie gerne hätte sie jetzt mit Maurice gesprochen, nur kam sie sich kindisch vor, ihn erneut anzurufen.

Sie räumte die Küche auf, anschließend schaltete sie den Fernseher ein, doch das Programm ging ihr gehörig auf die Nerven. Aufgeräumt hatte sie bereits, darüber hinaus gab es nicht genug Staub, um das Staubtuch zu schwingen. Nachdenklich sah sie aus dem Fenster, da es trocken war, zog sie ihre Joggingsachen an, ehe sie ihre Wohnung verließ. Joggen war eine gute Idee, denn normalerweise bekam sie auf diese Art am schnellsten den Kopf frei.

Natürlich kreisten auch jetzt ihre Gedanken um ein eventuelles Vorsingen und wie sie sich darauf vorbereiten könnte. Kurz überlegte sie, ob sie sich Geld für Gesangsstunden leihen sollte, aber die Überlegung verwarf sie sofort wieder. Maurice tat bereits genug für sie. Augenblicklich erschien sein Gesicht vor ihrem inneren Auge, sein Lächeln, der mahnende Blick, sobald sie etwas Schlechtes über sich sagte. Lächelnd lief sie weiter, gab sich selbst gegenüber zu, dass sie ihr Herz verschenkt hatte. Damit, dass sie doch noch einen passenden Mann finden würde, hätte sie niemals gerechnet.

Aus Gewohnheit stoppte sie sich, bisher kannte sie ihn nur oberflächlich, daher wusste sie nicht, ob es tatsächlich eine Zukunft für sie gab. Trotzdem genoss sie das warme Gefühl, das sich in ihrer Brust ausbreitete, wenn sie an ihn dachte. Ihre

Gedanken glitten zu seinen Besonderheiten, was sie die Stirn runzeln ließ. War sie vielleicht zu gutgläubig? War es möglich, dass er irgendeinen technischen Trick benutzte?

Jetzt in der Herbstsonne kam ihr seine Erklärung seltsam vor. Genveränderung gab es sicherlich, aber mit solchen Auswirkungen? Sie erinnerte sich an die zwei unscheinbaren Wunden an ihrem Hals, als er sie vor Miller beschützt hatte. Er verfügte über außergewöhnliche Fähigkeiten, durfte sich der Sonne nicht aussetzen und besaß ein riesiges Vermögen. Das Wort Vampir schoss ihr durch den Kopf, woraufhin sie fast hysterisch auflachte. Es gab keine blutsaugenden Untoten!

Trotzdem ließ sie der Gedanke kaum noch in Ruhe, zumal er mehr vor ihr verschwieg, was er auch zugegeben hatte.

Energisch zwang sie sich an etwas anderes zu denken, dabei kam ihr ausgerechnet Matthias in den Sinn. Der Kerl widerte sie ordentlich an, weil er sie als Flittchen ansah, was ihn nicht davon abhielt, Grenzen zu übertreten.

Charlie beendete ihre Runde, die ihr dieses Mal keine Erleichterung verschafft hatte. Ausgepowert stellte sie sich unter die Dusche, wo ihr Gedankenkarussell erneut an Fahrt aufnahm. Das Einzige, was sie keine Sekunde anzweifelte, waren ihre Gefühle für ihn. Außerdem war sie überzeugt, dass er kaum die Absicht hegte, mit ihr zu spielen. Weshalb sie in dem Punkt nicht zweifelte, verwunderte sie selbst, aber ihre innere Stimme ließ keinen Zweifel zu. Obwohl sie seine dunkle Aura deutlich spürte, wusste sie, dass er es ehrlich mit ihr meinte. Wieder kam ihr das Wort Vampir in den Sinn.

Energisch trocknete sie sich ab, verbot sich, überhaupt daran zu denken, bis es Zeit wurde, zur Arbeit zu fahren.

Wie verabredet, holte Maurice sie ab, fuhr sie zum Varieté, wo er sie liebevoll küsste. „Heute wirst du früher Feierabend machen, ich möchte mit dir den Abend genießen." Er deutete auf den Nachthimmel, an dem man die Sterne sehen konnte. „Es regnet mal nicht, sodass wir die Gelegenheit nutzen werden."

Charlie schnappte schon nach Luft, um ihm zu widersprechen, als er ihr sanft einen Finger auf die Lippen legte. „Gewöhn dich daran, dass ich auf dich aufpasse und in bestimmten Situationen auch bestimme. Du hast eine kleine Auszeit mehr als verdient, ma petite." Er küsste sie, woraufhin ihr die Lust zum Streiten verging.

„Du wirst mich noch meinen Job kosten", protestierte sie halbherzig, als sie ausstieg. „Beschwer dich in dem Fall nicht, dass ich dir auf der Tasche liege." Mit den Worten warf sie die Beifahrertür zu, ehe sie auf den Hintereingang zulief.

Schmunzelnd blickte er ihr hinterher. „Wenn du wüsstest, wie gerne ich für dich aufkommen würde." Erst als sie verschwunden war, fuhr er los, um die Überraschung für sie vorzubereiten.

~~o~~

Charlie musste sich ein Schmunzeln verkneifen, als ihr Chef kurz vor der Vorstellung zu ihr kam. Natürlich rechnete sie damit, dass Maurice für einen frühen Feierabend gesorgt hatte, sodass sie sich wirklich zusammennahm, um sich nicht zu verraten. Ihr Lächeln erstarb ihr auf den Lippen, als sie Miller sah, der am Rockzipfel ihres Vorgesetzten hing.

„Ich muss mich doch sehr über dich wundern, Charlotte“, begann Bertrand mit dem Ton eines strengen Lehrers. „Du schlägst einen Drink mit meinem Freund, Monsieur Miller, aus, wirst aber ständig mit Leblanc gesehen.“ Wütend funkelte er sie an. „Dir ist sicherlich bekannt, dass der Kerl eine dunkle Vergangenheit hat?“

Bei den Worten verdrehte sie die Augen. „Werde ich neuerdings überwacht? Soweit ich weiß, ist Frankreich ein freies Land, in dem ich mein Leben nach meiner Vorstellung führen kann.“ Sie betrachtete Matthias mit unverhohlener Abneigung. „Darüber hinaus ist mir das Gerede der Menschen egal, für mich zählt mehr, wie derjenige mit mir umgeht.“ Warnend richtete sie ihren Blick auf den Mann, der mehrfach versucht hatte, ihr an die Wäsche zu gehen.

Bertrand zog eine Augenbraue hoch. „Ich möchte ungern erfahren, dass meine Tänzerin sich auf den Falschen eingelassen hat.“ Er sah eilig weg, als sie ihn jetzt musterte. „Du solltest Monsieur Miller zuhören.“ Auffordernd deutete er auf die Tür der Garderobe.

„In wenigen Minuten ist mein Auftritt“, bemerkte sie ohne große Hoffnung, dass ihr die Ausrede weiterhalf.

Ungeduldig wedelte ihr Chef mit der Hand herum. „Das bekommen die anderen Mädchen auch ohne dich hin. Du wirst heute sowieso kaum gebraucht, deshalb kannst du nach deinem Solo Feierabend machen.“

Sofort blitzte es in Millers Augen gierig auf. „Darf ich so vermessen sein und Sie zum Essen einladen?“

Charlotte verschränkte die Arme vor der Brust, gleichzeitig schüttelte sie den Kopf, doch ehe sie etwas erwidern konnte, mischte sich Bertrand erneut ein.

„Lassen Sie uns in mein Büro gehen, dort ist es ruhiger." Mit einer Handbewegung deutete er auf die Tänzerinnen, die ihnen gespannt lauschten.

Widerwillig stand Charlie auf, um den beiden Männern zu folgen, dabei beschlich sie ein richtig ungutes Gefühl. Auf keinen Fall würde sie dem Mistkerl eine weitere Möglichkeit geben, sie zu begrabschen. Eher nahm sie Maurice' Angebot an und zog zu ihm.

Direkt hinter der Tür blieb sie stehen, sodass ihr Vorgesetzter nicht in der Lage war, das Büro zu verlassen. „Ich bleibe keine Sekunde alleine, mit diesem ... Kerl." Sie musste an sich halten, damit ihr keine Beleidigung herausrutschte. „Er hat mehrfach versucht, mir an die Wäsche zu gehen, gegen meinen Willen."

Beschwichtigend hob Miller beide Hände. „Das war ein Missverständnis, Madame de Chenonceau, wirklich."

Spöttisch stieß sie die Luft aus. „Natürlich und ich bin noch Jungfrau." Auffordernd sah sie den Mann an. „Was wollen Sie?"

„Charlotte, du vergreifst dich im Ton! Monsieur Miller ist ein geschätzter Gast unseres Etablissements." Bertrand wies sie rüde zurecht. Er war es leid, wie ein Diener behandelt zu werden, darüber hinaus ärgerte er sich, dass diese Tänzerin sich weigerte, seine Vermittlungsprovision zu zahlen. So nannte er seine speziellen Einnahmen.

„Es ist schon in Ordnung, mein Lieber, die Dame hat jedes Recht, empört zu sein. In der Tat habe ich die Signale falsch gedeutet, was mir ausgesprochen leidtut." Miller lächelte, doch es erinnerte mehr an ein Zähnefletschen. „Ich bin hergekommen, um in Ruhe mit Ihnen zu reden, Charlotte. Leblanc ist gefährlich, das müssen Sie mir glauben."

Jetzt spielte er wieder den Gentleman, siezte sie sogar, aber sie hatte bereits genug gehört. „Und? Was hat er denn verbrochen? Hat er erneut gemordet? Wenn ja, weshalb rufen Sie nicht die Polizei?“ Sie hatte die Nase dermaßen voll von den Verleumdungen.

„Das ist sehr kompliziert, weil er geschickt ist.“ Miller überlegte, wie er sie auf seine Seite ziehen sollte, leider hatte Maurice ihm eine Sprachbarriere verpasst. Der Bastard verfügte über mehr Magie, als er gedacht hatte. „Aktuell verhält er sich ruhig, dennoch warne ich Sie.“

„Zur Kenntnis genommen!“ Mit den Worten drehte Charlie sich um und verließ den Raum. Ehe sie die Tür hinter sich zuzog, sah sie Miller über die Schulter hinweg an. „Ich fordere Sie hiermit auf, sich von mir fernzuhalten. Kommen Sie nie wieder in meine Nähe, sonst zeige ich Sie wegen Belästigung an, verstanden?“

Wie erstarrt glotzte der Mann sie an, während auch Bertrand nur nach Luft schnappte. Sie spürte die Genugtuung, als sie zurück zur Garderobe ging. Es war an der Zeit, ihre Grenzen deutlich zu setzen und dafür zu sorgen, dass sie eingehalten wurden. Auf keinen Fall wollte sie Miller weiterhin ertragen, nur weil sie Angst um ihren Job hatte. Niemand besaß das Recht, sie zum Umgang mit unangenehmen Menschen zu zwingen. Darüber hinaus hatte sie die Nase gestrichen voll von den Lügen, die dieser Kerl verbreitete. Er war es, der sie belästigt hatte, ohne Maurice wäre es ziemlich übel ausgegangen.

Nur langsam verpuffte die Wut, dabei half es auch ein wenig, dass sie bereits um dreiundzwanzig Uhr Feierabend hatte. Den kurzen Arbeitstag verdankte sie ihrem Liebsten, was ihre Laune sofort hob.

Als sie die Bühne betrat, bemerkte sie als Erstes, dass Maurice durch Abwesenheit glänzte, stattdessen saß Miller direkt vor ihr. Irritiert zog sie ihren Part durch, trotzdem kam sie nicht umhin, sich Sorgen zu machen. Hoffentlich war ihr Freund in keinen Unfall verwickelt.

In der Garderobe checkte sie schnell ihr Handy, aber es gab auch da keine Nachricht von ihm.

„Was hast du nur getan, dass mein Onkel dich so sehr hasst?"

Chantal stand dicht hinter ihr, was sie gehörig störte. Eilig drehte sie sich um, sodass sie die kleine Göre im Blick hatte. „Was meinst du damit? Ich bin wieder in der ersten Reihe, habe heute früher frei und genieße die Vorteile, die er mir einräumt." Sie spielte die Rolle der Unwissenden perfekt. Selbstverständlich wusste sie, dass Bertrand sie lieber feuern würde, als ihr freizugeben.

„Den Punkt verstehe ich auch nicht. Bist du eine Hexe?" Eindringlich betrachtete Chantal sie. „Du hast ihn irgendwie in der Hand, gib es zu."

Lachend zuckte Charlie mit den Schultern. „Keine Ahnung, was du da faselst. Hörst du dir manchmal selbst zu?" Sie verdrehte die Augen. „Ich versichere dir, dass ich weder zaubern kann noch deinen Onkel erpresse. Du meine Güte, glaubt hier wirklich jemand, dass ich mich schikanieren lassen würde, obwohl ich Bertrand gefügig machen könnte?" Sie sah die anderen Tänzerinnen an, die leise lachten.

„Das ist Unsinn, Charlotte begeht doch kein Verbrechen", eilte ihr jetzt Babette zu Hilfe. „Du spinnst, Chantal, wenn du annimmst, dass Magie tatsächlich existiert. Oder eine von uns für eine Hexe hältst."

Das Gelächter wurde lauter und Charlie hätte ihre Kollegin küssen können.

„Sie glaubt an Hexerei." Mireille kicherte, gleichzeitig schüttelte sie den Kopf. „Schade, dass du so verwirrt bist, denn mit deiner tänzerischen Darbietung kannst du genauso wenig punkten."

Wütend blickte Chantal sie an, doch ehe sie sich wehren konnte, kam auch schon die nächste Bemerkung, die sie verhöhnte. Jetzt meldete sich Nanette zu Wort. Keine hatte vergessen, dass sie der Spitzel ihres Onkels war.

Der folgende Auftritt erlöste die junge Frau von den Demütigungen.

„Das wirst du büßen", zischte sie Charlie zu, als sie an ihr vorbeiging.

Diese nickte nur leicht. „Jederzeit." Mit einem Lächeln ließ sie die eifersüchtige Bitch stehen. Im Grunde hatte sie den Sieg auch Maurice zu verdanken, ohne ihn würde sie weiterhin genau überlegen, ob sie sich wehrte.

Als sie zu ihrem Soloauftritt auf die Bühne kam, saß ihr Geliebter an seinem angestammten Platz und lächelte ihr zu. Sofort fühlte sie sich besser, die Sorgen verflogen, gleichzeitig machte sich ein Strahlen auf ihrem Gesicht breit. Aus den Augenwinkeln erkannte sie jedoch, dass Miller immer wieder bösartig von ihr zu ihm sah. Der Mann entwickelte sich zu einem deutlichen Problem.

~~°~~

„Du warst perfekt, ma petite." Maurice zog sie in eine liebevolle Umarmung, als sie an seinem Wagen angekommen waren. „Bertrand ist ein Idiot, dass er ausgerechnet seine beste Angestellte dermaßen in den Hintergrund drängt."

Verliebt lehnte Charlotte sich an ihn. „Du übertreibst, aber ich liebe es." Sie lächelte ihn an. „So gut bin ich lange nicht mehr, das wissen wir beide." Sie genoss den Moment, ehe sie leise seufzte. „Miller war heute schon wieder bei mir."

Sofort bekam sein Ausdruck etwas Mörderisches. „Ist er dir zu nahe getreten?" Besorgt musterte er sie, achtete genau auf ihre Reaktion.

„Nein, ich habe ihn gekonnt in Schach gehalten. Er erzählt überall herum, dass du eine dunkle Vergangenheit hast, außerdem tötest du Menschen, bist allerdings so geschickt, dass die Polizei keine Chance hat." Sie lachte auf, gleichzeitig schüttelte sie den Kopf. „So ein Spinner. Leider glaubt mein Chef, dass er mich beschützen muss." Bei den Worten zeichnete sie mit den Fingern Anführungsstriche in die Luft.

Maurice runzelte die Stirn, der Stinker wurde immer lästiger. „Ich schaue mal, was ich gegen ihn tun kann. Ich habe noch einen Gefallen beim Polizeipräsidenten übrig."

Erstaunt blickte sie ihn an. „Wo hast du eigentlich keine Verbindungen?" Ihr dämmerte, dass er mächtiger war, als sie angenommen hatte.

Verlegen zuckte er mit den Schultern. „Ist das wichtig? Es zählt doch nur, dass ich in der Lage bin, dich zu beschützen. Komm, ich habe eine Überraschung für dich vorbereitet." Er schob sie ein kleines Stückchen von sich, nur um ihr sofort die Beifahrertür aufzuhalten.

Mit einem Lächeln stieg sie ein, es tat gut, sich wie eine Prinzessin fühlen zu dürfen. Die Zweifel verstummten, einer nach dem anderen, und sie lehnte sich bequem zurück.

Irritiert bemerkte sie, dass er ein Parkhaus in der Nähe des Eiffelturms ansteuerte. „Was hast du vor? Ich glaube nicht, dass wir jetzt noch auf den Turm hochkommen.“ Sie unterdrückte ein Schmunzeln, zumal ihr der Gedanke gut gefiel, allerdings wäre sie einem Spaziergang über das Marsfeld auch kaum abgeneigt.

„Warte es ab, mon cœur.“ Vergnügt zwinkerte Maurice ihr zu, anschließend setzte er den Blinker, um in das Parkhaus abzubiegen.

In der Tat fuhr der letzte Aufzug zur Plattform um dreiundzwanzig Uhr, sodass Charlie annehmen musste, dass sie zu spät kamen.

Hand in Hand liefen sie zu dem mächtigen Turm aus Stahl, dem Wahrzeichen von Paris.

„Es ist ein Wunder“, flüsterte sie, obwohl sie die Sehenswürdigkeit schon so oft gesehen hatte. Trotzdem bewunderte sie die Leistung der Menschen damals.

„Ja, es ist erstaunlich, dass die Technik der Fahrstühle immer noch die gleiche ist wie vor zweihundert Jahren“, stimmte Maurice nachdenklich zu. „Gustave hatte zu seiner Zeit mit großen Problemen zu kämpfen. Die Bewohner von Paris standen dem Bauwerk mehr als skeptisch gegenüber“, bemerkte er leise.

Irritiert betrachtete Charlie ihn. „Du redest fast so, als hättest du ihn gekannt.“ Das war unmöglich, trotzdem bekam sie das Gefühl kaum noch los.

Lachend schüttelte er den Kopf. „Du weißt genau, wie unwahrscheinlich das ist." Er hielt ihr eine Hand hin, die sie gerne annahm. „Komm, lass uns ein Picknick auf dem Eiffelturm machen."

Jetzt tippte sie sich mit einem Finger an die Stirn. „Du spinnst, mein Liebster. Die Aufzüge fahren nicht mehr, die Treppen sind gesperrt und keiner von uns beiden hat irgendetwas Essbares dabei." Schmunzelnd wollte sie auf den Weg abbiegen, der um das Bauwerk herumführte, doch er zog sie mit sich.

„Es gibt immer Mittel und Wege, ma chère." Als sie Luft holte, um ihn etwas zu fragen, schüttelte er nur leicht den Kopf. „Lass dich überraschen."

Tatsächlich erwartete einer der Angestellten sie an einem der gelben Kabinen.

„Monsieur Leblanc, es ist uns eine Freude." Mit einer einladenden Geste ließ er sie eintreten.

Normalerweise passten gut sechsundvierzig Personen in den Aufzug, der jetzt nur ihnen zur Verfügung stand.

An Maurice gelehnt genoss sie die Auffahrt, beobachtete, wie die Lichter der Stadt immer kleiner wurden, bis sie an der Besucherplattform ankamen.

„Herzlichen Dank." Sie schenkte dem Mann ein strahlendes Lächeln, ehe sie die erste Etage betrat.

Kurz sah sie sich um, es war lange her, seit sie tatsächlich heraufgekommen war. Es sah fast aus wie in einem Hotel, es gab einen Souvenirladen, ein Restaurant, und man konnte kaum etwas von Paris sehen. Sonst herrschte hier auch noch ein ziemliches Gewimmel, das wusste sie aus Erfahrung.

Maurice legte einen Arm um ihre Schultern. „Lass uns die Aussicht genießen.“ Er brachte sie auf die Galerie, wo ein Champagnerstand war, der jetzt natürlich geschlossen hatte.

Langsam gingen sie an dem Geländer entlang, betrachteten die winzigen Sehenswürdigkeiten, die sie nur erkannte, weil sie bis nach Mitternacht beleuchtet wurden. Autos fuhren wie Spielzeuge durch die Straßen und über ihnen strahlte ein sternenklarer Himmel.

„Von hier sieht es so friedlich aus“, bemerkte Charlotte mit einem leisen Seufzen. Die Stadt der Liebe zeigte sich oft genug lieblos und gleichgültig gegenüber den Problemen ihrer Bewohner.

„Das Rad des Schicksals ist ständig in Bewegung, ma petite. Ich lasse nicht zu, dass du dieses Leben weiterhin führen musst“, versprach Maurice ernst. Er zog sie fest an sich, gab ihr das Gefühl der Geborgenheit, das sie so lange vermisst hatte.

Ganz langsam beendeten sie ihren Rundgang, bis sie am Zimmer von Gustave Eiffel ankamen, das im Prinzip direkt am Eingang zur Galerie platziert war.

„Er hat es geliebt, seine Zeit in dem winzigen Raum zu verbringen. Nur wenige seiner Freunde durften ihn hier oben besuchen. Das hat sich auch nicht geändert, nachdem der Eiffelturm fertiggestellt war“, erzählte Maurice leise. „Oft stand er am Fenster, betrachtete die Leute, die ihn wegen seines ehrgeizigen Vorhabens belächelt hatten. Sein Erfolg war bittersüß, denn viele hatten sich von ihm abgewandt, weil sie dachten, er sei übergeschnappt.“

Charlotte drehte sich in seinen Armen um, damit sie ihm ins Gesicht sehen konnte. „Woher weißt du das? Ich bin mir sicher, dass das keineswegs so detailliert in seiner Biografie steht.“ Unsicher musterte sie ihn. Er sah aus wie Anfang fünfzig, doch das verwirrte sie nur noch mehr.

Maurice lachte, stupste mit dem Zeigefinger auf ihre Nasenspitze. „Ich habe es mir so ausgemalt. Meine Familie meint, dass ich ein großartiger Geschichtenerzähler bin.“

Skeptisch schüttelte die den Kopf. „Das hörte sich nicht nach einer Erfindung an. Ganz im Gegenteil.“ Irgendetwas sagte ihr, dass er sie gerade anlog. „Bist du in der Lage, durch die Zeit zu reisen?“ Sofort schloss sie die Lider, weil sie einen solchen Verdacht laut ausgesprochen hatte.

„Nein, das ist schade, aber ich kann es nicht.“ Er küsste sie leidenschaftlich, während er sich innerlich einen elendigen Feigling schimpfte.

Natürlich hatte er Eiffel kennengelernt, ihm sogar zur Seite gestanden, darüber hinaus war er einer der Sponsoren gewesen. Oft genug hatte er nachts in diesem Raum gesessen, um sich die Sorgen seines Freundes anzuhören.

Langsam ließ er von ihr ab, um mit einem verschmitzten Lächeln einen Schlüssel aus der Tasche zu ziehen. „Lass uns einen Moment so tun, als ob wir bei dem berühmten Ingenieur zu Gast wären.“ Er öffnete die Tür zu dem Zimmer, dabei bemerkte er mit Genugtuung, dass man die Puppen entfernt hatte, außerdem stand ein großer Picknickkorb für sie bereit.

„Du hast überall Beziehungen, n’est-ce pas?“ Charlie wusste nicht, was sie davon halten sollte, allerdings war sie ehrlich genug, sich einzugestehen, dass er sie neugierig machte.

„Nur dort, wo ich sie für nützlich erachte.“ Er deutete lachend in den Raum. „Komm herein, setz dich.“ Für einen Moment war er wieder in der Vergangenheit, in der er seinen Freund unterstützt hatte. Oft hatten sie hier mögliche Gönner und Sponsoren empfangen.

Fasziniert sah sich Charlie um, dabei bemerkte sie, dass es sich im Prinzip um zwei Zimmer handelte, die ineinander übergingen. Sogar ein Klavier stand an der Wand. „Es ist bewundernswert, dass er seinen Plan gegen die Zweifler durchgesetzt hat." Sie setzte sich auf einen der zierlichen Stühle und fühlte sich, als ob sie in eine andere Zeit versetzt worden wäre. „Wie hast du es geschafft, die Wachsfiguren entfernen zu lassen?"

Gleichgültig zuckte er mit den Schultern. „Geld öffnet jede Tür. Auch die neuen Betreiber des Eiffelturms benötigen Unterstützung." Er hob den Deckel des Picknickkorbs, holte eine Flasche Wein und zwei Weingläser heraus, dabei lächelte er sie an. Damals war er mit Gustaves Tochter liiert, die allerdings schnell das Weite suchte, als sie bemerkte, dass er nur nachts ausging. Jemand, der das Tageslicht scheute, musste mit dem Teufel im Bunde sein, das war ihre Ansicht. Heute konnte er darüber lachen, zu der Zeit hatte es seinem Selbstbewusstsein einen herben Schlag verpasst.

Dankbar nahm Charlotte das Glas mit einem guten Rotwein entgegen, während sie sich vorstellte, wie sich das Leben von Eiffel abgespielt hatte. Zuerst waren die Besucher nur spärlich heraufgekommen, das wusste sie aus vielen Berichten. Später war es eine vornehme Pflicht für alle, die etwas auf sich hielten.

„Auf die schönste Frau der Welt." Maurice stieß mit seinem Weinglas an ihres, wobei sie leise lachte.

„Charmeur, du weißt genau, dass ich keinen Schönheitswettbewerb gewinnen würde." Sie trank einen Schluck, um ihre brennenden Wangen zu verstecken, denn trotz der Übertreibung freute sie sich über das Kompliment.

„Hast du Hunger?" Fragend sah er sie an, woraufhin sie leicht nickte.

„Ja, in der Tat, obwohl du tatsächlich alle meine Vorräte aufgestockt hast." In dem Augenblick wurde ihr bewusst, dass sie ihm gar nicht wirklich für seine Unterstützung gedankt hatte. Vorsichtig stellte sie das Glas auf den Boden, stand auf, ging zu ihm und küsste ihn mit der gesamten Leidenschaft, die in ihr war. „Danke für deine Hilfe", flüsterte sie, als sie atemlos von ihm abließ.

„Gern geschehen." Er lächelte versonnen, erhob sich ebenfalls, anschließend nahm er den Picknickkorb und sein Weinglas. „Komm, wir haben noch eine Etage vor uns." Mit dem Kinn deutete er auf ihren Wein, den sie gehorsam mitnahm, als sie ihm zum zweiten Aufzug folgte.

Auch jetzt stand ein Angestellter bereit, der sie mit einem freundlichen Lächeln begrüßte.

Auf der Fahrt nach oben tranken sie die Gläser aus, die sie im Korb verstauten, ehe sie auf die obere Plattform traten. Hier erwartete sie ein eisiger Wind, sodass Charlotte fröstelnd die Arme um den Oberkörper schlang.

„Hm, bei dem Wetter werden wir kein schönes Plätzchen finden", bemerkte Maurice ein wenige enttäuscht. In der Tat hatte er vergessen, dass seine Kleine fror, wohingegen ihm die Temperaturen nichts ausmachten.

„Lass uns trotzdem die Aussicht bewundern. Es ist fantastisch." Charlie drängte sich eng an ihn, nachdem er den Korb abgestellt hatte.

Eng umschlungen gingen sie am Sperrgitter entlang, bewunderten die Lichter der Stadt, sahen den Autos zu, die sie nur aufgrund ihrer Scheinwerfer erkannten. Zu gerne hätte sie sich über die Brüstung gebeugt, um die Lichtershow zu betrachten, die gerade anfing, doch ein stabiles Gitter hinderte sie daran. „Schade, dass man von drinnen kaum etwas von der

Show erkennt“, bemerkte sie. Natürlich drang das Spektakel auch bis zu ihnen, aber den genauen Ablauf konnten sie an ihrem Standpunkt nicht verfolgen.

„Dein Wunsch ist mir Befehl, wir werden es einfach morgen Nacht bewundern. Die Aussicht vom Trocadero ist dafür am besten geeignet.“ Maurice lachte leise, rieb über ihren Oberarm, dabei stellte er fest, dass ihre Jacke mittlerweile dünn und fadenscheinig geworden war. „Wir sollten einkaufen gehen.“

Sofort versteifte sie sich in seinen Armen. „Ich bin nicht käuflich, mein Lieber.“ Ihr Ton verriet ihm, dass er einen wunden Punkt getroffen hatte.

„Davon bin ich auch nicht ausgegangen.“ Er drehte sie so, dass er ihr direkt in die Augen sehen konnte. „Jeder hat mal Pech im Leben, Charlotte. Es ist keine Schande, allerdings ist es Dummheit, Hilfe abzulehnen, sobald man sie benötigt.“

Darüber musste sie einen Moment nachdenken. „Du hast recht, nur komme ich mir jetzt schon vor wie ein Schmarotzer. Wir kennen uns kaum und du hast bereits so viel für mich getan.“ Sie zuckte hilflos mit den Schultern. „Was, wenn du bemerkst, dass ich doch nicht die Richtige für dich bin? Ich bin so lange für mich selbst verantwortlich gewesen“, fügte sie leise hinzu.

„Das ändert sich auch nicht, ma petite, aber ich lasse keinesfalls zu, dass du dich erkältest, nur weil deine Gage zu gering ist, um dir eine vernünftige Jacke zu kaufen.“ Er hob ihr Kinn mit dem Handrücken an. „Es ist wohl kaum deine Schuld, dass Bertrand ein gieriger Macho ist.“

Seufzend stimmte sie ihm zu. „Trotzdem fühlt es sich für mich falsch an. Es ist demütigend.“ In einem Impuls schlang sie die Arme um seinen Hals, da sie jetzt einfach einen Halt brauchte.

Zart drückte er sie an sich, ließ ihr die Zeit, die sie gerade benötigte, dabei nahm er sich vor, mit ihr ein ganz normales Bekleidungsgeschäft zu besuchen, ehe sie am Montag zur Oper gingen.

„Was hältst du davon, mit zu mir zu kommen? Dort ist es warm und gemütlich. Ein wesentlich besserer Platz als hier, um zu essen.“ Er flüsterte ihr den Vorschlag ins Ohr, weil sie sich immer noch an ihn klammerte.

„Das ist eine gute Idee, ich friere, außerdem habe ich Hunger“, gab sie widerstrebend zu. „Es war ein Vergnügen, mit dir den Eiffelturm zu erkunden. Deine Geschichten klingen wirklich, als ob du dabei gewesen wärst.“ Ihre eigenen Worte weckten ihr Misstrauen, trotzdem ließ sie es zu, dass er sie zum Aufzug führte.

Kapitel 11 - Eiffelturm

Galant hielt er ihr eine Hand hin, als sie an Bord seiner Jacht kletterte. „Willkommen in meinem derzeitigen Zuhause.“ Maurice öffnete eine Tür. „Ich werde vorgehen, wenn du gestattest.“

Lächelnd nickte Charlie, zumal sie kaum etwas sah, die Beleuchtung war auf das Heck gerichtet.

Kurz darauf saßen sie in einem Salon, in dem es erfreulich warm war, sodass sie endlich aufhören konnte zu zittern, trotzdem hüllte er sie in eine leichte Decke.

„Es tut mir unendlich leid, dass ich nicht auf dich aufgepasst habe.“ Zerknirscht stand er vor ihr, aber sie winkte sofort ab.

„Erstens bin ich alt genug, um mich zu melden und zweitens habe ich selbst kaum etwas von der Kälte gespürt. Es war faszinierend.“ Sie lächelte. „Es ist lange her, seit ich mir Zeit für den Eiffelturm genommen habe.“

Maurice drückte ihr einen Kuss auf den Scheitel, ihm war klar, dass er gerade mit dem Feuer spielte. Mittlerweile schaffte er es, seine dunkle Seite im Zaum zu halten, sobald sie sich küssten, doch hier war die Versuchung, endlich weiterzugehen, enorm. „Ich besorge dir einen Drink, der dich aufwärmt.“ Mit den Worten war er verschwunden und Charlotte sah sich neugierig um. Sie saß auf einer beigefarbenen Couch, vor ihr befand sich ein Esstisch aus einem edlen Holz. Nicht, dass sie sich auskannte, aber sie nahm es an, da alles in dem Raum sehr elegant wirkte. Hinter ihr war eine Bar in der Wand eingelassen, bei der die Flaschen vor einem Spiegel standen. Das Zimmer hatte man mit einer dunklen Vertäfelung verkleidet, was einen reizvollen Kontrast zu den hellen Möbeln bildete. Der Tisch bot genug Platz für ein Essen mit mindestens zehn Personen, dabei konnte man aus den Fenstern sehen. Das hieß, wenn die Jalousien hochgezogen waren. Einen Fernseher suchte Charlie vergebens, was sie aber nicht weiter störte, wahrscheinlich war er hinter einer der Schranktüren versteckt.

Sie lehnte sich behaglich in die Polster, genoss die Wärme, die endlich in ihren Leib zurückkehrte und dachte an die wundervolle Überraschung, die ihr Freund für sie vorbereitet hatte. Die Erzählung über Gustave Eiffel kam ihr in den Sinn, woraufhin sie leicht den Kopf schüttelte. Wie konnte sie nur einen Moment annehmen, dass ihr Liebster den Ingenieur persönlich gekannt hatte. Leise lachte sie auf.

„Was erheitert dich so, mon cœur?“ Maurice kam mit einem Tablett zurück, auf dem zwei Gläser angerichtet waren. Außerdem sah sie eine köstlich wirkende Quiche Lorraine, eine Quiche mit grünem Spargel, verschiedene Käsesorten, ein Stück Rosette de Lyon, wie die harte Salami genannt wurde, frisches Baguette, Rindercarpaccio und Früchte. Sofort knurrte ihr Magen.

„Du verwöhnst mich, mein Liebster.“ Sie deutete auf die Speisen, anschließend half sie ihm, den Tisch zu decken. Selbstverständlich hatte er auch an Geschirr und Besteck gedacht, außerdem stellte er mehrere Kerzen hin, die dem Ganzen einen romantischen Anstrich gaben.

Er setzte sich zu ihr. „Gewöhn dich daran, ich werde niemals damit aufhören. Du bist das Wertvollste in meinem Leben.“ Maurice zündete die Kerzen an, ehe er ihr eins der Gläser reichte. „Ich hoffe, du magst Irish Coffee?“

Sie nippte, bevor sie genüsslich die Lider schloss. „Es ist perfekt.“

Als sie sich über die Lippen leckte, musste er den Blick abwenden, um die Beherrschung zu behalten. Es war dumm gewesen, sie in sein persönliches Reich einzuladen, sie würde unweigerlich bemerken, dass er sich niemals der Sonne aussetzte. Jetzt stand er vor einem großen Problem. Die einfachste Lösung, die Katastrophe abzuwenden wäre, sie mit seinem Gift ruhigzustellen, aber davor schreckte er zurück. Kurz dachte er an den Schlafzauber, die Methode war dazu gedacht, jemanden maximal bis zum Sonnenaufgang schlafen zu lassen. Nur was sollte er gegen seine Begierde tun? Früher am Abend hatte sie ihm bereits gesagt, dass sie ihm gerne zur Verfügung stünde. Keinesfalls wollte er, dass sie erneut glaubte, er würde sie unzureichend finden. Darüber hinaus kannte er seine Grenzen.

Als er sie vor Miller beschützt hatte, zwangen ihn die Umstände, sie mit einem Biss zu betäuben, doch im Moment gab es keine echte Bedrohung. Zu dem damaligen Zeitpunkt musste er schnell handeln.

Eilig schnitt er die Quiche an, damit er was Sinnvolles zu tun hatte.

Charlotte ahnte nichts von seinen Sorgen, sie genoss das Essen in vollen Zügen. Sie liebte Käse und auch das Carpaccio schmeckte köstlich. „Es ist himmlisch“, schwärmte sie, bis ihr auffiel, dass er nur in den Speisen herumstocherte.

„Was ist los? Bedrückt dich etwas?“ Aufmerksam musterte sie ihn, dabei bemerkte sie, dass er völlig verspannt war.

„Non, es ist alles in Ordnung. Ich genieße es, dir einfach zuzusehen. Du bist fantastisch, mon amour.“ Er schluckte, denn sein Hunger wuchs von Minute zu Minute, nur konnte ihn das normale Essen kaum sättigen. „Ich liebe es, dich zu beobachten.“

Charlotte schüttelte leicht den Kopf. „Du sollst mich nicht anlügen, Maurice. Wir haben uns versprochen immer die Wahrheit zu sagen, erinnerst du dich? Du sitzt neben mir, als ob du jeden Moment aufspringen wolltest.“ Besorgt sah sie ihm in die Augen. War es ihretwegen? Spielte er ihr doch etwas vor?

„Ich gebe zu, es ist eine Herausforderung, dich hier zu haben und trotzdem meine Erziehung beizubehalten.“ Er zuckte zerknirscht mit den Schultern. „Ich bin auch nur ein Mann.“

Bei den Worten lachte Charlie hell auf. „Lass uns zuerst essen, dann stehe ich dir gerne zur Verfügung.“ Entsetzt schlug sie sich die Hand vor den Mund, ehe sie stotternd eine Erklärung herausbrachte. „Ich bin ... kein ... ich meine ...“ Ihre Wangen röteten sich, weil ihr jetzt erst bewusst wurde, was sie da gesagt hatte.

Zärtlich zog Maurice sie an sich. „Es ist alles gut, ma petite, ich weiß, dass du dein Gehalt nicht auf diese Weise aufbesserst.“ Sanft küsste er sie, dabei drang ihm ihr Geruch noch deutlicher in die Nase. Er brauchte jedes bisschen Selbstbeherrschung, damit sich seine Fangzähne nicht herausschoben, ganz zu schweigen von der Veränderung seiner Augen. Vorsichtig rückte er von ihr ab. „Bitte, iss, es wäre schade, die Lebensmittel wegwerfen zu müssen, nur weil ich mich zu sehr zu dir hingezogen fühle."

Lächelnd hielt sie ihm ein Stück Camembert vor den Mund. „Du musst mir helfen, das ist viel zu viel für mich."

Er nahm es, biss sanft in ihre Fingerspitzen, was sie leise aufschreien ließ, ehe sie in lautes Gelächter ausbrach. Allein sie so fröhlich zu sehen, trieb ihn weiter an seine Grenzen heran. Verdammt, weshalb hatte er ihr die Wahrheit immer noch nicht gesagt?

Nachdem sie gemeinsam den Tisch abgeräumt hatten, sah Charlie ihn auffordernd an. „Zeigst du mir den Rest des Schiffes? Ich bin fürchterlich neugierig."

Sofort nickte er, alles war besser, als sich gegen seine Begierde zu wehren, außerdem war er stolz auf seine Jacht. „Selbstverständlich, mon cœur." Er deutete mit einer Handbewegung auf die Einrichtung der Kombüse, die in erster Linie praktisch gehalten war. „Hier siehst du den Bereich, den ich nur selten anderen überlasse."

Erstaunt musterte sie ihn. „Du kochst selbst? Ich hätte gewettet, dass du jemanden dafür beschäftigst."

„Natürlich, wenn ich die Zeit dazu habe. Allerdings gebe ich zu, dass ich sehr oft im Restaurant esse." Er lächelte sie an, ehe er die Tür öffnete und sie in den Gang schob. „Willst du auch die Maschinenräume oder die Brücke sehen?"

Charlotte lachte leise. „Nein, die Wohnräume reichen mir fürs Erste." Sie genoss es, dass er ihr einen Arm um die Schultern legte.

„Ich habe ein Fitnessstudio sowie einen Pool. Leider ist das Wetter oft genug zu schlecht, um den Außenpool richtig zu nutzen." Mit den Worten stieß er eine Tür auf, die in den besagten Raum führte. „Hier kannst du dich jederzeit austoben. Das Schiff steht dir immer offen."

Staunend betrachtete sie die Hantelbank, den Stepper, den Crosstrainer und die restlichen Geräte. „Wow, das nenne ich mal Luxus." Sie drehte sich langsam im Kreis, bevor Maurice sie zum Schwimmbad brachte, das sich am Heck des Bootes befand. Es handelte sich um ein kleines Becken, in dem man allerdings durchaus seine Bahnen ziehen konnte.

„Das ist perfekt, aber bestimmt jetzt viel zu eisig." Sie zitterte allein bei dem Gedanken an die Kälte, die ihr schon wieder über den Rücken kroch.

Er schüttelte den Kopf. „Nein, mein Herz, natürlich ist das Schwimmbecken beheizt, außerdem gibt es die Möglichkeit das Dach zu verschieben, sodass du im Sommer die Sonne genießen kannst. Nur bei Regen macht es einfach keinen Spaß."

„Wow, ich muss joggen gehen, um mich fit zu halten. Es sei denn, ich benutze das öffentliche Fitnessstudio." Charlie betrachtete das Becken mit einem Seufzen, so ein Luxus würde ihr das Leben beachtlich leichter machen.

„Du darfst alles nutzen, was mir gehört, mein Herz." Maurice sorgte dafür, dass sie sich mit dem Rücken an ihn lehnte. „Im Hotel gibt es ebenso einen Pool und ein Fitnesscenter. Auch dort bist du immer willkommen."

Fast ungläubig sah sie ihn über die Schultern hinweg an. „Meinst du das ernst?" Sollte sie die Beiträge im Studio einsparen können, würde ihr wesentlich mehr übrig bleiben, außerdem war Schwimmen der perfekte Sport, um den gesamten Körper zu trainieren. Sofort stoppte sie ihre Überlegungen, was dachte sie denn da? Sie wollte ihn auf keinen Fall ausnutzen und noch weniger bei ihm einziehen, obwohl der Gedanke reizvoll war.

„Du denkst zu viel nach, Charlotte. Nimm das Angebot einfach an. Ich biete niemals Hilfe an, wenn ich nicht helfen will.“ Maurice sah ihr tief in die Augen. Natürlich verstand er ihre Vorbehalte, allerdings würde er sie so oder so unterstützen, da konnte sie es sich auch gleich etwas leichter machen. „Manchmal sollte man zugreifen, sobald das Glück winkt.“ Er zwinkerte ihr zu.

Bei den Worten schüttelte sie heftig den Kopf. „Nein, das werde ich auf keinen Fall. Damals dachte ich, dass mir das Schicksal hold ist, daraufhin habe ich die dümmste Entscheidung meines Lebens getroffen.“ Sie atmete durch, da die Angst, dass ihr erneut ein Fehler unterlief, sie fest im Griff hatte. „Nur deshalb bin ich in dieser ausweglosen Situation.“

Maurice legte einen Arm um sie, zog sie eng an seine Seite. „Vielleicht hast du dir aber auch von den falschen Leuten einen schlechten Rat geben lassen. Ich habe dir schon einmal gesagt, dass du jetzt aufhören darfst, dich selbst zu bestrafen.“

Ergeben lehnte sie sich an ihn. „Wenn das so einfach wäre“, murmelte sie, ehe sie die Augen schloss. „Zumindest bin ich mittlerweile mutig genug, die Stellenangebote wenigstens durchzusehen.“

Mit der Aussage besaß sie die volle Aufmerksamkeit ihres Geliebten. „Du redest hoffentlich von den Ausschreibungen für verschiedene Rollen in Oper und Musical.“

Charlotte traute sich nicht, ihn anzusehen, deshalb ließ sie die Lider geschlossen und nickte nur leicht. „Mich hat allerdings der Mut verlassen, sodass ich mich bei keinem Vorsingen beworben habe. Ich bin viel zu alt. Meine Zeit ist vorbei.“

Bei den Worten hätte Maurice sie am liebsten geschüttelt oder noch besser, übers Knie gelegt. „Bitte, mon amour, du bist nicht am Ende deines Lebens angekommen. Du singst fantastisch, bewegst dich mit einer natürlichen Eleganz und hast dir die Ausstrahlung der Jugend bewahrt." Er legte ihr einen Finger auf die Lippen, als sie widersprechen wollte. „Nein, du hörst mir zu. Ich weiß, dass das Schicksal dir übel mitgespielt hat, aber damit ist jetzt Schluss. Egal, was du davon hältst, ich werde mich um dich kümmern."

Seine Stimme klang streng, sodass sie ihn doch ansah. „Glaubst du, dass du so einfach über mich bestimmen kannst? Oder willst du mich tatsächlich kaufen?", fauchte sie zurück. Sie fühlte sich, als ob sie in einer Falle säße. Auf der einen Seite wusste sie, dass sie jede Hilfe brauchte, andererseits war sie überzeugt, dass sie die Konsequenzen ihres Handelns alleine tragen musste.

Maurice hob eine Augenbraue, während er sie musterte. „Darum geht es nicht, das weißt du genau. Ich bitte dich, mich auch zu verstehen, was wäre ich für ein Mensch, wenn ich meiner Freundin die Unterstützung versage, die so viele von mir bekommen?" Er schüttelte unwillig den Kopf, woraufhin sie ihn ausreden ließ. „Es wird Zeit, dass sich jemand um dich kümmert, was keineswegs heißt, dass ich gegen deinen Willen bestimmen werde. Es ist dein Leben, du triffst die Entscheidungen. Ich mache es dir lediglich etwas leichter."

Seufzend kuschelte sie sich an ihn. „Tut mir leid, ich bin es nicht mehr gewohnt, dass es irgendjemanden interessiert, wie es mir geht." Sie sah ihn an, um herauszufinden, ob er sie verstand. „So lange musste ich alleine kämpfen und ich bin müde. Immer wieder wurde eine Gegenleistung gefordert, die ich nicht geben konnte oder wollte. Es fällt mir schwer, zu glauben, dass du anders bist."

Sachte streichelte er ihr über den Rücken. „Das verstehe ich sehr gut, ma petite. Auch in meinem Leben gab es Zeiten, in denen ich niemandem vertrauen durfte." Er lächelte bitter, als sie ihn fragend ansah. „Ich wurde mit einem Vermögen im Hintergrund geboren und habe schnell gelernt, dass die meisten Bekannten hinter meinem Geld her waren. Bald schon vermutete ich bei jeder freundlichen Geste einen Hinterhalt." Natürlich kam hinzu, dass er seine Besonderheiten verstecken musste, da er nur einer Hand voll Menschen traute. „Mein bester Freund ist gleichzeitig mein Sekretär André."

Traurig nickte sie. „Dann verstehst du meine Vorbehalte, oui?"

„Selbstverständlich, nur gehe ich nicht darauf ein. Ich verlange kaum von dir, dass du jetzt schon bei mir einziehst." Er lächelte sie an. „Aber du sollst wissen, dass du alles nutzen kannst, was ich besitze. Du bist die Frau, die ich an meiner Seite haben möchte. Die, die mir das Herz gestohlen hat."

Erleichtert stieß sie ihn mit der Schulter an. „Sagt der Mann, der wie ein Wirbelsturm in mein Leben geschneit ist. Von dem ich nicht mal sein Geburtsdatum weiß, bei dem ich jedoch sicher bin, dass er mich in jeder Lage beschützt."

„Ich bin im April geboren, um genau zu sein, am zwanzigsten." Er lachte leise. „Wir können unsere Geburtstage künftig zusammen feiern."

Charlie schmunzelte. „Weshalb wundert es mich nicht, dass du auch das von mir weißt? Allerdings wird das von meiner Seite aus eine ziemlich einsame Feier." Traurigkeit überkam sie, als ihr bewusst wurde, dass sie außer Maurice niemanden hatte.

„Wir haben uns und André steht genauso zu dir, wie er mich unterstützt.“ Tröstend drückte er sie an sich. „Darüber hinaus wird meine Familie dich lieben, glaub mir.“

Hoffnungsvoll betrachtete sie ihn. „Was macht dich so sicher? Irgendwann werden sie von meiner Vergangenheit erfahren.“ Seufzend dachte sie an den Schandfleck in ihrem Lebenslauf.

„Und? Sie sind tolerant, außerdem hast du mit deinem Verhalten niemandem geschadet, oder? Jugendsünden kennt jeder von uns.“ Er küsste sie liebevoll. „Mach dir keinen Sorgen, auch in meiner Familie wurden Fehlentscheidungen getroffen.“

Die romantische Stimmung war dahin, was Charlotte bedauerte, weshalb war das Thema so abgeglitten? „Ich sollte gehen, so wie es aussieht, hab ich den Abend verdorben.“ Sie versuchte, sich aus seiner Umarmung zu befreien, aber er hielt sie locker an ihrem Platz.

„Das sehe ich völlig anders oder glaubst du, dass ich nur darauf aus bin, dich ins Bett zu zerren?“ Eindringlich sah er sie an. „Es ist in Ordnung auch Probleme, Sorgen und Bedenken auszusprechen. Außerdem war ich es, der damit angefangen hat, dass du meine Räumlichkeiten nutzen kannst.“

Glücklich ließ sie sich von seiner Nähe gefangen nehmen, nur um sofort leise zu seufzen. „Dennoch sollte ich langsam gehen, ich bin müde und morgen wartet ein langer Abend auf mich. Bertrand wird mich wohl kaum noch einmal so früh in den Feierabend schicken.“ Sie sah sich nach einer Uhr um, fand allerdings keine.

„Er tut, was ich ihm sage.“ Maurice unterdrückte ein zufriedenes Schmunzeln, ihn hatte er völlig im Griff. „Aber du hast recht, du musst schlafen.“ Ehe sie antworten konnte, stand er auf, hob sie auf seine Arme, um sie ins Schlafzimmer zu bringen. „Den Rest des Schiffes zeige ich dir ein anderes Mal, jetzt ruh dich aus.“ Er ließ sie vorsichtig auf das breite Bett gleiten, ehe er zum Schrank ging.

Müde kämpfte Charlotte gegen ein Gähnen an, die Vorstellung erst in ihr schäbiges Apartment zurückzufahren, gefiel ihr überhaupt nicht. Trotzdem überlegte sie, ob es nicht besser wäre, es langsamer angehen zu lassen. Andererseits gab es keinen Grund, auf eine Übernachtung bei ihm zu verzichten.

„Du denkst schon wieder zu viel, meine Schöne. Ich bin durchaus in der Lage, mich zu beherrschen, obwohl es mir einiges abverlangt.“ Maurice zwinkerte ihr zu, anschließend nahm er ein großes T-Shirt aus dem Schrank, das er ihr gab. „Das Bad findest du direkt hier. Im Spiegelschrank ist auch eine neue Zahnbürste für dich.“ Er deutete auf eine Tür. „Ich lasse dich kurz alleine.“ Er wollte ihr einen Moment geben, um sich für die Nacht fertigzumachen, außerdem musste er dringend überlegen, wie er mit der Situation umging. Sobald die Sonne aufging, kamen unweigerlich Fragen auf, und ob die Ausrede mit der Sonnenallergie ausreichte, stand in den Sternen. Darüber hinaus stellte sie eine ganz besondere Versuchung dar, nur war er unsicher, ob er seine Tarnung weiterhin aufrecht halten konnte, wenn er mit ihr intim wurde.

Während Charlie sich bettfertig machte, lief Maurice auf dem Deck auf und ab. Die einfachste Lösung war, sie zu beißen, sodass sie sicher bis zum Sonnenaufgang durchschlief. Leider wirkte seine Magie nur unzureichend auf sie, somit fiel die Manipulation aus. Das leichte Gift in seinen Zähnen sorgte allerdings auch bei ihr dafür, dass sie weit in den Morgen hinein schlief, darüber hinaus blieben nur Erinnerungsfetzen übrig. Kurz dachte er an den Schlafzauber, der bisher gut funktionierte, nur ging er damit das Risiko ein, dass sie zu früh aufwachte. Er konnte ihr ja schlecht erzählen, dass er schon im Morgengrauen einen Termin wahrnahm, das würde sie ihm niemals glauben. Genauso wenig fand er eine Erklärung, weshalb er sie sexuell auf Abstand hielt.

Seufzend stellte er sich an die Reling, sah zum Himmel hinauf, als ob er dort die Antwort auf sein Problem entdeckte. Es widerstrebte ihm, sie erneut zu betäuben. Natürlich verwandelte sie sich dadurch nicht in einen Vampir, doch es war so unehrlich. Seit wann war er ein solcher Feigling? Verdammt, er musste ihr die Wahrheit sagen, nur brachte er es einfach nicht über sich.

Als er in die Kajüte zurückkehrte, lag sie in seinem Bett, wo sie offensichtlich bereits eingeschlafen war, was ihm die Entscheidung abnahm. Er wollte André bitten, sich am Morgen um sie zu kümmern, außerdem sollte er ihr erklären, dass er einen wichtigen Termin hatte. Noch während er über diese Lösung nachdachte, öffnete sie die Augen.

„Wage es ja nicht, im Salon zu schlafen“, murmelte sie, gleichzeitig schlug sie einladend die Decke zurück.

In seinem Shirt sah sie bezaubernd aus, sodass Maurice bezweifelte, ob er wirklich die Finger von ihr lassen konnte. Trotzdem zog er sich bis auf die Shorts aus, legte sich zu ihr, anschließend nahm er sie zärtlich in die Arme. „Träum etwas Schönes, ma petite.“ Er küsste sie, glitt mit den Lippen über ihre Wange, an ihrem Ohr vorbei, bis er auf der Höhe ihrer Halsschlagader zubiss.

Mit einem leisen Schrei riss sie die Augen weit auf, nur um sofort bewusstlos zusammenzusacken.

Es kostete ihn unmenschliche Anstrengung auf ihr Blut zu verzichten, der winzige Tropfen, den er bereits aufgenommen hatte, führte ihn enorm in Versuchung. Sie schmeckte einfach zu köstlich, außerdem hatte er tatsächlich Hunger. Sanft strich er ihr über die Wange. „Verzeih mir, mein Herz.“ Damit stand er auf, deckte sie zu, bevor er sich wieder anzog. Er musste sich unbedingt Nahrung verschaffen, sonst überstand er keinen weiteren Tag an ihrer Seite, ohne sich zu verraten.

Eilig verließ er das Schiff, zog sein Smartphone hervor und hinterließ André eine Sprachnachricht, anschließend ging er auf die Jagd. Heute würde es schnell gehen müssen, da der Sonnenaufgang nicht mehr fern war, deshalb schlug er die Richtung des Vergnügungsviertels Pigalle ein. Hier fand er um die Uhrzeit bestimmt einen Betrunkenen, den er ohne Verführung betäuben konnte. Auf keinen Fall wollte er sich auf ein amouröses Abenteuer einlassen, so wie er es in der Vergangenheit immer getan hatte. Mit einem Lächeln dachte er an Charlotte, die sein Leben auf den Kopf stellte.

Schon der erste Mann, den er anrempelte, war in einem Zustand, der ihm gerade recht kam. Es schmeckte zwar fürchterlich, wenn man von einem alkoholisierten Menschen trank, aber aktuell sah er keinen anderen Ausweg. Eilig packte er den Kerl am Arm, um ihn in eine dunkle Ecke zu zerren. Hier biss er ihn ins Handgelenk, überwand seinen Ekel, anschließend sorgte er dafür, dass sein Hunger gestillt wurde. Als er satt war, leckte er über die Wunde, die sich sogleich schloss, übrig blieben nur ein blauer Fleck und zwei winzige Einstichlöcher.

Selbstverständlich überließ er sein Opfer nicht seinem Schicksal, sondern brachte ihn zur nächsten Polizeistation, wo er in eine Ausnüchterungszelle kam. Jetzt wurde es höchste

Zeit in seine Suite im Hotel zu kommen, denn die ersten hellen Streifen am Himmel waren bereits sichtbar.

Seine Jacke dampfte, als er das Zimmer betrat, in dem André auf ihn wartete. Außerdem zeigten sich die Brandblasen auf seinen Handrücken und in seinem Gesicht.

„Du bist unvorsichtig. Was bezweckst du mit dem Verhalten? Glaubst du, dass es deiner Liebsten besser geht, wenn du verbrennst?“ Sein Sekretär stand mit in die Seiten gestemmten Armen vor ihm, dabei sah man ihm die Sorgen an. „Du bist alt genug, um die Zeit richtig einzuschätzen.“

Mit einem Lächeln hob Maurice eine Hand, womit er ihn stoppte. „Ich weiß, dass ich leichtsinnig war. Ich habe es einfach nicht über mich gebracht, Charlotte früher zu verlassen.“ Reumütig sah er den Vertrauten an. „Es tut mir leid, dass du dir Gedanken gemacht hast.“

„Das ist eine echte Untertreibung. Im Ernst, ich dachte, Miller hätte dich erwischt.“ André seufzte. „Ich möchte gerne, dass du mich überlebst, wie meine Vorfahren auch.“

Maurice drückte den Freund an sich, dabei zischte er leise. Die Verletzungen taten ordentlich weh, obwohl sie bereits verheilten. „Ich gelobe Besserung. Kümmerst du dich denn bitte um Charlotte? Ich habe sie gebissen, damit mein Geheimnis gewahrt bleibt.“ Zerknirscht sah er seinen Vertrauten an. „Es hat sich einfach keine Gelegenheit ergeben, ihr die Wahrheit zu sagen.“

André brummte unzufrieden, machte sich aber sofort auf den Weg zur Jacht. Irgendwie verstand er seinen Chef ja, trotzdem fand er sein Verhalten ungerecht.

Kapitel 12 - Zeit der Zärtlichkeit

Charlotte erwachte ausgeruht, allerdings brauchte sie einen Moment, um ganz zu sich zu kommen. Mit einem Lächeln tastete sie nach ihrem Geliebten, aber der Platz an ihrer Seite war leer. Langsam öffnete sie die Lider, dabei erinnerte sie sich daran, dass Maurice sie gebissen hatte. Sofort schüttelte sie den Kopf, weshalb hätte er das tun sollen? Wahrscheinlich war sie bereits eingeschlafen und ihr Unterbewusstsein schickte ihr einen bizarren Traum.

Ein Klopfen riss sie aus ihren Gedanken, erschrocken zog sie die Bettdecke hoch, ehe sie antwortete.

„Guten Morgen, Madame de Chenonceau, Monsieur Leblanc hat mich beauftragt, Ihnen zu sagen, dass er zu einem wichtigen Termin musste. Ich werde mich gerne um Sie kümmern.“ Der junge Mann lächelte sie an. „Mein Name ist André.“

Charlie erwiderte sein Lächeln. „Sie müssen der Freund meines Gefährten sein. Schön, Sie kennenzulernen.“ Sie verstummte, bevor sie leise lachte. „Mir wäre es allerdings lieber, wenn ich Ihnen in angemessener Kleidung gegenüberstehen würde.“

André winkte charmant ab. „Das ist kein Problem.“ Er stellte eine Einkaufstasche neben der Tür ab. „Das schickt Monsieur Leblanc. Ich lasse Sie in Ruhe. Sollten Sie etwas brauchen, finden Sie mich in der Kombüse." Mit den Worten verließ er das Schlafzimmer, weshalb Charlie ein wenig aufatmete.

Ihr war es peinlich, dass er sie im Bett überrascht hatte. Die Uhr an der Wand zeigte in der Tat bereits fast zwei an, sodass sie sich jetzt beeilte. Zuerst duschte sie, anschließend warf sie einen Blick in die Tüte, nur um ungehalten die Stirn zu runzeln. Maurice hatte ihr einen bezaubernden Hosenanzug geschickt, darüber hinaus fand sie einen dunklen Wintermantel aus Wolle, Spitzenunterwäsche sowie einen Pullover mit einem wunderschönen Spitzeneinsatz. Die Etiketten verrieten ihr, dass er in einer der angesagtesten Boutiquen eingekauft hatte.

Charlotte schwankte zwischen Freude und Ärger, bis sie sich an seine Worte erinnerte. Vielleicht war es ja tatsächlich an der Zeit, Hilfe anzunehmen. Außerdem konnte er es sich offensichtlich leisten.

Ein Blick in den Spiegel ließ sie stutzen, da an ihrem Hals ein blauer Fleck prangte, genau wie an dem Abend, als Miller zudringlich geworden war. Vorsichtig beugte sie sich näher an ihr Spiegelbild, begutachtete die Stelle und dachte sofort wieder daran, dass Maurice sie gebissen hatte. Verschiedene Gedanken tobten durch ihren Kopf, wobei sie einige schnell ins Reich der Fantasie schob. Ein Knutschfleck! Das musste es sein. Bei der Erklärung lachte sie erleichtert auf, nur blieben die Zweifel zurück, denn vor ein paar Tagen hatte er sie sicherlich nicht geküsst!

Eilig schminkte sie den Fleck weg, zog sich an, anschließend ging sie in die Kombüse, wo es herrlich nach frischem Kaffee und Baguette roch.

„Es riecht hervorragend." Charlie schnupperte, ehe sie sich an der kleinen Theke niederließ.

Sofort stellte André ihr eine Tasse Milchkaffee hin, so wie sie es am liebsten mochte.

Erstaunt sah sie ihn an, doch er schmunzelte nur. „Maurice, ich meine, Monsieur Leblanc, überlässt nur selten etwas dem Zufall."

„Ich wüsste nur gerne, weshalb er weiß, wie ich meinen Kaffee trinke. Bisher haben wir noch nie zusammen gefrühstückt." Sie schlug sich verlegen die Hand vor den Mund. „Es klingt anders, als es ist", fügte sie schnell hinzu, aber auch das hörte sich nach was Schmutzigem an.

André lachte leise. „Keine Sorge, er hat mir von Ihnen erzählt. Sie sind die Frau, die er an seiner Seite duldet, deshalb müssen Sie eine ganz besondere Person sein."

„Er hat von mir gesprochen?" Damit hatte sie nicht gerechnet, im Gegenteil, irgendwie erwartete sie, dass ihre Gegenwart verschwiegen wurde.

Der junge Mann zwinkerte belustigt, während er Rührei auf einen Teller gleiten ließ. „Natürlich, sonst wäre ich ja nicht hier, oder?"

Jetzt kam sie sich auch noch ziemlich dumm vor. „Sie müssen mich für sehr unterbelichtet halten." Verlegen rieb sie mit den Handflächen über die Hosenbeine. „Die Situation ist ungewohnt für mich."

„Das denke ich mir, man wacht in der Regel kaum jeden Tag auf der acht eines Multimilliardärs auf. Darüber hinaus ist er ein extremer Geheimniskrämer." André sah auf die Theke, ob etwas fehlte. „Greifen Sie zu."

„Ich bin nicht wegen seines Geldes mit ihm zusammen." Charlie sah ihn offen an, auf keinen Fall duldete sie ein solches Gerücht.

Sofort hob er die Hände in abwehrender Geste. „Tut mir leid, meine Aussage ist völlig falsch rübergekommen. Ich meinte genau das Gegenteil. Ich wäre ziemlich überfordert, wenn ich ihn nicht bereits mein Leben lang kennen würde." Er lächelte sie zerknirscht an. „Ich wollte keineswegs andeuten, dass Sie an seinem Reichtum interessiert sind. Es ist nur etwas anderes, besonders seine Jacht, auf die er nur ganz spezielle Menschen lässt." Verlegen verstummte er, aber Charlie verstand ihn auch so.

„Sie haben recht. Es ist außergewöhnlich. Ich für meinen Teil kann jedenfalls kaum behaupten, dass ich überhaupt mal auf einer Luxusjacht schlafen durfte." Sie probierte von dem Ei und verdrehte genüsslich die Augen. „Wow, das ist super."

Eine Weile ließ sie sich das Frühstück schmecken, forderte André auf, sich etwas zu nehmen, was der junge Mann gerne annahm. Kurz darauf hallte ihr Gelächter durch den Raum, sie verstanden sich fantastisch.

„Mon dieu, so viel Spaß hatte ich schon lange nicht mehr, André, aber ich muss zur Arbeit." Bedauernd sah Charlotte auf die Uhr, anschließend seufzte sie. „Ich werde mich besser beeilen, sonst verpasse ich die Metro."

Augenblicklich schüttelte der Sekretär den Kopf. „Ich fahre dich natürlich. Alles andere würde Maurice niemals zulassen." Sie hatten sich auf das du geeinigt, zumal Charlie keinen Wert auf die Höflichkeitsform legte, jedenfalls nicht bei ihm.

„Das ist lieb von dir. Dann sollten wir uns auf den Weg machen." Die Unsicherheit kehrte sofort zurück. „Hat er dir gesagt, wo ich arbeite?" Verlegen rieb sie die Hände aneinander.

„Ja, es ist für mich kein Problem. Jeder muss sehen, wie er klarkommt." André lächelte ihr zu. „Charlotte, du bist doch kein schlechter Mensch, weil du in einem Varieté auftrittst."

Dankbar erwiderte sie sein Lächeln, ehe sie sich auf den Weg machten.

~~°~~

Vor dem heruntergekommenen Schuppen verabschiedete der Sekretär sich von ihr. „Du solltest seine Unterstützung wirklich annehmen. Es ist eine Schande, dass du gezwungen bist, hier zu arbeiten." André seufzte, weil er sie an dem Morgen gut genug kennengelernt hatte, um zu wissen, dass ihr Stolz und ihre Unsicherheit ihr im Weg standen. „Am Ende ist es deine Entscheidung, aber es ist nichts Schlechtes dabei, Hilfe anzunehmen, wenn sie einem freiwillig geboten wird."

Charlie lächelte verlegen. „Du hast sicherlich recht, nur bin ich im Laufe der Jahre misstrauisch geworden. Ich brauche einfach Zeit." Sie klopfte auf die Motorhaube des Mercedes, anschließend verschwand sie im Gebäude.

„Wow, du hast dich ja herausgeputzt, triffst du dich wieder mit Monsieur Leblanc? Oder ist es dieses Mal Miller?" Chantal vertrat ihr den Weg, woraufhin sie genervt stehen blieb.

„Das geht dich nichts an, meine Liebe, und jetzt lass mich durch." Energisch schob sie die junge Frau zur Seite, dabei ignorierte sie die teilweise neidischen Blicke ihrer Kolleginnen. Zu dumm, dass sie der Versuchung erlegen war, sie hätte sich zu Hause umziehen sollen.

Eilig machte sie sich für das Aufwärmen fertig, damit keiner die Möglichkeit bekam, sie auszufragen.

Einerseits war es ihr peinlich zuzugeben, dass die Kleider ein Geschenk darstellten, andererseits vermied sie es lieber, die Gier ihres Chefs zu wecken.

„Es scheint, dass du deine Abneigung gegen finanzielle Zuwendung überwunden hast.“ Bertrand fing sie ab, als sie auf die Bühne gehen wollte, um sich zusammen mit den anderen aufzuwärmen. „Wie wäre es, deinen neuen Reichtum mit dem zu teilen, der ihn dir verschafft hat.“ Er hielt die Hand auf, als ob sie die Geldscheine in ihrer Trainingskleidung versteckt hätte.

„Ja, er hat mir etwas zum Anziehen gekauft, da ich mit meiner Gage gerade so überleben kann“, gab sie bissig zu. „Allerdings nehme ich kein Bargeld, genauso wenig wie Schmuck. Möchtest du vielleicht den Hosenanzug haben? Ich glaube nur nicht, dass er dir steht.“ Mit den Worten ließ sie ihn stehen, dabei beschlich sie ein ganz dummes Gefühl. Zum Glück war der Montag in Reichweite, da konnte sie überlegen, wie sie mit Bertrand umgehen sollte. Auf keinen Fall würde sie Geld von Maurice erbitten, um es in seinen gierigen Rachen zu werfen.

Der Abend nahm einen ähnlichen Verlauf wie der vergangene, durch die besonderen Eigenschaften ihres Liebsten, bekam sie früher frei und atmete auf. Chantal vergiftete die Atmosphäre extrem, da sie ihre Eifersucht offen zeigte, indem sie immer wieder auf Charlotte losging. Es war einfach nur ermüdend.

„Was ist los?“ Besorgt musterte Maurice sie, als sie sich erschöpft in seinem Wagen zurücklehnte.

Unwillig wischte sie mit der Hand durch die Luft. „Nur das Übliche.“ Sie zwang sich zu lächeln, auf keinen Fall würde sie ihm vom Neid ihrer Kollegin erzählen.

„Du verbirgst etwas vor mir, ma petite“, stellte er ungehalten fest. „Geht es um die Kleider, die ich dir gekauft habe? Gefallen sie dir nicht?“ Er schaut kurz zu ihr rüber.

„Sie sind wunderschön, nur erwecken sie den Eindruck, dass ich mich von dir aushalten lasse.“ Sie seufzte. „Bertrand will seine Vermittlungsprovision“, stieß sie leise hervor.

„Was? Dieser Kretin glaubt, dass er über dich an mein Geld herankommt?“ Empört schnappte er nach Luft. „Was bildet er sich ein?“

Beruhigend legte Charlie eine Hand auf seinen Arm. „Bitte, ich möchte das selbst austragen. Er hat bereits eine passende Antwort von mir bekommen.“ Sie stoppte, überlegte, ob sie auch von Chantals Verhalten erzählen sollte, entschied sich allerdings dagegen.

„Da ist noch mehr“, stellte er ruhig fest. Natürlich durchschaut er sie, darüber hinaus konnte er sich denken, dass es Ärger wegen seines Geschenks gab, trotzdem würde er sie nicht länger in ihren zu dünnen, alten Kleidern herumlaufen lassen.

Ergeben schloss sie die Lider. „Ja, die Nichte meines Chefs ist enorm eifersüchtig. Sie hält sich für die Beste, spioniert für ihren Onkel und ihr Hobby ist es, mich anzugreifen. Jetzt hat sie einen weiteren Grund.“

„Weshalb kündigst du nicht? Ich helfe dir, eine neue Arbeitsstelle zu bekommen.“ Ihm war bewusst, dass das Thema ein heißes Eisen darstellte, deshalb erstaunte es ihn, dass sie ruhig blieb.

Langsam öffnete sie die Augen, gleichzeitig überlegte sie, ob sie tatsächlich über ihren Schatten springen konnte. „Würdest du mir eine Stelle als Zimmermädchen in deinem Hotel besorgen?“ Ihr Magen zog sich bei dieser Bitte zusammen. Es fühlte sich so falsch an, ihre Beziehung auszunutzen.

„Wenn das wirklich dein Wunsch ist, allerdings sehe ich dich eher am Empfang. Du sprichst mehrere Sprachen, nicht wahr?“ Er parkte in der Nähe des Place du Trocadéro, anschließend sah er sie offen an. „Weshalb machst du dich selbst klein?“

Unschlüssig zuckte sie mit den Schultern. „Ich habe keine Ausbildung als Hotelfachfrau, da denke ich, ist es logisch, als Zimmermädchen anzufangen. Saubermachen kann ich immerhin.“ Zerknirscht erwiderte sie seinen Blick. „Es tut mir leid, dass ich schon wieder die Stimmung verdorben habe. Lass uns von etwas anderem reden, bitte.“

Gutmütig ging er darauf ein, doch ein undurchschaubares Lächeln verriet, dass er das Thema auf keinen Fall vergessen würde.

Auf dem Weg legte er einen Arm um ihre Schultern, zog sie eng an sich, obwohl sie durch ihren neuen Mantel keinerlei Kälte spürte, allerdings brauchte er ihre Nähe jetzt mehr denn je. „Was hältst du davon, wenn wir später bei mir essen? Wir kochen uns ein leckeres Abendessen.“

Lächelnd stimmte sie zu, das war ganz bestimmt eine besondere Erfahrung. Außerdem fand sie es immer noch falsch, sich von ihm in teure Restaurants ausführen zu lassen, die sie sich nicht leisten konnte.

Sie überquerten den Platz mit der Statue des Marschalls Ferdinand Foch, liefen lachend über die Avenue Président Wilson, ehe sie zum Palais de Chaillot kamen. Das Gebäude bestand im Prinzip aus zwei Pavillons, die vom früheren Palais du Trocadéro übrig waren. Maurice erinnerte sich sehr gut, denn es handelte sich um einen riesigen Bau, der einen mit seinem prunkvollen Aussehen erdrückte. Schon damals beherbergte er verschiedene Museen, deren Ausstellungsstücke zum Teil in den verbliebenen Seitenflügeln ausgestellt wurden. Mit einem versonnenen Lächeln dachte er an die fantastischen Konzerte, die in der mittleren Halle stattgefunden hatten, zu einer Zeit, als die Welt noch nicht so hektisch war.

„Woran denkst du?"

Charlotte riss ihn aus seinen Erinnerungen und er zuckte leicht mit den Schultern. „Ich habe einen Bericht über das Palais gesehen, das früher einmal an dieser Stelle stand. Es muss beeindruckend gewesen sein." Zum Glück hatte er seine Mimik im Griff, sodass sie lediglich nickte.

Langsam bahnten sie sich ihren Weg durch die Menschenmenge, die sich genau wie sie auf dem Weg zu den Jardins Trocadéro befanden. Von dort hatte man den besten Blick auf den Eiffelturm.

„Es ist sehr voll", bemerkte Maurice missmutig. Er mochte Menschenmassen nicht, außerdem hatte er gehofft, etwas Zweisamkeit mit seiner Liebsten genießen zu können.

Charlie lachte auf. „Was hast du denn gedacht? Du bist doch nicht davon ausgegangen, dass wir den Platz für uns haben, oder?" Ungläubig musterte sie ihn. „Wann warst du das letzte Mal hier?"

Fast hätte er sich verraten, schluckte die Wahrheit jedoch schnell herunter. „Es ist bereits einige Jahre her", gab er zerknirscht zu. „Romantisch ist anders."

„Oui, aber damit habe ich durchaus gerechnet. Immerhin ist heute schon Freitag." Sie lachte erneut, stieß ihn leicht mit der Schulter an, ehe sie auf ein freies Plätzchen zusteuerte. „Willkommen in der Welt der Normalsterblichen."

Bei der Bemerkung zuckte er zusammen, bis ihm bewusst wurde, dass sie sich auf seinen Reichtum bezog, nicht auf seine speziellen Fähigkeiten. „Genau das habe ich noch nie vermisst." Er zeigte auf die Masse, die sich am Rand des Springbrunnens verteilte.

„Du wirst es überleben, einmal wie ein normaler Mensch zu leben." Charlotte deutete auf den Eiffelturm. „Schau, die Show geht los." Stumm sahen sie auf die Lichter, die in der Ferne wie kleine Sterne aussahen. Es blinkte, den Lichteffekten in einer Diskothek sehr ähnlich. „Irgendwie hatte ich es spektakulärer in Erinnerung."

„Du hast recht, es ist im Prinzip nur ein Blinken, was unser Wahrzeichen kaum nötig hat." Maurice unterdrückte ein Schmunzeln, zumal er sich bereits gedacht hatte, dass sie enttäuscht sein würde.

„Immer wieder denken die Menschen, sie müssten etwas Altes mit Glitzer aufhübschen." Bei der Bemerkung schaffte sie es nicht mehr, die Verbitterung aus ihrer Stimme herauszuhalten. Es war genau wie im Varieté, mit genug Glitzerstaub erschufen sie die Illusion ewiger Jugend.

Tröstend legte er erneut einen Arm um ihre Schultern. „Du willst dich jetzt aber nicht mit dem Turm vergleichen, oder? Er ist doch ein beachtliches Stück älter als du. Außerdem rostet er."

Lachend lehnte sie sich an ihn. „Da hast du natürlich recht. Wenn ich nach so vielen Jahren noch so gut aussehe, bin ich froh." Kichernd löste sie sich von ihm, nahm seine Hand und zog ihn mit sich zum Brunnen.

Im Wasser spiegelte sich der Eiffelturm mitsamt seinen Lichtern, was magisch aussah, besser als das Original. Kurz bewunderte sie die Spiegelung, ehe sie weitergingen. Leichter

Schneefall setzte ein und die gelöste Stimmung, die vorher nur schwer aufkommen wollte, vertrieb die Bitterkeit.

Wie ein Kind legte sie den Kopf in den Nacken, versuchte die Flocken mit der Zunge zu fangen und fühlte sich glücklich wie schon lange nicht mehr. Lachend drehte sie sich im Kreis, in dem Augenblick war es ihr völlig egal, was die anderen Leute von ihr dachten. Wie gerne würde sie einen Schneemann bauen, doch dafür gab es viel zu wenig Schnee, darüber hinaus war es wahrscheinlich, dass am kommenden Morgen bereits alles verschwunden war.

„Lass uns zur Île de la Cité fahren." Begeistert sah sie ihn an, als sie ihm den Vorschlag unterbreitete. „Ich möchte in die Altstadt."

„Dein Wunsch ist mir Befehl." Er legte eine Hand auf sein Herz, dabei verbeugte er sich leicht.

Kurz darauf parkte er in einem Parkhaus im ältesten Teil der Stadt.

„Früher habe ich mir oft vorgestellt, dass ich Angélique aus den Büchern von Anne Golon bin." In ihren Augen glitzerte es vor Begeisterung. „Kennst du die Geschichte?"

„Nein, ich nehme an, dass es sich um einen Liebesroman handelt, oder?" Das Genre lag ihm so gar nicht, deshalb ließ er die Finger davon.

„Von einem Roman zu sprechen, ist eine Untertreibung, immerhin hat das Werk dreizehn Bände. Außerdem beschreibt es das Leben am Hof des Sonnenkönigs sehr gut. Hier hat sie ihre Leute beim Taschendiebstahl unterstützt." Sie deutete in Richtung der Pont Notre-Dame. „Die Protagonistin legt sich mit dem König an, nachdem ihr geliebter Ehemann auf dem Place de Grève verbrannt wurde. Zumindest denkt sie es. Dadurch wird sie gezwungen, sich auf ihren Freund

Nicolas einzulassen, der eine Straßengang anführt. Unter anderem streift sie an diesem Platz herum, weil es früher viele Verkaufsstände und Geschäfte auf der Brücke gegeben hat." Euphorisch machte sie eine Handbewegung, die ihre Umgebung einschloss.

Maurice ließ sich von ihrer Begeisterung anstecken, obwohl er ihr ein etwas anderes Bild hätte verschaffen können. Die Hygiene war damals extrem schlecht gewesen und der Anblick der Straßen würde heute so manchen abschrecken. Oft genug hinterließen die Leute ihre Exkremente in den Hausecken.

Sie gingen am Seineufer entlang, wobei sie die Ruine der Kathedrale gekonnt ignorierten. Es war eine schwärende Wunde im Herzen ihrer Stadt.

„Dort drüben am Rathaus lag der Place de Grève, wo Jeoffrey de Peyrac hingerichtet wurde." Charlie war ganz in ihrem Element, sie liebte die Romane. „Ein wenig die Straße herunter gibt es tatsächlich ein Hinweisschild auf den Tour de Nesle, wo sich die Verbrecherbande versteckt hielt, der sich Angélique angeschlossen hatte."

Maurice drückte sie lachend an sich. „Lass mich raten, den Friedhof der Unschuldigen hat die Autorin auch benutzt."

„Natürlich, daran gab es keinen Weg vorbei. Du musst es unbedingt lesen. Es ist so viel mehr als ein Liebesroman." Schwärmend erzählte sie weitere Episoden, bis er sie fast schon mit Gewalt zurück zum Auto brachte.

„Es ist beeindruckend, dich so enthusiastisch zu sehen, aber es wird Zeit, dass du endlich etwas zu essen bekommst." Ohne auf ihre Antwort zu warten, startete er den Motor. „Darüber hinaus können wir immer wieder herkommen."

Lächelnd stimmte sie ihm zu, es hatte ihr gutgetan, ihre derzeitige Situation wenigstens für einen kurzen Zeitraum zu vergessen. Weshalb hatte sie diesen Ausflug nicht schon viel länger gemacht? Dankbar musterte sie ihren Freund von der Seite aus, denn er sorgte dafür, dass ihre Lebensfreude zurückkehrte.

~~°~~

Die Kombüse hallte kurze Zeit später von ihrem hellen Lachen wider, in das er einstimmte. Sein Herz quoll über vor Liebe, als er sie so ausgelassen sah.

Gemeinsam kochten sie, dabei arbeiteten sie Hand in Hand, so als ob sie es schon immer getan hätten.

Satt und zufrieden saß sie jetzt neben ihrem Geliebten auf der Couch, wobei sie sich wunderte, dass sie überhaupt nicht bemerkte, dass sie auf einer Jacht waren. Plötzlich fiel ihr etwas ein, das ihr unter den Nägeln brannte. Unbehaglich rutschte sie auf ihrem Platz herum.

„Was ist los? Was bedrückt dich, ma petite?“ Maurice sah sie besorgt an. Es gab keinen Anlass für ihre offensichtliche Nervosität.

„Du darfst mir nicht böse sein, ja?“ Bittend blickte sie ihn an, bis er nickte. „Ich möchte, dass du dich aus meinem Arbeitsverhältnis heraushältst. Die Kolleginnen sind jetzt schon misstrauisch und zum Teil auch neidisch.“ Sie schluckte. „Ich bin dir dankbar für die Auszeiten, gerne gebe ich zu, dass ich es genieße, Zeit mit dir zu verbringen, aber es macht meine Situation im Varieté unerträglich.“

Verstehend brummte er vor sich hin, mit der Eifersucht der restlichen Tänzerinnen hatte er kaum gerechnet. „Gut, allerdings habe ich eine Bedingung."

Aufmerksam sah sie ihn an, es war nur fair, ihn zumindest anzuhören.

„Du lässt dir bei der Suche nach einem besseren Job helfen." Er hob abwehrend eine Hand, als sie Luft holte. „Es geht nicht darum, dass ich dich protegiere. Sollte der Hotelmanager meiner Meinung sein, nimmst du die Stelle als Empfangsdame an, genauso hältst du es mit anderen Angeboten. Du machst dich auf keinen Fall kleiner, als du bist. Einverstanden?" Er hielt ihr eine Hand hin, während er auf ihre Entscheidung wartete.

„Keine Manipulation deinerseits?" Skeptisch erwiderte sie seinen Blick.

„Nein, keine Einmischung, bei der ich meine besonderen Fähigkeiten benutze. Versprochen."

Bei den Worten schlug sie ein, dabei überkam sie das Gefühl, dass sie endlich einen Wendepunkt erreicht hatte. Sicher war es ein Vorteil, dass er sie vorschlug, dennoch würde sie zeigen müssen, was sie konnte. „Danke, für alles." Sie kletterte auf seinen Schoß, legte beide Hände an seine Wangen und küsste ihn leidenschaftlich.

Erneut verfluchte er sich, dass er sie auf seine Jacht mitgenommen hatte, allein dieser süße Kuss trieb ihn an den Rand seiner Beherrschung. Trotzdem drückte er sie verlangend an sich, kostete von ihrem Geschmack, der ihn berauschte. Ein leises Stöhnen entkam ihm, gleichzeitig spannte seine Hose im Schritt. Es war höchste Zeit, sie ein wenig auf Abstand zu bringen, sonst garantierte er für nichts mehr.

Vorsichtig löste er sich von ihr, schob sie ein kleines Stückchen von sich, dabei sah er ihr in die Augen. „Du spielst mit dem Feuer, ma petite." Sinnlich lächelte er sie an, während er fieberhaft überlegte, wie er sie von ihren erotischen Gedanken abbringen konnte. Aktuell schaffte er es, sein Aussehen bei einem Kuss beizubehalten.

Verdammt, er steckte erneut in einer Zwickmühle, auf keinen Fall wollte er sie nach Hause schicken, andererseits würde er sich unweigerlich verraten, sollten sie weitergehen.

„Ich mag es warm."

Ihre Stimme jagte ihm eine Gänsehaut über den Leib, so sehr erregte sie ihn. Endlich kam ihm die genialste Lösung, weshalb war ihm das nicht vorher eingefallen? „Du weißt, dass ich dominant bin?"

Charlotte richtete sich ein wenig auf, dabei erkannte er die Neugier in ihrem Blick. „Bist du das?" Neckend sah sie ihn an. „Du hast aber auch gesagt, dass du mir zuerst die Liebe zeigen willst." Verlegen schluckte sie, weil sie es nicht gewohnt war, über Sex zu reden.

„Oh ja, das werde ich, allerdings möchte ich, dass du mir vertraust. Kannst du das?" Bei der Frage hielt er die Luft an. Sein Plan fiel sofort in sich zusammen, sollte sie jetzt verneinen.

Charlotte überlegte kurz, ehe sie vorsichtig nickte. „Oui, das tue ich, obwohl mein Misstrauen mich immer wieder einholt." Sie leckte sich über die Lippen, denn der Kuss hatte sie keineswegs kalt gelassen. Im Gegenteil, sie sehnte sich danach, ihn zu spüren, ihre Begierde mit ihm auszuleben.

Als er aufstand, hob er sie gleichzeitig mit hoch, wobei sie ihre Beine und Arme um ihn schlang, um sich fest an ihn zu pressen. Ihren Kopf schmiegte sie an seinen Hals, sog seinen

Geruch tief ein, was sie wohlig seufzen ließ. Er erinnerte sie an eine kühle, klare Sternennacht, voll Mysterien und Wunder.

Maurice beeilte sich ins Schlafzimmer zu kommen, wo er sie auf dem Bett ablegte.

Mit einem lüsternen Blick zog er sie aus, wobei er sich weniger Zeit als normalerweise nahm, trotzdem sorgte er dafür, dass sie immer wieder leise stöhnte. Stück für Stück befreite er sie von der störenden Kleidung, dabei bewunderte er ihren straffen, durchtrainierten Körper.

Genüsslich streichelte er sie, stimulierte ihre erogenen Zonen, bis sie ihn flehend ansah. „Geduld, mon amour", ermahnte er sie mit einem wölfischen Lächeln.

Noch einmal sah er sie an, bemerkte ihre steil aufgerichteten Brustwarzen, die Gänsehaut auf ihren Armen und den feuchten Schimmer an ihren Oberschenkeln. Oh, ja, seine Kleine war bereit für ihn, trotzdem zügelte er sich. Mit einem großen Schritt ging er zu einem Schrank, öffnete ihn, um eine Augenbinde herauszuholen. Er hielt sie so, dass Charlotte sie gut sah, dabei betete er, dass sie keine Einwände hatte.

Neugierig sah sie ihm entgegen, der Gedanke, sich komplett fallen zu lassen, reizte sie, mehr als sie sagen konnte. Ein paar Mal hatte sie über Sinnesentzug gelesen, sich vorgestellt, wie es wohl war, sich in die Hände eines erfahrenen Doms zu begeben.

„Bereit?" Abwartend stand Maurice vor ihr.

„Oui." Sie brachte das Wörtchen nur mit Mühe heraus, weil die Lust ihr die Kehle eng werden ließ. Wie lange war es her, seit sie einen Mann geliebt hatte?

Erleichterung breitete sich in ihm aus, als er ihr die Augenbinde anlegte. Vorsichtig testete er, ob sie auch wirklich nichts sah, anschließend atmete er auf. Jetzt war sein

Geheimnis sicher. „Bleib ganz ruhig liegen, mein Herz." Er küsste sie, schob seine Zunge in ihren Mund, kostete ihren Geschmack aus.

Leise stöhnend wand sie sich unter ihm, schlang ihre Arme um seinen Hals, bevor sie langsam über seine breiten Schultern streichelte. Seine Haut fühlte sich kühl und weich an, anders als erwartet. Wieder ließ sie ihre Fingerspitzen über seine Muskeln wandern, es kam ihr so vor, als ob sie mit den Fingern sehen könnte.

Seine Lippen wanderten zärtlich über ihre Wange zu ihrem Ohr, woraufhin sie erneut sehnsüchtig seufzte. Sie genoss es, auf die Weise verführt zu werden, trotzdem wollte sie mehr. Fast hätte sie ihn gebeten, härter mit ihr umzugehen, ihr Lustschmerz zu schenken, wovon sie so viel gehört hatte. Genau in dem Augenblick leckte er über ihre Kehle und ihre Gedanken zerplatzten. Auffordernd beugte sie ihren Kopf, präsentierte ihm diese empfindliche Stelle.

Maurice schluckte schwer, ihre Halsschlagader pulsierte, was ihn dicht an den Rand seiner Beherrschung brachte. Sein Hunger erwachte, seine Eckzähne schoben sich aus dem Kiefer, doch jetzt wollte er die Gelegenheit auskosten. Ihm war bewusst, dass auch seine Augen sich blutrot verfärbt hatten. Seine zweite Natur brach hervor, dadurch fühlte er intensiver. Sein Gehör verstärkte sich genauso wie sein Geruchssinn und er seufzte genüsslich auf.

Ihr Geruch vernebelte sein Gehirn, sorgte dafür, dass die Realität verschwand. Er tauchte in eine Welt ein, in der nur sie zählte.

Zärtlich zog er eine feuchte Spur bis zu ihren Brüsten, lutschte an den Brustwarzen, bis sie seinen Kopf mit beiden Händen umklammerte.

„Bitte, spann mich nicht auf die Folter."

Ihre Stimme klang rau vor Erregung, die er gut riechen konnte. Seine Kleine war eine sehr sinnliche Frau. „Geduld, ma petite, genieß es." Erneut saugte er hart an den festen Nippeln, biss hinein, um sich einen winzigen Vorgeschmack zu gönnen. Zum Glück war er in der Lage, selbst zu bestimmen, ob er sie mit seinem Gift betäubte. Jetzt wollte er, dass sie wach blieb.

Charlotte bog sich ihm entgegen, forderte ihn mit ihrem Leib auf, ihr die Erfüllung zu schenken, aber zu ihrem Leidwesen reagierte er überhaupt nicht darauf. Enttäuscht stieß sie die Luft aus, als er sie wieder in die Brustwarze biss. Laut stöhnend drückte sie sich an ihn, genoss es, dass er an ihr saugte, was sie fast kommen ließ.

Maurice musste sich mit Gewalt von ihr losreißen. Sein Vater hatte ihm immer gesagt, dass die Gefährtin besser schmeckte als jede andere, was er für ein charmantes Kompliment an seine Mutter gehalten hatte. Jetzt wusste er, dass es die Wahrheit war. Charlottes Blut machte ihn süchtig, sorgte dafür, dass er die Umgebung ringsherum vergaß.

Wieder streichelte er mit der Zunge über ihren Leib, woraufhin sie vor Gier zitterte, bis er an ihrer Scham angekommen war. Zu gerne würde er ihr in diesem Moment in die Augen sehen, doch das musste warten.

Vorsichtig schob er ihre Schenkel auseinander, kniete sich dazwischen, ehe er sie sanft mit der Fingerkuppe stimulierte. Viel zu zart strich er über ihre Klitoris, bemerkte, dass sie erschauerte, aber auf keinen Fall kommen konnte. Bei ihrem ersten Orgasmus durch ihn wollte er in ihr sein.

Stöhnen hob sie ihr Becken an, krallte die Finger in das Laken und leckte sich über die trockenen Lippen. Es fühlte sich dermaßen wundervoll an, was er da mit ihr anstellte. In ihr tobte die Lust, vertrieb jeden rationalen Gedanken und hinterließ lediglich die Sehnsucht, sich endlich mit ihrem Liebsten zu vereinen. „Bitte." Sie schrie es fast, obwohl sie selbst kaum wusste, worum sie ihn bat. Auf keinen Fall sollte er aufhören, sie sehnte sich danach, diese exquisite Folter noch ein wenig zu genießen. Andererseits pochte ihr Unterleib unerträglich.

Kapitel 13 - Lustvolle Momente

„Gib dich hin“, flüsterte er, dabei hatte er Probleme normal zu sprechen. Nicht nur sein Gebiss machte ihm zu schaffen, auch ihn hatte die Leidenschaft völlig im Griff.

Charlotte schnappte hektisch nach Luft, weil seine Stimme extrem sexy klang, rau und männlich gleichzeitig. Noch einmal drückte sie sich an seine Finger, bis er sie durch seine Zunge ersetzte. In ihr kochte die Gier dermaßen hoch, dass sie glaubte zu explodieren, aber er hielt sie gekonnt am Rande der Erlösung. Immer wieder saugte er an ihrem Lustpunkt, entlockte ihr ein kehliges Stöhnen nach dem anderen.

„Du kommst erst, wenn ich es dir erlaube, ma petite“, raunte er ihr zu, als er für einen Moment von ihr abließ. Ihm gefiel es, die Macht über ihre Lust zu haben. Jetzt packte er ihre Hüften, leckte mit der Zungenspitze über ihre intimste Stelle, ehe er tiefer in sie eindrang.

Seine Beherrschung hing an einem seidenen Faden, als er in ihre Klitoris biss und sich noch einmal einen winzigen Vorgeschmack holte. Deutlich fühlte er, dass sie kurz davorstand, über die Klippe zu springen. Ihm ging es kaum anders.

Eilig streifte er sich die Kleider vom Leib, dabei bemerkte er, dass sie gespannt lauschte.

Charlotte spürte, dass er sich vom Bett erhob, was ihre Unsicherheit erneut weckte. Angestrengt horchte sie, ob er das Zimmer verließ, während in ihr eine unermessliche Lust tobte. Er würde sie doch nicht unbefriedigt hier liegen lassen?

„Keine Sorge, meine Süße, ich bin bei dir."

Seine Stimme ließ sie aufatmen, zumal sie jetzt ahnte, dass er direkt neben ihr stand. „Ich brauche dich", flüsterte sie. Die Augenbinde machte es ihr leichter, die Worte auszusprechen.

„Genau wie ich dich. Ich liebe dich." Er kniete sich über sie, küsste sie mit der gesamten Leidenschaft, die in ihm war. Sein Herz quoll über für diese eigensinnige, starke Frau. Noch während er sich an ihrem Geschmack berauschte, senkte er sein Gewicht auf sie, griff mit einer Hand zwischen ihre Leiber, ehe er sich tief in ihr versenkte.

Charlotte seufzte erleichtert auf, als sie die sanfte Dehnung spürte, die sich stetige weiter ausbreitete. Es tat so unendlich gut, ihn auf die Weise zu spüren. In einem Impuls schlang sie die Beine um ihn, drückte ihn fest an sich, gleichzeitig hob sie sich ihm entgegen. Sie wollte, dass er sich holte, was er brauchte und sie damit in den siebten Himmel katapultierte.

Maurice ging gerne auf ihre stumme Bitte ein, stieß in sie, während er ihre Klitoris massierte, somit trieb er sie beide auf den ersehnten Orgasmus zu. Es fühlte sich perfekt an, besser als alles, was er in seinem langen Leben erlebt hatte.

Obwohl Charlie sich wünschte, dass sie seine Zärtlichkeiten die gesamte Nacht genießen dürfte, spürte sie, dass sie ihren Höhepunkt kaum hinauszögern konnte. „Ich kann nicht mehr, Liebster", flüsterte sie, als er sanft an ihrem Hals saugte. „Bitte, lass mich kommen."

„Ganz wie du willst, mon amour.“ Maurice stimmte ihr gerne zu, zumal er noch im Dunkeln ins Hotel zurückkehren musste. Heftig stieß er in sie, gleichzeitig erhöhte er den Druck auf ihre Klitoris. Gekonnt schenkte er ihr die Erlösung, nach der sie sich sehnte, genoss ihren lustvollen Schrei, ehe er sie biss.

Jetzt sorgte er dafür, dass sein Gift sie einschlafen ließ, nachdem der Orgasmus abgeebbt war.

Gesättigt hob er den Kopf, leckte über die winzigen Wunden, anschließend zog er sie fest in seine Arme. „Du bist etwas ganz Besonderes, meine Kleine“, flüsterte er ihr zu, während er die Augenbinde abzog.

Maurice gönnte sich einen langen Moment, in dem er sie einfach nur festhielt, sich seine Gefühle eingestand, die er nie für möglich gehalten hatte, und die Nachwehen genoss.

Seufzend löste er sich von ihr, stand auf, deckte sie fürsorglich zu und zog sich an. Es wurde höchste Zeit ins Hotel zu fahren, der Sonnenaufgang war nah.

Ehrlich gab er zu, dass es ihn enorm störte, sie zurückzulassen. Wieder verfluchte er sich, dass er zu feige war, ihr die Wahrheit zu sagen. Selbstverständlich konnte er das Spiel noch eine ganze Weile treiben, nur fühlte er sich schäbig dabei, außerdem wollte er ihr beim nächsten Mal in die Augen sehen.

Seufzend parkte er seinen Wagen in der Tiefgarage, zuerst sollte er sich eine gute Ausrede überlegen, warum er an einem Samstag losmusste. Verdammt, in seinem Hirn befand sich ein Nebel, der jeden klaren Gedanken verscheuchte. Allerdings blieben ihm ein paar Stunden, ehe sie aufwachte.

~~°~~

Mit einem Lächeln auf den Lippen erwachte Charlie, doch es erlosch, als sie feststellte, dass Maurice auch jetzt nicht neben ihr lag. Sofort fielen die Zweifel über sie her. Hatte sie ihn enttäuscht? War er etwa abgeschreckt von ihr? Bestimmt war sie ihm zu fordernd. Entsetzt erinnerte sie sich daran, wie sehr sie sich hatte gehen lassen.

Traurig suchte sie ihre Sachen zusammen, um sich ins Bad zurückzuziehen. Es war ja klar, dass es sich nur um einen wundervollen Traum handelte, der viel zu schnell in sich zusammenfiel.

Eine Träne lief ihr über die Wange, die sie fahrig wegwischte. Ihr kam einfach keine andere Erklärung in den Sinn, weshalb er sie alleine gelassen hatte. Energisch widmete sie sich ihrer Toilette, irritiert bemerkte sie, dass die Wunden an ihrem Hals sich erneut verfärbten. Ein Knutschfleck hatte ihr gerade noch gefehlt. Mit einem Seufzen überschminkte sie die Stelle, dabei dachte sie über die letzte Nacht nach. Wahrscheinlich war Maurice bitter enttäuscht, dass sie viel zu schnell eingeschlafen war. Das konnte auch nur ihr passieren.

Aus der Kombüse hörte sie Geräusche und sofort kehrte die Hoffnung zurück, bis sie André sah, der ihr Frühstück zubereitete.

„Guten Morgen, welche Ausrede hat er dieses Mal?“ Bitterkeit klang in ihrer Stimme mit.

Irritiert blickte der junge Mann sie an. „Was meinst du? Er hat dir doch eine Nachricht geschickt.“

Kurz schloss sie die Augen, denn an die Möglichkeit hatte sie nicht gedacht. Ihre Zweifel saßen offensichtlich tiefer als angenommen. „Entschuldige mich.“ Eilig rannte sie ins Schlafzimmer zurück, griff nach ihrem Handy, um nachzusehen, was Maurice ihr geschrieben hatte.

Guten Morgen, ma petite,
sei mir nicht böse, aber ich bin ins Hotel gefahren, weil ich ein Familientreffen absagen muss. Meine Eltern wollten zu Besuch kommen, doch ich bin egoistisch genug, dich noch eine Zeit lang für mich behalten zu wollen. Als ich das Telefonat mit meiner Mutter beendet habe, war es zu spät. Meine Sonnenallergie hält mich leider hier fest. Solltest du Sehnsucht haben, fährt André dich gerne zu mir.

Ich liebe dich.
Maurice

Erleichtert drückte sie ihr Smartphone an die Brust. Sie musste unbedingt aufhören, sich verrückt zu machen, ehe sie die Umstände kannte. Charlie gab ehrlich zu, dass sie Angst hatte, ihn zu verlieren, aber allein die Tatsache, dass er sogar einen Besuch seiner Eltern verschob, wärmte ihr Herz.

Glücklich ging sie in die Küche zurück, frühstückte mit André, ehe sie sich zu ihrem Gefährten ins Hotel fahren ließ. Wobei sie dieses Mal ein paar Sachen einpackte, die sie wahrscheinlich brauchen würde. Besonders sein Angebot, das Schwimmbad zu nutzen, wollte sie annehmen.

„Weshalb ist er nicht geblieben?" Sie sah ihren Chauffeur von der Seite aus an, während sie sich durch den dichten Verkehr schlängelte.

André schmunzelte. „Er ist ein Workaholic. Maurice arbeitet am liebsten in seinem Penthouse, dort hat er sein Büro eingerichtet." Er zwinkerte ihr kurz zu. „Aber ich bin überzeugt davon, dass er seine Arbeit sofort liegen lässt, wenn er dich sieht."

Dankbar über das Kompliment, lächelte sie ihn an. „Du übertreibst, mein Lieber."

„Nein, ich habe ihn noch nie so glücklich gesehen." André verkniff sich die Bemerkung, dass er ihn schon seit seiner Kindheit kannte.

So ganz konnte sie ihm nicht glauben, zumal es an ihr nagte, dass er seine Eltern nicht einfach von seinem Smartphone aus angerufen hatte. Es störte sie gewaltig, dass er sie am Morgen erneut alleine gelassen hatte. „Sicher, deshalb ist er ja auch schnellstmöglich verschwunden." Spöttisch stieß sie die Luft aus.

„Das lag wohl kaum an dir, vertrau mir. Er spricht von nichts anderem mehr, vernachlässigt seine Arbeit, weil er träumend am Schreibtisch sitzt." André lächelte ihr zu. „So habe ich ihn noch nie erlebt. Ganz ehrlich, er liebt dich."

Einen Moment dachte sie über die Aussage nach. „Das glaube ich dir sogar, nur gibt es etwas, was er vor mir geheim hält. Es hat damit zu tun, dass er immer verschwindet." Jetzt kam ihr eine Idee, wie sie die Informationen bekommen könnte, die sie brauchte. Mit ihrem charmantesten Lächeln drehte sie sich erneut zu ihrem Chauffeur. „Du kennst ihn doch sehr gut, oder?"

Lachend hob André eine Hand. „Vergiss es, ich plaudere niemals seine Geheimnisse aus."

Seufzend ließ sie sich in den Sitz zurücksinken. „Es ist unfair, dass er von mir Vertrauen verlangt, selbst allerdings keine Spur davon zeigt." Sie schmollte, nur brachte sie das auch kaum weiter.

„Sei mir bitte nicht böse, aber ich hab mein Ehrenwort gegeben, das ich auf keinen Fall brechen werde." Andrés Stimme klang ernst, sodass sie ein schlechtes Gewissen bekam.

„Tut mir leid, ich hab nicht nachgedacht, dass ich dich in Teufels Küche bringe.“ Sie seufzte leise. „Ich liebe ihn, deshalb möchte ich alles über ihn wissen. Es tut mir weh, dass er Geheimnisse vor mir hat.“

„Das verstehe ich sehr gut, trotzdem ist das eine Sache zwischen euch beiden.“

„Du hast recht, ich werde mit ihm darüber sprechen.“ Ihr fiel ein, dass sie ihm versprochen hatte, ihm Zeit zu geben. Ihre Beziehung entwickelte sich so schnell, dass sie sich vorkam, als ob sie schon Wochen zusammen wären. „Wenn die Gelegenheit passt“, fügte sie lahm hinzu.

Zum Glück hielt André kurz darauf vor dem Hoteleingang, sodass sie das Gespräch beenden musste. Es war ihr peinlich, dass sie versucht hatte, ihn zum Reden zu bringen. Das war unfair und brachte ihn auch noch in eine unangenehme Situation. „Tut mir ehrlich leid,“ wiederholte sie, doch er winkte lachend ab.

„Kein Problem, ich hätte wahrscheinlich genauso gehandelt. Dir einen schönen Tag.“

Beruhigt, dass er nicht sauer auf sie war, verabschiedete sie sich, anschließend machte sie sich auf den Weg zu ihrem Liebsten.

~~°~~

„Schön, dass du da bist, mon amour.“ Maurice zog sie fest in seine Arme, in der Tat hatte er sie in den paar Stunden bereits vermisst.

Eng drängte sie sich an ihn, küsste ihn, bis ihr sein plötzliches Verschwinden einfiel. „Weshalb bist du ins Hotel gefahren? Die Ausrede mit dem Telefonat glaube ich dir nicht.“ Offen sah sie ihn an, legte ihm allerdings zart einen Finger an die Lippen, als er Luft holte. „Vertrau mir bitte, so wie ich dir vertraue."

Seufzend nickte er, packte ihr Handgelenk, um ihre Fingerkuppen zu küssen. „Das liegt an dem, was ich dir noch nicht sagen kann." Bittend blickte er ihr in die Augen. „Es fällt mir schwer, dir alle meine Geheimnisse anzuvertrauen, weil ich Angst habe, dass ich dich abstoße." In der Tat war er sich unsicher gewesen, ob er sein menschliches Aussehen nach dieser leidenschaftlichen Nacht aufrechterhalten konnte. Er wollte Abstand bekommen, um sein Blut abkühlen zu lassen.

Langsam strich sie ihm über die glattrasierte Wange. „Du musst so viel Ablehnung erlebt haben, dass es mir in der Seele wehtut." In ihrem Blick lag ein so tiefes Mitgefühl, dass sich ein Kloß in seiner Kehle bildete. „Ich kann dir nur versichern, dass es nichts gibt, was mich von dir wegtreibt. Ich bin kein verliebter Teenager." Sie lächelte leicht. „Selbst, wenn die Gerüchte, dass du ein Vampir bist, wahr wären, gäbe es keinen Grund, um dich zu verlassen." Lachend lehnte sie sich an ihn, obwohl der Gedanke lächerlich war, dachte sie kurz über diese Möglichkeit nach. Es war Unsinn, die Geschichten über die Untoten entsprangen der Fantasie, dennoch stellte sie erstaunt fest, dass sie tatsächlich eine solche Beziehung eingehen würde. Warum sie sich jetzt an die winzigen Wunden an ihrem Hals erinnerte, wusste sie auch nicht.

„Das bedeutet mir sehr viel, meine Schöne, trotzdem bitte ich dich, warte noch eine kleine Weile." Seine Augen zogen sie in ihren Bann. „Du wirst die Wahrheit erfahren, das verspreche ich dir."

„Ich habe dir genug Zeit versprochen", gab sie widerwillig zu, während sie sich genüsslich an ihn kuschelte. „Ich hasse es, morgens alleine aufzuwachen."

Lachend drückte er sie an sich. „Ich auch, mon cœur." Er hielt sie einen Augenblick fest. „Was möchtest du jetzt tun?"

Da musste Charlie nicht lange überlegen. „Ich würde gerne das Fitnessstudio und das Schwimmbecken benutzen. Die gemeinsamen Abendessen hinterlassen ihre Spuren." Sie zuckte leicht mit den Schultern. „Ist das für dich in Ordnung?"

„Natürlich, solange ich mich nicht anschließend muss. Um ehrlich zu sein, habe ich noch ein paar Dokumente hier, die ich durchgehen wollte." Er deutete auf den PC, der auf dem Schreibtisch stand.

„Dann hatte André doch recht, du bist ein Workaholic." Sie rieb sich verlegen über die Nase. „Ich habe versucht, ihn auszuhorchen", gab sie leise zu.

„Und? Hast du etwas über mich erfahren?" Nur mit Mühe unterdrückte er ein Lachen, weil sie so herrlich schuldbewusst aussah.

„Nein, er ist verschlossen wie eine Auster." Mit ihrem besten Hundeblick sah sie ihn an. „Bist du böse?"

„Non, ma petite, bin ich nicht. Es ist verständlich, dass du neugierig bist. Außerdem bestätigt es mir, dass ich mich auf meinen Sekretär absolut verlassen kann." Er küsste sie leidenschaftlich, ehe er sie mit einem Klaps zu ihrem Training schickte.

Nachdenklich sah er ihr hinterher, er musste sie einweihen, das war ihm klar, wenn es ihm nur nicht so schwerfallen würde! Seufzend setzte er sich an seinen Schreibtisch, nur schaffte er es kaum, sich auf seine Arbeit zu konzentrieren.

Während Maurice über seinem Problem grübelte, zog Charlie ihre Bahnen im Schwimmbad. Angestrengt dachte sie darüber nach, was er ihr wohl verheimlichte, bis ihr die Gerüchte wieder in den Sinn kamen. Sollte er wirklich ein Vampir sein, könnte sie ihn trotzdem lieben? Das war kindisch, denn es existierten keine Blutsauger, dennoch blieb sie bei dem Gedanken. Immerhin gab es einige seltsame Hinweise: die winzigen Wunden an ihrem Hals, seine sogenannte Sonnenallergie, die Beschuldigung von Miller, dass er irgendwelche Leute tötete, von seinen besonderen Fähigkeiten mal ganz abgesehen.

Kurz rief sie sich die Gruselfilme in Erinnerung, die sie früher mal gesehen hatte, doch da war nie die Rede davon, dass sich ein solches Geschöpf zärtlich oder besorgt um einen Menschen kümmerte. Seltsamerweise schreckte sie die Vorstellung nicht ab, nur lag das bestimmt daran, dass es eben keine Untoten gab.

Ehrlich gestand sie sich ein, dass sie wahrscheinlich entsetzt wäre, aber auch in dem Fall bei ihm bliebe. Sie liebte ihn von ganzem Herzen, wie noch nie einen Mann vor ihm. So tiefe Gefühle hatte sie bisher nie gehabt.

Sofort wanderten ihre Gedanken zu der letzten Nacht und ein glückliches Lächeln machte sich auf ihrem Gesicht breit. Es war eine besondere Erfahrung gewesen, wobei die Augenbinde ihr tatsächlich geholfen hatte, sich einfach fallen zu lassen. Ihr Blick fiel auf die Uhr, was ihr sagte, dass sie sich langsam für ihre Arbeit fertigmachen musste. Seit sie mit Maurice zusammen war, wurden ihre Tage irgendwie immer kürzer, was daran lag, dass sie verdammt lang schlief. Kein Wunder, jetzt bestand ihr Leben ja auch aus mehr als ihren Auftritten. Wieder lächelte sie glücklich, während sie sich aus dem Becken stemmte.

Natürlich fuhr Maurice sie persönlich zum Varieté, wo er sich später ihre Darbietung ansehen wollte. Miller war weiterhin hinter ihr her, sodass er kein Risiko einging. Zu schade, dass er über den Mistkerl nur begrenzte Macht hatte. Er schaffte es zwar, ihn für einige Stunden zu manipulieren, aber dann ließ die Wirkung nach. Bei Menschen mit starkem Willen oder einem festen Ziel war das leider so.

„Meinst du wirklich, dass er immer auf der Lauer liegt? So langsam sollte er wissen, dass er keine Chance hat."

Charlottes Stimme riss ihn aus seinen Gedanken, dabei musste er schmunzeln. „Daran habe ich auch gerade gedacht. Ja, das denke ich, deshalb gehe ich keinerlei Risiko ein." Er sah sie kurz an, ehe er sich wieder auf den Verkehr konzentrierte. „Bitte, sei vorsichtig, er ist an einem Punkt, an dem er sich nicht einen Deut um Gesetze schert."

„Mach dir keine Sorgen, ich halte mich von ihm fern." Sie drückte seine Hand. „Darüber hinaus genieße ich es, mit dir zu fahren, anstatt in der überfüllten Metro zu sitzen." Ihre Stimme bekam einen neckenden Unterton.

„Ach, du nutzt mich aus?" Zu gerne ging er auf das Spielchen ein. „Ich dachte, du genießt es, deine Zeit mit mir zu verbringen."

Lachend schüttelte sie den Kopf. „Auch das, mein Schatz. Um ehrlich zu sein, koste ich jede Sekunde an deiner Seite aus. Dich zu verlieren, möchte ich mir nicht mal vorstellen." In dem Moment, in dem sie es ausgesprochen hatte, war ihr klar, dass es die Wahrheit war. „Das liegt keineswegs an den Vorteilen, die ich durch dich habe", fügte sie ernst hinzu.

„Das weiß ich, ma petite. Ich liebe dich genauso." Wie gerne würde er sie jetzt küssen, doch er musste sich auf den Verkehr konzentrieren, da half auch seine besondere Fähigkeit nichts.

Vor dem Varieté verabschiedeten sie sich mit einem langen, zärtlichen Kuss, was beiden die kurze Trennung noch schwerer machte.

Gut gelaunt ging Charlie an ihren Platz, wo ein Umschlag lag, den sie neugierig aufriss, nur um sofort ärgerlich die Stirn zu runzeln. Miller hatte die Dreistigkeit, ihr zu schreiben!

„Madame de Chenonceau,

ich bitte Sie, wenigstens meinen Brief zu lesen, wenn Sie schon nicht geneigt sind, mir zuzuhören. Ich bin wirklich nur besorgt um Sie, da Sie sich mit Leblanc einlassen. Sie wissen nicht, was er ist und ich bin leider lediglich in der Lage, es Ihnen auf Umwegen mitzuteilen. Denken Sie einmal nach, er kann nur in der Dunkelheit ausgehen, ist fähig Menschen zu manipulieren und hat dafür gesorgt, dass Sie glauben, ich wolle Sie vergewaltigen. Bestimmt gibt es an Ihrem Leib winzige Wunden, wie kleine Einstichstellen, schauen Sie unbedingt nach. Ich weiß, wie sich das anhört, aber die Kinder der Finsternis leben unter uns. Ich flehe Sie an, vertrauen Sie mir, ich möchte Sie nur beschützen.

Ihr Freund ist ein Wesen der Nacht, der es nur auf Ihr Blut abgesehen hat. Gerne treffe ich mich mit Ihnen, um Ihnen den Schutz zu geben, der Ihnen zusteht. Meine Telefonnummer finden Sie auf der Rückseite.

Ihr ergebener Matthias Miller“

Erbost über so viel Frechheit knüllte sie den Brief in ihrer Hand zusammen. Was bildete sich dieser Kerl eigentlich ein? Zuerst versuchte er, sie zu vergewaltigen, dann verleumdete er ihren Freund. Bei dem Gedanken stutzte sie, denn in einigen Punkten musste sie ihm recht geben.

Maurice hatte ihr zwar gesagt, dass er einen Gendefekt hätte, ein Mutant war, nur erklärte das wohl kaum die Wunden an ihrem Hals. Aber ein Vampir? Das schien ihr zu weit hergeholt. Darüber hinaus waren die Untoten doch eher die Bösen oder nicht? Kurz dachte sie an den Roman *Twilight*. Was tat sie da eigentlich? Wollte sie wirklich auf einen Mann hören, der sich ihr aufdrängte, weil er in ihr eine willige Schlampe sah?

Ihre Kolleginnen machten sich für das Aufwärmen fertig, sodass sie den Zettel sorgfältig in ihrer Schublade einschloss, ehe sie ihnen folgte. Über die Anschuldigungen würde sie mit Maurice reden, egal, ob sie ihm Zeit versprochen hatte. Sollte er tatsächlich ein Vampir sein, musste er ihr die Wahrheit sagen. Bei dem Gedanken lachte sie spöttisch auf, sie ließ sich ja jetzt schon von dem Mistkerl Miller einwickeln.

Den Abend brachte sie mehr schlecht als recht hinter sich, besonders als sie Matthias im Publikum erkannte. Was dachte dieser Kerl sich eigentlich? Glaubte er, dass sie mit ihm ins Bett ging, nur weil er solche unhaltbaren Lügen über ihren Freund verbreitete. Wieder erklang eine leise Stimme in ihrem Kopf, dass es durchaus Hinweise gab. Energisch lenkte sie ihre Aufmerksamkeit auf ihre Arbeit, anschließend lächelte sie Maurice zu, der sie eindringlich beobachtete.

~~°~~

„Du warst abgelenkt, mon amour“, bemerkte Maurice, als sie in seinem Auto saßen. „Was hat dich so aus der Bahn geworfen?“

Seufzend schüttelte sie den Kopf. „Ich dachte, dass ich mich gut im Griff hätte. Scheint, dass meine Darbietung mangelhaft war.“ Das ärgerte sie, denn in ihrem Job kam es auf Professionalität an, egal, ob sie im Drôle d´Oiseau oder im Palais Garnier auftrat.

„Non, du warst gut, aber ich kenne dich mittlerweile sehr gut. Du runzelst die Stirn nur, wenn dich etwas bedrückt.“ Er schaltete. „Also was ist los?“

Wütend zog sie den zerknitterten Zettel aus der Tasche und las ihm den Brief vor. „Er behauptet, dass du ein Vampir bist“, stieß sie hervor.

Maurice blieb still, jetzt war die Gelegenheit, um sich vorsichtig vorzutasten. „Abgesehen davon, dass die meisten solcher Wesen nur im Film vorkommen, würde es dich stören?“ Er lachte mit einem Blitzen in den Augen. „Was, falls ich dich mit meinem Biss in Ekstase versetzen könnte?“

Misstrauisch sah Charlie ihn an. „Machst du dich gerade lustig über mich?“

„Nein, aber du hast behauptet, dass es nichts gibt, um dich von mir zu trennen. Erinnerst du dich?“ Er lächelte sie zärtlich an, gleichzeitig zog sich sein Herz schmerzhaft zusammen, als ihm klar wurde, wie dicht er daran war, sie unter Umständen zu verlieren.

„In der Tat habe ich darüber nachgedacht und ich weiß, dass ich kindisch bin.“ Sie zuckte mit den Schultern. „Solange ich dabei kein lebensgefährliches Risiko eingehe, sehe ich keinen Grund, dich zu verlassen. Nur die Idee, selbst zum Untoten zu werden, gefällt mir nicht", gab sie leise zu, ehe sie auflachte. „Wie gut, dass das Unsinn ist."

Maurice atmete heimlich auf, jetzt müsste er es ihr eigentlich sagen, aber genau in dem Augenblick kamen sie am Parkplatz an. „Es ist schön zu hören, dass du auch bei einem so fantastischen Fall bei mir bleibst." Er stieg aus, öffnete ihr galant die Beifahrertür und zog sie in eine leidenschaftliche Umarmung, bei der sie alle Gedanken an Vampire vergaß.

An dem Abend gingen sie früh ins Bett, zumal Charlie sich wie erschlagen fühlte. Die nächtlichen Unternehmungen forderten ihren Tribut, sodass sie sich genüsslich an ihren Freund kuschelte. Kurz vor dem Einschlafen musste sie wieder an die ungeheuerliche Behauptung denken, doch dieses Mal fiel ihr ein, dass Maurice ihr nicht widersprochen hatte, ebenso wenig war er wütend geworden. Entweder er nahm Miller überhaupt nicht ernst oder es war mehr daran, als sie ahnte. Über den Gedanken schlief sie ein.

Am kommenden Morgen wurde sie mit der Tatsache überrascht, dass Maurice noch neben ihr lag. Ein unbeschreibliches Glücksgefühl überkam sie, als er sie fest in seine Arme zog. Genauso wollte sie jeden Tag aufwachen!

„Ich hoffe, du hast gut geschlafen, mein Herz." Er beugte sich zu ihr, um sie zu küssen, doch sie drehte schnell den Kopf zur Seite. Irritiert musterte er sie. „Habe ich etwas falsch gemacht?"

„Nein, aber ich möchte mir zuerst die Zähne putzen, ehe ich dich näher an mich heranlasse." Mit einem Lachen sprang sie aus dem Bett, um im Badezimmer zu verschwinden.

Schmunzelnd sah Maurice ihr hinterher, das würde er ihr noch abgewöhnen und darauf freute er sich. Insgeheim war er Miller fast dankbar für den Brief, denn ihre Reaktion, ließ ihn hoffen. Trotzdem war er über seinen Befehl hinweggegangen, darüber hinaus stellte er ein echtes Ärgernis dar. Sobald sie das Vorsingen hinter sich hatten, nahm er sich vor, sich um den Kerl zu kümmern. Nur da gab es ein weiteres Problem, es war ihm verboten, ihm zu schaden. Eilig schob er die Sorgen zur Seite, mit der Zeit würde er eine Lösung finden, jetzt wollte er die wenigen Stunden mit seiner Liebsten genießen. Zu dumm, dass sie ihm untersagt hatte, ihre Arbeitszeit zu verkürzen.

„Kommst du mit ins Schwimmbad?“ Charlie stand im Jogginganzug vor ihm, ihre Badesachen hatte sie in eine kleine Tasche gepackt.

„Ein verlockender Gedanke, in der Tat, aber ich befürchte, dass ich dich nur ablenke.“ Sein Blick sagte genau, woran er in dem Augenblick dachte.

„Du Lüstling.“ Mit gespielter Empörung hob sie die Hände, als er auf sie zukam. „Bleib mir vom Leib.“ Lachend schlang sie die Arme um seinen Hals, um ihn leidenschaftlich zu küssen. „Heute noch, dann habe ich zwei Tage frei, in denen ich dir gerne zur Verfügung stehe.“ Mit den Worten ging sie davon, um sich ihrem Training zu widmen.

Schmunzelnd sah Maurice ihr hinterher, das Angebot würde er auf jeden Fall einfordern. Eventuell traute er sich ja auch, ihr vorher reinen Wein einzuschenken, doch damit wollte er warten, bis sie das Vorsingen hinter sich hatte.

Der Sonntag verging genau wie der Samstag nur ohne einen weiteren Brief, trotzdem saß Miller wieder im Publikum, wo er Charlotte kaum aus den Augen ließ.

Eisern ignorierte sie ihn, lächelte stattdessen Maurice verliebt zu, womit sie hoffentlich ein deutliches Statement zeigte.

Kapitel 14 - Erwachen

Todmüde fiel Charlie in den frühen Morgenstunden ins Bett. Sie spürte zwar, dass sie in den letzten Tagen geschont worden war, trotzdem forderte die Zeit davor ihren Tribut. „Tut mir leid, Liebster, aber ich bin fertig", nuschelte sie, als sie sich in seine Arme schmiegte.

„Das ist völlig verständlich, ma petite. Schlaf dich aus." Er unterdrückte den Hinweis, dass sie ihre Kraft am Montagabend noch brauchen würde. „Ich passe auf dich auf." Er wirkte seinen Schlafzauber, damit sie die Ruhe bekam, die sie benötigte.

Während sie schlief, betrachtete er sie, gleichzeitig machte er sich Gedanken, wie er ihr die Wahrheit am besten beibrachte. Die Angst, sie zu verlieren, schnürte ihm den Hals zu, bis er sich an die Worte seiner Mutter erinnerte: Liebe findet immer ihren Weg. Daran hielt er sich fest, flüsterte den Satz wie ein Mantra.

Zärtlich strich er ihr eine Strähne aus dem Gesicht, wobei er schmunzelnd darüber nachdachte, wie sehr sie ihn verändert hatte. Früher war er zynisch, teilweise kalt mit den Menschen umgegangen, Furcht gab es in seinem Leben nicht. Gut, auf die Erfahrung hätte er auch jetzt gerne verzichtet. Lächelnd erhob er sich, um sich an seinen PC zu setzen, wo er versuchte etwas zu arbeiten, nur gelang ihm das nicht.

Seine Gedanken schweiften ständig zu dem bezaubernden Wesen in seinem Bett. Seufzend rief er das Mailprogramm auf, um seinen Eltern eine Nachricht zu schreiben. Er wollte sie wenigstens auf dem Laufenden halten, obwohl ihm bewusst war, dass er damit ein Risiko einging. Bei Adeline wusste man nie, ob sie nicht plötzlich im Raum stand, um für Ordnung zu sorgen. Dabei durfte man kaum von Dingen im Haushalt ausgehen.

Maurice schmunzelte, als er an seine resolute Mutter dachte. Jeder, der sie sah, schätzte sie falsch ein. Sie kam freundlich, ein wenig naiv rüber, zumal sie das Aussehen einer Dreißigjährigen hatte. Nur sollte man sich da niemals täuschen, wenn es sich um ihre Familie oder ihre Freunde handelte, wurde sie zu einem gefährlichen Raubtier.

Er schickte die Mail ab, anschließend ging er zu Charlotte zurück. Vorsichtig legte er sich neben sie, streichelte über ihre weiche Haut, weil er die Finger einfach nicht bei sich behalten konnte, dabei betrachtete er sie verträumt. Sie war perfekt für ihn.

Gegen Mittag wachte sie auf, streckte sich und verzog unwillig das Gesicht. „So ein Mist, ich hab den halben Tag verschlafen, obwohl ich die Zeit mit dir nutzen wollte.“ Verlegen rieb sie sich über die Augen.

„Das ist völlig in Ordnung, ma petite. Du brauchst deinen Schlaf, außerdem kann ich wegen der verdammten Sonnenallergie nur nachts aus dem Haus.“ Er sah sie verliebt an, legte eine Hand in ihren Nacken, um sie ein wenig dichter an sich zu ziehen, ehe er sie leidenschaftlich küsste.

Kurz dachte Charlotte daran zu protestieren, aber als seine Zunge in ihren Mund eindrang, vergaß sie ihren Widerspruch. Mit einem leisen Seufzen kam sie ihm entgegen, kostete jede

Sekunde aus. Die Sorgen verblassten, zurück blieb nur das wunderschöne Gefühl unendlich geliebt zu werden.

Atemlos ließen sie voneinander ab, nur um sich tief in die Augen zu sehen.

„Ich liebe dich, mon amour, vergiss das nie."

Bei den Worten klingelten alle Alarmglocken in Charlies Kopf. „Was heißt das? Willst du mir damit etwas sagen?"

Seufzend hob er die Schultern, nur um sie gleich darauf wieder fallen zu lassen. „Ich fürchte mich davor, dir auch das letzte meiner Geheimnisse anzuvertrauen." Sofort hob er abwehrend eine Hand, als sie leise protestierte. „Es geht keinesfalls darum, dass ich befürchte, du würdest es ausplaudern. Vielmehr habe ich Angst, dass es dich abstößt."

Bei dem Geständnis schlang Charlotte ihre Arme um seinen Hals, fing seinen Blick ein und schüttelte leicht den Kopf. „Es gibt nichts, was mich von dir fernhält. Ich bin kein naives, kleines Mädchen mehr und besitze eine gute Menschenkenntnis. Daher glaube ich nicht, dass du ein bösartiger Verbrecher bist." Sie lotete aus, ob er ihr glaubte, indem sie ihn eindringlich ansah.

„Ich bin überzeugt davon, dass du jetzt daran festhältst, aber du kannst es erst wissen, wenn du mein Geheimnis kennst." Er seufzte. Warum hatte er das Gespräch auf das unleidliche Thema gelenkt? Wahrscheinlich, weil es ihn anwiderte, sie immer wieder anlügen zu müssen.

„Sag es mir doch einfach. Du zögerst das Unvermeidliche heraus, meinst du nicht?" Bittend sah sie ihn an. Sie konnte sich keinen Grund vorstellen, weshalb sie ihn verlassen sollte. Selbst die unwahrscheinliche Tatsache, dass er sich für einen Vampir hielt, jagte sie wohl kaum davon.

„Gib mir noch diesen einen Tag“, verlangte er zerknirscht. „Ich verspreche dir, dass ich dir spätestens morgen alles erzähle.“ Auf keinen Fall wollte er das Risiko eingehen, dass sie das Vorsingen wegen ihm verpasste.

Auffordernd streckte sie ihm die Hand hin. „Deal.“

Er schlug ein, dabei überkam ihn ein extrem schlechtes Gefühl, so als ob er ein Stück seines Herzens herausreißen würde.

Beim Frühstück war er auffällig ruhig, doch Charlie wusste nicht, was sie dagegen machen sollte. Für sie war klar, dass sie bei ihm blieb, Liebe war für sie kein leeres Wort.

Gemeinsam gingen sie ins Fitnessstudio, kuschelten auf der Couch, allerdings fühlte es sich die ganze Zeit wie ein Abschied an.

Als Charlotte ihn erneut dabei erwischte, dass er sie ansah, als ob er sich jedes Detail einprägen wollte, trat sie zu ihm. Sie nahm sein Gesicht zwischen ihre Handflächen und zwang ihn, ihr in die Augen zu sehen. „Ich liebe dich, das sage ich nicht leichtfertig, glaub mir. Wie wäre es, mir auch etwas zu vertrauen?“

Seufzend schlang er die Arme um ihre Taille. „Das tue ich, ehrlich. Ich lege mein Leben in deine Hände, trotzdem habe ich Angst, dich zu verlieren.“ Jetzt musste er sich zusammenreißen, denn sollte er weinen, würde sie noch mehr Indizien bekommen. Seine Tränen bestanden aus Blut.

„Du scheinst ziemlich wenig von mir zu halten. Denkst du wirklich, dass ich dich einfach verlasse, nur weil du anders bist?“ Sie dachte einen Moment nach. „Oder stimmt es, was Miller erzählt, dass du ein Mörder bist.“ Charlie hätte bei der Aussage fast gelacht, da ihr Bauchgefühl ihr deutlich sagte, dass es sich dabei um eine Lüge handelte.

„Non, ich habe kein Verbrechen begangen, für das mich die örtliche Polizei einsperren könnte. Das schwöre ich dir."

Er zwinkerte in dem Augenblick nicht mal, sodass sie ihm glaubte. „Dann gibt es keinen Grund für deine Angst. Sieh mal, ich habe deinen Gendefekt akzeptiert, obwohl er sehr seltsam ist." Auf keinen Fall wollte sie, dass er tatsächlich dachte, sie wäre so oberflächlich und würde ihn verlassen, weil er auf irgendeine Weise anders war. „Ich liebe dich, so wie du bist."

Mit einem Aufseufzen presste er sie an sich, legte seine Wange an ihre, nur um sie so eine Weile festzuhalten. Wahrscheinlich hatte sie sogar recht, doch er schaffte es einfach nicht, das dumpfe Gefühl von Gefahr zu unterdrücken.

Der Nachmittag verging viel zu schnell für ihn, denn damit schrumpfte die Galgenfrist, die er für sich herausgeholt hatte. Charlie hingegen kam es vor, als ob sie auf eine Katastrophe warten würden, die sie nicht verstand. Noch mehr verwirrte es sie, als er sie bat, den Hosenanzug anzuziehen. „Was hast du vor?" Sie musterte ihn, als sie dezent geschminkt vor ihm stand. Auch auf dem Make-up hatte er bestanden.

„Das, ma petite, ist eine Überraschung." Er lächelte sie an, gleichzeitig unterdrückte er das schlechte Gewissen, weil er sie ohne besondere Vorbereitung in ein Vorsingen schickte.

Liebevoll hielt er ihr den Mantel hin, anschließend brachte er sie zu seinem Auto und fuhr zur Opéra Garnier.

„Gibt es heute eine Aufführung? Dann muss es eine Sondervorstellung sein oder sie haben ihren Spielplan geändert." Charlie sprach ihre Vermutung laut aus.

„Warte es ab."

Eine weitere Antwort erhielt sie nicht, doch als sie dieses Mal zum Hintereingang gingen, den die Sänger nutzten, bekam sie ein flaues Gefühl in der Magengegend. Maurice hielt ihre Hand fest in seiner, bis sie ins Foyer de la Danse kamen, wo Herr Neeb sie erwartete.

„Danke, mein Lieber, dass Sie sich die Zeit für uns nehmen. Darf ich Ihnen meine Freundin, Charlotte Renard, vorstellen?" Maurice deutete mit einem zärtlichen Lächeln auf sie.

„Enchanté, Madame, ich freue mich, ein solches Talent persönlich kennenzulernen." Der Intendant reichte ihr die Hand, die sie mit einem leichten Zittern nahm.

„Ganz meinerseits, Monsieur Neeb, ich bin nur unsicher, was genau wir hier machen." Fragend sah sie auf ihren Freund, dabei hatte sie eine Idee, die sie sofort wieder von sich schob.

Erstaunt musterte Neeb die Frau vor sich. „Leblanc hat Ihnen nichts von dem anstehenden Vorsingen gesagt? Sie hatten keine Chance sich vorzubereiten?"

Bei den Fragen wurden ihre Knie weich, gleichzeitig schüttelte sie den Kopf. „Non, er meinte, es sei eine Überraschung. Die ist wohl danebengegangen. Es tut mir leid, dass wir Ihre Zeit verschwendet haben." Damit versuchte sie, sich umzudrehen, aber Maurice hielt sie am Arm fest.

„Warte, ma petite, ich glaube, du solltest zumindest eine Arie singen." Er sah sie auffordernd an. „Dann sind die Leute nicht umsonst gekommen."

Wenn Blicke töten könnten, wäre er auf der Stelle umgefallen, so wütend war sie auf ihn. Wieso wollte er sie dermaßen demütigen?

„Ich bitte Sie, Madame Renard, Maurice hat mir das Video gezeigt und ich brenne darauf, mehr zu hören." Der Intendant deutete auf den Bühneneingang. „Tun Sie mir den Gefallen."

Jetzt zu widersprechen, kam ihr extrem unhöflich vor, deshalb nickte sie leicht, trotzdem hatte sie das Gefühl in einer Falle zu sitzen. „Geben Sie mir ein paar Minuten, um mich einzusingen?“

„Selbstverständlich, kommen Sie auf die Bühne, wenn Sie so weit sind.“ Neeb lächelte ihr zu, anschließend machte er sich auf den Weg zu seinem Platz im Saal, wo seine Kollegen warteten.

„Bist du von allen guten Geistern verlassen? Du arrangierst ein Vorsingen, ohne mir etwas zu sagen? Willst du, dass ich mich vor den Leuten blamiere? So eine Chance bekommt man kein zweites Mal.“ Wütend starrte sie ihn an. „Du hast bestimmt wieder deine Gabe eingesetzt.“

Maurice griff nach ihrer Hand, allerdings wich sie ihm aus. „Nein, ich habe lediglich das Video von deinem nächtlichen Auftritt abgespielt. Neeb war begeistert, ehrlich.“ Er stand vor ihr, sah sie eindringlich an. „Du hast zugestimmt, dass ich dir helfen darf, einen neuen Job zu bekommen. Erinnerst du dich?“

Zaghaft nickte sie, trotzdem zitterten ihr die Knie. „Aber doch nicht so. Ich brauche Gesangsstunden, mindestens einen Monat Vorbereitungszeit, um an einem Vorsingen hier teilzunehmen“, brachte sie schwach hervor, dabei war ihr bewusst, dass sie die Wahrheit gerade etwas bog.

„Ist das so?“ Maurice zog eine Augenbraue hoch. „Du bist in Bestform, das habe ich gestern Abend erst gehört.“

Seufzend senkte sie den Kopf, gleichzeitig fiel die Wut in sich zusammen. „Ich fürchte mich“, gab sie ehrlich zu.

Sofort zog er sie in seine Arme. „Das verstehe ich, nur muss man sich manchmal seiner Angst stellen.“ Die spöttische Stimme in seinem Hinterkopf, die sagte, dass er da ein gutes

Beispiel sei, ignorierte er gekonnt. „Was kann schon passieren? Im schlimmsten Fall nehmen sie dich nicht."

Charlotte atmete tief durch, bevor sie ergeben nickte. „Du hast recht, ich habe kaum etwas zu verlieren, aber alles zu gewinnen. Trotzdem wäre ich gerne besser vorbereitet." Sie überlegte einen Moment. „Was soll ich denn singen?" Jetzt sah man deutlich die Panik in ihren Augen.

„Nimm die Arie vom letzten Mal, sie passt perfekt." Maurice strich ihr leicht über den Rücken. „Du schaffst das."

Sie trat einen Schritt von ihm zurück, beeilte sich mit dem Aufwärmen, anschließend ging sie auf die hellerleuchtete Bühne. „Guten Abend, ich bin Charlotte Renard." Ihre Stimme klang unsicher, trotzdem fühlte es sich schön an, ihren echten Namen nutzen zu können.

„Herzlich willkommen, Madame Renard, was werden Sie uns vortragen?" Ein Mann lächelte ihr aufmunternd zu.

Charlie erkannte in ihm den derzeitigen Chorleiter, außerdem saß dort neben dem Intendanten noch ein weiterer Herr, den sie nicht kannte. „Ich möchte gerne die Arie der Norina singen, wenn es recht ist."

Sofort nickte das Gremium und einige Momente später erklang die passende Musik von einer CD. Maurice hatte wohl an alles gedacht.

Kurz schloss sie die Augen, ließ sich von den Klängen entführen, dabei fühlte sie sich in die Situation ein. Die Umwelt versank, als sie die Rolle der Norina übernahm. Nach ein paar Minuten vergaß sie sogar, dass die wichtigsten Menschen der Opéra Garnier ihr zuhörten. Für sie zählte nur noch die Performance.

Genau wie bei ihrem ersten Auftritt brauchte sie einen Augenblick, um in die Realität zurückzukehren. Die Musik war verstummt, doch es erklang der Applaus der Leute, die über sie urteilen würden. Dankbar lächelte sie ihnen zu.

„Können Sie sich auch vorstellen, im Chor mitzusingen?“, erkundigte sich der Chorleiter nach einem Moment.

„Auf jeden Fall, Monsieur Di Stefano, ich bin für jede Stelle offen.“ Ihr Herz klopfte ihr bis in den Hals, obwohl sie wusste, dass sie heute Abend noch keine endgültige Zusage oder Absage bekam.

„Wir würden gerne eine weitere Kostprobe hören“, meldete sich Neeb zu Wort.

„Selbstverständlich. Haben Sie eine Vorgabe für mich?“ Jetzt betete sie, dass sie das Stück auch kannte, alles andere wäre eine Katastrophe.

„Da das Vorsingen sehr kurzfristig angesetzt ist und Sie offensichtlich keine Ahnung hatten, lassen wir Ihnen freie Hand.“ Neeb lächelte ihr freundlich zu und sie atmete auf.

„Dann würde ich gerne *Der Hölle Rache, kocht in meinem Herzen*, aus der *Zauberflöte* singen.“

Bei der Ansage richtete sich sofort die gesamte Aufmerksamkeit auf sie. Die Arie war als besonders anspruchsvolles Stück bekannt, das einen Tonumfang von zwei Oktaven beinhaltete.

Maurice schüttelte leicht den Kopf, weil sie sich ausgerechnet dafür entschieden hatte, so als ob sie das Vorsingen boykottieren wollte. Sollte das der Fall sein, würde er seine Gabe trotz seines Versprechens einsetzen.

Charlotte hingegen wusste, was sie da tat, denn die Passage hatte sie vor kurzem erst intensiv geübt, sodass sie es auswendig konnte.

Plötzlich erkannte sie, dass Maurice tatsächlich recht hatte: Sie hatte sich die gesamte Zeit selbst bestraft.

Die Musik erklang, woraufhin Charlie sofort in die Rolle der Königin der Nacht schlüpfte. Einmal traf sie den Ton nicht, was sie enorm ärgerte und sie auch befürchten ließ, dass sie damit das Vorsingen komplett verbockt hatte. Trotzdem war es für sie ein Erfolg, denn nach dieser Erfahrung traute sie sich an andere Bewerbungen heran. Zumal es ein gutes Zeichen war, dass sie ein zweites Stück vortragen durfte. Es musste darüber hinaus ja nicht unbedingt die berühmte Opéra Garnier sein.

„Wir danken Ihnen sehr für die gekonnte Darbietung. Sie hören von uns."

Das war der übliche Satz, der alles und nichts bedeuten konnte. Dennoch war sie davon überzeugt, dass sie eine Absage kassieren würde.

„Danke für Ihre Zeit." Charlotte neigte den Kopf, ehe sie die Bühne verließ. In ihr tobte eine Mischung aus Aufregung, Traurigkeit und Hoffnung, die sie kaum einzuordnen wusste.

„Du warst wundervoll, mein Herz." Maurice kam zu ihr, zog sie zärtlich in seine Arme.

„Leider war ich am Ende doch zu wenig vorbereitet. Ich hätte eine leichtere Arie wählen sollen", gab sie bedrückt zu. „Bei einem Vorsingen einen Patzer einzubauen, kann auch nur mir passieren."

„Warte die Entscheidung erst einmal ab. Die Leute sind Profis, die einschätzen können, was du geleistet hast, völlig ohne Vorbereitung. Das schafft kaum ein anderer Sänger." Tröstend drückte er sie an sich, dabei überkam ihn das schlechte Gewissen. „Ich hätte dir davon erzählen müssen. Es ist meine Schuld."

Seufzend lehnte sie an ihm. „Nein, ich hätte mich gedrückt, das wissen wir beide.“ Kurz genoss sie die Nähe ihres Liebsten, ehe sie sich auf den Weg zum Parkplatz machten.

„Etwas Positives hatte es: Ich werde mich weiter bewerben.“ Sie schluckte ihre Bedenken hinunter, als sie das sagte. „Man kann nicht immer gewinnen, aber aufgegeben habe ich lange genug. Du hast recht, dass ich mich selbst bestraft habe.“ Sie lächelte ihren Freund an, der einen Arm um ihre Schultern geschlungen hatte.

„So will ich das hören, ma petite. Darüber hinaus ist noch nicht gesagt, dass sie auf dich verzichten. Die Frage nach dem Chor hat Di Stefano wohl kaum aus Langeweile gestellt.“

„Glaubst du wirklich? Ich bin unsicher, außerdem möchte ich mir keine Hoffnungen machen, die nur wieder enttäuscht werden.“ Sie fühlte sich auf einmal extrem müde, nachdem das Adrenalin abgeebbt war. „Trotzdem danke ich dir, du hast meinen Willen zu kämpfen geweckt.“ Geschmeidig drehte sie sich zu ihm, legte beide Arme um seinen Hals und küsste ihn.

„Gern geschehen, aber ich habe dir nur einen kleinen Schubs gegeben.“ Er lächelte sie verliebt an, doch sofort verdunkelte sich sein Gesicht. „Lass uns nach Hause fahren.“ Aus einem Impuls heraus beschloss er, dass er ihr jetzt reinen Wein einschenken würde. Auf keinen Fall wollte er ihr sagen, was er war, wenn sie vor einem weiteren Vorsingen stand.

Schweigend fuhren sie zu seiner Jacht, dabei überlegte Charlotte, was in ihn gefahren war? War er etwa enttäuscht, dass sie bei der Arie gepatzt hatte? Das hörte sich in ihren Ohren sehr unwahrscheinlich an. Kurz blickte sie zu ihm rüber, aber er machte ein so verschlossenes Gesicht, dass sie sich nicht traute, ihn zu fragen, was los war.

Höflich half er ihr aus dem Wagen, führte sie in seinen Salon und setzte sich neben sie.

„Du meine Güte, Maurice, was ist los? Du machst mir Angst“, brachte sie hervor, als sie ihn erneut mit diesem starren Gesichtsausdruck sah. „Willst du unsere Beziehung beenden? Dann sag es geradeheraus.“ Natürlich hoffte sie, dass es sich um etwas anderes handelte, trotzdem befürchtete sie es.

„Non, wie kommst du nur auf solche Ideen? Ich liebe dich, mehr als mein eigenes Leben.“ Er holte tief Luft, ehe er über seinen Schatten sprang. „Miller hat recht.“

Irritiert musterte sie ihn, weil sie sich auf den Satz im ersten Moment keinen Reim machen konnte. Wobei hatte der Kerl recht? „Was möchtest du damit sagen?“ Gequält verzog Maurice das Gesicht und so langsam dämmerte es ihr, was er ihr gerade beichtete. „Du willst mir jetzt nicht weismachen, dass du dich für einen Vampir hältst, oder?“ Nur mühsam verkniff sie sich das Lachen, da sie instinktiv ahnte, dass sie ins Schwarze getroffen hatte.

Er schluckte schwer. „Ich bin ein Wesen der Nacht, ma petite.“ Flehend sah er sie an. „Bitte, zieh keine voreiligen Schlüsse, ich werde dir alles erklären.“

Mehr neugierig als erschrocken nickte sie. „Gut, ich höre dir zu, aber du solltest sehr überzeugend sein.“

„Zuerst musst du wissen, dass wir keine Menschen töten, sondern immer nur so viel nehmen, wie der Sterbliche es verträgt. Wir besitzen strikte Regeln, gegen die man besser nicht verstößt.“ Er ließ sie kaum aus den Augen. „Die Erzählungen von blutsaugenden Monstern haben nur wenig mit der Realität gemeinsam. Im Großen und Ganzen möchten wir nur in Frieden leben.“

Bei der Erklärung zog sie eine Augenbraue hoch. „Das ist schwer zu glauben. Weshalb denkst du, dass du ein Vampir bist? Wegen deiner Sonnenallergie?“ Obwohl ihr Instinkt ihr sagte, dass das die Wahrheit war, weigerte sich ihr Verstand, ihm die Geschichte so abzunehmen.

„Ich wurde als Enkel von Louis XIV. geboren. Man nannte mich auch Duc du Maine.“ Er stoppte, als sie keine Miene verzog. „Ich bin der Sohn von Louis Auguste de Bourbon, einem illegitimen Spross des Sonnenkönigs.“ Wieder sah er sie an, ob sie ihm glaubte, doch sie nickte nur aufmunternd. „Meine Eltern hatten das große Pech, wegen Hochverrats angeklagt zu werden. Man warf sie zuerst in die Bastille. Meine Mutter schickte man ins Exil ins Schloss Dijon, mon père kam in die Zitadelle von Doullens, wo er an einer Lungenentzündung erkrankte.“ Er rieb sich über das Gesicht. „Ein anderer Gefangener bekam Mitleid mit ihm und wandelte ihn, bevor er starb. Als sie begnadigt wurden, zogen sie sich auf ihren Hauptwohnsitz Schloss Sceaux zurück. Somit konnte mein Vater geheim halten, dass er das Sonnenlicht meiden musste.“

„Du denkst also, dass du der Enkel von Madame Montespan und dem Sonnenkönig bist?“ Skeptisch betrachtete Charlie ihn. „Das ist eine fantastische Geschichte, mein Lieber. Aber wir hatten uns geschworen, immer die Wahrheit zu sagen, n'est-ce pas?“

Seufzend stimmte er ihr zu. „Das habe ich. Meine Mutter änderte ihren Namen, als mein Vater sie wandelte. Heute heißt sie Adeline. Er hingegen nennt sich Geoffrey.“

„Gesetz den Fall, dass ich dir glaube, wieso siehst du aus, wie Mitte fünfzig. Solltest du nicht jünger aussehen?“ Weiterhin misstrauisch betrachtete sie ihn.

Irgendetwas in ihr sagte ihr, dass er sie keineswegs anlog, obwohl es unwahrscheinlich klang.

„Auch das ist eine Mär in den Geschichten. Jeder Vampir entwickelt sich anders, manche bleiben vom Äußeren her auf dem Stand eines Zwanzigjährigen, andere sehen älter aus." Er zuckte leicht mit den Schultern. „Für mich war es einfacher, weil ich bis Mitte fünfzig normal gealtert bin. Somit musste ich nicht bereits in meiner Jugend umziehen."

Wieder schüttelte sie den Kopf. „Bisher hast du mich kaum überzeugt. Woher weiß ich, dass du gesund bist." Sie tippte sich an die Stirn, um zu verdeutlichen, worauf sie sich bezog.

Seufzend wandte er den Blick ab. „Ich kann dir mein wahres Ich zeigen, allerdings ist es kein schöner Anblick." Genau vor dem Moment hatte er Angst. Was sollte er tun, falls sie abgestoßen wurde? Viele Menschen liefen schreiend davon, sobald sie seine blutunterlaufenen Augen, die leichenblasse Haut und die spitzen Zähne sahen. „Mir wäre es lieber, wenn du mir einfach glaubst."

Nachdenklich tippte sie auf ihre Unterlippe. „Das fällt mir sehr schwer." Erneut zählte sie die Fakten zusammen, bis ihr die Wunden an ihrem Hals einfielen. „Hast du mich gebissen?"

„Ja, es tut mir leid, aber ich habe keinen anderen Weg gesehen." Reumütig sah er sie doch wieder an. „Als Miller dich vergewaltigen wollte, musste ich schnell handeln."

„Heißt das, dass ich mich verwandele?" Angestrengt überlegte sie, ob sie bereits Anzeichen einer Wandlung verspürte.

Maurice lachte leise. „Non, ma petite, um dich zu wandeln, bedarf es viel mehr, als dich zu beißen." Er strich ihr vorsichtig über die Wange und atmete erleichtert auf, als sie sich an seine Handfläche schmiegte.

„Erklär es mir bitte, so ganz verstehe ich es nicht. Du glaubst ... du bist ein Vampir, deshalb hast du diese Fähigkeiten. Außerdem hast du mich gebissen, weil es schnell gehen musste? Weshalb hast du es so eilig gehabt? Miller war plötzlich wie gelähmt." Verständnislos musterte sie ihn, gleichzeitig kuschelte sie sich an ihn. Er war weiterhin der Mann, den sie liebte.

„Ich ahnte nicht, dass du dich an den Abend erinnern würdest. Normalerweise vergessen die Menschen, was passiert ist, nachdem ich sie beiße. Du bist etwas Besonderes, so jemand ist mir noch nie begegnet." Fasziniert sah er ihr in die Augen. „Schon, als ich dich das erste Mal gehört habe, wusste ich, dass du meine Gefährtin bist. Die Frau, auf die ich mein ganzes Leben gewartet habe."

Lächelnd erwiderte sie seinen Blick, ehe sie leicht den Kopf schüttelte. „Du lenkst ab, mon amour."

Der Kosename gab ihm Sicherheit, offensichtlich hatte sich nichts zwischen ihnen geändert. Mit einem erneuten Anflug von schlechtem Gewissen erzählte er ihr, dass er sie zwei Mal mit seinem Gift betäubt hatte, um zu verhindern, dass sie ihn in seiner wahren Gestalt sah. „Es tut mir leid, ma petite, aber ich habe mich gefürchtet. Dich zu verlieren ist mein schlimmster Albtraum."

„An deinem Vertrauen müssen wir unbedingt arbeiten", entgegnete sie lachend, ehe sie wieder ernst wurde. „Ich bin verrückt genug, dir zu glauben, trotzdem bleiben Zweifel. Du heißt in Wirklichkeit also gar nicht Maurice?"

„Doch, das war einer meiner zahlreichen Vornamen, die im Laufe der Zeit von den Geschichtsschreibern unterschlagen wurden." Er rieb sich schmunzelnd über die Nase. „Ich hatte es satt, Louis Auguste genannt zu werden. Kannst du dir die

Mimik der Leute vorstellen, sobald ich mich vorgestellt habe? Mit einem solchen Namen fällt es vielen schwer, dich ernst zu nehmen."

„Was sollte ich noch über dich wissen? Weshalb hast du dich so lange aus meinem Bett herausgehalten?" Fast hätte sie über sich selbst das Gesicht verzogen, sie klang wie eine Nymphomanin. „Ich will sagen ..." Weiter kam sie nicht, da er ihr einen Finger auf die Lippe legte.

„Die Frage ist berechtigt und macht dich keineswegs zu einem schlechten Menschen." Er lächelte sie verliebt an. „Sobald ich richtig erregt bin, kann ich meine Fassade kaum mehr aufrecht halten. Zumindest meine Augen verändern sich."

„Ich möchte es sehen", verlangte sie plötzlich, woraufhin er gequält das Gesicht verzog.

„Bist du sicher? Ich fürchte, dass ich dich dann verliere." Maurice versuchte verzweifelt den Kloß in seinem Hals herunterzuschlucken. Ihm war natürlich klar, dass er ihr irgendwann sein wahres Ich zeigen musste, doch damit hätte er gerne gewartet.

„Mir fällt es schwer, dir einfach so zu glauben. Bisher habe ich lediglich bemerkt, dass du eine Menge über unsere Geschichte weißt, aber das kann man sich anlesen." Liebevoll strich sie ihm über die Wange. „Ich möchte, dass keine Geheimnisse zwischen uns stehen, egal, um was es sich handelt. Dazu gehört auch, dass ich weiß, wie du aussiehst." Aufmunternd nickte sie ihm zu.

Leider fiel ihm keine Ausrede ein, sodass er einwilligte. „Denk daran, dass ich dir nie schaden werde."

„Das verspreche ich dir."

Erst jetzt gab er endgültig nach. Zuerst verfärbten sich seine Pupillen blutrot, anschließend schoben sich die Fangzähne aus dem Kiefer und zum Schluss bekam seine Haut eine bleiche, fast weiße Farbe. Darüber hinaus strahlte er eine Kälte aus, die sie frieren ließ.

Halb entsetzt, halb fasziniert starrte sie ihn an, blieb aber stumm.

„Bitte, sag etwas."

Deutlich hörte sie seine Angst heraus, deshalb zwang sie sich zu einem Lächeln. „Du siehst in der Tat erschreckend aus." Vorsichtig berührte sie ihn, strich über seine kühle Wange. „Du bist immer noch der Mann, der mein Herz besitzt."

Bei den Worten rannen ihm Tränen über das Gesicht.

„Was ist? Habe ich was Falsches gesagt?" Erschrocken blickte sie ihn an. „Tut dir etwas weh?" Sie wischte mit dem Finger eine Träne weg, dabei bemerkte sie, dass es sich um Blut handelte. „Du hast dich verletzt." Das Entsetzen in ihrer Stimme zeigte ihre Besorgnis.

„Non, mon cœur, das ist die Erleichterung." Er lächelte ein wenig verschämt, gleichzeitig sorgte er dafür, dass er sein normales Aussehen wieder annahm. „Wir weinen Tränen aus Blut."

Sofort kletterte sie auf seinen Schoß, drehte sich so, dass er sie ansehen musste, anschließend legte sie beide Handflächen auf seine Wangen. „Hast du tatsächlich geglaubt, dass ich dich ablehne, nur weil du anders bist? Dachtest du, ich laufe schreiend weg, nachdem, was du für mich getan hast?" Sie schüttelte den Kopf. „Ich bin erschrocken, das stimmt, aber ich habe kaum vergessen, was uns verbindet. Ich liebe dich." Sie presste sich an ihn, drängte mit ihrer Zunge in seinen

Mund, dabei störte es sie nicht, dass seine Tränen jetzt auch ihr Gesicht benetzten.

Nach einer ganzen Weile ließ sie von ihm ab, um ihn erneut eindringlich anzusehen. „Keine Geheimnisse mehr, versprich mir das. Weder solche wie das Vorsingen heute noch etwas anderes."

Sanft schob er ihr eine Strähne hinter das Ohr. „Ich schwöre es dir, ma petite." Mit einem Schmunzeln betrachtete er sie. „Du weißt ja bereits, dass ich dominant-sadistisch bin."

„Oh ja, außerdem hast du mir versprochen, mir die Welt aus Dominanz und Unterwerfung zu zeigen." Ihr Puls beschleunigte sich, als sie ihn an seine eigenen Worte erinnerte. „Leider bin ich echt fertig. Du bist anstrengender als ich angenommen habe." Lachend setzte sie sich neben ihn, kuschelte sich an ihn und schloss behaglich die Augen, bis ihr ein anderer Punkt einfiel. „Du wirst mich nie wieder betäuben, ist das klar?"

Maurice lachte leise. „Ja, Madame, außer, es rettet dir das Leben."

Kurz dachte sie daran, ihn wegen Miller zu fragen, aber für einen Abend hatte sie bei Weitem genug Aufregung gehabt.

Kapitel 15 - Schicksalswende

„Du kannst normalerweise Menschen und Technik manipulieren, brauchst eine gewisse Menge Blut und verbrennst in der Sonne“, zählte Charlotte am nächsten Morgen auf, als sie frühstückte. „Doch normales Essen schadet dir auch nicht, richtig?“ Sie deutete auf den Teller mit pochiertem Ei, der vor ihrem Liebsten stand. Nachdem sie den Schrecken verdaut hatte, war sie neugierig geworden, aber Maurice beantwortete geduldig alle ihre Fragen mit einem Lächeln.

„Ja, das stimmt, außerdem töten wir niemanden, es sei denn aus Notwehr. Wir verführen unsere Wirte, kümmern uns anschließend darum, dass sie gut nach Hause oder in die Obhut eines Menschen kommen, der dafür sorgt, dass es ihnen gut geht“, fügte er ernst hinzu.

Sofort begehrte sie auf. „Du wirst auf gar keinen Fall von einer anderen Frau trinken, hast du verstanden?“ Ein schelmisches Schmunzeln erschien auf ihrem Gesicht. „Ich hab dich angeleckt, also gehörst du mir.“

Bei der Aussage zog er eine Augenbraue hoch. „Meinst du nicht, dass es eher anders herum ist? Immerhin habe ich dich bereits gebissen und um die Wunde zu verschließen, lecke ich immer darüber. Abgesehen von der Tatsache, dass ich vor ein paar Tagen von dir gekostet habe.“

Die Erinnerung an diese fantastische Nacht jagte ihr eine Gänsehaut der Lust über den Leib, trotzdem schüttelte sie leicht den Kopf. „Ich erinnere mich kaum noch daran, vielleicht solltest du mein Gedächtnis auffrischen?"

Maurice lachte laut auf. „Du bist neugierig, meine Schöne, das gefällt mir. Gleich nach dem Frühstück zeige ich dir meine dunkle Seite mit Vergnügen." Seine Stimme klang rau, was sie unheimlich sexy fand. „Gibt es etwas, das du ausprobieren möchtest?"

Einen Moment überlegte sie, ehe sie vorsichtig nickte. „Ich würde gerne wissen, wie es ist, dir ausgeliefert zu sein." Ihre Wangen färbten sich rot bei dem Geständnis. „Ich habe über einige Praktiken gelesen, die sich für mich faszinierend anhören."

„Du kennst dich aus? Das ist mir neu." Fragend musterte er sie.

„Non, ich besitze lediglich ein paar Informationen aus einem Forum. Dort schildern etliche Subs ihre Erlebnisse." Sie zuckte verlegen mit den Schultern. „Ich bin offen für vieles."

„Das ist sehr gut, mon amour. Gibt es denn Dinge, die du ablehnst?" Aufmerksam suchte er ihren Blick, wobei es ihm gefiel, dass sie seine Art zu lieben zumindest ausprobieren wollte.

„Oui, alles, was ins Klo gehört, bleibende Spuren, also Narben aller Art, Kinder, Tiere, extremen Schmerz." Charlie überlegte einen Moment. „Amputationen."

Sofort hob er die Hand. „Das ist keineswegs mein Stil, ma petite. Ich möchte, dass du Vergnügen daran findest, nicht verstümmelt wirst. Genauso wenig bin ich pädophil oder jemand der Zoophilie betreibt."

„Das habe ich auch kaum angenommen, aber du hast gefragt." Mit einem Zwinkern widmete sie sich ihrem Frühstück, gleichzeitig freute sie sich auf das, was da kam. Sie war sich sicher, dass er in jedem Fall auf sie aufpasste. „Hast du eigentlich ein spezielles Zimmer für deine Spielchen?"

Maurice lachte auf. „Du hast zu viel Shades of Grey geschaut, mein Schöne. Non, ich kann dich überall strafen. Es muss ja nicht immer Schmerz sein, n'est-ce pas?"

Dem stimmte sie mit einem mulmigen Gefühl zu, da sie keine Ahnung hatte, wie sie auf Demütigungen reagierte. Oft genug hatte sie Szenarien im Internet gelesen, die bei ihr auf gemischte Reaktionen stießen. Einerseits stellte sie es sich sehr erotisch vor, zu etwas gezwungen zu werden, was sie Überwindung kostete, andererseits begehrte alles in ihr auf, sobald sie daran dachte.

„Du darfst mich jederzeit stoppen, mein Herz." Maurice nahm ihre Hand, küsste die Fingerspitzen, dabei sah er sie eindringlich an. „Es geht um Vertrauen, Lust und Erfüllung."

Langsam nickte sie. „Ja, das habe ich bereits gelesen, nur kann ich es mir kaum vorstellen. In meinem Leben gab es zu viele Demütigungen, als dass ich sie in einem lustvollen Zusammenhang sehen könnte."

„Das kommt ganz auf den Hintergrund an. Ich würde dich niemals in beruflicher Hinsicht erniedrigen, genauso wenig mag ich Beschimpfungen." In seinen Augen glitzerte es vor Verlangen. „Aber die Idee, dass wir gemeinsam im Passionné dinieren, während du lediglich einen Mantel und Stiefel trägst, erregt mich."

Augenblicklich meldete sich ihre Weiblichkeit mit einem heftigen Pochen, gleichzeitig protestierte ihr Schamgefühl.

„Das fällt auf jeden Fall auf", bemerkte sie, wobei man hörte, dass sie den Vorschlag nur zur Hälfte ablehnte.

„Das mag sein, allerdings bin ich als ziemlich exzentrisch bekannt. Niemand würde es wagen, dich auf deine Kleidung anzusprechen." Er küsste sie leidenschaftlich. „Wir fangen mit einfacheren Dingen an. Zum Beispiel damit, dass du unter deinem Rock kein Höschen trägst", raunte er ihr zu.

Der Gedanke heizte ihr enorm ein, sodass sie leicht schluckte. Ihr Liebster führte sie in der Tat in ganz neue Welten, nicht nur in der Hinsicht.

„Möchtest du es ausprobieren?"

In seinem Blick erkannte sie, dass er ihr freie Wahl ließ. Egal, wie ihre Antwort ausfiel, er würde es akzeptieren. Mutig sprang sie über ihren Schatten. „Ja, bitte."

Ohne weiter an das Frühstück zu denken, stand er auf, hob sie auf seine Arme, um sie ins Schlafzimmer zu bringen. Hier sorgte er dafür, dass sie vorsichtig an seinem Körper herabglitt, dabei spürte sie seine Erektion deutlich.

Mit einem sinnlichen Lächeln strich sie über die Beule in seiner Jogginghose, doch er hielt ihr Handgelenk fest. „Du hältst jetzt die Finger bei dir, verstanden?"

Sein Ton war dunkler geworden, was ihr sehr gefiel. Augenblicklich senkte sie den Blick. „Ja, Monseigneur, ich habe verstanden." Es erregte sie, sich ihm zu unterwerfen, zumal seine gesamte Ausstrahlung es ihr leicht machte.

Maurice hob ihr Kinn mit dem Handrücken an, damit sie ihm ins Gesicht sah. „Du sagst sofort Bescheid, wenn dir etwas zu viel wird. Es geht darum, deine Neigung auszuloten, nicht um eine Bestrafung."

Zaghaft nickte sie. „Bekomme ich ein Stoppwort?" Sie hatte darüber gelesen, was ihr jetzt einfiel.

„Das ist unnötig, ein einfaches Stopp oder Nein, reicht aus. Ich kann deine Lust wittern." Süffisant sog er ihren Geruch durch die Nase ein, während ein lustvolles Glitzern in seinen Augen erschien. „Du bist bereit, ma petite."

Ihr war es peinlich, dass er riechen konnte, wie heiß sie schon war, doch er zwang sie weiterhin, ihn anzusehen. „Es ist völlig normal, dass du neugierig bist. Außerdem gefällt es mir, wie du auf mich reagierst." Hart küsste er sie, packte in die Haare an ihrem Nacken, um ihren Kopf nach hinten zu ziehen, gleichzeitig schob er seine Zunge in ihren Mund. Genüsslich kostete er ihren Geschmack aus, ließ zu, dass sich seine Pupillen veränderten. Jetzt musste er sich nicht länger verstellen.

Mit einem leisen Stöhnen schloss Charlie die Lider, sein Griff gab ihr Halt, obwohl er sie in eine Position zwang, in der sie ihre Kehle schutzlos präsentierte. Selbst als er mit der Zungenspitze über ihren Hals fuhr, regte es sie nur weiter an.

Maurice leckte genüsslich über die heftig pochende Ader, unterdrückte den Drang hineinzubeißen, weil er die Situation auskosten wollte. Allein ihr Vertrauen, das sie auf diese Weise zeigte, sorgte dafür, dass er sich noch mehr danach sehnte, sich hart und tief in ihr zu versenken.

Viel zu abrupt ließ er von ihr ab, um einen Schritt zurückzutreten. „Sieh mich an", verlangte er mit belegter Stimme. Jetzt würde sich zeigen, ob sie mit seinem zweiten Ich wirklich klarkam.

Lächelnd öffnete Charlotte die Augen, nur um sich von seinem Blick gefangen nehmen zu lassen. Die Welt um sie herum verblasste, während sie ihren Liebsten lediglich verliebt musterte. Es war, als ob sie in einem Lavateich versank, dennoch fühlte sie sich völlig sicher, weil er bei ihr war.

Zufrieden entließ er sie aus dem liebevollen Bann. „Zieh dich aus und denk daran, dass du es nur für mich tust."

Der Befehl kam unerwartet, trotzdem gehorchte sie mit einer Mischung aus Beschämung und Erregung. Ihr war bewusst, dass man ihrem Leib ihr Alter kaum ansah, allerdings kam sie sich schutzlos vor, als sie nackt vor ihm stand. Erst jetzt verstand sie, dass es nicht darum ging, sich zu präsentieren, sondern eher, sich auszuliefern. Die vermeintliche Schutzschicht ihrer Kleidung lag vor ihr auf dem Boden, sodass sie sich seinem Blick stellen musste. Es fühlte sich ungewohnt an, verwirrend, demütigend, aber genauso befreiend. Es war, als ob sie die Maske der starken Frau gleichzeitig mit ihren Kleidern abgestreift hatte.

„So ist es brav", murmelte er, während er sie langsam umrundete. Immer wieder streiften seine Fingerkuppen ihre Haut, sorgten dafür, dass sie vor Lust bebte. „Du bist wunderschön, lass dir niemals etwas anderes einreden."

Fast hätte sie ihm widersprochen, biss sich allerdings im letzten Moment auf die Lippen. Egal, was sie über sich selbst dachte, er war jetzt ihr Herr, seine Meinung zählte. Darüber hinaus sollte sie endlich lernen, Komplimente anzunehmen, ohne einen Hinterhalt zu wittern.

„Leg dich auf das Bett, mit dem Bauch nach unten", ordnete er an, gleichzeitig gab er ihr einen leichten Klaps auf den Hintern. „Ich möchte dich zeichnen."

Bei der Ankündigung kroch eine erregende Angst in ihr hoch, die ihr erneut eine Gänsehaut bescherte.

Sofort zog er sie an sich, ehe sie auch nur einen Schritt tun konnte. „Ich passe immer auf dich auf, ma petite", flüsterte er ihr ins Ohr. Sein Atem strich über ihre Wange, seine Hände ruhten auf ihren Hüften, während sie sich leicht an ihn lehnte.

Sie brauchte seine Nähe im Moment ganz besonders. Gerade jetzt fürchtete sie sich vor der eigenen Courage. Eng an ihn geschmiegt stand sie da, überlegte, ob sie diesen Weg tatsächlich gehen wollte.

„Es ist alles in Ordnung, meine Kleine. Wenn du warten willst, sag es mir." Sanft streichelte er sie, gab ihr Halt, da er ihre Unsicherheit deutlich spürte. „Nein, das ist es nicht." Sie schluckte. „Ich habe Angst, dich zu enttäuschen", gab sie verlegen zu. „Außerdem habe ich keine Ahnung, wie ich auf Lustschmerz reagiere."

Mit einem leisen Lachen drückte er sie an sich. „Du bist perfekt, mon amour, egal, was heute passiert, es wird sich nichts zwischen uns ändern." Er küsste sie hart, zeigte ihr mit dieser einfachen Zärtlichkeit, was er für sie fühlte.

Nach einer Weile schob er sie ein Stückchen von sich, um sie anzusehen. „Willst du weitergehen?"

Mit einem tiefen Atemzug sprang sie ins kalte Wasser. „Ja, das möchte ich." Charlie legte sich wie von ihm vorgegeben auf das Bett, gleichzeitig versuchte sie sich auf das einzustellen, was auf sie zukam. Nur da versagte sie kläglich, da sie keine Erfahrungen in dem Punkt hatte.

Maurice betrachtete sie schmunzelnd, auf keinen Fall würde er bei der ersten Session über ihre Grenzen gehen. Geschmeidig ging er zu einem Schrank, wo er ein Seil, ein kleines Paddel und einen Vibrator herausholte. Ihm gefiel der Gedanke, dass er der Erste war, der sie in die dunkle Welt aus Dominanz und Unterwerfung entführte.

Sorgfältig legte er die Sachen in Reichweite, ehe er sich zu ihr auf das Bett setzte. Liebevoll strich er mit den Fingerkuppen über ihre weiche Haut, sorgte dafür, dass sie sich entspannte.

Immer wieder berührte er sie auf eine unvorstellbar sinnliche Weise, was sie leise stöhnen ließ.

Leider schaffte Charlie es nicht, sich auf ihn einzulassen, da sie etwas völlig anderes erwartet hatte. Unsicher drehte sie sich, sodass sie ihn ansehen konnte. „Habe ich einen Fehler gemacht?"

Lächelnd schüttelte er den Kopf. „Nein, weshalb denkst du das?" Natürlich dachte er sich bereits, dass er sie mit seinem Verhalten verunsichert, aber sie sollte lernen, ihre Bedenken auszusprechen. Offenheit und Vertrauen waren die wichtigsten Dinge in einer solchen Beziehung.

Verlegen zuckte sie mit den Schultern. „Ich bin davon ausgegangen, dass du mir Lustschmerz zeigen wolltest." Hatte sie ihn vielleicht falsch verstanden? Oder war er wegen ihrer Vorbehalte von ihr abgestoßen?

„Das werde ich, ma petite, allerdings möchte ich zuerst sicher sein, dass du erregt genug bist, um es genießen zu können." Er gab ihr einen leichten Klaps auf den Po. „Dein Verhalten hat mir gezeigt, dass du kein Kaltstarter bist, der den Schmerz ohne Vorbereitung umwandeln kann." Noch einmal ließ er seine Handfläche auf ihrer Hinterbacke auftreffen, woraufhin sie schmerzhaft zusammenzuckte. „Siehst du, genau das, meine ich."

Beruhigt legte sie die Wange auf das Kissen, damit sie ihn weiterhin ansehen konnte. Bei ihm fühlte sie sich sicher.

Erneut erkundete er ihre Rückseite mit den Fingerspitzen, massierte sie, bis sie wohlig seufzte, erst jetzt strich er über ihren Hintern. „Bist du bereits anal genommen worden?"

Verlegen schüttelte sie den Kopf, woraufhin er ihr einen harten Schlag auf die Hinterbacke verpasste.

„Ich möchte, dass du höflich bist und in ganzen Sätzen antwortest." Seine Stimme klang fest, gleichzeitig aber auch sanft.

„Nein, Monseigneur, bis heute habe ich niemandem erlaubt, mich auf diese Weise zu berühren."

Zufrieden brummte er. „Dafür lassen wir uns viel Zeit." Langsam strich er mit dem Zeigefinger zwischen ihren Pobacken entlang, drückte leicht auf ihren Anus, dabei beobachtete er sie genau. „Jungfräulich, das gefällt mir."

Charlotte wich seinem Blick aus, weil es ihr peinlich war. Die Region ihres Körpers hatte sie immer geschützt, andererseits gab es bisher keinen in ihrem Leben, dem sie genug vertraut hätte. Mit geschlossenen Lidern spürt sie in sich hinein, als Maurice seine Fingerkuppe in sie schob. Es fühlte sich ungewohnt, allerdings enorm erregend an. Leise stöhnend zwang sie sich, ruhig liegenzubleiben. Jetzt würde sie ihn gerne bitten, weiterzugehen, er zog sich aber bereits wieder zurück. Ehe sie protestieren konnte, glitten seine Finger zwischen ihre Schenkel, teilten ihre Schamlippen und massierten gekonnt ihre Klitoris.

Die Lust kochte augenblicklich in ihr hoch, sodass sie sich ihm verlangend entgegendrückte. Mit ihrem Leib zeigte sie ihm, was sie sich ersehnte, woraufhin er süffisant lachte.

„So weit sind wir noch lange nicht, ma petite. Zuerst sorge ich dafür, dass sich dein Hintern heiß anfühlt." Seine Stimme klang rau, gleichzeitig spürte er, dass sich seine Eckzähne aus dem Kiefer schoben. Sanft spreizte er ihre Beine, damit er besseren Zugriff hatte. „Wie gerne würde ich von dir kosten", murmelte er.

„Tu es, ich gehöre dir." Ohne zu überlegen, stieß Charlotte die Worte hervor.

Im Augenblick wollte sie nur, dass er weiterging. Sie sehnte sich danach, ihn endlich zu spüren.

Lachend zog er seine Finger zurück. „Später, meine Schöne, später." Genüsslich sog er die Luft ein, die ihm verriet, dass sie extrem erregt war, genau, wie er es liebte. „Ich werde dich fesseln."

Die Ankündigung sorgte dafür, dass sie noch heißer wurde. Allein der Gedanke, ihm schutzlos ausgeliefert zu sein, half ihr, sich hinzugeben, die Verantwortung abzugeben.

Gekonnt fesselte er zuerst ihre Handgelenke hinter ihrem Rücken, ehe er sich um ihre Fußgelenke kümmerte. Zum Schluss verband er beide Seile, sodass sie in einem sogenannten Hogtie vor ihm lag. „Wunderschön", murmelte er, als er ihre Beine auseinanderschob. Einen Moment gönnte er sich, betrachtete sie nur, wie sie weit geöffnet alles präsentierte, was sie zu bieten hatte und das war eine ganze Menge.

„Jetzt kann ich tun, was immer ich will", raunte er ihr ins Ohr, aber statt der erwarteten Bedenken, überflutete sie die Begierde. Gänsehaut bildete sich auf ihrem Körper, während sie erschauerte. „Du bist vollkommen in meiner Gewalt."

Charlotte schluckte, in ihr tobte eine Mischung aus Unsicherheit, Lust, Angst und Vertrauen. Sie war kaum in der Lage, die einzelnen Gefühle auseinanderzuhalten, nur eins wusste sie instinktiv: Maurice würde auf sie aufpassen, egal, was kam.

Kurz zuckte sie zusammen, nur um gleich darauf kehlig zu stöhnen, als er ihr einen kabellosen Vibrator genau an die Klit hielt. Wow, so etwas hatte sie bisher nicht erlebt. Sie versuchte sich an die Vibration zu drücken, doch die Seile verhinderten eine solche Bewegung. Nach Luft schnappend warf sie den

Kopf von einer Seite zur anderen, als ihre Gefühle sie fast überwältigten.

Plötzlich schaltete Maurice das Teil aus und sie kam sich vor, als ob er einen Eimer Eiswasser über ihr ausgeschüttet hätte. Sie war kurz vor der Erlösung gewesen. „Das ist unfair", murmelte sie, während sie mit ihrer Enttäuschung kämpfte.

„Das ist genau das, was ich meinte, als ich sagte, dass du mir ausgeliefert bist, ma petite." Süffisant lachte er auf. „Das Spiel mit deiner Lust gefällt mir ausgesprochen gut, aber ich habe viel mehr mit dir vor." Er küsste sie leidenschaftlich, raubte ihr den Atem, ehe er den Vibrator erneut an ihre intimste Stelle hielt. Einen Augenblick gönnte er ihr den Genuss, dann legte er das Gerät so hin, dass sie nur noch auf Spannung gehalten wurde. „Du bleibst besser stillliegen, sonst verrutscht der kleine Freudenspender." Sie hörte deutlich, dass er die Idee genial fand, was sie kurz wütend machte, doch als seine Handfläche hart auf ihrem Hinterteil auftraf, schluckte sie eine biestige Antwort herunter.

Immer wieder schlug er zu, bis seine Hand wahrscheinlich genauso brannte wie ihr Po. Er liebte diese Art, ihr Lustschmerz zu schenken, weil er auf die Weise genau merkte, wie fest er zuschlug. Auf gewisse Art teilten sie den Schmerz. Langsam rötete sich ihre Haut, fühlte sich heiß an und sah wunderschön aus. „Alles in Ordnung, mein Herz?" Er hielt inne, um ihr die Gelegenheit zu geben, ihn zu stoppen.

Charlie spürte tief in sich hinein, gab ehrlich zu, dass sie es sich ganz anders vorgestellt hatte, denn es tat weh. Trotzdem kochte die Lust weiter in ihr hoch, sorgte dafür, dass sie mehr wollte. Nein, sie brauchte mehr Lustschmerz, seine Handfläche reichte ihr nicht länger. „Es ist fantastisch", brachte sie hervor, nachdem sie zwei Mal angesetzt hatte, zu sprechen. Ihr Mund war ausgetrocknet, in ihr tobte die Gier und sie fühlte das verlangende Pochen zwischen ihren Schenkeln, dort wo der Vibrator sie auf eine ganz besondere Weise reizte. „Bitte, hör nicht auf." Sie flüsterte nur noch, weil sie ihrer eigenen Stimme kaum traute.

„Dein Wunsch ist mir Befehl." Maurice lächelte zufrieden vor sich hin, das Schicksal hatte ihm tatsächlich die perfekte Partnerin geschickt. „Willst du das Paddle ausprobieren?" Er hielt das Toy vor ihr Gesicht, damit sie es deutlich erkennen konnte.

Sofort nickte sie heftig, bis ihr seine Order einfiel. „Ja, Monseigneur, ich möchte spüren, wie es sich anfühlt." Schwer schluckte sie, kämpfte mit ihren Emotionen, die sie fast überwältigten.

Maurice schaltete den Vibrator eine Stufe höher, entlockte ihr einen leisen Aufschrei, bevor er das Paddle auf ihrem Hintern auftreffen ließ. Im Moment hielt er sich zurück, wartete auf ihre Reaktion.

Charlie sog zischend die Luft ein, das war ein anderes Kaliber als seine Hand, trotzdem würde sie auf keinen Fall stoppen. Der Schmerz sorgte dafür, dass sie sich völlig auf sich konzentrieren konnte, darüber hinaus verstärkte er die Lust weiter. Stöhnend wand sie sich in ihren Fesseln, zeigte deutlich, dass sie die Schläge mit allen Sinnen genoss. Sie verstand sich selbst nicht, aber das war in dem Augenblick auch unwichtig. Jetzt zählte nur noch das, was Maurice da mit ihr anstellte. Bei jedem Treffer stöhnte sie auf, kämpfte ein wenig mehr gegen die Tränen an, die ihr bereits in den Augen brannten.

„Lass dich fallen, ma petite, du bist nicht länger alleine. Bei mir darfst du schwach sein“, flüsterte er ihr zu, als er bemerkte, dass sie sich verzweifelt unter Kontrolle hielt. Nur war das genau das Gegenteil von dem, was er sich wünschte. Sie sollte endlich die Maske der starken Frau, die ihr aufgezwungen wurde, ablegen, sich ihm hingeben und ihm die Verantwortung überlassen.

Seine Worte sorgten dafür, dass sie aufschluchzte, doch noch war sie nicht so weit, dass sie sich tatsächlich fallen ließ, egal, wie sehr sie sich danach sehnte. Ihr Leben hatte Spuren bei ihr hinterlassen, durch die sie verlernt hatte, die Kontrolle an einen anderen Menschen abzugeben. Sie drehte den Kopf, um ihn flehend anzusehen, er sollte die Führung übernehmen, das sagte sie ihm mit ihrem Blick ganz deutlich.

Maurice verstand sie instinktiv, sodass er die Intensität der Schläge erhöhte, gleichzeitig gab er ihr weniger Zeit, um den Schmerz zu verarbeiten. Immer wieder traf er mit dem harten Leder ihren Hintern und ihre Fußsohlen. Ihr Stöhnen wurde lauter, während Feuchtigkeit ihre Oberschenkel benetzte, was ihm zeigte, dass sie den Lustschmerz mit allen Sinnen genoss.

Ein besonders fester Treffer sorgte dafür, dass sie endlich loslassen konnte. Mit einem Schluchzer brach sie in Tränen aus, woraufhin Maurice sofort das Paddle fallen ließ, den Vibrator ausschaltete, die Seile löste, um sie zärtlich in eine Umarmung zu ziehen. „Es ist alles gut, ich bin da“, flüsterte er ihr ins Ohr, als sie sich an ihn klammerte.

Es tat so unendlich gut, weinen zu dürfen, Schwäche zu zeigen, anstatt die Starke zu spielen. Tränen reinigten die Seele, den Spruch hatte Charlotte immer für Unsinn gehalten, bis zu diesem Moment. Sie vergrub ihr Gesicht an seiner Schulter, genoss es, dass er sie mit seinen Armen umschloss, während sie sich an ihn schmiegte.

„Ich bin so stolz auf dich, mon cœur“, raunte er ihr zu. „Du bist alles, was ich mir je gewünscht habe.“

Verwundert hob sie den Kopf. „Obwohl ich kaum etwas aushalte? Sogar jetzt, wo ich einfach losheule, nur weil ich endlich mal schwach sein darf?“ Sie verstand ihn nicht.

„Besonders in dem Augenblick, meine Kleine. Deine Tränen sind das wertvollste Geschenk für mich. Ein Vertrauensbeweis, den ich sehr zu schätzen weiß.“ Er strich ihr lächelnd eine Strähne aus dem Gesicht. „Es ehrt mich, dass du dich dermaßen fallen lassen kannst. Außerdem möchte ich, dass du dich niemals für deine Gefühle schämst.“ Erneut streichelte er mit dem Handrücken über ihre Wange. „Darüber hinaus hältst du eine ganze Menge aus, rede dir keinen Mist ein.“

Mit verheulten Augen, allerdings unendlich glücklich, sah sie ihn an. „Das empfinde ich aber so. Bestimmt gibt es Subs, die nicht schon bei ein paar Schlägen einbrechen.“

Lachend schüttelte er den Kopf. „Schau mal auf die Uhr, du hast bei deiner ersten Session sehr gut durchgehalten. Abgesehen davon kommt es keineswegs darauf an, wie viel du aushältst, sondern, dass du dich mir hingibst, dich unterwirfst. Ich habe es enorm genossen.“

Mit einem Blitzen in den Augen griff sie in seinen Schritt, dabei schmunzelte sie. „Ja, das merke ich. Willst du auf deine Erlösung wirklich verzichten?“

„Ich bin auf meine Kosten gekommen, ehrlich. Allerdings möchte ich dir einen Höhepunkt schenken.“

Begeistert stimmte sie ihm zu. „Gerne, Monseigneur.“

Ihm gefiel die Anrede, obwohl er so etwas normalerweise nicht brauchte. Zärtlich hob er sie hoch, legte sie in der Mitte des Bettes ab, ehe er sich in Windeseile die Kleider vom Leib riss.

„Wow, das ging schnell." Neckend hielt sie seinem Blick stand, zog ihn zu sich herunter, als er sich über sie beugte. Mit einem leidenschaftlichen Kuss zeigte sie ihm, dass ihre Begierde lediglich abgeflaut war. „Nimm dir, was du brauchst", forderte sie ihn leise auf.

Das ließ er sich nicht zwei Mal sagen. Sofort schob er sich über sie, sah sie einen Moment mit seinen blutroten Pupillen an, ehe er sie heiser warnte. „Ich kann jetzt kaum mehr zärtlich sein, außerdem hungere ich nach dir." Abwartend hielt er inne, dabei spürte sie, dass er vor Gier zitterte.

„Ich gehöre dir, mit allem, was dazugehört." Sie lächelte ihn liebevoll an. „Trink, wenn du es benötigst. Ich liebe dich."

Diese Erlaubnis sorgte dafür, dass er kehlig aufstöhnte, bevor er sich mit einem harten Stoß in ihr versenkte. Zum Glück war sie so nass, dass sie ihn problemlos aufnehmen konnte. Er hörte ihr Blut rauschen, was ihm einen zusätzlichen Kick verpasste, außerdem roch sie so gut. Deutlich sah er die pochende Ader an ihrem Hals, die ihn einlud, sich endlich zu bedienen. Seine animalischen Instinkte waren schon lange geweckt, aber jetzt schaffte er es kaum, sie unter Kontrolle zu halten.

Sie kam ihm eifrig entgegen, hob ihr Becken an und schlang ihre Beine um sein Hinterteil, damit er noch tiefer in sie eindrang. Schwer atmend klammerte sie sich an ihn, ließ sich von ihm auf einen Orgasmus zutreiben. In ihr zogen sich alle Muskeln zusammen, als sich der Höhepunkt ankündigte.

Es kam ihr vor, als ob ihr Blut kochen würde, gleichzeitig zerplatzte jeder Gedanke in ihrem Kopf. „Darf ich kommen?" Sie flüsterte die Frage nur, trotzdem kam es ihr falsch vor, ihn nicht um Erlaubnis zu bitten.

„Warte einen Augenblick." Mit den Worten biss er sie in die Halsschlagader, sorgte dafür, dass sie in eine Ekstase fiel, die sie so noch nie erlebt hatte.

Die Anspannung explodierte in ihr, dabei fühlte es sich wie ein Vulkanausbruch an. Ihr Unterleib zog sich rhythmisch zusammen, ihr Puls raste und instinktiv hielt sie den Atem an, um den wunderschönen Moment zu verlängern.

Maurice saugte an ihrem Hals, ihr Geschmack flutete seine Sinne, sodass auch er den Höhepunkt keine Sekunde länger herauszögern konnte. Stöhnend ließ er von ihr ab, ehe er sich mit einem kehligen Laut in ihr verströmte. Eine ganze Weile blieb er auf ihr liegen, spürte die Lust langsam abklingen, während er versuchte, zu verstehen, was da passiert war. Es hatte sich angefühlt, als ob ihre Seelen verschmelzen würden, aus zwei Personen entstand eine. Eine tiefe Zufriedenheit überkam ihn, als er begriff, dass er tatsächlich seine Dualseele gefunden hatte. Nur sie sorgte dafür, dass er sich vollständig fühlte.

Charlie erging es genauso, sie war völlig überwältigt von dem, was sie gerade erlebt hatte, sodass ihr sein Gewicht im ersten Moment kaum bewusst war. Erst als sie wieder halbwegs in der Realität ankam, stöhnte sie leise, ehe sie ihn von sich schob. „Du bist ganz schön schwer", neckte sie ihn mit einem Blitzen in den Augen.

Sofort zog er eine Augenbraue hoch. „Willst du damit sagen, dass ich fett bin?"

Laut auflachend schüttelte sie den Kopf. „Nein, überhaupt nicht.“ Zärtlich blickte sie ihn an, strich zart über seine Wange, während sie seinen veränderten Anblick in sich aufnahm. Niemals hätte sie gedacht, dass sie dermaßen tiefe Gefühle für einen Menschen entwickeln könnte. Nicht mal sein furchterregendes zweites Ich schreckte sie ab. „Ich liebe dich, mehr als ich sagen kann.“ Sanft küsste sie ihn, wobei sie äußerst vorsichtig vorging, um sich nicht an seinen scharfen Eckzähnen zu verletzen. Jetzt, wo die Lust abgeflaut war, war ihr die Gefahr bewusst.

„Ich dich auch, mon amour. Danke für dein Vertrauen.“ Er lächelte, was ein wenig bizarr aussah.

Sie lachte glücklich. „Ich danke dir für dieses außergewöhnliche Erlebnis.“ Als ihr ein Gedanke kam, runzelte sie die Stirn. „War es für jede Frau so unbeschreiblich?“

Irritiert schüttelte er den Kopf. „Wie kommst du denn jetzt darauf? Ich versichere dir, dass du keinen Grund hast, eifersüchtig zu sein. Für mich gibt es nur dich, ma petite.“

„Vielleicht bin ich es aber doch“, erwiderte sie stur. „Ich ertrage die Vorstellung kaum, dass eine andere das erlebt hat, was du mir gerade geschenkt hast. Es war so ...“ Sie suchte nach den passenden Worten. „So unbeschreiblich schön, als ob unsere Seelen sich vereinigen würden.“

Überglücklich, dass sie es auch so empfunden hatte, zog er sie an sich. „Non, meine eifersüchtige Gefährtin, es war noch nie so intensiv. Früher handelte es sich eher um Druckabbau oder Nahrungsaufnahme.“ Ernst musterte er sie. „Ich habe niemals echte Gefühle für eine Partnerin aufgebracht.“

Mit einem Seufzen schmiegte sie sich an ihn, die Antwort beruhigte sie, zumindest für den Moment. Darüber hinaus war sie erschöpft und absolut befriedigt.

Kapitel 16 - Erregende Spiele

„Was hat es eigentlich mit Miller auf sich? Ist er auch unsterblich?“ Die Frage drängte sich ihr auf, als sie im Salon saßen, wo sie darauf warteten, dass die Sonne unterging. Am Abend wollte Maurice mit ihr zum Schloss Versailles, da sie schon seit einer kleinen Ewigkeit nicht mehr dort gewesen war.

Charlie liebte die ganze Anlage, wobei sie sich jetzt fragte, weshalb sie nicht längst mal hingefahren war. Wahrscheinlich, weil sie sich tatsächlich jedes Vergnügen selbst verboten hatte.

„Non, die Familie Miller ist zum Glück sehr sterblich. Sie sind im Mittelalter zu Vampirjägern geworden. Um genau zu sein, fing es an, als die ersten Gerüchte aufkamen, dass wir Menschen töten.“ Er seufzte gequält, gleichzeitig massierte er ihren Nacken. „Sie stammen aus Deutschland, halten an ihren Wurzeln fest, deshalb heißt ihr Sohn ja auch Matthias und nicht Matthew.“

„Wenn sie so stolz auf ihr Heimatland sind, weshalb leben sie in den USA?“ Je mehr sie über den Mistkerl wusste, desto besser.

Jetzt lachte Maurice leise auf. „Sie haben sich in ihrer Heimat den Ruf von verrückten Narren erarbeitet. Schon lange glaubt niemand mehr an uns, was gut ist. Nur diese Leute wurden niemals müde, jedem zu erzählen, dass es Vampire wirklich gibt. Man hat sie gemieden, überall ist man ihnen aus dem Weg gegangen, sodass sie um die Jahrhundertwende beschlossen haben, nach Amerika auszuwandern."

„Nette Familie", murmelte sie. Charlie war es unverständlich, weshalb jemand so fanatisch handelte. „Warum weigern sie sich, die Wahrheit anzuerkennen?" Bei der Frage musterte sie ihn, wobei sie das Misstrauen nur schwer unterdrücken konnte.

Sofort hob Maurice abwehrend eine Hand. „Wir töten keine Lebewesen, das schwöre ich dir."

Nachdenklich nickte sie. „Das glaube ich dir, aber ist jeder deiner Art so? Bei uns Menschen gibt es ja auch schwarze Schafe. Leute, die morden, stehlen oder betrügen." Wer sagte ihr, dass es keine abtrünnigen Vampire gab?

„In der Tat hast du recht. Es kommt immer mal wieder vor, dass einer aus der Reihe tanzt. In dem Fall haben wir eine Spezialeinheit, die sich um das Problem kümmert." Er lächelte ihr zu. „So wie eure Polizei, nur sind unsere Beamten effektiver."

Charlie schüttelte sich leicht, als ihr klar wurde, was er damit sagen wollte. „Sie bringen diejenigen um, richtig?"

Stumm nickte Maurice. „Es gibt keinen anderen Weg. Einen Vampir, der sich dem Blutrausch hingibt, bekommt man nie wieder unter Kontrolle."

„Lass uns bitte von etwas Erfreulicherem reden, das ist gruselig." Sie schmiegte sich eng an ihn.

Maurice lachte leise. „Du hast gefragt, mein Herz."

Da musste sie ihm recht geben, trotzdem behagte ihr das Thema nicht länger. Schnell dachte sie an die letzte Zeit, in der ihr Liebster sie wie eine Prinzessin behandelt hatte, dabei kam ihr ein Gedanke. „Du kanntest Gustave Eiffel wirklich, oder?"

Lachend nickte er. „O ja, ich habe ihn gesponsort. Außerdem haben wir oft zusammengesessen, um über die verschiedensten Sachen zu diskutieren.“ Er zuckte leicht mit den Schultern. „Ich war mit seiner Tochter zusammen, nur glaubte sie, dass ich mit dem Teufel im Bunde sei, da ich das Sonnenlicht mied.“

Fasziniert starrte sie ihn jetzt an, gleichzeitig unterdrückte sie die Eifersucht. Es war kindisch, zu glauben, dass er all die Zeit keusch gelebt hatte. „Das ist fantastisch. Du bist ein Zeitzeuge, der all das erlebt hat, was wir heute noch bestaunen.“ Ihre Augen blitzten auf. „Warst du auch dabei, als man die Gärten von Versailles gestaltet hat?“

„Non, so alt bin ich dann doch nicht. Aber ich habe sie in vielen Jahren bewundern dürfen. Außerdem kannte ich den Tuilerienpalast.“ Er seufzte. „Es ist bedauerlich, dass durch die Revolution ein solches Prachtstück vernichtet wurde. Das Gebäude war durch zwei Flügelbauten mit dem Louvre verbunden. Dort war der eigentliche Sitz der Könige. Napoleon Bonaparte hat sich in den Palais des Tuileries zurückgezogen, um seine Amtsgeschäfte zu erledigen. Gelebt hat er lieber im Louvre.“

Wie gebannt hing sie an seinen Lippen, zumal sie sich für die Geschichte ihres Landes sehr interessierte. „Deswegen besitzt du den Hauptschlüssel zur Oper, richtig?“

Jetzt lachte er laut auf. „Non, das Schloss wurde mehrfach ausgetauscht. Ja, Napoleon III. gab mir den ersten Schlüssel, da ich sein Beschützer war, aber danach habe ich eine Menge gespendet, um weiterhin Zugang zu bekommen.“

Nachdenklich rieb sie sich über die Oberlippe. „Glaubst du, ich habe eine Chance? War mein Vorsingen gut genug?" Die Zweifel nagten an ihr, trotzdem blieb eine wahnsinnige Hoffnung.

„Oui, ma petite, davon bin ich überzeugt. Ich habe Neebs Gesicht gesehen, als er das Video von dir studiert hat. Er war begeistert, leider entscheidet er nicht alleine. Darüber hinaus hat die Saison bereits begonnen, sie werden kaum bestehende Verträge kündigen."

Seufzend stimmte sie zu, irgendein Stolperstein lag ihr ja immer im Weg.

„Gib ihnen etwas Zeit, meine Kleine, sie finden eine Möglichkeit, dich einzustellen."

Zweifelnd sah sie ihn an, behielt den Widerspruch allerdings für sich. Es brachte nichts, sich alles schlecht zu reden.

„Wie kommen wir eigentlich später aus dem Park wieder heraus? Und jetzt sag nicht, dass du für die Anlage ebenso einen Schlüssel hast." Neugierig musterte sie ihren Geliebten. Da die Gärten von Versailles erst um achtzehn Uhr schlossen, konnten sie den normalen Eingang nutzen, die Sonne ging ja schon früher unter. Nur wollten sie sich die prachtvollen Brunnen und Boskette in Ruhe ansehen.

„Lass das meine Sorge sein. In meinem langen Leben habe ich so einiges gelernt, was mir auch heute noch zugutekommt." Er zwinkerte ihr zu, gleichzeitig erhob er sich. „Wir können los."

Sofort stand Charlie auf, zog sich Schuhe und Mantel an, ehe sie Hand in Hand mit ihrem Liebsten zum Auto lief. Sie freute sich auf den Ausflug, zumal sie bisher nie nachts in dem berühmten Park gewesen war.

„Sehe ich denn überhaupt etwas?“ Sie waren bereits auf dem Weg, als ihr die Frage einfiel. Es wäre ja zu schade, nur im Dunkeln durch die Alleen zu stolpern.

„Mach dir da keine Sorgen, ma petite. Die Laternen werden erst viel später ausgeschaltet, damit Besucher, die die Zeit vergessen, sicher hinausfinden.“ Maurice lächelte ihr kurz zu. „Außerdem besitze ich eine ziemlich gute Taschenlampe.“

Lachend schüttelte Charlie den Kopf, das hätte sie sich ja denken können. Gemütlich lehnte sie sich zurück, gleichzeitig überlegte sie, an welche Brunnen sie sich noch erinnerte. „Schade, dass der Salle de Bal abgeschlossen ist, genau wie die Apollon-Grotte.“ Sie seufzte leise. „Als ich das letzte Mal dort war, fanden gerade die Wasserspiele statt. Da konnte man auch die verschlossenen Sehenswürdigkeiten betrachten.“

Maurice nickte nur leicht. „Ja, davon habe ich gehört. Für mich gelten andere Regeln, mein Herz. Du wirst alles ansehen können, abgesehen von den Räumlichkeiten des Schlosses und der Pavillons.“

Irritiert sah sie ihn von der Seite aus an, unterdrückte einen Widerspruch, da er schon so einiges möglich gemacht hatte.

Die gesamte Fahrt dauerte fast eine Stunde, doch Charlie genoss jede Sekunde, die sie mit ihrem Liebsten verbringen durfte.

~~°~~

„Zieh dich aus, ma petite, anschließend streifst du den Mantel wieder über.“ Maurice sah sie mit einem Glitzern in den Augen an, während sie ihn nur entsetzt anstarrte.

Langsam schüttelte sie den Kopf. „Ich werde erfrieren." Sie griff zur ersten Ausrede, die ihr einfiel, nur vergaß sie dabei, dass es ein ziemlich freundlicher Herbsttag war. Der November zeigte sich in diesem Jahr recht mild.

Sofort zog er eine Augenbraue hoch. „So? Ist das so? Denkst du wirklich, dass ich außerstande bin, dich zu wärmen?"

Verlegen stieß sie die Luft aus. „Non, Monseigneur, ich bin unsicher", gab sie leise zu.

„Das verstehe ich, trotzdem bestehe ich darauf." Er deutete auf den fast leeren Parkplatz. „Niemand wird dich sehen." In der Tat hatte er am Rand geparkt, wo kaum Licht hinfiel, darüber hinaus waren die meisten Touristen schon gegangen. „Beeil dich bitte, sonst werden die Tore geschlossen sein, ehe wir drinnen sind."

Jetzt verkniff sie sich die Widerworte, zumal ihr Unterleib bereits pochte. Eilig zog sie sich aus, nur die Tennissocken durfte sie anlassen sowie ihre Turnschuhe. Als sie den Mantel überstreifen wollte, den sie vom Rücksitz geangelt hatte, hielt Maurice sie mit einem süffisanten Lächeln ab.

„Warte einen Moment, ma petite, ich möchte zuerst den Anblick genießen." Natürlich war es im Auto gut geheizt, trotzdem fühlte sie sich wie auf dem Präsentierteller. Unruhig rutschte sie auf dem Sitz herum, wagte es kaum noch, ihm in die Augen zu sehen, dabei erkannte sie erstaunt, dass die Situation sie weiter aufheizte.

„Sehr schön, ich mag es, wenn du dich vor Scham windest und gleichzeitig heiß wirst." Er leckte sich leicht über die Oberlippe, zumal er nicht nur ihr Blut roch, sondern auch von ihrem Anblick Appetit bekam. „Spreiz die Schenkel."

Erneut sah sie ihn fragend an, doch er legte ihr bereits einen Finger auf die Lippen. „Tu es!"

Sein Befehl hörte sich sanft an, aber sie wusste, dass es nur eine Chance gab, ihn zu stoppen. Wollte sie wirklich die anfangende Session beenden? Auf gar keinen Fall, obwohl sie sich vor Scham am liebsten verkrochen hätte. Gerade diese Demütigung erregte sie, genau wie die Tatsache, dass sie auch jetzt die Kontrolle abgab. Vorsichtig lehnte sie sich zurück, um die Beine so weit wie möglich zu spreizen. Gespannt beobachtete sie, wie er etwas aus dem Handschuhfach holte, was sich bei näherem Hinsehen als Vibroei entpuppte.

Genüsslich ließ Maurice seinen Blick über sie gleiten, erkannte, dass ihre Scham bereits feucht schimmerte, was ihn zum Lächeln brachte. Seine Kleine war eine dermaßen sinnliche Frau, das gefiel ihm. Trotzdem massierte er sanft ihre Klitoris, bis sie aufstöhnte und sich ihm entgegenbog. „Später, mon amour." Mit den Worten drückte er das Toy in sie.

Charlie zuckte kurz zusammen. „Das ist kalt", beschwerte sie sich.

„Richtig, das war die Strafe dafür, dass du widersprochen hast, ohne einen Grund zu haben." Maurice strich ihr liebevoll über die Wange. „Du vertraust mir noch nicht genug."

Bei der Feststellung wollte sie protestieren, überlegte es sich allerdings sofort wieder, denn er hatte ja recht. Sie war es so sehr gewohnt, sich um alles selbst zu kümmern, dass sie ihm die Führung nur unter Zwang gab. So wie jetzt in dieser Situation.

„Lass uns die Gärten ansehen, sie sind wirklich wunderschön." Er reichte ihr den Mantel.

Irritiert zog sie das Kleidungsstück über, sorgte dafür, dass sie es auch richtig geschlossen hatte, ehe sie ausstieg. Die Lust tobte in ihr, sodass sie viel lieber wieder zurückgefahren wäre, außerdem war ihr das Vibroei extrem bewusst.

Maurice säuberte sich die Finger an einem Feuchttuch, das er aus dem Handschuhfach zog, anschließend nahm er die Fernbedienung für das Toy und stieg ebenfalls aus. Liebevoll legte er einen Arm um Charlottes Schultern, während sie zum Eingang gingen.

Nachdem sie ihre innere Stimme, die ihr ständig sagte, dass man so etwas nicht machte, zum Verstummen gebracht hatte, freute sie sich auf den Spaziergang. Es würde eine ganz besondere Erfahrung werden, davon war sie überzeugt.

„Es tut mir leid, Monsieur, ich kann Sie nicht mehr hineinlassen, der Park schließt in zehn Minuten. Der letzte Einlass war um halb sechs." Die Dame am Eingang zum Marmorhof versperrte ihnen den Weg, dabei sah sie sehr resolut aus.

Charlie wollte bereits enttäuscht zum Wagen zurückgehen, als sie bemerkte, dass die Angestellte einen starren Blick bekam. Sofort beobachtete sie Maurice, der ihr mit einem Lächeln den Befehl gab, sie durchzulassen.

„Aber natürlich, ich wünsche Ihnen einen schönen Aufenthalt. Beachten Sie bitte, dass die Parkbeleuchtung sich in zwei Stunden abschaltet." Sie gab den Weg frei, lächelte ihnen erneut zu, anschließend räumte sie ihre Sachen zusammen.

Eilig überquerten sie den Hof, liefen durch eine seitliche Passage, bis sie zur Rückseite des Schlosses kamen. Von hier aus konnte man über die beiden Wasserbecken bis zum Grand Canal sehen.

„Früher lag dort ein komplettes Kriegsschiff und venezianische Gondoliere haben die Adeligen über das Wasser gefahren.“ Maurice deutete auf den Teich, der in Form eines Kreuzes angelegt war.

„Das war aber zur Zeit deines Opas“, widersprach Charlotte, woraufhin das Ei ansprang. Hektisch klammerte sie sich an seinen Arm, ehe sie sich leise stöhnend an ihn schmiegte, bis die Vibration genauso abrupt stoppte, wie sie angefangen hatte.

„Du hast recht, meine Kleine, trotzdem wusste auch mein Onkel, wie man sich amüsiert. Als Kind durfte ich das Schauspiel einmal miterleben. Du vergisst, dass mein Großvater noch lebte, als ich geboren wurde.“ Er führte sie jetzt auf den Brunnen der Latona zu. „Lass uns so tun, als ob wir in der Zeit gereist wären.“

Die Idee gefiel ihr, doch im Augenblick fühlte sie sich zu heiß, um sich wirklich in die damalige Epoche zu versetzen.

Während sie an den Laternen vorbei spazierten, die ihnen genug Licht spendeten, erzählte Maurice ihr von seiner frühen Jugend, die er teilweise sogar in Versailles verbringen musste. „Später war ich lieber in meinem eigenen Schloss Anet. Hier gab es zu viele Intrigen, wobei meine Großmutter eine Frau war, die auch vor Giftanschlägen nicht zurückgeschreckt ist.“

Interessiert lauschte Charlotte seinen Erzählungen, dabei vergaß sie das Toy in ihr völlig.

Sie stoppten an dem Tor, das sie von der Grotte des Apollon fernhielt und Maurice hockte sich hin. Mit einem Dietrich aus seiner Tasche knackte er das Schloss, anschließend machte er eine einladende Geste.

Charlie verzog unwillig das Gesicht. „Ich denke nicht, dass wir ...", weiter kam sie nicht, denn das Vibroei sprang sofort an. Mit einem kehligen Geräusch hielt sie sich an den eisernen Stäben fest.

„Du wirst heute lernen, mir die Führung zu überlassen, ma chère." Auf eine liebevolle, spöttische Art musterte er sie, ergötzte sich daran, dass sie sich offensichtlich nach einem Höhepunkt sehnte, den er ihr vorenthielt. „Jedes Mal, wenn du meine Entscheidung anzweifelst, lasse ich dich auf eine spezielle Art leiden." Bei der Ankündigung erhöhte er die Vibration, woraufhin Charlie mit offenem Mund nach Luft schnappte.

„Kommst du?" Er trat einen Schritt in den dunklen Gang, ehe er sie erneut aufforderte, ihm zu folgen.

Mit einem verbissenen Nicken ging Charlotte auf ihn zu und sofort regulierte Maurice die Intensität des Spielzeugs, sodass es nur noch leicht kribbelte. Gerade so, dass sie auf Spannung gehalten wurde. Erregt klammerte sie sich an den Arm ihres Liebsten, während sie den gewundenen Pfad zur Apollogrotte, deren Statuen aus der früheren Grotte der Thetis stammten, entlanggingen.

Der Anblick von den sanft beleuchteten Steinen lenkte Charlie von der Vibration kurz ab, aber leider nicht lang genug, dass sie sich komplett unter Kontrolle bekam.

Man hatte einen künstlichen Höhlengang geschaffen, vor dessen Eingängen verschiedene Skulpturen des Gottes Apollon standen. Gerade jetzt nach Einbruch der Dunkelheit hatte es etwas Mystisches, was sie in seinen Bann zog.

Maurice gönnte ihr einige Minuten, um das Kunstwerk zu bewundern, anschließend legte er einen Arm um sie. „Lass uns weitergehen, es gibt so viel mehr zu bestaunen."

Sein Atem fächerte über ihre Wange, als er ihr die Aufforderung ins Ohr flüsterte, was ihr eine Gänsehaut über den Leib jagte.

Sie schlenderten weiter, statteten dem Neptunbrunnen einen Besuch ab, doch jetzt konnte Charlie sich kaum auf das beeindruckende Monument im Wasser konzentrieren. In ihr vibrierte die Lust, sodass sie sich danach sehnte, zurück in den kuscheligen Salon zu fahren.

„Was ist los, mon amour? Ist dir kalt?"

An seinem süffisanten Tonfall hörte sie deutlich, dass er genau wusste, dass das Gegenteil der Fall war. Wütend blickte sie ihn an, gleichzeitig biss sie die Zähne aufeinander, damit ihr kein bösartiger Kommentar entwischte. Trotzdem erhöhte er die Vibration und trieb sie weiter in den Wahnsinn.

„Was? Ich habe dir nicht widersprochen", begehrte sie auf, ehe sie erneut aufstöhnte, wobei sie sich an seinen Arm klammerte.

Lächelnd nickte er. „Das ist richtig, ma petite, allerdings habe ich dich gebeten, in ganzen Sätzen zu antworten." Noch einmal stellte er das Toy auf eine höhere Stufe, bis sie ihn flehend ansah.

„Bitte, du überreizt mich", flüsterte sie angespannt. Jetzt war es wirklich unangenehm, sodass sie die Beine zusammenpresste, was ihr aber auch keine Erleichterung brachte.

Einen Augenblick ließ er sie leiden, ehe er das Toy ausschaltete. „Willst du mich um etwas bitten?" Zärtlich sah er sie an.

Angestrengt überlegte sie, ob sie die Session abbrechen sollte, doch ehrlich gestand sie sich ein, dass es ihr auf eine bizarre Weise gefiel. „Nein, möchte ich nicht. Ich würde nur gerne einen Höhepunkt bekommen.“ Sie senkte den Kopf. „Es ist anstrengend, so auf Spannung gehalten zu werden.“

Sanft hob er ihr Kinn mit dem Handrücken an, zwang sie ihn anzusehen, dabei lächelte er. „Du kannst jederzeit kommen. Heute verzichte ich sogar darauf, dass du fragst.“

Entsetzt riss sie die Augen auf. „Hier?“ Das kleine Wörtchen kam nur als Flüstern heraus.

„Was hält dich ab? Es ist offensichtlich niemand mehr im Park.“ Er deutete auf die leeren Wege, die weiterhin von den Laternen beleuchtet wurden.

„Das schaffe ich nicht.“ Obwohl es sich fürchterlich verrucht anfühlte, war sie davon überzeugt, dass sie niemals über ihren Schatten springen konnte.

Eindringlich musterte er sie. „Dann bist du noch nicht so weit, n'est-ce pas? Vielleicht sollte ich dir ein wenig helfen.“ Er tat, als ob er überlegen müsste.

Charlotte schluckte schwer, die Lust kämpfte gegen ihre Moral an, gleichzeitig fühlte sie sich herrlich lebendig, trotzdem sah sie ihren Herrn unruhig an. Was hatte er jetzt wieder vor?

„Lass uns ein versteckteres Plätzchen suchen.“ Er deutete mit dem Kinn auf den Weg, woraufhin sie sich gehorsam in Bewegung setzte.

Charlie kostete die Zeit aus, in der das Vibroei still blieb. In der kurzen Atempause schaffte sie es auch, die Kunstwerke in dem Park zu bewundern. Langsam schlenderten sie an verschiedenen Brunnen und Skulpturen vorbei, bis sie am Salle de Bal oder dem Muschelboskett ankamen.

Erneut zog Maurice seinen Dietrich hervor, ehe er Charlotte einlud, in den Ballsaal einzutreten.

„Früher gab es an diesem Ort rauschende Feste. Oben über den Kaskaden saßen die Musiker und an der Stelle, an der wir gerade stehen, existierte eine Tanzfläche aus Marmor. Zumindest hat es mein Vater mir so erzählt." Er lächelte, als er die Begeisterung in ihren Augen erkannte. „Es ist mein Lieblingsort", fügte er hinzu.

„Das verstehe ich. Hier kann man sich gut vorstellen, wie die Adeligen damals gelebt haben." Sie drehte sich verträumt im Kreis.

Maurice lachte laut auf. „Non, ma petite, das ist unmöglich, zumal vieles früher völlig anders war. Das Boskett lässt einen träumen, was mehr als wichtig ist." Er zog sie mit einer Hand zu sich, sorgte dafür, dass sie mit dem Rücken an seiner Brust lehnte, und schaltete das Vibroei erneut ein. Genüsslich knöpfte er ein Stück ihres Mantels auf, ehe er seine Fingerspitzen auf ihren Bauch legte. „Du fühlst dich fantastisch an", flüsterte er ihr ins Ohr, gleichzeitig schob er seine Finger tiefer, strich sanft über ihre weiche Haut. „Lass dich fallen, übergib mir die Führung."

Fast hätte Charlotte aufgelacht, wenn das so einfach wäre! Ihr war bewusst, dass sie jederzeit gesehen werden könnten. Ein Angestellter, einer der Sicherheitsleute, irgendjemand, immerhin befanden sie sich in der Öffentlichkeit. Zum Glück hatte Maurice sie so gedreht, dass sie mit dem Rücken zum Haupteingang standen. Sie schluckte schwer, schloss die Augen, gleichzeitig konzentrierte sie sich auf ihren Liebsten. Die Vibration in ihrem Inneren ließ sie leise stöhnen, doch als sein Zeigefinger zart ihre Klitoris umkreiste, biss sie sich hart auf die Lippen.

„Es ist alles in Ordnung, mein Herz, es ist niemand in der Nähe."

Seine Stimme beruhigte sie ein wenig, trotzdem lauschte sie weiterhin angestrengt auf die Laute ringsherum. Nahm sie da Schritte wahr? Ihr Gehör war geschärft, deshalb bildete sie sich alles Mögliche ein.

Mit einem Lächeln verstärkte Maurice den Druck auf ihre intimste Zone, ihm gefiel die Lektion sehr gut, obwohl sie noch nicht an dem Punkt war, an dem er sie gerne gehabt hätte. Vertrauen brauchte Zeit, das war ihm klar.

„Soll ich dich beißen?“

Seine Stimme hatte ein unwiderstehliches Timbre, was ihr zusätzlich eine Gänsehaut über den Leib jagte. Ihr war bewusst, dass sie in dem Augenblick die Kontrolle komplett abgab, seinen Biss hatte sie bereits erleben dürfen. Zaghaft nickte sie. „Ja, bitte, Monseigneur, ich schaffe es nicht, meine Bedenken in den Griff zu bekommen.“

Die Antwort kam ihm gerade recht, zumal das Rauschen ihres Blutes ihn in den Wahnsinn trieb. Sie roch köstlich, darüber hinaus heizte ihm das Spielchen extrem ein. Maurice strich mit der Nasenspitze über die Ader an ihrem Hals, nahm den berauschenden Duft auf, gleichzeitig hörte er ihr Herz, das heftig in ihre Brust schlug. Seine Kleine war enorm erregt, trotzdem ließ er sich Zeit, es war ja noch keine Ewigkeit her, seit er seinen Hunger mit seiner Gespielin stillen konnte. Wobei es hier um viel mehr als eine Affäre ging. Die wahre Liebe steigerte den Genuss um ein Vielfaches.

Charlotte glaubte, es keinen Moment länger aushalten zu können, allerdings traute sie sich nicht, ihn anzutreiben. Wer wusste schon, was ihm in dem Fall in den Kopf kam. In ihr tobte die Gier, die sie an ihre Grenze brachte. Mit allen Sinnen genoss sie seine Berührungen, stöhnte verhalten.

In dem Augenblick, als sie dachte, er hätte es sich anders überlegt, bemerkte sie den leichten Schmerz und keine Sekunde danach explodierten ihre Gefühle regelrecht. Sie versank in einem Nebel aus Lust, in dem nur das zählte, was Maurice gerade mit ihr anstellte. Extrem deutlich fühlte sie seine Finger, die ihr die Erlösung schenkten, gleichzeitig spürte sie, das Saugen an ihrem Hals. Vorsichtig beugte sie den Kopf, damit er auch gut an sie herankam, weil es so unbeschreiblich schön war.

Mit einem leisen Schrei kam sie, dabei gaben ihre Knie nach, doch sie wurde sicher aufgefangen.

Maurice leckte sich über die Lippen, schaltete das Toy aus, als er bemerkte, dass sie an ihm herunterrutschte, sofort hob er sie auf seine Arme. Ein Lächeln machte sich auf seinem Gesicht breit, als sie sich vertrauensvoll an ihn kuschelte. So etwas hatte er noch nie erlebt, vor allem, da er seinen Gespielinnen die Wahrheit meistens vorenthielt. Die Version, dass er eine starke Sonnenallergie hatte, wurde von vielen geglaubt, besonders wenn sie mit ihm zusammen sein wollten.

„Ich fürchte, ich schaffe den Weg zurück zum Auto nicht mehr“, flüsterte Charlotte, die sich herrlich befriedigt, aber genauso fertig fühlte.

Sanft küsste er sie und drückte sie ein wenig dichter an sich. „Das ist kein Problem, ich bringe dich hier weg.“ Mit den Worten lief er los, sprang mit Leichtigkeit über die Mauer, die das Schlossgelände vom Parkplatz trennte, bevor er sie an seinem Wagen auf ihre eigenen Füße stellte. Mit einem Arm hielt er sie fest, während er die Autoschlüssel hervorzog. Kurz darauf setzte er sie auf dem Beifahrersitz ab, wo er sie anschnallte.

„So fertig war ich schon lange nicht mehr“, murmelte sie, ehe ihr die Augen zufielen.

Zufrieden strich er ihr über die Wange, anschließend brachte er sie zu seiner Suite im Hotel. Wenn er zu seiner Jacht führe, müsste er sie erneut tragen, was unter Umständen unliebsame Aufmerksamkeit auf sie zog.

Kapitel 17 - Überraschung

„Wow, was für eine Erfahrung“, murmelte Charlie, als sie am nächsten Mittag eng an ihren Freund gekuschelt aufwachte. Ihre Augen strahlten, während sie den vergangenen Abend Revue passieren ließ. „Danke.“

„Gern geschehen, ma petite.“ Maurice lächelte sie verliebt an. „Es war auch für mich ein ganz besonderes Erlebnis. Normalerweise verbinde ich mit Versailles keine angenehmen Situationen. Es ging immer nur um Macht, selbst den Prunk gab es nur, um die Stärke des jeweiligen Königs zu untermauern.“ In der Tat mied er den Ort lieber, da es ihn an seine Kindheit erinnerte, die von Intrigen überschattet war.

„Umso mehr freue ich mich, dass du mit mir hingefahren bist.“ Sie wusste es zu schätzen, dass er für sie über seinen Schatten gesprungen war. „Vielleicht können wir gemeinsam neue, schöne Erinnerungen schaffen.“ Sie sah ihn nachdenklich an. „Es ist bestimmt schwierig, sich immerzu an die Situation anpassen zu müssen.“

Langsam schüttelte er den Kopf. „Nein, das ist kein großes Problem. Ich liebe es, die Entwicklungen mitzuerleben.“ Er dachte einen Augenblick nach. „Als Kind war ich ständig der Eifersucht meines Onkels ausgesetzt. Viele Adelige empfanden es als ungehörig, dass mein Vater Einfluss nehmen durfte, da er ja nur ein Bastard war.“

„Davon habe ich im Geschichtsunterricht gehört, umso schlimmer stelle ich es mir vor. Ein Kind sollte unbeschwert aufwachsen, und um seiner selbst willen geliebt werden." Für Charlotte gab es nichts Übleres als Kindesmissbrauch, egal, in welcher Form.

„Heute sehen etliche Menschen es so, da gebe ich dir recht. In den gehobenen Kreisen damals bedeutete der Nachwuchs oft nur das Fortbestehen einer Linie oder er wurde schlicht als Druckmittel benutzt." Unwillig winkte Maurice ab. „Lass uns von etwas Erfreulicherem reden, die alten Zeiten sind zum Glück vorbei."

Sie standen auf, machten sich für den Tag fertig, ehe sie frühstückten. Das hieß, Charlotte genoss das Essen, während ihr Liebster ihr lediglich zusah.

Maurice hatte sich mehr als satt getrunken, da verzichtete er gerne auf menschliche Nahrungsmittel.

„Zu schade, dass ich heute wieder zur Arbeit muss", bemerkte sie leise, trotzdem hob sie abwehrend eine Hand, als ihr Geliebter Luft holte. „Denk nicht mal daran, mir einen weiteren freien Tag herauszuholen. Ich gehöre nicht zu den Leuten, die auf Kosten anderer leben."

Seufzend stimmte er zu. „Das habe ich mitbekommen. Es ist so unnötig, dass du dich in dem Laden abquälst." Sanft lächelte er sie an. „Ich besitze wirklich mehr als genug Geld, was ich gerne mit dir teile."

Schmunzelnd nickte sie. „Das ist mir bewusst und ich bin dir dankbar für das Angebot, dennoch will ich auf meinen eigenen Beinen stehen." In einem Impuls schnappte sie sich ihr Handy, ehe sie ihn erneut ansah. „Du entschuldigst mich? Ich möchte den Stellenmarkt durchsehen, ob ich etwas Passendes finde."

Unwillig knurrte er. „Schreib endlich eine Bewerbung an mein Hotel. Wir haben darüber gesprochen, erinnerst du dich?“ Wie gerne würde er sie dazu zwingen, doch das ging weit über ihre Dom-Sub-Beziehung hinaus, außerdem waren sie für einen solchen Schritt noch nicht lange genug zusammen.

Sanft legte sie ihre Hand auf seinen Arm. „Ich weiß, mon amour, aber ich möchte es aus eigener Kraft schaffen. Das brauche ich, um mein Selbstbewusstsein aufzubauen.“ Sie seufzte leise, zumal es ihr bewusst war, dass sie es sich auch einfach machen konnte. „Wenn ich auf dein Angebot eingehe, werde ich mich ständig daran erinnern, dass ich dir diese Stelle verdanke.“

„Und was genau ist so schlimm an der Tatsache, dass ich meiner Gefährtin helfe? Du musst trotzdem arbeiten, sonst fliegst du raus.“ Seiner Stimme hörte man deutlich an, dass er mit der Antwort unzufrieden war. „Ich verstehe dich ja, dass du dir etwas beweisen willst, aber mir fällt es schwer, weiterhin zuzusehen, wie Bertrand dich ausnutzt.“

Jetzt lachte sie leise auf. „Du hast dafür gesorgt, dass ich viel mehr verdiene, weniger Auftritte habe und redest davon, dass er mich übervorteilt?“ Mit einem Glitzern in den Augen schüttelte sie den Kopf. „Das ist absurd.“

„Doch, du bist zu gut für dieses Etablissement.“ Allein die Art, wie er das Wort aussprach, zeigte, wie abgestoßen er von dem Lokal war. „Wann hörst du auf, dich zu bestrafen?“ Seufzend strich er ihr über die Haare. „Ich will nur, dass es dir gut geht.“

„Das ist so süß von dir.“ In der Tat ging ihr das Herz auf, denn bisher hatte sich nie jemand dermaßen um sie gekümmert. „Lass mir ein wenig Zeit, um zu begreifen, dass ich echte Unterstützung habe." Sie stand auf, legte beide Hände an seine Wangen, um ihn liebevoll zu küssen. „Und jetzt schaue ich nach, was der Stellenmarkt hergibt. Ich werde auch eine Initiativbewerbung an dein Hotel schreiben." Sie hob eine Augenbraue, als er zufrieden schmunzelte. „Du hältst dich da raus, das hast du versprochen."

Sofort verdunkelte sich seine Miene, bis ihm einfiel, dass es einen akuten Mangel an Servicekräften gab. Sogar seine Lokale griffen teilweise auf ungelernte Angestellte zurück, um die Engpässe abzuwenden. Darüber hinaus warteten sie ja auf das Ergebnis des Vorsingens.

~~°~~

Die Woche verging ohne besondere Ereignisse, selbst Miller blieb auf Abstand, was beide aufatmen ließ. Allerdings meldeten sich die Leute von der Oper nicht, woraufhin Charlotte die Hoffnung verlor, dort ein Engagement zu bekommen.

„Lass den Kopf nicht hängen, manchmal dauern solche Entscheidungen länger", versuchte Maurice, sie eines Abends zu trösten. Ihm war bewusst, dass er ganz einfach seine Macht einsetzen könnte, leider hatte er sein Ehrenwort gegeben. „Was möchtest du denn in deinen freien Tagen machen?"

Charlie zuckte mit den Schultern, es tat weh, zuzugeben, dass sie sich Hoffnungen gemacht hatte, die mal wieder enttäuscht wurden. Zu allem Überfluss bekam sie auch auf ihre Bewerbungen entweder Absagen oder man meldete sich überhaupt nicht. „Ich sollte noch mal nach einer neuen Stelle suchen." Sie verzog leicht das Gesicht.

„Du bist zu ungeduldig, ma petite, deine Anfrage an mein Hotel ist gerade mal eine Woche her und wir starten bereits ins Weihnachtsgeschäft. Die Stadt platzt aus allen Nähten, weil so viele ihre Weihnachtseinkäufe mit dem Sightseeing kombinieren."

Erschrocken registrierte sie, dass der November sich dem Ende zu neigte. Die Zeit verging wie im Flug, jedenfalls solange sie mit Maurice zusammen war. „Was wirst du an den Feiertagen unternehmen?" Sie interessierte es ehrlich, zumal sie ja arbeiten musste.

„Du wolltest bestimmt nachfragen, was wir machen werden, richtig?" Sein Blick sagte ihr, dass es sich um eine rhetorische Frage handelte.

„Bitte, du weißt, dass ich einen Auftritt habe." Sie schloss kurz die Lider, weil sie auf keinen Fall einen Streit vom Zaun brechen würde.

Maurice lächelte sie auf eine undurchsichtige Weise an, die ihr eine Gänsehaut über den Rücken jagte. In der Situation wurde ihr deutlich bewusst, dass er gefährlich war.

„Das werden wir noch sehen. Meine Eltern kommen übrigens morgen zum Abendessen. Sie haben mir geschrieben, dass sie ein paar Tage in Paris verbringen." Sein Schmunzeln breitete sich über sein Gesicht aus, was ihre Alarmglocken anspringen ließ.

„Wenn du das weißt, weshalb hast du gefragt, was ich tun möchte? Oder willst du sie von mir fernhalten?" Misstrauisch betrachtete sie ihn. Wollte er ihre Beziehung vor seiner Familie geheim halten? Ehe sie sich in diesen Gedanken hineinsteigerte, fiel ihr ein, dass er seiner Mutter bereits von ihr erzählt hatte.

„Non, ganz im Gegenteil, ich bestehe darauf, dass du bei dem Essen dabei bist. Meine maman würde mir den Kopf abreißen, sollte sie keine Chance bekommen, dich kennenzulernen." Er rieb sich vergnügt über das Kinn. So wie er Adeline kannte, ließ sie auf keinen Fall zu, dass seine Kleine gerade an Weihnachten arbeitete. Darüber hinaus verlangte sie, dass die Familie zumindest am Heiligen Abend gemeinsam feierte.

„Was hast du denn dann mit deiner Frage bezweckt, wenn du doch genau wusstest, dass wir schon Pläne haben?" Zickig hielt sie seinem Blick stand. Charlotte war frustriert, sodass ihr Misstrauen sich jetzt wieder breitmachte.

„Ich habe nicht gesagt, dass wir jede Minute mit meinen Eltern verbringen werden, oder?" Ruhig begegnete er ihrem Angriff, womit er ihr sofort den Wind aus den Segeln nahm.

Mit einem leisen Seufzen lehnte sie sich an ihn. „Tut mir leid, ich bin gerade wirklich enttäuscht. Trotzdem sollte ich meine Laune nicht an dir auslassen."

Zärtlich schlang er einen Arm um ihre Taille, zog sie eng an seine Seite und lächelte ihr zu. „Das ist kein Problem, im Gegenteil, so habe ich einen guten Grund, um dich lustvoll zu bestrafen."

Bei der liebevollen Drohung sprang ihr Kopfkino augenblicklich an. Der kurze Einblick, den er ihr in seine dunkle Welt gestattet hatte, sorgte dafür, dass sie sich danach sehnte, mehr zu erleben. „In dem Fall werde ich noch viel unausstehlicher." Sie lachte, als er die Stirn runzelte.

„Treib es nicht zu weit, Charlotte. Ich lasse mich keinesfalls von dir beherrschen."

In ihr Geplänkel hinein klingelte ihr Telefon. Verwundert, wer da etwas von ihr wollte, meldete sie sich. „Renard."

„Guten Tag, Madame Renard, Neeb von der Opéra Garnier, haben Sie einen Moment Zeit für mich?"

Ihr Herz klopfte ihr bis in den Hals, als ihr bewusst wurde, dass es tatsächlich der Intendant war, auf dessen Antwort sie so dringlich wartete. „Ja, natürlich." An ihrer Stimme erkannte man, wie nervös sie plötzlich war, woraufhin Maurice sie fragend ansah.

„Es tut mir leid, dass Sie so lange warten mussten, aber wir hatten ein paar Schwierigkeiten, um Sie mitten in der Spielzeit im Ensemble unterzubringen. Um es kurz zu machen, falls Sie noch Interesse haben, bieten wir Ihnen einen Platz in unserem Chor an."

Tränen traten Charlotte in die Augen, als sie das Angebot hörte, sodass sie zuerst gar nicht in der Lage war zu antworten. „Das klingt fantastisch", bemerkte sie erstickt.

„Das war nur der Anfang, Madame Renard." In Neebs Stimme klang ein Lächeln mit, da er ihre Reaktion durchaus richtig einschätzte. „Wir benötigen eine Zweitbesetzung für die Rolle der Norina. Die Oper ist ein solcher Erfolg, dass wir beschlossen haben, mehr Aufführungen anzubieten. Zu welchem Zeitpunkt Sie Madame Wolf vertreten müssen, können wir allerdings derzeit nicht sagen. Darüber hinaus werden die Opern im neuen Jahr in unser Haus Opéra Bastille verlegt. Im Palais Garnier finden künftig eher Ballettaufführungen statt." Er stoppte seinen Redefluss, da er merkte, dass er sich anhörte, als ob er sie abschrecken wollte.

„Das ist kein Problem, für mich geht gerade ein Traum in Erfüllung. Wann soll ich anfangen?" Charlie kämpfte immer noch gegen die Tränen an.

„Wir erwarten Sie in einer Stunde, um den Vertrag zu unterzeichnen. Die Einzelheiten erfahren Sie dann. Passt es Ihnen so?“ Natürlich wusste Neeb, dass Maurice darauf bestehen würde, dabei zu sein.

„Ja, zwanzig Uhr ist perfekt. Ist es in Ordnung, dass Monsieur Leblanc mich begleitet?“ Einen Augenblick dachte sie daran, die Frage zurückzunehmen. Wie sah es denn aus, wenn ihr Freund mit ihr kam? Genau in der Sekunde nahm Maurice ihr das Gerät aus der Hand.

„Herr Neeb, schön, dass Sie sich melden. Ich bringe Charlotte pünktlich zu Ihnen ins Büro. Es freut mich, dass Sie sich für meine Gefährtin entschieden haben.“

Bei dem Satz beschlich Charlie erneut das Misstrauen, aber würde Neeb tatsächlich eine ganze Woche warten, obwohl ihr Liebster ihn manipuliert hatte? Außerdem bekam sie in dem Fall bestimmt die Hauptrolle, oder?

Maurice beendete das Gespräch und gab ihr das Handy wieder, nur um sofort ablehnend den Kopf zu schütteln. „Ich sehe dir an, dass du mir eine dreiste Lüge zutraust, mon cœur. Ich versichere dir, dass ich auf keine Weise eingegriffen habe. Meine Unterstützung bestand lediglich darin, Neeb dieses eine Video zu zeigen.“

Verlegen senkte sie den Blick. „Es tut mir leid, aber ich kann mein Glück kaum fassen. Vielleicht träume ich auch?“

Bei der Frage schlug er ihr herzhaft auf den Hintern. „Fühlt sich das wie ein Traum an?“ Lachend drückte er sie an sich. „Nein, es ist die Realität.“

Mit einem breiten Schmunzeln befreite sie sich von ihm, ehe sie durch den Salon tanzte. In ihrem Kopf tobten tausend Gedanken, doch einer beherrschte sie: Sie hatte es tatsächlich geschafft!

Nach einer kleinen Weile fing er sie wieder ein. „Du solltest dich fertigmachen, ma petite. Die Straßen sind derzeit ziemlich voll."

Entsetzt sah sie ihn an, anschließend rannte sie ins Schlafzimmer, wo sie mittlerweile einige ihrer schickeren Kleider deponiert hatte. Noch immer lehnte sie es ab, mit Maurice shoppen zu gehen, aber jetzt verfluchte sie sich dafür. Sie konnte unmöglich in den alten Sachen in der Oper auftauchen. Lachend schüttelte sie den Kopf über sich selbst, es kam wohl kaum auf die neuste Mode an, wenn sie einen Vertrag unterschreiben wollte. Bei der Überlegung fiel ihr Bertrand ein, sie sollte schnellstmöglich kündigen. Da es Montag war, musste sie bis Mittwoch warten, ehe sie die Gelegenheit bekam, ihren derzeitigen Chef von ihrem Glück von Angesicht zu Angesicht in Kenntnis zu setzen. Genüsslich stellte sie sich sein Gesicht vor, sobald sie ihm mitteilte, dass er sich seinen Job in den Allerwertesten stecken konnte. Jetzt freute sie sich, dass sie keine Kündigungsfristen mit ihm vereinbart hatte. Wahrscheinlich war er froh, sie endlich loszuwerden. Eilig schob sie die Gedanken zur Seite, um sich umzuziehen, dabei entschied sie sich für eine schwarze Hose und einen weißen, flauschigen Strickpullover.

Kurz musterte sie sich im Spiegel, rannte ins Bad, um ein dezentes Make-up aufzutragen, bevor sie sich Maurice präsentierte. „Kann ich so gehen?" Sein Gesicht ließ ihre Nervosität ins Unermessliche steigen, da er nachdenklich auf ihr Outfit sah.

„Da fehlt etwas", bemerkte er ernst. Fast schon panisch drehte sie sich um, doch er hielt sie am Handgelenk fest. „Warte, ich habe das perfekte Accessoire hier."

Irritiert blickte sie ihn an, da sie keine Ahnung hatte, wovon er redete, bis er ihr eine samtbezogene Schatulle hinhielt. Mit einem Schmunzeln öffnete er den Deckel und Charlie schnappte nach Luft.

Auf blauem Samt lag eine wunderschöne Kette aus Weißgold, ein Anhänger in Herzform mit einem Diamanten funkelte im Licht.

„Das kann ich nicht annehmen", brachte sie hervor, gleichzeitig strich sie mit den Fingerspitzen über das Schmuckstück. „Das ist viel zu wertvoll."

Jetzt lachte Maurice auf, nahm die Halskette, warf die Schachtel achtlos auf die Couch und sah sie auffordernd an. „Darüber diskutiere ich nicht. Dreh dich um!"

Gehorsam tat sie, was er sagte, und spürte kurz darauf das kühle Metall, das sich an ihren Hals schmiegte. Vorsichtig legte sie ihre Finger an den Anhänger, tastete nach dem traumhaften Accessoire.

Maurice schob sie vor einen Spiegel, gleichzeitig stellte er sich hinter sie, um ihr Spiegelbild mit ihr gemeinsam zu betrachten. „So ist es perfekt. Du siehst wunderschön aus", flüsterte er ihr ins Ohr.

„Danke, du bist verrückt." Charlie drehte sich zu ihm, schlang ihre Arme um seinen Nacken, anschließend küsste sie ihn leidenschaftlich.

„Bevor du wieder misstrauisch wirst, ich habe wirklich nicht nachgeholfen, allerdings war ich von Anfang an überzeugt, dass du die Stelle bekommst. Deshalb habe ich die kleine Aufmerksamkeit besorgen lassen." Er schmunzelte. „Ich wusste, dass sie dir fantastisch steht."

Fast hätte Charlotte sich an die Stirn getippt, aber in dem Augenblick wollte sie ihn nicht ärgern. „Das ist süß von dir."

Gemeinsam machten sie sich auf den Weg zur Oper, wo Maurice den Vertrag durchsah, ehe er ihr gestattete, ihn zu unterschreiben. Sekt wurde gereicht, während der Intendant sie im Team willkommen hieß. „Die Proben fangen für Sie am Mittwochmorgen um acht Uhr an. Die erste Aufführung ist bereits am Freitag." Kurz wartete er ab, ob sie Einwände hatte, aber sie nickte nur selig.

„Danke, ich weiß nicht, was ich sagen soll." Strahlend lächelte sie in die Runde, dann wurde es Zeit sich zu verabschieden.

„Es ist die beste Gelegenheit, um zu feiern", bestimmte Maurice, als sie wieder in seinem Mercedes saßen. „Ich habe einen Tisch im Passionné reserviert, als du dich fertiggemacht hast. Anschließend könnten wir tanzen gehen."

Dagegen hatte sie keine Einwände, ganz im Gegenteil, sie war in Feierlaune. Kurz dachte sie daran, wie gerne sie ihren Eltern und noch mehr ihrer Schwester die gute Nachricht überbracht hätte. Eilig schob sie die traurigen Gedanken zur Seite, es gab in der Hinsicht keinen Weg zurück, also war es verlorene Liebesmüh, über Dinge zu trauern, die sich nicht ändern ließen. „Das hört sich perfekt an, danke Liebster." Charlotte fühlte sich, als ob sie träumen würde. Konnte es wirklich sein, dass sich ihre Probleme einfach so auflösten?

„Du darfst ruhig daran glauben, dass sich dein Schicksal ändert, ma petite." Maurice legte ihr eine Hand auf den Oberschenkel. „Es ist an der Zeit, dass du endlich wieder richtig glücklich wirst."

„Es ist unbegreiflich für mich. So lange habe ich davon geträumt und jetzt fällt es mir irgendwie in den Schoß." Sie holte zittrig Luft. „Ich fürchte, dass ich aufwache, um festzustellen, dass es sich nur um ein Traumgebilde gehandelt hat", gab sie leise zu.

„Es ist kein Traum, Charlotte, das verspreche ich dir.“ Maurice setzte den Blinker, anschließend erreichte er die Tiefgarage in der Nähe seines Restaurants. Galant half er ihr aus dem Wagen, ehe er einen Arm um sie legte. „Glaub an dein Glück, meine Schöne, du hast es verdient.“

Glücklich schmiegte sie sich an seine Seite. „Du hast alles ins Rollen gebracht und dafür danke ich dir.“

Im Passionné angekommen orderte ihr Liebster zuerst eine Flasche Champagner, aber Charlie hielt ihn lächelnd zurück. „Ich weiß, dass du mit mir feiern willst, doch ich mag das saure Zeug nicht.“ Sie lachte leise. „Ich fürchte, du hast dir eine ziemlich gewöhnliche Freundin ausgesucht.“

Sofort änderte er die Bestellung, sodass kurze Zeit später ein lieblicher Schaumwein auf ihrem Tisch stand. „Du bist alles andere als gewöhnlich, meine Kleine. Noch nie habe ich eine Frau wie dich getroffen und ich kann mit Recht behaupten, dass ich eine Menge Menschen kennenlernen durfte.“ Er stieß sein Glas gegen ihres. „Auf deinen Erfolg, darauf, dass du viele Zuhörer mit deiner Stimme verzaubern wirst.“

Sie lächelte geschmeichelt. „Charmeur.“

„Ich sage nur die Wahrheit, denn hätte ich dich nicht singen gehört, wäre ich vielleicht nie auf dich aufmerksam geworden. Du hast mein Herz berührt.“ Sanft nahm er ihre Hand, küsste die Fingerspitzen, gleichzeitig sah er sie verliebt an.

Das Essen verging wie im Flug, besonders weil Maurice nicht müde wurde, sie mit Komplimenten zu überschütten. „Worauf hast du Lust?“, erkundigte er sich höflich, als er bezahlt hatte und sie vor dem Restaurant standen.

„Du hast etwas vom Tanzen gesagt.“ Sie schmunzelte, denn jetzt spürte sie den Alkohol ziemlich deutlich. „Wenn ich kein Solo hinlegen muss, werde ich gerne mit dir über das Parkett schweben. Ich habe allerdings keine Ahnung, wo genau hier ein passendes Lokal ist."

Galant hielt er ihr eine Hand hin. „Da habe ich eine Idee." Er brachte sie zu seinem Auto, um zum Parkhaus Opéra Bastille zu fahren. Von dort aus waren sie in ein paar Minuten in einem Tanzlokal, außerdem gab es keine Öffnungszeiten, es war rund um die Uhr geöffnet.

Als sie ausstiegen, wehte ihnen ein eisiger Wind entgegen und Schneeflocken fielen vom Himmel. Ein eher seltener Anblick in Paris, weshalb Charlotte stehen blieb. Genau wie am Abend, als sie die Lichter am Eiffelturm betrachtet hatten, versuchte sie die Flocken mit der Zunge zu fangen, bis Maurice sie einfing.

„Wir sollten langsam zum Balajo gehen, sonst wird es hell und ich habe nicht einmal mit dir getanzt." Er zwinkerte ihr zu, drängte sie allerdings etwas energischer in die Richtung, in der das Lokal lag. Ihm war bewusst, dass sie einen Schwips hatte, außerdem war mittlerweile es richtig kalt.

Lachend nahm sie seine Hand, rannte mit ihm durch den Schnee, dabei fühlte sie sich so lebendig.

Im Club war es zwar voll, aber es blieb genug Platz, um zu tanzen, besonders weil die Leute Maurice aus dem Weg gingen.

Charlie fiel die Menschenmenge überhaupt nicht auf, sie schwebte wie auf Wolken, wobei der Alkohol sie zusätzlich in eine Hochstimmung versetzte. Sie hatte es tatsächlich geschafft, ins Ensemble der bekannten Opéra Garnier zu kommen. Niemals hätte sie davon zu träumen gewagt. Überglücklich schmiegte sie sich an ihren Gefährten, als dieser sie zu einem langsamen Blues über auf das Parkett führte. „Danke", flüsterte sie ihm ins Ohr.

„Gern geschehen, aber du hast sie durch dein Können überzeugt, ma petite." Er lächelte über ihren seligen Zustand, sie glücklich zu sehen, wärmte sein Herz.

Schon bald machten die Leute auf der Tanzfläche ihnen Platz, um zuzusehen, da niemand ihnen das Wasser reichen konnte.

Charlotte bekam davon kaum etwas mit, sie war in ihrem Element, darüber hinaus war Maurice ein hervorragender Tänzer, sodass sie den Abend in vollen Zügen genoss. Erst als das Lied endete und Applaus erklang, erwachte sie aus ihrer eigenen Welt. Verlegen winkte sie den restlichen Gästen zu, bevor sie ihren Liebsten zur Bar zog.

Lachend bestellte er einen Cocktail für sie, wobei er sich mit einem Mineralwasser begnügte. Alkohol machte ihm nichts aus, allerdings wollte er ungern mit einer Fahne angehalten werden.

„Ich habe bereits genug getrunken", wehrte Charlie unsicher ab, doch er schüttelte nur leicht den Kopf.

„Non, heute ist kein Tag, um vernünftig zu sein, ma chère. Du hast es verdient." Lächelnd stieß er mit ihr an. „Keine Sorge, ich passe auch in so einer Situation auf dich auf."

Glücklich lehnte sie sich an ihn, bis sich jemand an ihre Seite drängte. „Sagen Sie mal, sind Sie nicht die Tänzerin aus dem Drôle d´Oiseau?" Der Mann war ziemlich angetrunken und tätschelte ihr vertraulich den Arm.

Sofort schob Maurice ihn von seiner Liebsten, gleichzeitig knurrte er warnend. „Du gehst nach Hause, um deinen Rausch auszuschlafen, außerdem belästigst du nie wieder eine Frau."

Der Kerl drehte sich torkelnd um, anschließend verschwand er, doch Charlie sah ihm nachdenklich hinterher. „Ich sollte das Engagement zurückweisen", bemerkte sie leise.

Jetzt hätte Maurice sich fast an seinem Wasser verschluckt. „Warum um alles in der Welt? Weshalb kommst du auf eine solche Idee?“ Er verstand sie einfach nicht.

„Was, wenn irgendeiner mich erkennt? Die Schlagzeile wird dem Management wohl kaum gefallen.“ Traurig schüttelte sie den Kopf. Daran, dass jemand sie erkennen könnte, hatte sie so überhaupt keinen Gedanken verschwendet.

Leise lachend zog Maurice sie an sich. „Denkst du wirklich, dass die Leute aus dem Drôle in die Oper gehen? Das ist mehr als unwahrscheinlich. Darüber hinaus bist du nicht länger alleine.“

„Glaubst du, dass ich da keinen Fehler mache?“ Ihr Blick bettelte ihn an, ihr eine Bestätigung zu geben, dass sie das Richtige tat.

„Du hast eine perfekte Entscheidung getroffen, vertrau mir. Alles andere wird sich ergeben. Du hast kaum etwas zu verlieren.“ Er hielt ihr eine Hand hin. „Lass uns den Abend genießen und diesen dummen Kerl vergessen.“

Sie stimmte ihm zu, heute wollte sie das Leben feiern, was morgen kam, wusste sie nicht.

Sie ließen keinen Tanz aus, bewegten sich dabei in ihrer Welt. Charlie kam es vor, als ob sie schweben würde, denn trotz des Zwischenfalls fand sie ihre gute Laune wieder. Sie liebte es, sich bei den langsameren Liedern eng an ihren Freund zu pressen, allerdings mochte sie es genauso, wenn er sie über die begrenzte Fläche wirbelte. Es hatte seinen ganz eigenen Zauber mit ihm zu tanzen.

Viel zu schnell fühlte sie sich müde, sodass sie ihn bittend ansah. „Lass uns nach Hause fahren, ich kann nicht mehr.“ Jetzt schwankte sie leicht, da ihr der Sekt gehörig zu Kopf stieg.

„Dein Wunsch ist mir Befehl.“ Er lächelte sie an, brachte sie zum Ausgang, wo sie ihre Mäntel abholten, anschließend hob er sie auf seine Arme. Eilig trug er sie durch den immer stärker werdenden Schneefall bis zum Auto.

„Danke für den wundervollen Abend.“ Charlotte lehnte sich glücklich zurück, als er den Motor startete. „Ich habe mich wie eine Prinzessin gefühlt.“ Schnell blendete sie das Erlebnis mit dem Betrunkenen aus.

„Du bist meine Prinzessin.“ Maurice drückte ihre Hand, gleichzeitig sah er besorgt auf den Horizont, er würde sich jetzt verdammt beeilen müssen.

Kapitel 18 - Familienbande

In Rekordzeit fuhr er zum Hotel, da er von der Tiefgarage aus direkt in seine Zimmer kam, ohne sich der aufgehenden Sonne auszusetzen.

Als er unvernünftig viel Gas gab, bemerkte Charlotte ebenfalls den einsetzenden Sonnenaufgang. Obwohl sie ziemlich angetrunken war, hielt sie den Mund, um ihm nicht auch noch abzulenken, weil die Angst ihr über den Rücken kroch. Allein die Vorstellung, dass sie ihren Liebsten verlieren könnte, ließ ihr Herz erstarren. Erst als sie im Flur der verdunkelten Suite ankamen, machte sie ihrem Ärger Luft. „Bist du von allen guten Geistern verlassen? Glaubst du, ich wäre so oberflächlich, dass ich das Feiern über dein Leben stelle? Denkst du, dass ich in der Lage bin, je wieder glücklich zu werden, wenn du verbrennst?“ Bei jeder dieser Fragen stieß sie ihm den Zeigefinger in die Brust, bis er ihre Hand sanft festhielt.

„Nein, ma petite, aber ich mache zuweilen auch Fehler.“ Er seufzte, als er den anklagenden Blick von André bemerkte, der sich noch im Hintergrund hielt. Sein Freund hatte sich ebenfalls Sorgen gemacht, außerdem hatte er dafür gesorgt, dass die Jalousien fest verschlossen waren. „Beim Tanzen mit dir habe ich die Zeit vergessen. Dich so glücklich zu sehen, hat mich leichtsinnig werden lassen.“

Zart zog er sie an sich, überwand ihre Gegenwehr, bis sie dicht an ihn geschmiegt dastand.

André lächelte stumm vor sich hin und zog sich in das Wohnzimmer zurück, wo Maurice sich ein Büro eingerichtet hatte.

„Ich habe Angst um dich, mon amour." Ihre Augen schwammen in Tränen, als sie daran dachte, dass er um ein Haar ums Leben gekommen wäre. „Tu das nie wieder."

Maurice lachte leise. „Es war bei Weitem nicht so knapp, wie du glaubst. Schau mal, mein Mantel hat keine Brandlöcher." Er deutete auf das Kleidungsstück.

„Was soll das heißen? Schützt dich die Kleidung nicht?" Alarmiert musterte sie ihn.

Seufzend schüttelte er den Kopf. „Lass uns wenigstens ins Wohnzimmer gehen. Ich habe keine Lust, das hier im Flur zu besprechen." Sanft schob er sie von sich, nahm ihr galant den Wintermantel ab, ehe er seinen Mantel auszog. Anschließend legte er eine Hand in ihren Rücken, um sie so zur Couch zu schieben.

„Brauchst du mich noch?" André deutete auf die Tür, da er bereits mitbekommen hatte, dass er überflüssig war.

„Nein, doch, bestell bitte einen Caterer für heute Abend, meine Eltern kommen zu Besuch. Sei so gut und melde sie auch gleich an." Er nickte seinem Vertrauten zu, der sich daraufhin verabschiedete. „Zu deinen Fragen, die Kleidung schützt ein wenig, allerdings reicht es kaum aus." Maurice seufzte leise. „Es ist bisher nicht erforscht, warum das Sonnenlicht für uns tödlich ist, aber es ist keine Rede davon, dass wir sofort in Feuer aufgehen. Es ist viel schmerzhafter, die Details möchte ich dir lieber ersparen."

Augenblicklich stimmte sie ihm zu, auf keinen Fall wollte sie hören, wie er qualvoll verbrannte oder Schlimmeres. „Versprich mir, dass du dich nie wieder in eine solche Situation begibst." Ernst hielt sie seinem Blick stand.

„Das kann ich nicht. Solltest du in Gefahr sein, würde ich sogar weitergehen." Er strich ihr eine Strähne hinters Ohr. „Aber ich schwöre, dass ich besser aufpasse."

Ein wenig beruhigt lehnte sie sich an ihn, die Angst ebbte ab, sodass jetzt die Müdigkeit zurückkam. Ihre Lider schlossen sich und kurz darauf war sie eingeschlafen.

~~°~~

Verwirrt sah Charlie sich um, als sie aus einem fiesen Albtraum aufwachte. Sie hatte gesehen, wie Maurice in der Sonne spazieren ging. Zuerst war sie erfreut, dass er es konnte, doch bei jedem weiteren Schritt bemerkte sie, dass sich seine Haut ablöste und er schlussendlich Feuer fing.

„Komm zu dir, ma petite, es ist alles in Ordnung."

Die sanfte Stimme ihres Liebsten holte sie endgültig in die Wirklichkeit zurück. Zitternd drückte sie sich an ihn. „Du lebst, Gott sei Dank", flüsterte sie.

„Natürlich, weshalb auch nicht? Meine maman würde mir niemals verzeihen, sollte ich mich auf diese Weise vor dem gemeinsamen Abendessen drücken." Er lachte, gleichzeitig schob er sie ein Stückchen von sich. „Das waren gestern wohl etwas zu viele Informationen. Es tut mir leid." Zärtlich küsste er sie.

„Nein, ich denke, es lag einfach am Alkohol." Lächelnd schmiegte sie sich an ihn, bevor ihr Blick auf die Uhr fiel. „Wann kommen deine Eltern?" Eine leichte Panik stieg in ihr auf. Sie würde seine Familie kennenlernen und hoffte, dass sie sich zumindest sympathisch waren.

„In etwa drei Stunden, du hast genug Zeit, um dich frisch zu machen. Eine Kleinigkeit zu essen habe ich dir besorgt." Er stockte einen Augenblick. „Außerdem liegt im Wohnzimmer eine Auswahl an Kleidern." Natürlich erwartete er, dass sie ihn jetzt ausschimpfte, doch sie schlang lediglich ihre Arme um seinen Hals.

„Danke für alles." Mit der gesamten Liebe, die sie für ihn fühlte, küsste sie ihn. In diesem Moment kamen ihr auch die geschenkten Sachen gerade richtig, da sie auf keinen Fall in ihren altmodischen Outfits vor seinen Eltern erscheinen wollte.

„Möchtest du, dass ich eine Kosmetikerin kommen lasse? Oder einen Friseur?" Vorsichtig tastete er sich vor, da er ihr gerne jeden Luxus finanzierte, den sie freiwillig annahm.

„Nein, das ist nicht mein Stil. Ich habe gelernt, mich selbst zu schminken." Sie lachte leise. „Aber gegen etwas zu essen habe ich nichts einzuwenden, wenn du mir Gesellschaft leistest."

Sie stand auf, zog sich einen Jogginganzug über, ehe sie im Bad verschwand. Kurz darauf setzte sie sich an den Tisch, den Maurice normalerweise benutzte, um zu arbeiten. Hier gab es alles, was sie sich zum Frühstück vorstellen konnte. Beherzt griff sie zu. „Sag mal, hab ich das geträumt oder hast du André gestern wirklich gebeten, einen Caterer zu bestellen?"

„Das habe ich. Meine Eltern lieben es, gut zu essen, obwohl sie es nicht benötigen. In dem Punkt sind wir sehr unterschiedlich." Er lächelte, als er an seine Leute erinnert wurde. „Allerdings behaupten sie, dass sich meine Gewohnheiten wieder ändern werden. Auch bei ihnen habe es eine Epoche gegeben, in der sie auf normale Nahrungsmittel verzichteten." Er zuckte leicht mit den Schultern.

„Das kann ich mir gut vorstellen, man verändert sich ja mit jedem Jahr." Charlotte biss von ihrem Croissant ab, dabei dachte sie über den letzten Abend nach. „Glaubst du wirklich, dass ich das Engagement annehmen sollte? Meine Vergangenheit lässt sich unmöglich verschweigen." Jetzt zerbröselte sie das Gebäck mehr, als das sie es aß.

Nachsichtig nahm Maurice ihre Hand. „Du bist gut, das ist alles, was zählt. Selbst wenn jemand ausplaudert, dass du eine schwere Zeit hinter dir hast, wird es der Oper kaum schaden. Meistens kommen noch mehr Leute in die Aufführungen, sobald es einen Skandal gibt." Er küsste ihre Finger, anschließend sah er sie erneut eindringlich an. „Wag es nicht, den Vertrag wieder aufzulösen. Du hast es verdient, Charlotte."

Unsicher nickte sie, zumal sie tatsächlich mit dem Gedanken gespielt hatte. „Ich muss wenigstens Monsieur Neeb über meine Vergangenheit aufklären."

Maurice bemerkte deutlich, dass es ihr enorm peinlich war. „Denkst du wirklich, dass er versäumt hat, sich über dich zu erkundigen? Aber, wenn du möchtest, spreche ich mit ihm."

Energisch lehnte sie sein Angebot ab. „Nein, das ist meine Sache, ich werde am Mittwoch vor der Probe mit ihm reden. Sollte er bereits Bescheid wissen, gut, falls nicht, kann er anschließend entscheiden, was er tun will." Damit ließ sie das Thema auf sich beruhen, obwohl sie sich Gedanken machte, was aus ihrer Beichte resultieren würde. Doch sofort drängte sich ein anderes Problem in ihren Kopf.

„Was, wenn deine Eltern mich abscheulich finden?" Entsetzt angesichts der Möglichkeit, sah sie ihren Gefährten an. „Vielleicht lehnen sie mich aufgrund der Tatsache ab, dass ich eben keine von euch bin."

Maurice lachte laut auf. „Sie werden dich lieben, weil du mich glücklich machst, ma petite." Er nahm ihr den Teller aus der Hand, den sie gerade zurück auf das Tablett stellen wollte. „Du solltest aufhören, dir die schlimmsten Katastrophen auszumalen, wo keine sind. Außerdem schlage ich dir vor, schnell zu lernen, im Augenblick zu leben." Er sah sie eindringlich an, es gab keinen Grund für ihre Nervosität.

Seufzend stimmte sie ihm zu. „Du hast recht. Lass uns für Ordnung sorgen, anschließend möchte ich wissen, worauf ich achten muss." Erneut machte sie sich daran, die Reste des Frühstücks aufzuräumen.

Maurice ließ sie gewähren, ging ihr auch zur Hand, danach hob er sie auf seine Arme, um sich mit ihr auf dem Schoß auf die Couch zu setzen. „Du musst einfach nur du selbst sein, das reicht vollkommen. Du bist so gut genug, wie du bist."

Wie gerne würde sie ihm das glauben, doch ihre innere Stimme sagte ihr etwas anderes. „Sag mir wenigstens, was deine Mutter von mir erwartet."

„Dass du dich normal verhältst. Vertrau mir bitte, dass sie dich sofort in ihr Herz schließen wird." Er überlegte einen Moment. „Adeline ist jemand, die für seine Familie durchs Feuer geht, dazu gehören auch ihre Schwiegerkinder. Sie wird dich bis aufs Blut verteidigen, allein weil du mich lächeln lässt."

So ganz konnte sie ihm das nicht glauben, zumal ihre eigenen Leute sie vorab verurteilten, ohne eine Chance, etwas gerade zu rücken.

Die wenigen Stunden bis zum Eintreffen der Familie Leblanc vergingen viel zu schnell. Kurz vorher lieferte der Caterer das Essen.

„Ich hätte selbst kochen sollen“, bemerkte Charlotte unruhig. „Wenigstens den Nachtisch hätte ich machen müssen.“ Warum fiel ihr das jetzt erst ein? Mit ihrer Mousse au Chocolate hätte sie wirklich punkten können.

„Du bist auch ohne die zusätzliche Arbeit ein Nervenbündel, da halte ich es für besser, wenn wir ein selbstgekochtes Abendessen auf einen anderen Tag verschieben.“ Maurice legte beide Arme um sie, während er seinen Blick über die Köstlichkeiten schweifen ließ, die auf dem Tisch aufgebaut wurden. „Glaub mir, es ist gut, so wie es ist. Niemand erwartet von dir, dass du die perfekte Hausfrau spielst.“

Es klopfte und er verzog leicht das Gesicht. „War ja klar, dass sie vor der verabredeten Zeit ankommen. Meine maman ist extrem neugierig.“ Mit den Worten ging er zur Tür. „Ihr seid früh, aber schön, dass ihr da seid. Kommt herein.“ Er deutete auf den Raum, woraufhin ein Paar eintrat, das aussah, als wäre es halb so alt wie er selbst.

Die Frau umarmte ihn stürmisch, legte ihre Hände an seine Wangen und musterte ihn eindringlich. „Du siehst glücklich aus, mon fils“, stellte sie zufrieden fest.

Der Mann klopfte ihm freundschaftlich auf die Schulter. „Du kennst deine Mutter, sie hat es keine Sekunde länger ausgehalten. Seit du ihr von deiner Gefährtin erzählt hast, drängelt sie, dass wir euch besuchen.“ Er seufzte gespielt auf. „Ich konnte sie nicht mehr in unserem Zuhause halten.“

„Das habe ich gehört, Geoffrey, du bist nicht gerade sehr charmant.“ Sie schlug ihm lachend auf den Arm.

Charlotte beobachtete die Szene mit einem Schmunzeln, denn es zeigte ihr, dass die Leute keineswegs steif oder arrogant waren. Jetzt richtete sich die Aufmerksamkeit auf sie, was sie erneut nervös machte. „Guten Abend, Madame Leblanc, Monsieur Leblanc." Sie lächelte den beiden entgegen, bis die Frau zu ihr kam.

Adeline musterte sie eine Weile, ehe sie leicht nickte. „Mein Sohn hat nicht übertrieben, du bist sehr schön, meine Liebe." Sie lachte, anschließend zog sie Charlie in ihre Arme. „Willkommen in der Familie."

Erleichtert drückte Charlotte die zierliche Dame an sich. „Danke, ich freue mich, Sie kennenzulernen."

„Mon dieu, so steif brauchst du wirklich nicht zu sein. Ich bin Adeline und das ist noch der normalste meiner tausend Vornamen." Sie zwinkerte der Gefährtin ihres Sohnes zu. „Mein Mann heißt Geoffrey, zumindest in diesem Jahrhundert." Lachend setzte sie sich auf die Couch, anschließend klopfte sie auf den Platz neben sich. „Komm her, erzähl uns von dir."

Charlie sah kurz hilfesuchend auf ihren Schatz, doch der zuckte nur leicht mit den Schultern. „Was möchten Sie ... was möchtest du denn wissen?" Sie hatte keine Ahnung, was sie ihr mitteilen konnte und was sie lieber für sich behalten sollte.

„Am besten alles, aber ich weiß, dass man einige Kleinigkeiten eher geheim hält." Adeline schmunzelte, ihr gefiel die Freundin ihres Sohnes immer besser. „Maurice hat mir bereits gesagt, dass du Tänzerin bist und auch als Sängerin auftrittst. Das ist fantastisch, ich bekomme keinen Ton über meine Lippen, der nicht irgendwie verrutscht."

Aufmerksam betrachtete Charlotte die Frau. „Sie ... du weißt, was ich mache? Bist du deshalb entsetzt?“ Die Frage rutschte ihr heraus, ehe sie darüber nachdenken konnte.

Jetzt lachte Adeline laut auf. „Es gibt nur noch wenige Dinge, über die ich tatsächlich entsetzt bin. Maurice hat genug Geld, sodass er sich keine reiche Ehefrau suchen muss, wie es früher üblich war. Daher spielt dein Beruf doch kaum eine Rolle, richtig?“

Sofort hob Charlie beide Hände in einer abwehrenden Geste. „Ich bin keineswegs hinter seinem Reichtum her“, stellte sie energisch klar.

„Das ist mir bewusst, sonst hätte er sich gar nicht auf dich eingelassen.“ Adeline schüttelte leicht den Kopf. „Tut mir leid, dass es so falsch rübergekommen ist.“

„Du hast eine etwas zu unverblümte Art angenommen, meine Liebste“, mischte sich Geoffrey ein. „Was mein süßes Eheweib sagen will, uns ist es egal, was du tust, um deinen Lebensunterhalt zu verdienen. Du machst unseren Sohn glücklich, das ist alles, was zählt.“

Fast wären Charlotte die Tränen gekommen, als sie die Worte hörte. Wie gerne hätte sie die gleiche Toleranz von ihren Eltern erfahren. „Danke, das bedeutet mir sehr viel.“

„Was ist mit deiner Familie? Sie müssen enorm stolz auf dich sein.“ Adeline trat mit Anlauf in das Fettnäpfchen, was ihr augenblicklich klar war, als sie Charlies erstarrte Miene erkannte. „Tut mir leid, es scheint, dass ich in Schottland tatsächlich eine zu offene Art angenommen habe. Entschuldige bitte, wenn ich eine Wunde aufgerissen habe.“

Sofort winkte Charlotte ab. „Es ist kein Geheimnis, dass ich keinen Kontakt mehr zu meinen Leuten unterhalte. Sie sind ein wenig intolerant.“

„Maman, ist dir eigentlich bewusst, dass du ein Verhör gestartet hast? Obwohl du es charmant verpackst", mischte sich Maurice ein, der seinen Eltern etwas zu trinken geholt hatte.

„Und du bist uncharmant genug, es mir unter die Nase zu reiben, während deine Freundin neben mir sitzt", konterte Adeline.

Bei dem Schlagabtausch hielt Charlie den Atem an, es würde doch jetzt nicht zum Streit zwischen den beiden kommen? Gerade, als sie Luft holte, um die Wogen zu glätten, lachte Adeline laut auf.

„Das habe ich wohl verdient." Sie drehte sich zu Charlotte. „Es tut mir leid, dass ich über das Ziel hinausgeschossen bin." Lächelnd zuckte sie mit den Schultern. „Ich gebe gerne zu, dass ich ausgesprochen neugierig bin. Maurice war noch nie so geheimnisvoll und gleichzeitig dermaßen verliebt."

Bei der Aussage protestierte ihr Sohn. „Du bist kaum eine Viertelstunde da."

„Ich bin deine Mutter, da reicht es, dich einfach mal anzuschauen, glaub mir." Sie schüttelte lachend den Kopf. „Das letzte Mal, als wir uns getroffen haben, hast du zynische Bemerkungen gemacht, alles und jedes verachtet. Jetzt schau dich an, du stehst da mit einem Blick wie ein verliebter Weihnachtsbaum."

Maurice verdrehte die Augen, nur um kurz darauf selbst laut aufzulachen. „Du hast recht, Maman, Charlotte ist das Beste, was mir seit Ewigkeiten passiert ist. Sie macht meine Welt bunt." Er setzte sich auf ihre andere Seite, ehe er sie leicht an sich zog. „Trotzdem kannst du das Verhör langsam beenden. Vielleicht mag meine Kleine später mehr erzählen. Freiwillig versteht sich."

Natürlich wusste Charlie, worauf er hinauswollte, doch noch glaubte sie an eine große Katastrophe, sobald bekannt wurde, dass sie eine ganze Zeit lang im Lido aufgetreten war.

„Du machst mich neugierig, mon fils, das ist nicht gerade nett", beschwerte Adeline sich, beließ es aber dabei. „Ich hoffe, du weißt, dass wir jederzeit für dich da sind, meine Liebe. Solltest du Probleme mit diesem Sturkopf bekommen, ruf mich ruhig an." Sie deutete auf ihren Sohn, der gespielt entsetzt aufseufzte. „Da fällt mir ein, dass ich dir besser gleich meine Telefonnummer gebe, sonst vergesse ich es wieder." Eilig angelte sie nach ihrem Smartphone, woraufhin Maurice sie aufmerksam ansah.

„Du hast dir ein Handy besorgt? Du wolltest doch nie etwas davon wissen." Der Sinneswandel verwunderte ihn, vor einiger Zeit hatte seine Mutter ihm mitgeteilt, dass sie keine Lust hätte, jederzeit erreichbar zu sein.

„Seit ich weiß, was man damit alles anstellen kann, finde ich die Dinger toll. Die Spiele sind wirklich amüsant, darüber hinaus ist es überaus praktisch, schnell eine Sprachnachricht per WhatsApp zu versenden."

„Was du ja auch so oft tust." Er zog eine Augenbraue hoch, denn bisher hatte er keinerlei Nachrichten von ihr bekommen.

Geoffrey lachte leise. „Sie nutzt das Handy fast nur, um zu spielen oder deinem Bruder auf die Nerven zu gehen. Ansonsten liegt es zu Hause oft unbeachtet in der Ecke." Ein harter Stoß seiner geliebten Ehefrau brachte ihn dazu, den beiden zuzuzwinkern. „Außerdem mag sie die Fotofunktion, wenn wir Ausflüge unternehmen."

„Es reicht, mon amour, du bist unausstehlich." Adeline versuchte verärgert auszusehen, was ihr gründlich misslang, denn schon einen Moment später schmunzelte sie.

„Er hat recht. Es ist wirklich so, dass ich das Smartphone meistens nur benutze, um zu spielen oder um Fotos zu machen." Adeline zuckte leicht mit den Schultern. „Zu Hause kann man mich über das Festnetz erreichen."

Charlotte gefiel die Einstellung der Frau, sodass sie ihr zunickte. „Wobei es ein paar gute Fitness-Apps gibt." Erst jetzt dachte sie darüber nach, ob ein Vampir sich überhaupt fit halten musste. Wurde er auch dick, wenn er zu viel aß, oder spielte das keine Rolle mehr.

Noch während sie überlegte, ob sie eine solche Frage stellen durfte, nickte Adeline ihr zu. „Du hast etwas auf dem Herzen, also raus damit. Wir sind eine Familie, da darf man geradeheraus reden." Auffordernd sah sie die Gefährtin ihres Sohnes an.

„Ich bin unsicher, ob ich vielleicht zu aufdringlich bin", gab Charlie verlegen zu.

„Quatsch, wie willst du uns kennenlernen, ohne zu fragen? Falls wir nicht antworten wollen, teilen wir es dir unmissverständlich mit. Wir sind da ziemlich offen."

Bei den Worten brachen die beiden Männer in lautes Lachen aus. „Das kann man wohl sagen", bemerkte Geoffrey, der sich die Lachtränen aus den Augen wischte. „Sie wird dir jede Kleinigkeit über uns erzählen, wenn man sie nicht stoppt. Glaub mir, das sind auch Dinge bei, die man einfach nicht wissen will."

Empört schnappte Adeline nach Luft, nur um gleich darauf zu kichern. „Ja, ich rede oft zu viel. Das hat man mir schon früher gesagt." Sie zuckte mit den Schultern, ehe sie Charlotte erneut fragend ansah.

„Ich habe mich gefragt, ob ihr euch überhaupt um solche Sachen wie Fitness kümmern müsst. Oder seid ihr in der glücklichen Lage, essen zu können, was immer ihr wollt?“ Sie lehnte sich etwas dichter an ihren Freund, da sie weiterhin befürchtete, zu weit gegangen zu sein.

„Das ist eine berechtigte Frage, meine Liebe, denn wir müssen in der Tat nicht auf unsere Figur achten.“ Sie schmunzelte. „Das hätte ich mir in der Vergangenheit sehnlichst gewünscht. Weißt du, die Festessen bei Hofe gestalteten sich extrem üppig, dabei wurde besonders beim Fett niemals gespart, aber wir Frauen mussten dem Schönheitsideal entsprechen.“ Sie seufzte, als sie an die Zeit zurückdachte. „Oft genug haben wir uns einfach an unseren Tellern festgehalten, ohne wirklich von den Köstlichkeiten zu probieren.“

„Das ist faszinierend, ich wünschte, ich hätte diese Fähigkeit auch.“ Charlie zuckte leicht mit den Schultern. „Ich muss mich mit joggen, schwimmen oder im Fitnessstudio fit halten, sonst tue ich meinen Knochen keinen Gefallen.“

Adeline tätschelte ihr den Arm. „Das können wir ändern.“ Sie platzte, ohne nachzudenken mit dem Vorschlag heraus, woraufhin ihr Sohn warnend den Kopf schüttelte.

„Lass es gut sein, Maman.“ Seine Stimme hatte einen drohenden Unterton, bei dem sie sofort zusammenzuckte.

Erst jetzt fiel ihr auf, dass Charlotte sie ein wenig ängstlich ansah. „Es tut mir leid, so meinte ich das nicht. Wir verwandeln niemanden gegen seinen Willen, das ist verboten.“ Verlegen trank sie einen Schluck Wein, den ihr Sohn ihr hingestellt hatte. „Ich sollte wirklich mehr nachdenken.“

Charlie stieß erleichtert die Luft aus. „Für mich ist eure Art neu.“ Sie sah ihren Freund kurz von der Seite aus an.

„Wahrscheinlich hätte ich die Tatsache, dass Maurice ein Vampir ist, kaum verkraftet, wenn ich ihm nicht bis über beide Ohren verfallen wäre."

„Lasst uns etwas essen", schlug in dem Augenblick ihr Gefährte vor, der bemerkte, dass das Geständnis seiner Freundin peinlich war. Höflich deutete er auf die aufgebauten Speisen. „Bedient euch."

„Es freut mich, das zu hören. So eine Aussage muss dir keineswegs unangenehm sein, meine Liebe. Im Gegenteil, es gibt zu wenig Menschen, die zu ihren Gefühlen stehen." Adeline lächelte ihr zu, ehe sie sich die Köstlichkeiten ansah. „Du hast dich selbst übertroffen, mon fils. Es sieht wirklich lecker aus."

Maurice schmunzelte. „Ich weiß doch, wie sehr du die französische Küche vermisst, daher habe ich André beauftragt, einen passenden Caterer zu finden."

Sofort hob Geoffrey den Blick. „Er arbeitet weiterhin für dich? Wo ist der Junge, ich hätte ihn gerne wiedergesehen." Auffordernd sah er seinen Sohn an.

„Er wollte uns ein wenig Privatsphäre gönnen, da ihr heute meine Gefährtin kennenlernt." Maurice zuckte leicht mit den Schultern. „Ich hatte ihn zwar gebeten, zu bleiben, aber er hat es abgelehnt."

„Das ist schade, er gehört zur Familie", bemerkte Adeline traurig. „Er sieht sich wohl immer noch als Angestellter." Seufzend stieß sie die Luft aus.

Maurice drückte sie kurz an sich, bevor sie sich mit ihrem Teller auf ihren Platz setzte. „Nein, er ist mein Freund, das weiß er. Normalerweise wäre er hier, nur heute ist ein besonderer Abend." Er lächelte Charlotte zu, die leicht die Augen verdrehte. „Ich werde ihn bitten, morgen vorbeizukommen.

Er muss meine Kleine sowieso zur Arbeit bringen, danach wird er bestimmt gerne etwas mit uns essen oder trinken."

Charlie legte ihm eine Hand auf den Arm. „Ich kann auch mit der Metro zur Oper fahren. Es ist nicht so weit." Es war ihr unangenehm, dass sie einfach über Andrés Zeit verfügte.

„Auf gar keinen Fall! Solange Miller hinter dir her ist, lasse ich keineswegs zu, dass du alleine irgendwohin fährst. Ist das klar?" Er blicke sie eindringlich an, womit er die Aufmerksamkeit seiner Mutter auf sich zog.

„Der kleine Scheißer ist immer noch auf Vampirjagd? Und er macht sich an deine Gefährtin heran?", schaltete sich Adeline erbost ein.

Zeitgleich protestierte Charlotte. „Er weiß ja nicht mal, dass ich den Job gewechselt habe. Morgen Vormittag bin ich jedenfalls sicher vor ihm."

Die Frauen standen jetzt beide vor Maurice, der automatisch einen Schritt zurückwich, gleichzeitig hob er abwehrend die Hände. „Beruhigt euch, wir können das in Ruhe besprechen." Zuerst sah er seine Mutter an. „Ich habe dir bereits am Telefon gesagt, dass er wieder Ärger macht", erinnerte er sie sanft.

„Das stimmt, nur die Kleinigkeit, dass er so aufdringlich ist, dass du Charlotte zur Arbeit bringen musst, hast du verschwiegen. Außerdem dachte ich, dass du ihn zur Räson gebracht hast." Adeline stellte vorsichtig den Teller ab, ehe sie die Hände vor der Brust verschränkte. „Soll ich mich um ihn kümmern?" In ihren Augen erschien ein Blitzen, das Charlie eine Gänsehaut über den Leib jagte.

„Bitte, Adeline, er ist ein Idiot, den man am besten links liegen lässt. Je mehr Aufmerksamkeit er bekommt, desto mehr bestätigt man ihn."

Die Gedanken an seine Drohungen schob sie schnell zur Seite, nur hatte sie kaum mit Maurice' Reaktion gerechnet.

„Ich lasse es keineswegs zu, dass du allein zur Oper fährst. Das letzte Mal hat dich lediglich der Zufall gerettet. Du kennst dieses Schwein nicht wirklich, er ist in der Lage, dich zu entführen, um an mich heranzukommen." Er schüttelte leicht den Kopf, als sie ihm eine Antwort geben wollte, woraufhin sie einsah, dass sie die Diskussion lieber privat weiterführten.

„Mein Sohn hat recht, die Familie Miller ist ein Ärgernis, das man besser ernst nimmt. Sie sind Fanatiker, denen man auch Verbrechen zutrauen sollte." Geoffrey stellte sich neben Maurice, der ihm dankbar zulächelte.

„Ich habe heute keinen Familienrat einberufen, sondern geplant, euch bei einem gemütlichen Abendessen meine Freundin vorzustellen", bemerkte Maurice verstimmt.

Charlotte sah ein wenig unglücklich von einem zum anderen. „Das ist alles meine Schuld. Ich hätte Miller eindringlicher klarmachen müssen, dass ich nicht an ihm interessiert bin."

Damit besaß sie die volle Aufmerksamkeit von Adeline. „Okay, jetzt möchte ich die gesamte Geschichte erfahren, aber erst nach dem Essen, sonst vergeht mir der Appetit." Sie deutete auf ihren Teller, der mit allerlei Leckereien gefüllt war.

Sie ließen sich das Abendessen schmecken, dabei vermieden sie das unleidliche Thema, allerdings kannte Maurice seine Mutter gut genug, um zu wissen, dass sie auf gar keinen Fall Ruhe geben würde.

„Gut, alle sind satt, richtig?" Sie wartete die Antwort nicht mal ab, da jeder sein Geschirr bereits auf dem Servierwagen abgestellt hatte. „Ich möchte die Details hören." Resolut sah sie von einem zum anderen.

„Unter einer Bedingung: Du hältst dich raus!“ Maurice verschränkte die Arme vor der Brust. „Egal, was passiert, du wirst dich ihm keinesfalls zeigen.“

Schmollend nickte sie. „Dabei hätte ich gerne sein Gesicht gesehen. Als kleiner Junge ist er mir schon einmal dumm gekommen.“ In ihrer Miene konnte man deutlich ablesen, dass sie ihm bereits eine Lektion erteilt hatte.

„Anscheinend war deine Art, ihn in seine Schranken zu weisen, nicht effektiv genug.“ Geoffrey lehnte sich zurück, ihm war bewusst, dass sie die Aussage niemals so stehen lassen würde.

„Was sollte ich denn noch tun, außer ihm einen gehörigen Schrecken einzujagen? Er war ein Kind!“ Sie schnappte empört nach Luft, anschließend wandte sie sich Charlotte zu. „Ich habe ihn im Dunkeln abgefangen, ihm meine spitzen Eckzähne gezeigt. Außerdem habe ich ihm gesagt, dass ich ihn beißen werde, falls er mir erneut in die Quere kommt. Jedes andere Gör wäre schreiend nach Hause gelaufen und hätte sich nie wieder einem Vampir in den Weg gestellt.“ Sie seufzte leise. „Nur hält die Familie Miller an ihren Hirngespinsten fest, die sie auch ihrem Nachwuchs einimpfen.“

„Du hast getan, was du konntest, Maman. Wir sind keine Tiere, die einfach jemanden zerfetzen“, erinnerte Maurice sie, anschließend erzählte er ihr, was genau passiert war.

„Diese kleine Schmeißfliege hat es tatsächlich gewagt, seine dreckigen Finger an deine Gefährtin zu legen?“ Adeline musste hart gegen ihre Wut ankämpfen, nachdem sie alles erfahren hatte. „Was wollt ihr dagegen unternehmen?“

Charlie zuckte hilflos mit den Schultern. „Aktuell sorgen wir dafür, dass er mich nicht alleine zu packen bekommt. Was sollten wir sonst tun?“

Maurice rieb sich über die Augen. „Maman, er hat sich einige magische Tricks angeeignet, außerdem wirkt die Manipulation bei ihm nicht, sobald es um Charlotte geht."

Nachdenklich sah sie ihren Stammhalter an. „Vielleicht müssen dein Vater oder ich ein Verbot aussprechen? Die Liebe verändert einen." Jetzt lächelte sie ihren Mann verliebt an.

„Ich glaube eher, dass er auch Gefühle für dich hat, Charlotte. Deshalb schafft er es, den Befehl sich von dir fernzuhalten, zu umgehen." Geoffrey rieb sich über das Kinn. „Das ist in der Tat ein Problem. Er wird immer wieder versuchen, über dich an unseren Sohn heranzukommen."

Sofort zog Maurice seine Gefährtin fest in seine Arme. „Ich werde mich auf keinen Fall von ihr trennen." Kämpferisch hielt er dem Blick seines Vaters stand.

„Davon ist auch gar keine Rede! Weshalb solltest du dich oder Charlotte bestrafen? Hier geht es um einen fehlgeleiteten Idioten." Geoffrey schüttelte irritiert den Kopf. „Wir müssen einen Weg finden, ihn von euch fernzuhalten."

„Ich glaube, dass er die Finger von mir lässt, wenn er von meinem neuen Engagement erfährt", mischte Charlie sich ein. „Eine Tänzerin aus einem drittklassigen Varieté ist kaum eine Schlagzeile wert, im Gegensatz zu einer Sängerin, die im Palais Garnier auftritt." Ihre Stimme hatte einen bitteren Klang.

„Du hast eine Rolle in der alten Oper?" Adeline strahlte sie an. „Das ist wundervoll, Liebes. Ich habe es geliebt, damals den Aufführungen zu lauschen. Sogar, als die Gerüchte über das Phantom umgingen, bin ich regelmäßig hingegangen." Sie sah zu Charlotte rüber. „Es gab tatsächlich unerklärliche Geräusche und auch einen seltsamen Unfall, nur hatte das kaum etwas mit einem Gespenst zu tun." Sie lachte bei der Erinnerung, bis ihr einfiel, dass sie ein ernsthaftes Problem zu lösen hatten. „Das erzähle ich dir ein anderes Mal. Jetzt müssen wir eine Lösung finden, wie wir den Kerl loswerden.“

Maurice atmete tief durch. „Aktuell gibt es keine, es sei denn, wir biegen das Gesetz.“

Sofort begehrte Charlotte auf. „Ihr werdet ihn auf keinen Fall umbringen, weil er mir nachstellt.“ Sie schüttelte energisch den Kopf. „Sollte er erneut aufdringlich werden, zeige ich ihn an.“

„Warum hast du das bisher nicht getan?“ Geoffrey sah sie neugierig an.

Verlegen zuckte sie mit den Schultern. „Er ist mit meinem Chef befreundet, der immer noch hofft, dass ich auf ihn eingehe. Bertrand lässt sich für solche Vermittlungen bezahlen“, erklärte sie leise. „Ich bin nie darauf eingegangen, ein weiterer Grund, weshalb er sauer auf mich ist. Er erwartet, dass ich ihn entlohne, weil ich jetzt mit Maurice zusammen bin.“

Adeline stieß lautstark die Luft aus. „Wie bitte? Das nennt man Prostitution. Was erdreistet sich dieser Mensch?“

„Er ist Geschichte, Maman, da Charlotte ein anderes Engagement gefunden hat. Ab sofort ist sie in der Lage, sich richtig zu wehren“, griff Maurice ein, der als Erster erkannte, wie sehr sich seine Mutter aufregte.

„Das ist gut so, ansonsten hätte ich mir den Mistkerl vorgeknöpft. Wahrscheinlich bezahlt er so wenig, dass die armen Mädchen gezwungen sind, auf seine dubiosen Angebote einzugehen.“

Zaghaft nickte Charlie. „Man kann von der Gage überleben, mehr aber auch nicht. Einige gehen mit den Kerlen, die er ihnen vorstellt. Ich habe es für mich abgelehnt und mich eben eingeschränkt." Auf keinen Fall wollte sie den Eindruck hinterlassen, käuflich zu sein.

„Selbst, wenn du eingeknickt wärst, würde dich das zu keinem schlechten Menschen machen, mein Kind." Adeline tätschelte ihr den Arm. „Gut, ihr versprecht mir, dass ihr Miller anzeigt, sollte er seine Griffel noch mal an dich legen." Auffordernd sah sie erst ihren Sohn, dann seine Gefährtin an. „Ich werde ausprobieren, ob ich ihn manipulieren kann."

Kurz überlegte Maurice, ob er sie von der Idee abbringen könnte, fand aber keine Argumente. Sobald sich seine Mutter etwas in den Kopf gesetzt hatte, gab es nur wenig, um sie davon abzubringen.

„Ich begleite dich, ma chérie." Geoffrey zog seine Frau an sich, gleichzeitig zwinkerte er Maurice zu. „Damit ist sichergestellt, dass sie ihn am Leben lässt."

Den restlichen Abend vermieden sie das Thema, stattdessen unterhielten sie sich über Bücher, Musik und die alte Zeit.

Charlie genoss es, den Geschichten vom Hofe Ludwigs zu lauschen, zumal sie ja wusste, dass es sich um Anekdoten handelte, die Adeline selbst erlebt hatte.

„Einmal durfte ich mitbekommen, wie der König, meine Schwiegermutter höflich, allerdings sehr energisch zurückwies. Er flüsterte ihr zu, dass sie ihn mit ihrer Leibesfülle erdrücken würde." Adeline lachte leise. „Du musst wissen, dass Madame de Montespan sich wie ein echtes Miststück verhielt, das auch vor Giftmorden kaum zurückschreckte. Sie hatte durch ihre vielen Schwangerschaften enorm zugenommen, hielt sich aber immer noch für die Schönste im Land."

Geoffrey nickte leicht. „Ja, meine Mutter war niemand, auf den ich stolz war. Im Gegenteil, sie hat mir geschadet, wo sie konnte. Selbst die mittlerweile als Tatsache angenommene

Lüge, dass ich feige den Feind entkommen ließ, stammt von ihr." Er seufzte leise. „Sie war gierig und ich verweigerte den Gehorsam, als sie von mir verlangte, dass ich sie unerkannt in Versailles wohnen lassen sollte. Deshalb habe ich ihre Möbel aus dem Fenster geworfen."

„Wow, dagegen sind meine Eltern richtige Schätze. Sie haben lediglich den Kontakt abgebrochen." Charlotte sah ihn mitleidig an. „Es muss enorm schwer gewesen sein, damals. So viele wollten dich tot sehen, weil du in ihren Augen keinen Wert hattest."

Lächelnd schüttelte Geoffrey den Kopf. „Ja und nein, es gab auch sehr schöne Augenblicke. Man schreibt Madame de Montespan zu, dass sie es durchgesetzt hat, mich zum Vormund meines Neffen zu machen, aber das war Louis' Wille. Ihm war es wichtig, dass sein Enkel beschützt wird, das hat er mir zugetraut. Wir unterhielten ein gutes Verhältnis, wenigstens für die damalige Zeit."

Charlotte überlegte einen Moment. „Man erzählt sich, dass der König einen Wutanfall bekommen hat, weil du vor dem Feind geflüchtet bist. Was ist damit?"

„Der Ausbruch galt der Montespan, die sich in den Feldzug eingemischt hatte. Sie hatte sich einen neuen Liebhaber gegönnt, der sich als Spion entpuppt hat. Ohne es zu wissen, verriet sie ihm die wichtigsten Details. Louis wollte ihr den Kopf abschlagen, aber ich habe die Schuld auf mich genommen." Er zuckte verlegen mit den Schultern. „Sie war immerhin meine Mutter."

„Du bist einfach zu gut für diese Welt, mein Herz." Adeline lehnte sich verliebt an ihn. „Sie war ein Ungeheuer, das nur auf den eigenen Vorteil bedacht war."

„Darf ich noch eine Frage stellen?“ Aufmerksam betrachtete Charlie das Paar.

„Natürlich, was möchtest du denn wissen?“ Geoffrey lächelte ihr offen zu.

„Es ist ein wenig intim. In den Geschichtsbüchern steht, dass ihr zu der Ehe gezwungen wurdet. Ihr seht allerdings eher wie ein echtes Liebespaar aus.“

Jetzt lachte Adeline laut auf. „In der Tat war ich am Anfang enorm sauer, dass ich ausgerechnet den Sohn der Montespan heiraten musste. Sie wurde zwar nie im Zusammenhang mit meinem zukünftigen Mann genannt, trotzdem wusste jeder Bescheid.“ Sie schmunzelte versonnen. „Schon beim ersten Treffen hat es gefunkt, aber wir hielten uns bedeckt. Eine Liebesheirat war damals verpönt.“

„Das freut mich sehr für euch. Ihr musstet so viel mitmachen und in der Geschichte kommt ihr auch nicht so sonderlich gut weg.“ Charlie zuckte leicht mit den Schultern. „Wahrscheinlich ist das normal, sobald man mächtige Neider hat.“

„Das stimmt in der Tat, allerdings verdanken wir unserem schlechten Ruf in erster Linie der Tatsache, dass wir am Ende doch glücklich geworden sind. Das war unerhört von uns.“ Geoffrey lachte, gleichzeitig drückte er seine Ehefrau an sich. „Was würden sie erst sagen, wenn sie wüssten, was wirklich passiert ist.“

„Ich hoffe, euch bleibt die üble Nachrede erspart und ihr dürft euer Glück einfach genießen“, mischte sich Adeline ein.

„Darauf trinken wir.“ Maurice hob sein Glas, lächelte Charlotte zu, anschließend stieß er mit ihr an. „Auf dich, die Frau, die mein Herz tanzen lässt.“

Kapitel 19 - Veränderungen

„Denkst du tatsächlich, dass Miller etwas für mich empfindet?“ Charlie sah ihren Freund an, als sie am nächsten Morgen gemeinsam frühstückten.

Ernst nickte Maurice. „Ja, leider, andernfalls wäre ich in der Lage, ihm den Umgang mit dir zu verbieten.“

Einen Moment herrschte Stille, ehe sie ihn erneut ansah. „Aber er macht keinen Hehl daraus, dass er mich für eine Hure hält. Das hört sich für mich nicht gerade nach der großen Liebe an.“ Irgendwie konnte sie sich nur schwer vorstellen, dass dieser Kerl ehrliche Gefühle für sie hegte.

Maurice überlegte, ließ die Szenen, in denen Matthias Charlotte angegangen war, Revue passieren, bis er leise brummte. „Es reichen starke Emotionen, um die Manipulation abzuschwächen. Er hasst dich.“

Bei der Erklärung zuckte sie zusammen. „Aber warum? Ich habe ihm nie etwas getan.“ Sie kannte ihn ja nur oberflächlich.

„Du hast ihn abgelehnt, das verkraftet er kaum. Außerdem schlägst du seine Warnungen in den Wind.“ Er seufzte. „Miller ist jemand, der sich für enorm wichtig hält. Sobald ihn ein anderer Mensch infrage stellt oder ihm ablehnend begegnet, ist sein Ego verletzt. Er glaubt von sich, dass er eine führende Koryphäe ist.“

Das passte hervorragend zu dem Bild, das sie sich selbst von dem Mann gemacht hatte. „Er ist ein Idiot“, murmelte sie, ehe sie einen Schluck von ihrem Kaffee trank.

„Ja, aber ein gefährlicher. Wir dürfen ihn keineswegs unterschätzen.“ Maurice hob ihr Kinn mit dem Handrücken an. „Pass bitte gut auf dich auf, ich brauche dich.“

Lächelnd beugte sie sich vor, küsste ihn, anschließend räumten sie gemeinsam den Tisch ab.

„Ich muss los“, bemerkte sie mit einem Blick auf die Uhr. Auf keinen Fall wollte sie an ihrem ersten Tag zu spät kommen.

„André fährt dich.“

Allein an seiner Stimme hörte sie, dass er sich auf keine Diskussion mehr einlassen würde, weshalb sie grummelig zustimmte. Kurz darauf saß sie neben dem Vertrauten ihres Freundes im Mercedes.

~~°~~

„Wir müssen etwas gegen Miller unternehmen“, bemerkte Adeline am frühen Abend, als sie gemeinsam mit ihrem Mann bei ihrem Sohn angekommen war.

„Die Frage ist nur: Was?“ André sah von einem zum anderen.

Wie versprochen hatte Maurice den Freund gebeten, zu bleiben, sobald seine Eltern zurückkamen, woraufhin dieser gerne zugestimmt hatte.

„Wir könnten ihn bei einem unserer Gerichte anzeigen“, schlug Geoffrey vor, doch sofort schüttelte der Rest der Gruppe die Köpfe.

„Du weißt genau, dass die Beweise kaum ausreichen, zumal Charlotte sich keine Hilfe bei der Polizei geholt hat." Maurice verzog mürrisch das Gesicht. „Darüber hinaus werden sie nur tätig, wenn er einen von uns angreift."

Das stimmte, allerdings wollten sie keineswegs abwarten, bis der kleine Scheißer tatsächlich einen Vampir eingefangen hatte.

„So wie ich es sehe, bleibt uns erst einmal nichts anderes übrig, als auf Charlotte aufzupassen." André zuckte leicht mit den Schultern. „Vielleicht verliert er irgendwann die Geduld."

Sofort knurrte Maurice leise. „Wer weiß, was ihm dann einfällt. Ich lasse nicht zu, dass er in einer Kurzschlussreaktion meine Gefährtin verletzt." Er sah zu seinem Freund rüber. „Ich vertraue dir und glaube, dass du alles tust, um sie zu beschützen, aber einem Schuss aus dem Hinterhalt hast du kaum etwas entgegenzusetzen."

„Was hätte er davon, wenn er Charlotte tötet?" Adeline überlegte kurz. „Natürlich könnte es möglich sein, dass er daraus Genugtuung zieht, dich leiden zu sehen. Wir wissen allerdings, dass er andere Ziele verfolgt."

„Richtig, trotzdem halten wir meine Kleine raus." Maurice biss die Zähne zusammen und in seinen Augen erschien ein wütendes Funkeln.

„Beruhige dich, mein Sohn, wir werden sie auf keinen Fall gefährden", beruhigte Geoffrey ihn sofort. „Dennoch behagt mir der Gedanke nicht, dass wir nur abwarten. Im Prinzip kann er sie ganz einfach tagsüber abfangen."

„So leicht wie letzte Woche ist es nicht mehr." André lächelte. „Bertrand hat ihn als privilegierten Gast angesehen, das gilt wohl kaum für die Direktoren der Opéra Garnier."

„Ich würde ihn so gerne in die Mangel nehmen, leider sind mir die Hände gebunden." Adelines Augen verfärbten sich rot, als sie an den impertinenten Kerl dachte, der ihrer Familie Schwierigkeiten bereitete.

Maurice sah sie warnend an. „Du hast dein Ehrenwort gegeben, dass du dich nicht sehen lässt."

„Aber du hast zugestimmt, dass ich ausprobieren darf, ihn zu manipulieren." Triumphierend hob sie den Kopf. „Da muss ich ihn wohl treffen. Keine Sorge, ich werde ihn das Zusammentreffen wieder vergessen lassen." Sie zwinkerte ihrem Sohn vergnügt zu, denn auf diesen Schlagabtausch freute sie sich enorm.

In einer verzweifelten Geste hob Maurice die Hände, nur um gleich darauf zu resignieren. „Du tust ja eh, was du willst, richtig?"

„Ganz genau, mon fils. Ich beschütze die, die ich liebe." Offen begegnete sie seinem Blick. „Das tut jede gute Mutter."

Bei den Worten schlich sich ein Lächeln auf sein Gesicht, im Grunde wollte er sie nicht anders haben.

„Wir tasten uns an ihn heran. Zuerst versuchen wir, ihn zu manipulieren." Geoffrey hob eine Hand, als sein Sohn ansetzte, um ihm zu widersprechen. „Es kann sein, dass deine Wut dich unkonzentriert werden lässt."

Mürrisch gab Maurice ihm recht, die Möglichkeit war gegeben, obwohl er sich meistens unter Kontrolle hatte.

„Sollte das nicht funktionieren, müssen wir es in Betracht ziehen, unsere Regierung einzuschalten", fuhr er fort.

Adeline runzelte unwillig die Stirn. „In dem Fall brauchen wir aber etwas Handfestes. Der Vorwurf der sexuellen Belästigung greift nur bedingt, weil es sich um eine Gefährtin handelt. Haben wir noch mehr?"

„Er hat gedroht, mich unschädlich zu machen, mir sogar geraten, in die Sonne zugehen." Maurice verzog spöttisch das Gesicht. „Leider ist das genauso wenig ein Grund, ihn wegzusperren. Niemand glaubt, dass er gegen mich eine Chance hat."

„Uns bleibt nur, ihn weiterhin zu beobachten", fasste André zusammen. „Irgendwann wird ihm der entscheidende Fehler unterlaufen, darauf können wir uns verlassen."

Die Aussicht gefiel Maurice überhaupt nicht, doch auch er sah keinen anderen Weg, ein Mord kam für ihn kaum infrage.

„Ich finde deine Gefährtin übrigens sehr charmant. Sie muss nur noch lernen, dass jeder mal eine Fehlentscheidung trifft." Adeline strahlte über das ganze Gesicht, als sie an den gestrigen Abend dachte. „Wann ist ihr erster Auftritt?"

Maurice stimmte ihr stolz zu. „Ja, da gebe ich dir absolut recht. Am Freitag singt sie im Chor."

„Ist sie nicht gut genug für eine Solopassage?", fragte Adeline ungläubig.

„Doch, aber sie hat mir verboten, irgendjemanden zu manipulieren, um eine Rolle zu bekommen." Jetzt verdüsterte sich seine Miene. „Deshalb muss sie sich zuerst einmal hocharbeiten."

„Das ist vollkommen richtig so. Außerdem tut es ihrem Selbstbewusstsein gut, wenn sie es alleine schafft", mischte sich Geoffrey ein.

„Bitte, Papa, fang du nicht auch noch an. Sie hat es in ihrem Leben alles andere als leicht gehabt, was ist daran falsch, ihr ein wenig unter die Arme zu greifen?" Wie gerne würde er ihr einfach jeden Stein aus dem Weg räumen, andererseits verstand er sie sehr gut.

„So wie ich die Sache sehe, hast du ihr bereits geholfen." Sein Vater schmunzelte. „Zumindest auf eine Art, auf die normale Menschen ebenso zurückgreifen können."

Andrés Handy klingelte und kurz darauf machte er sich auf den Weg, um Charlotte von ihrer ersten Probe abzuholen. Da es gerade dämmerte, wollte keiner der Vampire ein Risiko eingehen, außerdem hatte Charlie sich ausgebeten, dass Maurice Zeit mit seinen Eltern verbrachte.

~~°~~

„Wie war es?"

Gespannt richtete sich die Aufmerksamkeit auf sie, als sie mit einer Tasse Kaffee auf der Couch saß. „Anstrengend, aber wundervoll. Ich habe mit Monsieur Neeb gesprochen, wegen meiner Vergangenheit." Sie versteckte sich kurz hinter der Kaffeetasse. „Er meinte, das sei kein Problem. Das Lido war besser angesehen, als ich dachte. Die Tänzerinnen mussten einiges können." Ihre Stimme hörte sich verwundert an, da sie sich selbst nie in einem besonderen Licht gesehen hatte. Für sie war es einfach Glück gewesen, zumindest in ihrer damaligen Situation.

Maurice drückte sie an sich. „Das habe ich dir doch gesagt. Du hast dich all die Jahre umsonst bestraft." Zärtlich nahm er ihr die Tasse aus der Hand, um sie liebevoll zu küssen.

„Aktuell bekomme ich noch Einzelstunden, unter anderem für den Fall, dass ich die Norina tatsächlich spielen muss." Sie strahlte, denn der erste Tag hatte ihr bewiesen, dass es die Wirklichkeit und kein Traum war.

„Das hört sich fantastisch an. Wir werden am Freitag natürlich zur Aufführung gehen." Adeline blickte sie stolz an. „Wenn ein Familienmitglied in der ehrwürdigen Opéra Garnier auftritt, lass ich mir das keineswegs entgehen."

Dankbar nickte Charlie ihr zu. „Das ist so lieb von dir, aber ich singe lediglich im Chor mit."

Adeline winkte lachend ab. „Das ist kein Grund, deinen Part kleinzureden, nur die Besten bekommen ein Engagement in dieser Oper." Sie überlegte einen Moment. „Das hat sich in all der Zeit wohl kaum geändert."

„Du übertreibst." Charlotte konnte nur schwer glauben, dass sie so gut sein sollte. Die Jahre im Drôle d´oiseau hatten ihre Spuren hinterlassen. Bei dem Gedanken sprang sie auf. „Mon dieu, ich habe vergessen, Bertrand anzurufen." Egal, was sie von ihrem ehemaligen Chef dachte, sie würde nicht einfach nur von der Arbeit wegbleiben. Eilig lief sie ins Schlafzimmer, wo sie ihr Handy liegengelassen hatte, als sie sich nach der Probe umzog. Mit dem Gerät am Ohr ging sie im Raum auf und ab.

„Ah, Madame de Chenonceau meldet sich auch endlich mal. Du bist zwei Stunden zu spät. Falls du dich krankmelden willst, kannst du direkt für immer zu Hause bleiben." Natürlich hielt sich Bertrand nicht mit Höflichkeiten auf.

„Das trifft sich gut, ich rufe nur an, um zu kündigen. Au revoir." Sie wollte auflegen, als der Mann sie stoppte.

„Was soll das heißen? Lässt du dich jetzt doch von Leblanc aushalten?" Sie hörte deutlich, dass er auf der Lauer lag. Sollte sie seine Annahme bestätigen, kam er ganz gewiss mit seinen Forderungen um die Ecke.

„Nein, ich habe tatsächlich einen neuen Arbeitsplatz gefunden. Deshalb auf nimmer Wiedersehen.“ Irgendwas sagte ihr, dass er ein weiteres Argument hervorbringen würde, weshalb sie noch nicht auflegte.

„In dem Fall bekomme ich tausend Euro von dir, für die Kostüme, die wir extra für dich haben schneidern lassen.“ Bertrands Stimme überschlug sich vor Freude. Endlich konnte er ihr die Demütigungen der letzten Zeit heimzahlen.

Fast hätte sie gelacht, aber dazu kannte sie den Mistkerl zu gut. „Du redest von den Fetzen, die alle tragen? Das gehört zur Arbeitskleidung, wie du oft genug betont hast.“ Jetzt duzte sie ihn deutlich, was sie vorher vermieden hatte. „Auf keinen Fall werde ich dir auch nur einen Cent bezahlen. Du kannst froh sein, wenn ich dich nicht wegen deiner illegalen Geschäfte anzeige.“ Ihre Stimme war immer lauter geworden. „Lass Chantal doch meinen Part singen.“ Damit legte sie endgültig auf, um zu den anderen zurückzugehen. „Der ist wohl völlig übergeschnappt“, murmelte sie.

Maurice packte sie am Handgelenk, um sie neben sich zu ziehen. „Was hat dich so verärgert, mein Herz?“

Sein Blick sagte ihr deutlich, dass er keine Ausrede akzeptieren würde. „Er wollte tausend Euro von mir für die Kostüme, die ich tragen musste.“ Seufzend lehnte sie sich gegen ihn. „Aber ich habe ihm die Meinung gesagt.“

Adeline lächelte nur grimmig, insgeheim nahm sie sich vor, dem Kerl eine Manipulation zu verpassen, die sich gewaschen hatte. Der Schweinehund würde nie wieder eins seiner Mädchen zur Prostitution überreden.

„Maman? An deinem Gesichtsausdruck erkenne ich genau, dass du etwas planst.“ Alarmiert betrachtete Maurice seine Mutter.

Betont unschuldig zuckte diese mit den Schultern. „Ich habe keine Ahnung, was du meinst. Ich freue mich lediglich, dass die Sache geklärt ist.“

Jetzt lachten die Männer auf.

„Das glaubt dir hier niemand, außer Charlotte, die dich noch nicht gut genug kennt.“ Geoffrey zog seine Frau an sich. „Du wirst später in das Etablissement gehen, n'est-ce pas?“

„Das könnte passieren, da wir ja nach Miller suchen“, gab sie mit einem schelmischen Schmunzeln zu. „Dabei möchte ich ein wenig für Ordnung sorgen. Dieser Bertrand nimmt sich einfach zu viel heraus.“

Charlie lachte leise. „Das würde ich gerne sehen, aber ich befürchte, dass euer Plan schief geht, sobald Matthias mich in eurer Begleitung sieht.“

Adeline überlegte kurz, ehe sie den Kopf schüttelte „Er muss ja nicht wissen, dass wir uns kennen. Maurice hat sich mittlerweile so verändert, dass der Kerl keinen Zusammenhang zwischen uns findet. Lasst uns also einen schönen Abend im Varieté verbringen. Ich wette, wir werden eine Menge Spaß haben.“

Die Männer ließen sich nur widerwillig auf den Vorschlag ein, im Gegensatz zu Charlotte, die sich darauf freute, ihrem ehemaligen Chef eins auswischen zu können.

Sie verabredeten, dass Maurice' Eltern in ihrem Leihwagen zu dem Lokal fuhren, während der Rest den Mercedes nahm.

Unterwegs lächelte Charlie glücklich vor sich hin wie ein kleines Kind. „Ich bin normalerweise nicht bösartig, aber die Abreibung hat Bertrand sich ehrlich verdient.“ Sie rieb die Hände aneinander, dabei überlegte sie, dass diese Aktion auch ihren Kolleginnen das Leben leichter machte.

„Es zieht Aufmerksamkeit auf uns", bemerkte Maurice besorgt. „Außerdem müssen wir davon ausgehen, dass Miller dort ist. Er hat vermutlich keine Ahnung, dass du einen neuen Arbeitsplatz gefunden hast."

Bei der Aussage musterte André seinen Freund über den Rückspiegel. „Denkst du wirklich, dass er aufs Spionieren verzichtet hat?" Er schüttelte nachdenklich den Kopf, als er sich wieder auf den Verkehr konzentrierte.

„Ich habe ihm da keine Chance gegeben. Er könnte natürlich das Hotel beobachtet haben, aber er kam nicht hinein, ohne dass ich es erfahren hätte." Maurice ließ besonders den Flur vor seiner Suite überwachen, um keine unliebsamen Überraschungen zu erleben. „Wir sehen ja gleich, ob er im Publikum ist."

„In dem Fall sparen wir uns Zeit, denn deine Eltern wollen ihn ja manipulieren." Charlotte lächelte still vor sich hin, für sie entwickelte sich alles zum Besten. „Deshalb fahren wir doch auch hin."

„Ja, leider, ich befürchte nur, dass maman die Contenance verliert, sobald sie Matthias sieht." Maurice seufzte leise. Sie war in ihrer anderen Form ein atemberaubender Anblick, ein strahlender Vamp, der jeden in seinen Bann zog, ob sie wollte oder nicht. Ihre Haut schimmerte hell, ihre Lippen färbten sich blutrot, während ihre Augen ein dunkles Braun annahmen, im Gegensatz zu ihrem Sohn. Die kleinen Fältchen glätteten sich, gleichzeitig verströmte sie einen Duft, dem keiner widerstehen konnte. „Sie wird zu einem wunderschönen Geschöpf, das allerdings leider äußerst emotionslos ist. Nur ihre Familie interessiert sie dann noch", erklärte er in Charlottes Richtung.

André pflichtete ihm bei. „Ja, sie ist in der Form nur schwer unter Kontrolle zu halten, besonders, da sie weiß, dass Bertrand dir geschadet hat.“

Jetzt bekam auch Charlie ein mulmiges Gefühl. „Sie wird ihn doch nicht umbringen, oder?“

„Normalerweise spielt sie nur mit ihren Feinden, dabei bricht sie ihren Willen. Davon erholen sich die wenigsten.“ Maurice zuckte leicht mit den Schultern. „Dein Chef hat es herausgefordert, darum mache ich mir keine Gedanken. Aber die Aufmerksamkeit, die so eine Aktion auf uns zieht, ist meistens das Problem.“

„Sollen wir nach Hause fahren? Ich könnte sagen, dass es mir übel geworden ist“, schlug sie jetzt vor, da ihr schlechtes Gewissen ihr zu schaffen machte. Natürlich hatte Bertrand eine Abreibung verdient, nur wollte sie ihrer neuen Familie auf keinen Fall schaden.

„Nein, das durchschaut sie sofort, außerdem ist mein Vater dabei. Er hat schon immer das Schlimmste verhindert.“ Maurice tätschelte ihr beruhigend den Arm. „Es tut mir leid, dass ich dir den Spaß verdorben habe. Du solltest den Abend genießen. Alles andere überlasse ruhig uns.“

Das war einfacher gesagt als getan.

Eine Viertelstunde später parkte André den Wagen, ehe sie sich zu Fuß auf den Weg machten.

Vor dem Varieté blieb Charlotte stehen, sie freute sich, dass dieser Teil ihres Lebens vorbei war, trotzdem überkam sie ganz kurz Wehmut. Einige Kolleginnen hatte sie tatsächlich ins Herz geschlossen.

„Du bereust deinen Schritt doch nicht, oder?“ Maurice legte einen Arm um sie, während er sie eindringlich ansah.

„Nein, auf gar keinen Fall, aber ich werde die eine oder andere Kollegin vermissen“, gab sie offen zu, bevor sie die Schultern straffte. „Was soll ich sagen, wenn Bertrand mich fragt, weshalb ich hergekommen bin?“ Darüber hatte sie sich so gar keine Gedanken gemacht.

„Behaupte einfach, dass du dich verabschieden willst.“ Ihr Gefährte lächelte ihr zu. „Dabei kannst du deinen Leuten auch gleich mitteilen, wie sie dich künftig erreichen.“

Langsam schüttelte sie den Kopf. „Nein, ich möchte den Teil abschließen. Ich hatte nie eine innige Beziehung zu ihnen, es beschränkte sich lediglich auf die Arbeit.“ Sie wusste, dass keine der Tänzerinnen gezwungenermaßen hier auftrat, daher gab es nichts, was sie für sie tun konnte. Sogar Babette hatte ihr einmal erklärt, dass sie keinen anderen Job haben wollte.

„Lasst uns reingehen, bevor dein ehemaliger Chef auf uns aufmerksam wird.“ André öffnete ihnen die Tür, lächelte Charlie aufmunternd zu, anschließend betrat er hinter ihr das Varieté.

Sofort kam Bertrand auf sie zu. „Hast du es dir überlegt?“ Gehässig musterte er sie. „Tut mir leid, aber du bist zu alt für meine Bühne.“

Bei dem Auftritt hätte sie beinahe laut aufgelacht, doch sie sah ihn nur mit ihrem arrogantesten Blick an. „Ich bin gekommen, um mich zu verabschieden. Außerdem wollte ich von dir hören, dass du dir einen Scherz erlaubt hast, als du über die Bezahlung der Kostüme gesprochen hast.“

Bertrand setzte gerade zu einer bösartigen Antwort an, als er Maurice bemerkte, der sich bis dahin zurückgehalten hatte. Jetzt trat er neben seine Liebste, legte einen Arm um sie, dabei sah er den Mann kalt an. „Mir ist zu Ohren gekommen, dass Sie eine Entschädigung von meiner Verlobten gefordert haben.

Angeblich war es Ihre Vermittlung, die uns zusammengebracht hat." Er zog den Kerl, der mittlerweile zitterte, mit seinem Blick in seinen Bann. „Das war ein dummer Witz, richtig?"

Sofort stimmte Bertrand zu, wobei er dieses Mal keineswegs manipuliert wurde, sondern vor Angst schlotterte. „Selbstverständlich, Monsieur Leblanc, ich würde doch niemals eine solche Bezahlung verlangen. Die Kostüme werden natürlich zur Verfügung gestellt. Leider hat die liebe Charlotte mich falsch verstanden."

Charlie lachte spöttisch auf. „Was auch sonst. Gut, dass wir das geklärt haben, dann kann ich mich ja von den Mädels verabschieden." Sie wollte sich gerade auf den Weg zur Garderobe machen, als Chantal die Bühne betrat. Neugierig sah sie zu der ehemaligen Kollegin rüber, da es unüblich war, dass ein Solo vor der Einstiegsnummer dargeboten wurde.

„Mesdames et Messieurs, ich muss Ihnen leider mitteilen, dass Madame de Chenonceau uns verlassen hat. Sie war aufgrund ihres Alters und der Gesundheit nicht länger tragbar."

Bei der Ansage blieben Charlotte die Worte im Hals stecken, noch ehe sie ihre Fassung wiedergewonnen hatte, knickste die falsche Schlange, um sofort wieder zu verschwinden. „Das stelle ich klar." Ohne weiter zu überlegen, schob sie ihren ehemaligen Chef zur Seite. „Wir unterhalten uns später", zischte sie ihm zu, woraufhin er nur leicht nickte.

Eilig drängte sie sich zwischen den Kolleginnen durch, die bereits für die erste Nummer Aufstellung genommen hatte, lächelte ihnen zu, und betrat die Bühne. „Es tut mir leid, dass ich Sie störe, allerdings möchte ich die Ansage von Chantal Bertrand klarstellen. Ich habe gekündigt!" Gerade als sie den Grund erklären wollte, fiel ihr Blick auf Miller, der sie höchst erstaunt ansah. „Es lag keineswegs an meinem Alter oder meiner Gesundheit. Und nun wünsche ich Ihnen einen schönen Abend." Mit klopfendem Herzen ging sie zum Gang vor der Garderobe, dabei fluchte sie leise vor sich hin. Weshalb hatte sie nicht besser nachgedacht?

„Das war zwar unüberlegt, aber sehr beeindruckend." Maurice nahm sie fest in seine Arme. „Warum zitterst du?"

„Ich habe alles verdorben. Jetzt weiß Miller Bescheid", flüsterte sie den Tränen nahe. „Er sitzt wie immer im Publikum."

Ihr Liebster lachte vergnügt. „Das trifft sich gut, allerdings hat er auch nicht mehr Informationen als vorher. Die Tatsache, dass du hier keine weiteren Auftritte absolvierst, hat er ja bereits von der neidischen Schlange erfahren."

Charlotte schmiegte sich an ihren Freund, auf der einen Seite hatte es sich gut angefühlt, für sich selbst einzustehen, andererseits war sie dermaßen daran gewöhnt, sich bedeckt zu halten, dass sie jetzt Angst vor der eigenen Courage hatte. „Ich befürchte, dass ich wieder einen Fehler gemacht habe", gab sie leise zu.

„Absolut nicht, ma petite. Du hast genau richtig gehandelt, es ist höchste Zeit, dass du für dich einstehst und dir solche Attacken nicht länger gefallen lässt." Er schob sie ein Stückchen von sich, damit sie ihm in die Augen sehen konnte. „Überlass Miller uns."

Mit einem tiefen Atemzug nickte sie ihm zu. „Dann denkst du, dass ich Chantal die Meinung sagen sollte?"

„O ja, auf jeden Fall, ich habe sie singen gehört und irgendjemand muss ihr endlich mitteilen, dass sie sich für diese Arbeit einfach nicht eignet." Er verzog gequält das Gesicht.

„Ihre Darbietung grenzt an Körperverletzung. Darüber hinaus hat sie eine Abreibung verdient."

Lachend lehnte sie sich an ihn, anschließend gingen sie zu André zurück, um sich die Eröffnungsnummer anzusehen.

Wie erwartet kam Chantal aus dem Takt, rempelte ihre Kolleginnen an und an ihrer Miene erkannte man deutlich, dass sie die Schuld bei den anderen suchte. Ihr Solo war unerträglich, was auch die meisten Besucher so empfanden, einige flüchteten sogar auf die Toilette.

„Ich gehe mich verabschieden", erklärte Charlie mit einem Zwinkern, nachdem die Tortur vorbei war.

Maurice nickte ihr mit einem zärtlichen Lächeln zu, anschließend machte sie sich auf den Weg in die Garderobe.

„Hey, ich wollte Auf Wiedersehen sagen." Sie blieb an der Tür stehen, als sie sah, dass Chantal ihren Schminktisch belegt hatte. „Außerdem nehme ich meine Sachen mit." Sie deutete auf die Utensilien, von denen die Gans sich reichlich bediente.

„Zick nicht so rum, ich habe mir nur ein wenig Make-up geliehen." Chantal sah sie hochmütig an. „Du hast deinen Platz ja endlich geräumt und mit deinen Schmerzmitteln kann ich kaum etwas anfangen."

Ohne eine Miene zu verziehen, packte Charlotte ihre Schminksachen in einen Beutel, der auch in einer Schublade lag, anschließend drehte sie sich zu der Zimtzicke um. „Deine Ansage war eine Lüge, das wissen jetzt alle. Leider hat dir nie einer gesagt, dass du weder als Tänzerin noch als Sängerin gut bist. Dein Gesang hört sich an, als ob man einer Katze auf den Schwanz tritt und ein Elefant bewegt sich eleganter als du." Sie lächelte die ehemalige Kollegin dermaßen freundlich an, dass diese einen Moment brauchte, um die Beleidigung zu verstehen. Ehe sie etwas antworten konnte, hob Charlie auch schon eine Hand. „Gern geschehen, jemand musste dich aus der Zwangslage befreiten. Jetzt kannst du dir einen Job suchen, der zu dir passt. Vielleicht Rausschmeißer in der Diskothek, die brauchen weder Benehmen noch Eleganz."

Die restlichen Tänzerinnen verkniffen sich mühsam das Lachen, während Chantal mit offenem Mund vor ihr stand.

„Ich hoffe, du hast einen guten Arbeitsplatz gefunden." Babette kam zu ihr, um sie zu umarmen. „Du siehst jedenfalls sehr glücklich aus. Ich freue mich mit dir."

„Danke, ja es sieht ganz danach aus, dass sich mein Blatt wendet." Sie dachte an ihre erste Probe und ein unbeschreibliches Glücksgefühl keimte in ihr hoch. „Mein großer Traum ist wahr geworden. Ich singe im Chor des Palais Garnier." Sie sprach leise, dabei hoffte sie, dass lediglich Babette sie verstand.

Eine nach der anderen umarmte sie, wünschte ihr alles Gute, ehe die nächste Nummer begann, nur Chantal stand wütend am Rand, während sie überlegte, was sie gegen die Feindin unternehmen könnte. Leider fiel ihr so überhaupt nichts ein. Monsieur Miller betrachtete sie nur wie ein ekliges Insekt, das er am liebsten zerquetschen würde, sich mit ihm zu verbünden, kam daher kaum infrage.

Kapitel 20 - Ein besonderer Feind

Mit einem lachenden und einem weinenden Auge ging Charlotte zu Maurice zurück, der angespannt auf seine Mutter sah. „Was ist los?"

„Nichts, das macht mich ja gerade nervös." Er deutete mit dem Kinn auf seine Eltern. „Sie sitzen dort, als ob sie einen vergnüglichen Abend hätte, dabei haben sie Matthias ganz bestimmt schon gesehen."

Schmunzelnd stieß sie ihn mit der Schulter an. „Gib ihr ein wenig Zeit. Du hast doch selbst gesagt, dass sie sich zurückhalten soll."

„Das ist richtig, nur bisher hat sie sich noch nie an meine Vorgaben gehalten. Sie ist zuweilen extrem eigensinnig." Während er leise seufzte, lachte André auf.

„Das ist die Untertreibung des Jahres. Adeline ist ein Schatz, nur sollte man sie nicht verärgern. Ein ganz dummer Fehler ist es, gegen ihre Familie zu gehen." Schmunzelnd schüttelte er den Kopf. „Keine Ahnung, was Miller sich dabei gedacht hat."

Sie setzten sich an einen Tisch, orderten eine Flasche Wein, bei dem sie vermieden ihn zu trinken. Das Zeug war so sauer, dass es einem die Fußnägel hochrollte.

„Was hat sie vor?", murmelte jetzt auch noch André, als Adeline Bertrand zu sich bitten ließ.

Am Anfang sah es so aus, als ob sie tatsächlich mit ihm flirtete, doch plötzlich drehte er sich mit einem glasigen Blick um und kam auf sie zu.

„Was zum ..." Weiter kam Maurice nicht, denn der Mann stand bereits vor Charlie, kniete sich hin, dabei sah er sie bittend an.

„Ich flehe dich um Verzeihung an. Es war meine Gier, die mich dazu getrieben hat, immer mehr zu fordern. Zuerst hast du genau die gleiche Arbeit leisten müssen, wie alle Tänzerinnen. Aber als ich erkannte, dass die Gäste dir zuliebe gekommen sind, bekamst du fast jeden Auftritt." Er hob leicht die Hände. „Es war genauso falsch von mir, dir deine Gage ständig später zu zahlen. Im Grunde bist du die beste Tänzerin und Sängerin, die ich jemals gehabt habe."

Charlotte war diese Geste unwahrscheinlich peinlich, zumal jetzt auch die anderen Besucher zu ihr sahen. „Steh einfach auf. Lass es gut sein. Ich weiß, dass du das nicht ernst meinst." Sie zog verzweifelt an seinem Arm, während die ersten Leute lachten.

„Nein, ich habe den Auftrag bekommen, dir endlich die Wahrheit zu sagen." Er blickte sie ununterbrochen an, dabei verschwand der glasige Blick, trotzdem blieb er vor ihr knien. „Ich wusste die ganze Zeit, was für ein Juwel mir in den Schoß gefallen ist, aber musste dich ja ausnutzen", gab er leise zu.

„Du machst dich und mich lächerlich. Kümmere dich um dein Geschäft", zischte Charlie ihm zu, als sich immer mehr Gäste zu ihnen umdrehten.

„Erst, wenn du mir verzeihst." Stur verharrte er vor ihr.

Sie verdrehte die Augen. „Ja, ich vergebe dir, allerdings will ich, dass du die anderen Tänzerinnen gerecht behandelst, was ihre Bezahlung einschließt. Du verlangst nie wieder eine Vermittlungsgebühr, verstanden?“

Sofort nickte er zustimmend. „Das habe ich bereits versprochen.“

Endlich stand er auf und Charlotte atmete durch. „Mach dich an deine Arbeit, du hast bestimmt genug zu tun.“

Maurice verkniff sich das Lachen, während André angestrengt auf sein Weinglas schaute.

„Was sollte das denn?“ Charlie sah kurz zu Adeline rüber, die zufrieden grinste.

„Sie hat ihm aufgetragen, dir die Wahrheit zu sagen. Außerdem hat er sich entschuldigt“, erklärte ihr Liebster amüsiert.

Abfällig stieß sie die Luft aus. „Das ist eine tolle Entschuldigung. Er wurde gezwungen, es kam kaum von Herzen.“

„Da wäre ich mir nicht so sicher.“ André lächelte ihr zu. „Adeline hat eine ganz besondere Art, ihre Befehle zu äußern. Glaub mir, er hat kein Wort geäußert, das er nicht so gemeint hat.“

Nachdenklich sah sie wieder zu Maurice’ Mutter rüber, die gerade heftig mit ihrem Mann flirtete. „Sie ist fantastisch.“ Lächelnd ließ sie den Blick über die anderen Gäste schweifen, bis sie Miller erkannte. Wie erwartet, behielt er sie ständig im Auge, dabei sah er sie so hasserfüllt an, dass sie sich leicht schüttelte.

„Ich habe dir gesagt, dass er starke Gefühle für dich hat.“ Ihr Liebster lehnte sich zu ihr, um sie leidenschaftlich zu küssen, woraufhin ihr ärgster Feind abfällig das Gesicht verzog.

„Trotzdem will er mich im Bett“, wandte sie ein, denn den Punkt verstand sie partout nicht.

André lachte. „Selbstverständlich, du siehst gut aus, außerdem wäre es eine Trophäe für ihn. Ein Beweis, dass er besser als sein Erzfeind ist.“

Voll Abscheu schüttelte sie sich. „Da bewahre mich Gott vor.“

Nach einer Weile beobachteten sie, dass Adeline aufstand, um zu Matthias zu gehen, dem sofort das Blut aus dem Gesicht wich. Natürlich erkannte er die Frau, die sich seit seiner Kindheit kein bisschen verändert hatte.

„Ich würde gerne hören, was sie sagt.“ Fast hätte Charlie sich gereckt, um ja keinen Moment zu verpassen.

„Das ist kein Problem, wir setzen uns einfach zu ihnen. Jetzt wird er kaum mehr flüchten, außerdem traut er sich das nicht.“ Maurice stand auf, hielt ihr eine Hand hin, so brachte er sie zu dem Tisch, an dem auch seine Mutter saß.

„Wir setzten uns zu euch, oder gibt es Einwände?“ Freundlich deutete er auf drei freie Plätze, woraufhin Adeline ihm zunickte.

„Der gute Matthias wollte das Lokal sofort verlassen, als er mich erkannt hat. Dabei ist er doch ein so interessanter Gesprächspartner.“ Sie lächelte honigsüß, allerdings auf eine Art, die jedem eine Gänsehaut bescherte.

„Du hast ihn gelähmt? Das ist sehr unfreundlich von dir“, tadelte Maurice sie mit deutlichem Spott in der Stimme.

Adeline lachte amüsiert. „Das ist richtig, aber es ist noch ungehöriger, sich einer Frau aufzudrängen, die einen offensichtlich nicht will.“ Jetzt verschwand jegliches Amüsement aus ihrer Miene. Ernst blickte sie den verängstigten Mann an. „Mittlerweile hast du sicherlich die Ähnlichkeit zwischen meinem Sohn und mir erkannt. Lass ihn und seine Leute in Ruhe, dann kommen wir alle sehr gut miteinander klar. Verstanden?"

Kurz wurden seine Augen glasig, doch sofort löste sich die Trance wieder auf, was sie erstaunte.

„Ich tue, was getan werden muss. Charlotte, ich habe dich oft genug gewarnt. Er spielt mit dir, ohne dir zu sagen, was er ist." Matthias dachte, dass er mit seinem Wissen einen Trumpf in der Hand hätte. „Trenn dich von ihm, solange du noch kannst."

„Vielleicht weiß ich mehr, als Sie annehmen, Monsieur Miller. Darüber hinaus verlange ich, dass Sie höflich bleiben. Ich erinnere mich nicht, Ihnen das Du angeboten zu haben." Eiskalt musterte sie ihn, obwohl sie ihn früher attraktiv gefunden hatte, fand sie ihn jetzt extrem abschreckend.

„Du hast gehört, was sie gesagt hat, halte dich an ihre Aufforderung." Adeline pikte ihn mit ihrem Zeigefinger in die Brust. Ihre Fingernägel verlängerten sich, außerdem liefen sie plötzlich spitz zu. „Sonst zeige ich dir erneut mein wahres Aussehen."

Sofort zuckte er zusammen, denn an den Moment erinnerte er sich noch sehr gut. Als Kind hatte er Albträume von der wunderschönen Frau mit den Vampirzähnen, die ihn am Hals gepackt hatte.

„Maman, beherrsch dich", zischte Maurice ihr zu, doch es war offensichtlich bereits zu spät. Stück für Stück veränderte sie sich, bekam etwas Strahlendes, das sich gleichzeitig eiskalt anfühlte. Zum Glück waren die anderen Gäste mit sich selbst beschäftigt, sodass niemand auf Adeline achtete.

Sogar Charlotte spürte, welche Gefahr von der Kreatur ausging, obwohl sie unglaublich schön war. Eilig rief sie sich in Erinnerung, dass es sich um Adeline handelte, besonders als diese ihr zuzwinkerte.

„Aber ich habe gerade so einen Spaß mit dem kleinen Matthias hier. Jetzt ist er kein Kind mehr, das ich nachsichtig behandeln muss.“ Sie ritzte mit dem Zeigefinger in seine Haut am Hals, sodass ein paar Tropfen Blut hervorquollen.

Miller schüttelte wild mit dem Kopf, gleichzeitig stieß er ein Quietschen aus, das einem Schwein glich.

„Du wirst meine Familie in Ruhe lassen, hast du das verstanden? Am besten du gehst zurück nach Amerika.“ Adeline sah ihn an, dabei stand in ihren Augen ein Versprechen, das dafür sorgte, dass er augenblicklich zustimmte.

„Ich gehorche, Madame“, flüsterte er.

„Das will ich dir auch raten, mit meiner Frau spielt man besser nicht. Man kann nur verlieren, wenn man sich ihren Wünschen widersetzt“, mischte sich Geoffrey ein, der zu ihnen an den Tisch trat. Er legte eine Hand auf Adelines Arm. „Komm, meine Liebe, du hast deinen Spaß gehabt und das Menschlein wird auf dich hören.“

Mit einem bedauernden Lächeln erhob sie sich, strich Matthias über die Wange, anschließend zuckte sie leicht mit den Schultern. „Du hast es gehört, jetzt liegt es an dir, wofür du dich entscheidest.“ Mit den Worten drehte sie sich zu ihrem Mann, der sie zurück zu ihrem Platz brachte.

Maurice stand schmunzelnd auf, half Charlotte hoch und nickte Miller gönnerhaft zu. „Ich hätte dir meine Mutter ja gerne früher vorgestellt, leider hat sich nie die Gelegenheit ergeben.“

Er tat so, als ob er überlegen würde. „Ach, du kennst sie ja bereits, mein Fehler. Ich denke, es ist alles gesagt, adieu."

Zu dritt verließen sie das Lokal, um zum Hotel zurückzufahren.

~~°~~

„Denkt ihr, dass es wirklich gereicht hat? Seine Augen sahen nur sehr kurz glasig aus." Charlie blickte von einem zum anderen, während sie von ihrem Café brûlot trank. Bei dieser Kaffeespezialität handelte es sich um eine Mischung aus Cognac, Gewürzen und Zucker, die Maurice anschließend gekonnt flambiert hatte.

Adeline zuckte mit den Schultern. „Das bleibt abzuwarten, aber du hast recht behalten, mon fils, er lässt sich in puncto Charlotte nicht manipulieren."

„Sein Blick hat genau gezeigt, dass er sie abgrundtief hasst. Mehr als uns Vampire." Geoffrey runzelte besorgt die Stirn. „Wir müssen sehr gut auf dich aufpassen, meine Liebe. Der Kerl ist zu allem fähig."

Dem stimmten die anderen zu, zumal jedem aufgefallen war, dass der Fanatiker es besonders auf sie abgesehen hatte.

„Können wir für heute das Thema auf Eis legen? Ich für meinen Teil habe genug Miller gehabt." Bittend sah sie in die Runde, woraufhin der Vorschlag sofort angenommen wurde.

„Erzähl mir bitte von deinem Auftritt am Freitag. Ich bin schon wahnsinnig aufgeregt." Adeline rutschte wie ein junges Mädchen auf ihrem Platz herum.

„Du bist aufgeregt, Maman? Aber Charlotte steht doch auf der Bühne." Maurice lachte.

„Ich war seit einer kleinen Ewigkeit nicht mehr in der Oper, außerdem gehört sie zu uns. Sie ist quasi meine Tochter, da fiebert man mit."

Die Worte berührten Charlie, sodass sie gegen die Rührung ankämpfen musste. Gerne kam sie dem Wunsch nach und erzählte von ihrem ersten Tag, der anstrengend gewesen war. „Zuerst hat Herr Neeb mich allen vorgestellt, was für mich eine große Erleichterung war. Ich konnte mir zwar nur einen Teil der Namen merken, aber sie sind dort sehr freundlich." Charlotte lächelte versonnen, denn im Palais Garnier gab es kein Konkurrenzdenken, sogar die Sopranistin, die die Norina spielte, hatte sie offen willkommen geheißen. „Es ist wundervoll. Meine Kostüme werden gerade angepasst, außerdem bekomme ich weitere Einzelproben, damit ich genau weiß, was von mir verlangt wird. Das heißt, falls ich mal einspringen muss." Ihre Augen strahlten, dabei unterstrich sie ihre Erzählung mit entsprechenden Gesten.

Maurice lehnte sich mit einem Cognac in der Hand bequem zurück, er liebte es, sie so glücklich zu erleben.

„Wir sollten uns langsam verabschieden. Der Tag war lang für dich, außerdem musst du wieder früh raus." Adeline ließ keine Argumente gelten, umarmte kurzerhand ihren Sohn, Charlotte und André, anschließend hakte sie sich bei ihrem Ehemann ein. „Wir sehen uns morgen Abend."

Auch André verabschiedete sich, als er bemerkte, dass Charlie verzweifelt versuchte, ein Gähnen zurückzuhalten. Die letzten Ereignisse forderten ihren Tribut, trotzdem hätte sie keine Sekunde verpassen wollen. Natürlich war abzuwarten, ob Miller tatsächlich klein beigab, doch sie wollte an ein Happy End glauben.

„Lass uns ins Bett gehen, du schläfst sonst noch im Sitzen ein.“ Maurice hob sie auf seine Arme, um sie ins Schlafzimmer zu bringen.

Zärtlich schmiegte sie sich an ihn. „Ich danke dir, du bist das Beste, was mir je passiert ist.“

Lächelnd küsste er sie auf die Stirn, anschließend setzte er sie auf der Matratze ab, doch sie verschwand sofort im Badezimmer.

Etwas später lag sie an ihn geschmiegt und schlief mit einem seligen Lächeln im Gesicht. Er selbst schätzte die Situation nicht ganz so rosig ein. Miller war ein Fanatiker, der wohl kaum so einfach Ruhe gab. Die Trance hatte viel zu kurz gedauert, um ihn richtig manipulieren zu können. Darüber hinaus behagte ihm der Gedanke nicht, dass dieser Kerl seine Kleine tatsächlich hasste.

Die nächsten Tage vergingen wie im Flug, tagsüber arbeitete Charlotte an ihrer Rolle, dabei fieberte sie dem Freitag entgegen. Abends trafen sie sich mit Adeline und Geoffrey, erkundeten Paris auf eine Weise, die sie sich niemals erträumt hätte. Immer wieder tauchten sie in die Geschichte ein, besichtigten die Sehenswürdigkeiten, wobei die beiden etliche Geheimgänge kannten, die sie auch nutzten. Anfangs fürchtete Charlie, dass man sie erwischen könnte, doch Adeline lachte nur. Niemand erinnerte sich an diese Gänge, die sie zu versteckten Räumen führten oder an Orte, die längst vergessen waren.

Am Mittwoch besuchten sie mitten in der Nacht den Louvre, was Charlotte niemals für möglich gehalten hätte.

„Du darfst nur nichts anfassen“, bemerkte Geoffrey schmunzelnd, als sie am Seineufer entlangliefen.

Zuerst gingen sie bis zur Pont du Caroussel, dort knackte Maurice das Schloss an einer Tür. Sie gelangten über einen Gang zurück an die Oberfläche, doch Geoffrey bog erneut ab, bis sie vor einem verrosteten Gitter anhielten. Es schien, als ob das Gittertor in den letzten hundert Jahren nicht bewegt worden war, sodass es niemanden verwunderte, als der Schlüssel perfekt passte.

Charlie hielt den Atem an, da sie sich denken konnte, dass es sich um eine vergessene Pforte handelte, nur glaubte sie, dass gerade hier alles Alarm gesichert war.

„Ganz ruhig, schon damals zur Zeit von Louis XIV. gab es diesen Eingang. Er führte direkt zur Seine und wurde leider auch dafür genutzt, unliebsame Leute loszuwerden“, erklärte Adeline in dem Augenblick. „Sie glauben, dass der Durchgang vor vielen Jahren verschüttet wurde, aber das ist ein guter Trick unseres Netzwerks.“

Jetzt sah Charlotte sie neugierig an. „Was meinst du damit?“

Maurice trat an ihre Seite, während sie sich in den engen Gang zwängten, bei dem sie über etliche Steine und Geröllhaufen klettern mussten. „Wir sind perfekt vernetzt, sodass wir unsere wahre Identität verschleiern können. Es gibt bei den Vampiren geniale Fälscher, Hacker, Schleuser, eben alles, was wir brauchen. Darüber hinaus kümmern sich einige Leute um die alten Fluchtgänge.“ Er zuckte kurz mit den Schultern. „Ich weiß, dass das illegal ist, allerdings geht es uns nicht darum, etwas zu stehlen, sondern zu überleben.“

Nachdenklich nickte sie, während er ihr über einen querliegenden Felsen half. Es war bestimmt notwendig, genügend Verstecke zu finden, wenn die Sonne tödlich für einen war. Außerdem wollte sie sich überhaupt nicht vorstellen, was passierte, falls die Menschheit von der Existenz der Nosferatu erfuhr.

Nach etlichen Kletteraktionen betraten sie den Pavillon de La Trémoille, von wo aus sie durch die Gänge des Denon-Flügels liefen.

„Es hat sich wirklich viel verändert in den ganzen Jahren", bemerkte Adeline mit einem Anflug von Melancholie.

„Wie lange warst du nicht mehr hier?" Aufmerksam betrachtete Charlie sie. Es musste sehr schwierig sein, sich an die enormen Veränderungen zu gewöhnen.

Einen Moment überlegte sie, ehe sie lächelnd mit den Schultern zuckte. „Ich kann es nicht genau sagen, aber es ist bestimmt schon ein Jahrhundert her. Früher, vor unserer Wandlung haben wir uns viel öfter in Versailles aufgehalten. Falls wir mal in Paris abgestiegen sind, lebten wir mit Ludwig im Tuilerienpalast, der ja leider zerstört wurde." Sie seufzte leise. „Es war keine schöne Zeit, um ehrlich zu sein. Ständig waren wir auf der Hut vor Feinden, mussten uns allerdings den Anschein von ewiger Jugend und Leichtigkeit geben."

Das verstand Charlotte sofort, ihr ging es kaum anders. „Dann war Anna von Österreich die letzte Königin, die wirklich in diesem Palast gelebt hat?" Sie deutete auf den prachtvollen Raum, den sie gerade betraten. Von vielen Schulausflügen wusste sie, dass es sich hier um das ehemalige Schlafzimmer der Königin handelte.

„Ja, bis später Napoleon an die Macht kam. Er hat den Louvre geliebt und sich sehr stilvoll eingerichtet." Sie zeigte auf einen Gang. „Willst du die Mona Lisa sehen?"

Charlie nickte, woraufhin sie sich in das Zimmer begaben, in dem auch jetzt ein blaues Licht schimmerte.

Überhaupt war die Notbeleuchtung angeschaltet, damit die Wachen es leichter hatten. Zum Glück verfügten die Vampire über einen außergewöhnlichen Geruchssinn, sodass sie Menschen sofort riechen konnten.

„Ich weiß nicht, weshalb die Leute so begeistert von dem Gemälde sind." Charlotte betrachtete nachdenklich die blasse Frau, bei der sie das Gefühl hatte, sie würde sie ansehen. „Wahrscheinlich verstehe ich zu wenig von Kunst." Schmunzelnd zuckte sie mit den Schultern.

„Es ist Geschmackssache, meine Kleine. Mir gefallen andere Bilder auch besser." Maurice drehte sie zu sich, um sie liebevoll zu küssen. Seit seine Eltern angekommen waren, gab es kaum einen Moment für sie, was er bedauerte. So sehr er seine Familie liebte, so sehr störte sie ihn im Augenblick.

Sie schlenderten weiter, gingen den Wachen aus dem Weg, während Charlie gespannt den Geschichten lauschte, die gerade Adeline erzählte. Oft nutzten sie Geheimgängen, die bereits die Könige benutzt hatten, um unliebsamen Gästen aus dem Weg zu gehen oder um sich ungesehen zu ihren Geliebten zu begeben.

„Es gab Flure, die nur den Bediensteten vorbehalten waren", erklärte Adeline, als sie auf eine Tapetentür deutete. „Einige gibt es immer noch, wie ich sehe. Andere wurden durch den Umbau zu normalen Gängen."

Als sie in die Abteilung Ägyptologie kamen, lief Charlie ein eiskalter Schauer über den Rücken. Ängstlich drückte sie sich dichter an ihren Freund, besonders als ihr die Legende von Belphégor einfiel. Vor etlichen Jahren hatte sie sogar den Film mit Sophie Marceau gesehen.

„Keine Angst, es existiert kein Geist, der in dieser Ecke herumspukt“, beruhigte Maurice sie mit einem leisen Lachen. „Die Geschichten sind erfunden, außerdem locken sie mehr Leute ins Museum.“

„Das dachte ich mir bereits, trotzdem finde ich es hier gruselig.“ Charlotte sah sich die Sarkophage an und zitterte erneut.

„Mir gefallen die Dinger auch nicht so besonders, immerhin handelt es sich um Särge. Lasst uns verschwinden.“ Geoffrey nickte ihr zu, gleichzeitig bog er in einen Gang ab, der sie zurück zur Seine führte.

Sie verließen den Louvre durch eine andere versteckte Tür, sodass sie jetzt in der Nähe des Pont Neuf herauskamen.

Adeline sah lächelnd auf die Uhr. „Es ist vor Mitternacht, das nenne ich mal eine Leistung. Die meisten Menschen brauchen mehr als vier Stunden für so eine Besichtigung.“ Sie warf einen liebevollen Blick auf ihren Sohn. „Doch für heute lassen wir euch in Ruhe. Morgen ist dein großer Tag, meine Liebe, du solltest dich ausruhen.“

Sofort schüttelte Charlotte den Kopf. „Wir können gerne noch etwas zusammen trinken, ich muss erst am Nachmittag zur Arbeit.“ Durch die Aufführung am Abend fing ihr Arbeitstag später an.

„Das ist so aufmerksam von dir, aber ich sehe Maurice an, dass er lieber die Zweisamkeit mit dir genießen würde.“ Adeline lachte, ehe sie in Richtung der Altstadt deutete. „Ich möchte ein paar Bekannte besuchen, die es vorgezogen haben, im Untergrund zu leben, anstatt umzuziehen.“

Obwohl jeder wusste, dass es sich um eine Ausrede handelte, widersprach niemand.

„Danke für den Ausflug in die Vergangenheit.“ Charlie umarmte die beiden, als sie sich verabschiedeten.

„Immer wieder gerne, sag Bescheid, wenn du ein Gebäude auf eine andere Art sehen willst.“ Geoffrey zwinkerte ihr zu. „Zum Glück gibt es die Bastille nicht mehr, um die würden wir einen großen Bogen machen.“

Das verstand sie sofort, immerhin mussten sie eine Weile dort verbringen, was bestimmt kein Vergnügen gewesen war.

Sie winkten sich noch einmal zu, bevor sie in verschiedene Richtungen davon gingen.

Maurice brachte seine Kleine zu seiner Jacht, denn jetzt wollte er sie wirklich nur für sich haben. „Ich liebe sie, beide, aber langsam werden sie anstrengend“, bemerkte er, während er seinen Mercedes durch die Straßen von Paris lenkte.

Sofort schlug sie ihm hart auf den Arm. „Sag das nicht, sie sind bezaubernd. Ich wünschte, meine Eltern würden sich genauso verhalten.“ Kurz musste sie an die versteinerte Miene ihrer Mutter denken, als sie sich das letzte Mal gesehen hatten. „Glaub mir, du bist ein Glückspilz.“

„Du hast ja recht, nur sehne ich mich nach dir. Ich möchte dir deinen Platz zeigen, dazu hatten wir gar keine richtige Gelegenheit.“

Lachend erinnerte sie ihn an ihren Besuch in Versailles und an ihren ersten Hogtie. „Das hat mir sehr gefallen“, gab sie verlegen zu.

„Es gibt viel mehr, ma petite. Du musst mir nur sagen, wenn du wegen morgen zu nervös bist oder den Kopf nicht freibekommst.“ Er parkte den Wagen, anschließend half er ihr höflich beim Aussteigen.

Eng umschlungen gingen sie das Stück bis zu seinem Schiff, wo er sie zuerst mit einem Café brûlot versorgte.

„Du verwöhnst mich, mein Herz, ich werde noch fett." Sie lachte vergnügt, ehe sie einen weiteren Schluck des herrlichen Kaffees trank. Sie konnte etwas brauchen, das sie aufwärmte, denn der Winter machte auch vor Paris nicht halt.

Maurice nahm ihr das leere Glas ab, stellte es auf den Tisch, anschließend hob er sie auf seinen Schoß, küsste ihren Nacken und streichelte sie zärtlich. „Keine Angst, ich sorge dafür, dass du genug Bewegung bekommst, das verspreche ich dir." Seine Stimme klang rau, sodass sie genau wusste, worauf er anspielte. „Möchtest du einen weiteren Ausflug in die Welt von Dominanz und Unterwerfung unternehmen?" Offen wartete er auf ihre Antwort, für ihn war es in Ordnung, sollte sie es ablehnen.

„Ich kann es kaum erwarten." Mit den Worten schlang sie ihre Arme um seinen Hals, zog ihn ein wenig zu sich herunter, um ihn heiß zu küssen. Zärtlich leckte sie über seine Lippen, biss vorsichtig hinein, ehe sie ihre Zunge in seinen Mund schob. Sein Geschmack flutete ihre Sinne, während sein leises Stöhnen dafür sorgte, dass ihre Lust enorm anstieg. Sie strich hektisch mit den Fingerspitzen über seinen Rücken, leider trug er immer noch den dicken Sweater. Unwillig stöhnte sie auf, sie wollte ihn spüren, ohne störende Kleidung.

„Du bist ungeduldig, das gefällt mir, aber noch bestimme ich, meine Kleine." Er sah sie an, lotete aus, was er mit ihr anstellen konnte, dabei entschied er sich gegen heftige Schmerzen. So ganz schaffte sie es nicht, den Auftritt am nächsten Tag aus ihrem Kopf zu halten.

Kapitel 21 - Traum und Wirklichkeit

Mit ihr auf den Armen stand er auf, trug sie ins Schlafzimmer, wo er sie in der Mitte des Raumes an sich heruntergleiten ließ. „Zieh dich aus. Zeig mir, was ich besitze."

Seine sonore Stimme jagte ihr eine lustvolle Gänsehaut über den Leib, trotzdem kostete es sie nach wie vor Überwindung, sich nackt zu präsentieren. Es fühlte sich an, als ob sie ihre Schutzmauern abreißen würde, was im übertragenen Sinne stimmte.

Unsicher, was auf sie zukam, streifte sie ihre Kleider ab, legte sie ordentlich zusammen, auch um Zeit zu schinden, ehe sie ihn ansah. Am liebsten hätte sie sich mit ihren Händen bedeckt, weil sie sich so schutzlos vorkam. Wieder einmal wurde ihr bewusst, dass es nicht darum ging, einfach nur nackt zu sein oder den anderen mit den eigenen Reizen anzuregen. So vor ihm zu stehen, bedeutete vielmehr, sich ihm auszuliefern.

Genüsslich betrachtete Maurice sie, während er auf dem Bett saß. „Dreh dich für mich, ma petite."

Langsam gehorchte sie, tanzte für ihn sogar eine Pirouette, was sie von ihrer Unsicherheit ablenkte, zumindest für den Moment. Natürlich erinnerte sie sich genau an die Schmerzen, die so schnell in Lust umgeschlagen waren. Trotzdem fühlte sie eine erregende Angst, als sie daran dachte.

Maurice stand geschmeidig auf, ließ seine Fingerkuppen über ihre weiche Haut streichen, bis sie aufstöhnte. „Bleib genau so stehen", befahl er ruhig, anschließend holte er Klammern und Seile aus dem Schrank. „Das nächste Mal nehmen wir einen Knebel, das macht es dir leichter."

Irritiert musterte sie ihn, da sie keine Ahnung hatte, was er damit meinte.

„Du wirst keinen Ton von dir geben, unsere Nachbarn sind auch da." Er lächelte süffisant, als er ihr diese Information gab.

Charlie überlegte kurz, ob sie die Herausforderung annehmen sollte oder besser abbrach. In ihr tobte bereits die Gier, sodass sie sich entschied, es zu versuchen. Stoppen konnte sie immer noch.

„Möchtest du vielleicht jetzt schon einen Knebel?" Maurice zeigte ihr einen Knebelball, während er auf ihre Antwort wartete.

„Was hast du vor?" Ihre Stimme verriet ihre Furcht, vor den kommenden Schmerzen, gleichzeitig war sie heiser vor Lust.

Lächelnd schüttelte er den Kopf. „Es wird nichts werden, was du nicht aushalten kannst." Er hielt ihr die Klammern hin, die sie an normale Wäscheklammern erinnerten.

„Dann möchte ich es ohne versuchen." Sie schluckte die Bedenken herunter, ihr Liebster passte auf sie auf, immer.

Mit einem leichten Bedauern legte er den Knebel zurück in den Schrank, doch er nahm sich vor, ihn bei Gelegenheit zu benutzen. Zuletzt holte er noch den Vibrator heraus, was ein ganz besonderes Glitzern in Charlies Gesicht auslöste.

„Leg dich mit dem Rücken auf das Bett", wies er sie leise an.

Sofort gehorchte sie, allein seine zarte Berührung hatte sie bereits auf Touren gebracht, sodass sie sich jetzt danach sehnte, dass er sich weiter um sie kümmerte.

Maurice betrachtete seine Kleine einen Moment, dabei dachte er erneut, was für ein Glück er hatte. Sie war einfach perfekt. Zärtlich küsste er sie auf den Bauch, anschließend fesselte er ihre Handgelenke ans Kopfende. Wieder sah er sie an, nahm jedes Detail in sich auf, angefangen von ihren schlanken Füßen bis zu ihren Augen, die wie zwei Sterne leuchteten. Fast schon mit Gewalt riss er sich von ihrem bezaubernden Anblick los, um ihre Fußgelenke ebenfalls zu fesseln. Jetzt lag sie weit geöffnet vor ihm, was ihm sehr gut gefiel, besonders als er sah, dass sie bereits feucht war. Zart strich er durch ihre Spalte, rieb die Finger aneinander, ehe er leicht den Kopf schüttelte. „Was soll ich nur mit dir machen? Du bist wirklich gierig, meine Kleine."

Erneut jagte seine Stimme ihr eine Gänsehaut über den Leib. „Mich liebhaben?", schlug sie mit einem treuen Blick vor, der ihn lachen ließ.

Vorsichtig setzte er sich zu ihr, nahm ihr Kinn in die Hand und sah sie ernst an. „Du denkst also, dass du eine Belohnung verdient hast?"

Zaghaft nickte sie. „Ich habe doch nichts verbrochen." Kurz überlegte sie, ob sie ihn irgendwie geärgert hatte, aber ihr fiel keine Verfehlung ein. „Außerdem hast du mir nie irgendwelche Regeln gegeben."

„Das stimmt, dazu blieb einfach zu wenig Zeit." Er küsste sie hart, anschließend ließ er sie los. „Wie fühlst du dich jetzt?"

Mit der Frage hatte sie kaum gerechnet, deshalb runzelte sie leicht die Stirn, während sie in sich hineinfühlte. „Erregt, hilflos, schwach, unsicher", zählte sie ehrlich auf.

„Das ist gut so. Merk dir, deine Lust gehört nur mir. Sobald du dich streicheln oder dir Erleichterung verschaffen willst, hast du mich um Erlaubnis zu bitten." Er wartete ab, ob sie Einwände hatte.

„Ja, Monseigneur." Für sie war das selbstverständlich, zumal sie eine solche Order bereits erwartet hatte.

„Falls dich ein Problem plagt, sagst du es mir. Egal, um was es sich handelt, verstanden?"

Bei der Forderung musste sie sich überwinden, da sie ihre Sachen bisher immer selbst geregelt hatte. Trotzdem stimmte sie auch hier zu. „Ja, das werde ich."

„Gut, das war es von meiner Seite aus." Er küsste sie erneut, ließ seine Zunge in ihren Mund gleiten, während er ihren Nippel zwischen Daumen und Zeigefinger rollte. Ihr erregtes Seufzen feuerte ihn an, gleichzeitig drückte er fester zu, bis sie mehr vor Schmerz als vor Lust stöhnte. Erst jetzt strich er zart über die Warze, blickte ihr tief in die Augen, bevor er eine Klammer setzte.

Zischend sog sie die Luft ein, die Dinger sahen so harmlos aus, taten aber unglaublich weh.

Sanft streichelte er den Vorhof, nahm ihr einen Teil der Pein. „Es ist gleich vorbei, halte es für mich aus."

Dieser Forderung konnte sie kaum widerstehen, deshalb atmete sie gezielt und nickte ihm zu.

„Wenn du Hilfe möchtest, brauchst du nur danach zu fragen." Mit einem sadistischen Lächeln sah er sie an. Er wusste genau, dass es sie Überwindung kostete, ihm eine solche Bitte mitzuteilen, aber das sollte sie lernen. Seine Kleine würde in seiner Gegenwart aussprechen, wonach sie sich sehnte.

Erneut küsste er sie, zwirbelte den anderen Nippel, ehe er auch hier eine Klammer setzte.

Charlie biss die Zähne aufeinander, es tat verdammt weh, trotzdem spürte sie, dass ihre Erregung anstieg. Es kribbelte so sehr zwischen ihren Schenkeln, dass sie sich am liebsten selbst gestreichelt hätte, nur war das aus zwei Gründen unmöglich. Ihr blieb nur, Maurice mitzuteilen, was sie brauchte. „Bitte, ich möchte ...“, verlegen brach sie ab. Ihre Moral machte ihr einen gehörigen Strich durch die Rechnung.

„Sag mir, was du haben willst“, verlangte er hart, während er eine weitere Klammer in seinen Händen hielt.

„Ich kann nicht“, brachte sie hervor.

„Deine Entscheidung.“ Er setzte die Klemme an ihrer Brust an, was nur leicht schmerzte, allerdings dafür sorgte, dass sie ihr Becken unruhig bewegte. Ihr Blick bekam etwas Flehendes, doch er ignorierte sie.

Er nahm eine Klammer nach der anderen, schmückte ihre weiche Haut mit einem bunten Muster, bis er zart über ihre Schamlippen strich. Jetzt wurde sie unsicher, woraufhin er stoppte. „Hast du ein Problem?“

„Ich weiß nicht, ob ich das aushalte“, bemerkte sie leise. „Vielleicht kannst du mir helfen.“ Bei der Bitte hoffte sie, dass er darauf einging, ohne Details zu fordern.

Kurz überlegte Maurice, ob er sie ein wenig triezen sollte, entschied sich allerdings dagegen. Sie war bereits über ihren Schatten gesprungen, das reichte für eine Session. „Soll ich den Vibrator benutzen, ma petite?“

Hektisch nickte sie, dabei bekamen ihren Augen einen gierigen Glanz. Lachend nahm er das Toy, schaltete es an, um es vorsichtig an ihren Schamlippen entlangzuführen.

Enttäuscht stieß Charlie die Luft aus, sie hatte gehofft, dass er sie dichter an ihren Höhepunkt heranbrachte, doch die Berührung verursachte lediglich ein feines Kribbeln.

„Du scheinst unzufrieden zu sein, mon amour." Er lachte neckend. „Reicht es so nicht?"

„Nein, es ist die falsche Stelle", brachte sie schwer atmend hervor, gleichzeitig hob sie ihr Becken, soweit es die Seile zuließen. „Bitte, du quälst mich."

Liebevoll strich er ihr über die Wange, während er den Vibrator langsam über ihren Venushügel gleiten ließ. „Das ist der Sinn, meine Kleine."

Seine verständnisvolle Miene machte sie ärgerlich, trotzdem hielt sie den Mund, auf keinen Fall wollte sie, dass er die Session abbrach.

„Keine bissige Antwort? Das hatte ich auch nicht erwartet". Er lachte, hatte allerdings Erbarmen mit ihr. Mit einer Hand spreizte er ihre Schamlippen, anschließend drückte er die Vibratorspitze vorsichtig an ihre Klitoris.

Sofort stöhnte sie laut auf, bäumte sich ihm entgegen, gleichzeitig krallte sie sich an die Seile, die ihr Halt gaben. Ihre Lider schlossen sich, als die Begierde sie überwältigte.

Eine Weile gönnte er ihr den Genuss, bis er bemerkte, dass sie kurz vor einem Orgasmus stand. Heute wollte er keine Bestrafung herbeiführen, da sie morgen auf keinen Fall abgelenkt sein sollte, deshalb stellte er den Vibrator aus.

Enttäuscht riss Charlie die Augen auf. „Habe ich etwas falsch gemacht?" Sie konnte sich keinen Grund vorstellen, weshalb er so plötzlich aufhörte.

„Nein, mein Herz, aber ich bin mit dir noch nicht fertig." Mit einem sadistischen Lächeln setzte er jetzt eine Klammer an ihrer rechten Schamlippe an.

Irgendwie hatte sie erwartet, dass es enorm wehtat, sodass sie sich extrem anspannte. Es zwickte jedoch nur ein wenig, was sie erleichtert auflachen ließ.

Wieder nahm Maurice den Vibrator, hielt ihn an ihren Lustpunkt, wobei er sie genau beobachtete.

Die Klemmen klapperten leise, gleichzeitig spürte sie ein leichtes Ziehen, trotzdem loderte ihre Lust sofort weiter auf. Stöhnend hob sie ihr Becken an, zeigte ihm mit ihrem Körper, dass sie sich nach ihrer Erlösung sehnte. Leider zog Maurice das Toy in dem Augenblick zurück, als sie den Höhepunkt schon erahnen konnte.

„Das ist unfair", murmelte sie mit einem Schmollen.

Lachend küsste er sie. „Glaub mir, ein wenig Beherrschung versüßt dir die Belohnung enorm. Außerdem wäre es zu schnell vorbei. Ich genieße es, dich so zu sehen, gierig, bereit, offen und nass."

In der Tat hatte sie vergessen, dass sie ihm jeden Einblick bot, kein Detail blieb der Fantasie vorbehalten. Das Gefühl der Hilflosigkeit kehrte zurück, was dafür sorgte, dass sich die Muskeln in ihrem Unterleib lustvoll zusammenzogen. Kehlig stöhnte sie bei seinen Worten auf.

„Dir gefällt es, mir so ausgeliefert zu sein." Er zeichnete mit dem Zeigefinger eine Linie von ihrer Schläfe über ihre Wange bis zu ihrer Halsschlagader. Deutlich fühlte er das Blut pulsieren, roch den aromatischen, leicht metallischen Duft und seine Fangzähne schoben sich aus seinem Kiefer. „Du riechst fantastisch." Seine Nasenspitze drückte sich an ihre Ader, dabei sog er ihren wundervollen Geruch ein.

Leise stöhnte sie auf, bog den Kopf in einer einladenden Geste zur Seite. Sein Biss würde sie sofort über die Klippe springen lassen, das war ihr bewusst.

Lachend richtete Maurice sich auf. „Nein, meine Kleine, ich liebe es zu sehr, mit dir zu spielen."

Frustriert stieß sie die Luft aus, bis sie eine weitere Klammer in seiner Hand bemerkte. Furcht keimte in ihr hoch, die sie kaum unterdrücken konnte. Es gab nur eine Stelle, die jetzt zwischen ihren Beinen noch frei war: Ihre Klit.

„Du wirst es für mich aushalten", flüsterte er ihr zu, gleichzeitig massierte er ihren intimsten Punkt, sorgte dafür, dass sie erneut die Lider schloss, um sich ganz seinen Zärtlichkeiten hinzugeben.

Erst als die Klemme zuschnappte, riss sie entsetzt die Augen auf, es tat unglaublich weh. Sogar ihre Lust flaute in dem Moment ab.

Geistesgegenwärtig hielt Maurice ihr den Mund zu, kurz bevor sie aufschrie. „Scht, mon cœur, es ist schon vorbei." Liebevoll streichelte er sie, sah sie beruhigend an, gleichzeitig genoss er es, sie leiden zu sehen. Natürlich gefiel es ihm nur, weil er genauso die Begierde in ihrem Blick erkannte, die jetzt noch mehr aufflammte. Zufrieden löste er seine Hand von ihren Lippen, um sie leidenschaftlich zu küssen, anschließend schob er zwei Finger tief in ihre Weiblichkeit. Langsam fingerte er sie, trieb sie erneut auf einen Höhepunkt zu, den er ihr wieder nicht erlaubte.

Charlotte ließ sich fallen, gab sich ihrem Herrn völlig hin, dabei hieß sie auch den Schmerz willkommen. „Bitte, darf ich kommen?"

„Wenn du kannst, natürlich, aber du siehst mich permanent an."

Sein Schmunzeln warnte sie, sodass sie ihn fragend ansah. „Hilfst du mir?" Irgendwie erwartete sie seine Ablehnung, er hingegen nickte nur, gleichzeitig bewegte er seine Finger in ihr. „Das tut ich doch bereits."

Leise stöhnte sie auf, es fühlte sich verdammt gut an, reichte allerdings kaum aus. Sie wand sich, nur um sofort die garstige Klammer zu spüren.

„Soll ich den Vibrator nehmen?“ Maurice betrachtete sie mit einem undefinierbaren Lächeln.

Irgendetwas führte er im Schilde, aber in der Situation war ihr alles egal, sie brauchte die Erlösung jetzt einfach. „Ja, ich flehe dich an, Monseigneur.“

Zu gerne kam er ihrer Bitte nach, nahm das Toy und hielt es an die Klammer.

Charlie biss sich auf die Lippen, es tat unheimlich weh, gleichzeitig zogen sich ihre Muskeln vor Lust zusammen. Die Mischung trieb sie auf ihr Ziel zu, leider verhinderte der Schmerz, dass sie den Höhepunkt erreichte. Tränen traten ihr in die Augen, die ihrer Enttäuschung geschuldet waren, dazu kam, dass sie langsam keine Kraft mehr hatte.

Sofort nahm Maurice den Vibrator weg, entfernte die Klemme, ehe er das Toy wieder auf ihre Klit hielt. „Komm für mich.“ Heiser stieß er den Befehl aus. In seiner Hose spannte es, der verführerische Duft ihres Blutes stieg ihm erneut in die Nase, sodass er hart um seine Beherrschung kämpfen musste.

Erleichtert ließ Charlie sich fallen, gab sich ganz ihren Gefühlen hin. Die Vibration trieb sie unaufhaltsam auf den Orgasmus zu, den sie so sehr herbeisehnte. Genau in dem Augenblick, in dem sie kam, spürte sie den Biss ihres Vampirs, der sie in den siebten Himmel katapultierte. Mit einem leisen Schrei hieß sie den Höhepunkt willkommen, drückte sich ihm, so weit es ging, entgegen.

Maurice trank nur einige wenige Schlucke, ehe er den Vibrator ausschaltet und achtlos auf den Boden legte. Ihm reichte dieser Appetithappen, zumal er sich ja schon vor ein paar Tagen gesättigt hatte. Zum Glück brauchten sie nicht sehr viel. Eilig löste er ihre Fesseln, streifte seine Kleider ab, bevor er sich über sie schob.

Ihre schlanken Finger krallten sich in seinen Rücken, während er in sie eindrang, um sie zum zweiten Mal kommen zu lassen. Hart stieß er zu, zeitgleich stimulierte er ihre Klit mit dem Zeigefinger. Nicht mal die Klammern störten ihn in dem Augenblick.

Charlie biss ihn vor Lust in die Schulter, gleichzeitig schlang sie ihre Beine um ihn, sodass zwei Klemmen absprangen. Den Schmerz spürte sie kaum, denn die Begierde überwog bei Weitem.

Erneut flog sie zu den Sternen, wobei sie sein dumpfes Grollen nur undeutlich wahrnahm. Gemeinsam erlebten sie einen fantastischen Orgasmus, der ihre Seelen vereinte.

~~°~~

„Ich frage mich, ob ich schwanger werden könnte“, bemerkte Charlie am nächsten Mittag, als sie zusammen frühstückten. Verlegen richtete sie ihren Blick auf ihr Croissant.

„Das ist im Rahmen des Möglichen.“ Maurice bestätigte, was sie bereits befürchtet und gehofft hatte. Noch war sie fruchtbar, aber schaffte sie es tatsächlich, in ihrem Alter ein Kind großzuziehen? Auch noch eines, das zum Teil einer anderen Spezies entstammte?

Maurice packte ihr Kinn, hob es an, um sie liebevoll anzusehen. „Du machst dir zu viele Gedanken, mein Herz. Ich kann es steuern, ob wir Nachwuchs bekommen oder nicht.“ Er zuckte leicht mit den Schultern. „Darüber hinaus bin ich verpflichtet, eine Genehmigung einzuholen.

Unsere Regierung schreibt vor, dass wir uns auf keinen Fall unkontrolliert vermehren."

Das leuchtete ihr ein, da die Vampire unsterblich waren, mussten sie aufpassen, dass es ausreichend Menschen gab, um sie zu ernähren. Nachdenklich nickte sie. „Glaubst du, dass du die Erlaubnis erhältst?"

„Natürlich, jedem steht es zu, Nachwuchs zu zeugen. Vielleicht muss ich etwas warten." Er trank einen Schluck Kaffee. „Willst du denn ein Kind von mir?"

Jetzt zuckte sie mit den Schultern. „Ich bin unschlüssig, ob ich jung genug bin. Darüber hinaus möchte ich meine Karriere ungern aufgeben. Ich habe zu viel im Leben verpasst." Sie zerkrümelte ihr Croissant. „Im Großen und Ganzen habe ich mich damit abgefunden, dass ich kinderlos bleibe."

Maurice zog sie an sich. „Du kümmerst dich erst einmal um deinen Auftritt heute Abend. Alles andere wird die Zeit bringen." Er vermied es, sie daran zu erinnern, dass er sie jederzeit wandeln konnte. Dafür brauchte er ebenfalls eine Genehmigung, aber es lag kein Grund vor, ihm die Erlaubnis zu verweigern. Auch bei den Vampiren gab es einen Haufen Bürokratie, anders schafften sie es kaum, unerkannt unter den Menschen zu überleben.

„Du hast recht." Erleichtert lehnte sie sich an ihn. „Ich bin nervös, obwohl es für mich Routine sein sollte." Seufzend schloss sie kurz die Augen, nur um ihn sofort wieder anzusehen.

„Das ist völlig normal. Du hast so lange von einem Engagement in der Opéra Garnier geträumt, jetzt hast du Angst, dass etwas schief geht." Verständnisvoll nickte er ihr zu. „Es wird alles gut gehen, glaub mir."

Wenn sie doch auch so zuversichtlich wäre. Irgendwie bekam sie das Gefühl nicht los, dass irgendetwas Schlimmes passieren würde.

~~°~~

„Madame Renard? Monsieur Neeb möchte Sie sehen." Der Angestellte verschwand, ehe sie etwas erwidern konnte. War ja klar, dass noch was schief ging. Charlie machte sich seufzend auf den Weg ins Büro ihres neuen Chefs, dabei glaubte sie fest daran, dass er sie entlassen würde. Wahrscheinlich war ihm klargeworden, dass sie mit ihrer Vergangenheit kein gutes Bild auf die Oper warf. Zaghaft klopfte sie an, während sie gegen ihre Tränen ankämpfte. Sie war so dicht an ihrem Traum dran gewesen.

„Ah, gut, dass Sie kommen, ich will Sie auch nicht lange aufhalten." Neeb lächelte ihr freundlich entgegen, gleichzeitig deutete er auf den Stuhl vor seinem Schreibtisch.

„Danke, ich kann es mir sparen, mich zu setzen. Ich verstehe, dass Sie den Vertrag auflösen möchten, und akzeptiere es." Sie schluckte die Bitterkeit herunter, er konnte nichts dafür, dass sie sich damals falsch entschieden hatte.

„Wovon sprechen Sie? Bitte, nehmen Sie Platz, hier liegt ein großes Missverständnis vor." Er zeigte erneut auf den Stuhl, dabei runzelte er besorgt die Stirn. „Weshalb glauben Sie, dass ich Sie rauswerfen will?"

Verlegen zuckte sie mit den Schultern. „Eine ehemalige Tänzerin aus dem Lido ist wohl keine passende Werbung."

Neeb lachte auf. „Erstens gibt es das Lido de Paris seit 2022 nicht mehr, außerdem scheinen Sie zu denken, dass die Leute schlecht über das Lokal gedacht haben." Er schüttelte lächelnd den Kopf. „Die Bluebell Girls bestand aus außergewöhnlich guten Tänzerinnen. Wir sind in der glücklichen Lage, einige für unser Team gewonnen zu haben.“ Verlegen rieb er sich über das Kinn. „Ich gebe zu, dass die eine oder andere Dame von uns abgeworben wurde. Aber das war vor meiner Anstellung hier.“

Erstaunt musterte Charlie ihren Chef. Wenn das Lido so angesehen war, weshalb hatte sie kein Engagement bekommen, außer im Drôle? Sie hatte sich die ganze Zeit selbst bestraft, das wurde ihr plötzlich so richtig bewusst. Natürlich verzichtete sie damals darauf, sich bei den bekannten Häusern zu bewerben.

„Ich habe Sie hergebeten, um Ihnen mitzuteilen, dass Chantal Bernard mich angerufen hat, um mir zu sagen, dass Sie Schmerzmittel benötigen.“ Ernst sah er sie an. „Ich kann verstehen, dass Sie zu solchen Hilfsmitteln greifen mussten, solange Sie in diesem Etablissement gearbeitet haben. Sollten Sie jetzt gesundheitliche Schwierigkeiten bekommen, will ich, dass Sie sofort Bescheid geben und sich krankmelden. Niemand tritt bei uns auf, wenn er Schmerzen hat.“

Verlegen rutschte Charlotte auf ihrem Platz herum. „Es wird kaum nötig sein. Es gibt keine High Heels mit mörderischen Absätzen und ich muss nicht den gesamten Abend tanzen. Im Chor geht es mir gut.“ Ihre Stimme war hektisch geworden. „Ganz bestimmt werden Sie keine Probleme mit mir bekommen.“

Neeb schüttelte leicht den Kopf. „Es handelt sich weniger darum, dass ich Angst habe, Sie könnten ausfallen. Ich möchte, dass Sie auf Ihre Gesundheit achten. Es bringt der Oper keinen Vorteil, wenn Sie irgendwann gar nicht mehr auftreten können.“

Mit Verwunderung im Blick musterte sie ihren Chef. „Sie meinen das ernst, oder?“ Nie hätte sie damit gerechnet, dass er wirklich besorgt um sie war.

„Natürlich, wir sind ein seriöses Haus. Sie haben einen ordentlichen Arbeitsvertrag.“ Nachsichtig lächelte Neeb sie an. „Ich kenne Bertrand schon seit einer ganzen Weile. Er hat tatsächlich versucht, einige unserer Tänzerinnen abzuwerben.“

Die Information musste sie erst einmal verdauen, deshalb nickte sie nur leicht. „Danke.“

„Da gibt es nichts zu danken. Im Übrigen planen wir, eine weitere Aufführung von *Don Pasquale* am nächsten Wochenende zusätzlich zu geben. Die Adventszeit beginnt und die üblichen Vorstellungen sind ausgebucht. Madame Wolf ist bereits für die Abendvorstellung eingeplant, sodass wir Sie dringend brauchen.“

Jetzt blieb ihr der Mund offenstehen. „Das ist ein Scherz, oder?“

„Non, wir haben Sie als Zweitbesetzung eingestellt, richtig? Zwei solcher Auftritte an einem Tag würden eine Sängerin zu sehr strapazieren, daher ist es Ihre Aufgabe, die Rolle zu übernehmen. Die Proben beginnen am Montag um acht Uhr.“ Er freute sich über die gelungene Überraschung. „Viel Erfolg bei Ihrer Premiere heute.“

Damit war sie wohl entlassen, überglücklich verabschiedete sie sich, um zur Garderobe zurückzukehren.

„Ich freue mich für dich und um ehrlich zu sein, bin ich heilfroh, dass du die Nachmittagspartie übernimmst.“ Julie Wolf umarmte sie. „Ein wenig mehr Zeit mit meiner Familie in der Vorweihnachtszeit ist toll.“

Dankbar drückte Charlie die Frau an sich. „Ich hoffe, ich schaffe das. Es ist mein größtes Ziel“, gab sie leise zu.

Julie lachte auf. „Ich konnte dich singen hören, du bist verdammt gut. Warum hast du dich so sehr versteckt?" Sie sah die Kollegin lächelnd an. „Wir sind alle froh, dich im Ensemble zu haben. Aber die Arbeit ruft."

Gemeinsam gingen sie zu den Räumlichkeiten hinter der Bühne, wo sich ihre Wege trennten.

Charlie glaubte zu träumen, so lange hatte sie sich sogar verboten an eine solche Möglichkeit zu denken und jetzt stand sie gleich hier vor einem ausverkauften Haus. Nervosität überkam sie, doch das wertete sie als gutes Zeichen. Routine tötete jede Leidenschaft.

Als sie zusammen mit dem Chor ihren Auftritt absolvierte, bemerkte sie mit einem Lächeln, dass Adeline, Geoffrey und auch Maurice im Publikum saßen. Es tat so unendlich gut, *ihre* Familie zu sehen, diesen Schritt nicht alleine gehen zu müssen.

Die Aufführung ging ohne Probleme über die Bühne, was dazu führte, dass Charlie sich als Teil des Teams fühlte. Eine Erfahrung, die sie schon sehr lange nicht mehr gemacht hatte. Glücklich verbeugte sie sich gemeinsam mit den anderen, als die Oper vorbei war. Tränen stiegen ihr in die Augen, als ihr bewusst wurde, dass sie es tatsächlich geschafft hatte, doch sie blinzelte sie schnell wieder weg.

Die Kollegen verabschiedeten sich freundlich von ihr, keiner war neidisch, dass sie ab Montag eine bessere Rolle bekam. Auch das war ein Punkt, den sie genoss.

Vor dem Hinterausgang erwartete Maurice sie, der einen riesigen Strauß rote Rosen mitgebracht hatte. Bei ihm standen Adeline und Geoffrey. „Du warst fantastisch, ma petite." Er küsste sie, während er sie mit einer Hand an sich drückte.

„Charmeur, du hast mich doch gar nicht herausgehört.“ Sie schlug ihm lachend auf den Arm, ehe sie auch seine Eltern umarmte. „Danke, dass ihr dabei wart, das hat mir unendlich viel bedeutet.“

Adeline lachte hell auf. „Niemand hätte mich davon abhalten können. Ich bin so stolz auf dich.“

Gemeinsam gingen sie essen, um den Abend angemessen ausklingen zu lassen.

„Ich habe wundervolle Neuigkeiten“, bemerkte Charlotte, nachdem der Kellner die Teller abgeräumt hatte und sie einen fantastischen Wein genossen. Sofort besaß sie die Aufmerksamkeit der Familie. „Ich singe nächste Woche die Rolle der Norina. Es wird an den Wochenenden bis Weihnachten eine weitere Aufführung am Nachmittag geben.“

Adeline lehnte sich zufrieden zurück. „Ich wusste, dass der neue Intendant kein Idiot ist. Er hat dein Talent erkannt.“ Strahlend lächelte sie ihrer zukünftigen Schwiegertochter zu. „Ich gratuliere dir von Herzen.“

Maurice machte keine großen Worte, sondern zog sie an sich, um sie zärtlich zu küssen. „Manchmal muss man an sich glauben“, flüsterte er ihr zu.

Glücklich nickte sie. „Ja, doch in dem Fall brauchte es einen Menschen, der zuerst an mich geglaubt hat.“ Sie atmete tief durch. „Ich fühle mich, als ob ich gleich aufwachen werde. Es ist noch so surreal.“

„Ich kann dich gerne zwicken“, bot Maurice charmant an

„Wag es dich.“ Adeline hob lachend den Zeigefinger. „Ich verstehe dich sehr gut, ma fille. Aber du wirst sehen, dass es kein Traum ist.“

Dankbar sah Charlie in die Runde, sie hätte nie gedacht, dass sich ihr Schicksal auf diese Weise drehen würde. Allein die Rolle im Chor war schon ein Erfolg gewesen, doch den Part der Norina zu bekommen übertraf alles. „Ohne dich, mein Herz, würde ich mich immer noch von Bertrand schikanieren lassen. Danke.“ Sie sah Maurice verliebt an. „Ich habe auch meine Angst abgelegt, dass Neeb mich wegen meiner Vergangenheit feuern wird.“ Einen Moment sortierte sie ihre Gedanken, ehe sie ihnen von dem Gespräch am Nachmittag erzählte.

„Ein guter Mann, der weiß, dass man menschlich mit seinen Angestellten umgehen muss“, bemerkte Geoffrey zustimmend. „Außerdem wirst du kaum noch Schmerzmittel brauchen. Die Arbeit an der Oper ist völlig anders.“

„Das habe ich ihm auch erklärt, zumal ich nicht im Ballett tanze. Selbst als Norina wird es tänzerisch nicht halb so anstrengend wie im Varieté.“ Zufrieden lehnte sie an ihren Freund, ein Glas Wein in der Hand und die Liebe im Herzen.

Kapitel 22 - Albtraum

Die Woche verging für Charlotte so hektisch, dass sie kaum Zeit hatte, um nervös zu werden. Eine Probe jagte die andere, die Kostüme wurden angepasst, außerdem gab es tausend Kleinigkeiten zu besprechen. „Es tut mir leid, dass du so gar nichts von mir hast", bemerkte sie am Donnerstagabend, als sie eng an Maurice gekuschelt auf dem Sofa saß.

Sie hatten sich auf seine Jacht zurückgezogen, wo er sie mit einem fantastischen Essen verwöhnte. Seine Eltern bestanden darauf, dass sie diese Auszeit in Anspruch nahmen, sodass sie sich ein wenig rarmachten.

„Es war mir klar, dass du vor deinem großen Auftritt sehr eingespannt bist. Mach dir keine Sorgen, meine Kleine, es wird auch wieder ruhiger." Lächelnd drückte er sie an sich, für ihn war es einfach nur wichtig, dass sie sich glücklich fühlte.

„Danke für dein Verständnis." Sie seufzte leise. „Mir geht der Popo ganz schön auf Grundeis", gestand sie verlegen. „Es gab so viel zu tun, aber jetzt wird mir bewusst, dass es nur noch wenige Stunden sind, ehe ich zeigen muss, was ich kann." Konzentriert atmete sie gegen das Lampenfieber an.

Maurice sah sie von der Seite aus an. „Ich denke, dass das dazugehört. Es zeigt, dass du dich nicht überschätzt und auf dem Boden bleibst."

„Stimmt, allerdings könnte ich gut darauf verzichten." Sie lachte, hob ihr Weinglas, womit sie ihm zuprostete. „Auf dich, mein Fels in der Brandung."

Lachend stieß er mit ihr an. „Ich bin da, wenn du mich brauchst, immer."

Sein Versprechen ging ihr unter die Haut, gleichzeitig vermittelte es ihr Sicherheit. Egal, was morgen passierte, ihn würde sie auf keinen Fall verlieren. Müde stellte sie das Glas zur Seite, schloss die Lider und schlief ein.

Besorgt betrachtete Maurice seine schlafende Gefährtin, dabei überlegte er, ob sie den Stress auf Dauer aushielt. Natürlich war es jetzt am Anfang ihrer Karriere besonders anstrengend, doch später kamen Autogrammjäger und aufdringliche Journalisten dazu. Das war offensichtlich der Preis, den sie zahlen musste. Seine Gedanken schweiften in die Vergangenheit, damals war es einfacher, da die Leute, die sie nicht treffen wollten, keine Möglichkeit hatten, in ihre Nähe zu kommen. Er schüttelte leicht den Kopf über sich selbst, denn die Zeit war alles andere als ungefährlich gewesen.

Vorsichtig hob er Charlie auf seine Arme, um sie ins Schlafzimmer zu tragen. Sie sollte sich dringend ausruhen.

In der Nacht schlief sie schlecht, redete im Schlaf und bewegte sich ständig, bis Maurice sie mit seinem Schlafzauber belegte. Trotzdem hielt ihre Nervosität sie fest im Griff.

Für Charlotte kam es auf den einen Auftritt an. Sie war davon überzeugt, dass es ihre einzige Chance war.

Seufzend rieb sie sich am nächsten Morgen über die Lider. Sie hatte geträumt, dass man sie auslachte, die Buh-Rufe klangen ihr weiterhin in den Ohren. Chantal stand zusammen mit ihrem Onkel vor der Bühne, um sie hämisch zu verspotten. Was für ein Unsinn, als ob ausgerechnet diese beiden Personen in die Nachmittagsaufführung gehen würden. Darüber hinaus wusste noch kaum einer, welchen Job sie angenommen hatte. Die Zweitbesetzungen bekamen keine so große Werbung, was ihr ganz recht war. Nach der Aufführung am Nachmittag änderte sich das bestimmt, denn die Journalisten brannten darauf, von der neuen Sopranistin zu berichten, egal, wie sie abschnitt.

Das Frühstück ließ sie ausfallen, da sich ihr Magen anfühlte, als ob er sich verknotet hätte, stattdessen bat sie André darum, sie früher zur Oper zu fahren. Auf keinen Fall wollte sie zu spät kommen, weil sie im Stau stand. Darüber hinaus hatte sie sich vorgenommen, eine Passage noch einmal durchzugehen.

Maurice sah sie besorgt an, behielt seine Meinung allerdings für sich. „Ich glaube an dich." Mit den Worten verabschiedete er sich von ihr.

Dankbar küsste sie ihn, anschließend machte sie sich auf den Weg.

~~○~~

„Julie, ich habe Angst", gab Charlie kurz vor ihrem Auftritt zu. Sie war überglücklich, dass die Kollegin zu ihr in die Garderobe gekommen war, um ihr Hals- und Beinbruch zu wünschen. Allein das Wissen, dass sie einspringen konnte, falls sie versagte, gab ihr Rückhalt.

„Das ist normal, ma chère. Ich für meinen Teil habe mich nie daran gewöhnt." Sie lachte leise. „Wahrscheinlich gebe ich meinen Ruhestand bekannt, sollte ich jemals gelassen auf die Bühne treten."

Charlotte stimmte in das Lachen ein. „Ja, Routine tötet." Das hatte ihre Lehrerin am Konservatorium immer gesagt.

„Du schaffst das, glaub mir. Du bist gut, das sagt selbst Neeb, der lobt wirklich selten.“ Julie küsste sie auf die Wange. „Ich bin in der Nähe, falls du mich brauchst.“

In der kurzen Zeit, die sie an der Oper war, bahnten sich bereits Freundschaften an und jetzt freute Charlie sich, dass sie die Kolleginnen nicht auf Abstand hielt. Auch einige Sängerinnen vom Chor kamen zu ihr, wünschten ihr Glück, gleichzeitig munterten sie sie auf, was ihr enorm viel bedeutete.

Sie hörte erschrocken, dass die Gäste aufgefordert wurden, ihre Plätze einzunehmen, ihre Galgenfrist war vorbei. Mit klopfendem Herzen wartete sie auf ihren Auftritt.

Als sie die Bühne betrat, zitterten ihre Hände, außerdem fühlte sie sich komplett verkrampft, trotzdem fand sie sich schnell in ihre Rolle hinein. Nach einigen Momenten war es wie an dem Abend, als Maurice sie überredet hatte, für ihn zu singen: Sie vergaß das Publikum völlig.

Plötzlich war sie Norina, sie spielte sie nicht nur, sondern verwandelte sich in sie. Sie dachte wie die verschlagene, kapriziöse Frau, die allen die schüchterne Unschuld vom Lande vorgaukelte.

Erst als der Vorhang fiel und ihre männlichen Partner sie an der Hand nahmen, um sich zu verbeugen, fand sie in die Wirklichkeit zurück. Gerührt verbeugte sie sich, hörte den tobenden Applaus, gleichzeitig bemerkte sie, dass die Leute aufstanden, um ihre Begeisterung auszudrücken. Immer wieder wurde sie auf die Bühne geholt, um sich ihre Lorbeeren zu holen.

Tränen traten ihr in die Augen, als Monsieur Neeb ihr mit einem Zwinkern einen Blumenstrauß überreichte. Mit den Lippen formte sie ein „Danke“, woraufhin er ihr lächelte.

Ihr Kollege, der den Ernesto gespielt hatte, küsste sie überschwänglich auf beide Wangen, für ihn war es auch das erste Mal gewesen, dass er die Rolle spielen durfte. „Du warst spitze, dadurch hast du es mir enorm leicht gemacht", flüsterte er ihr zu.

„Das Kompliment gebe ich dir gerne zurück." Sie richtete ihren Blick erneut auf das tobende Publikum, wobei sie kaum begreifen konnte, dass dieser Begeisterungssturm unter anderem ihr galt.

Die Musiker standen auf und sie applaudierte ihnen, genau wie dem Dirigenten, der auf die Bühne geholt wurde.

Der letzte Vorhang fiel, woraufhin sie in ihre Garderobe zurückging, doch hier wartete die nächste Überraschung auf sie, denn der gesamte Raum war mit Blumenbouquets geschmückt. Im ersten Moment glaubte sie an ein Geschenk ihres Liebsten, bis ihr die verschiedenen Karten auffielen. Ohne sich um ihr Make-up zu kümmern, las sie eine nach der anderen, betrachtete die zahlreichen Blumen, die man ihr geschenkt hatte, gleichzeitig kämpfte sie gegen die Rührung an. Ein Klopfen ließ sie hochfahren.

„Darf ich kurz hereinkommen?" Julie streckte den Kopf zu ihr rein.

„Ja, bitte, ich brauche jemanden, der mich aufweckt. Das hier ist bestimmt ein Traum." Sie deutete auf das Blumenmeer, in dem sie saß.

Die Sängerin schmunzelte. „Nein, das ist deine Bestätigung. Du warst toll."

„Dem stimme ich zu, aber jetzt musst du dich umziehen. Wir warten auf dich." Ihr Partner Pascal betrat das Zimmer. „Glaubst du, dass du dich vor der Feier drücken kannst?" Er lachte über ihr erstauntes Gesicht. „Wir feiern unseren Erfolg, da darfst du nicht fehlen. Beeil dich, in einer halben Stunde im Le Relais.“ Ohne ihre Antwort abzuwarten, drehte er sich um und ging.

Lachend schüttelte Charlie den Kopf, anschließend stand sie auf, um Julie zu umarmen. „Danke für deinen Beistand. Ohne dich hätte ich es kaum geschafft.“

Die Kollegin wehrte den Gedanken sofort ab. „Du hast hart gearbeitet, niemals aufgegeben und das ist der Lohn dafür. Man muss für seine Träume kämpfen.“ Sie sah sie ernst an. „Du warst richtig gut. Aber jetzt sollte ich langsam los.“

Die Frauen verabschiedeten sich. Im gleichen Moment betrat Maurice den Raum. „Du warst fantastisch, mon amour.“ Er zog sie zärtlich an sich. „Man hatte das Gefühl, in eine andere Zeit versetzt zu werden.“ Mit der gesamten Liebe, die in ihm war, küsste er sie. „Ich soll dich auch von Mama und Papa grüßen, sie sind begeistert. Sie wollen uns etwas Privatsphäre lassen.“ Versonnen lächelte er sie an.

Irritiert musterte sie ihn. „Wie hast du es geschafft, unversehrt in die Aufführung zu gelangen? Es war hell, als wir angefangen haben.“ Ein wenig ängstlich suchte sie nach Brandlöchern in seiner Kleidung.

„André hat die Vorstellung mit seinem Smartphone übertragen, daher konnten wir dich sehen. Zum Glück wird es früh dunkel, sodass wir zumindest den Schluss mitbekommen haben.“ Er zwinkerte ihr zu.

Verliebt lehnte Charlotte sich an ihn, bis ihr einfiel, dass die Kollegen auf sie warteten. „Ist es in Ordnung für dich, wenn wir noch mit den restlichen Sängern feiern gehen?“

„Auf jeden Fall, beeil dich, ich warte draußen auf dich.“ Er küsste sie erneut, ehe er sich mit Gewalt von ihr losriss.

Jetzt beeilte sie sich, um die Schminke loszuwerden, ehe sie sich umzog. Ehrlich gab sie zu, dass sie sich auf den Abend freute.

~~°~~

„Auf uns, wir sind ein fantastisches Team.“ Pascal hob sein Glas, nachdem alle angekommen waren und Charlotte auch Maurice sowie seine Eltern vorgestellt hatte. Adeline ließ es sich natürlich genauso wenig wie Geoffrey nehmen, ihr persönlich zu dem Auftritt zu gratulieren.

„Auf uns!“ Der Ruf hallte durch das Lokal, in dem sich die Sänger der Oper öfter trafen.

Bisher hatte Charlie keine Zeit gehabt, mitzugehen, doch jetzt nahm sie sich vor, ihre Kollegen hin und wieder zu begleiten. Alle redeten durcheinander, aufgeheizt von ihrem Erfolg, nur sie stand vor Glück strahlend in der Menge, ohne ein Wort zu sagen. Allein in dieser Runde angenommen zu werden, bedeutete ihr so viel.

Ein Journalist kam zu ihnen, bat darum Fotos machen zu dürfen, was sie ihm gerne gestatteten, nur als er zu aufdringlich wurde, schoben sie ihn schnell ab.

„Morgen wird die Welt wissen, dass es am Opernhimmel einen neuen Star gibt“, flüsterte Maurice ihr zu, dabei vermied er es, sie seine Besorgnis hören zu lassen.

Verlegen senkte sie den Kopf. „So gut bin ich nicht, trotzdem danke für das Kompliment und für die traumhaften Blumen.“ Natürlich hatte sie sein Bouquet zuerst entdeckt. „Oh, ich sollte den Raum aufräumen, nicht dass jemand die wundervollen Sträuße wegwirft.“ Das hatte sie vollkommen vergessen.

„Dafür gibt es Angestellte, mach dir keine Sorgen. Sie werden dir die Sachen nach Hause liefern lassen." Pascal zwinkerte ihr zu. „Darüber hinaus brauchst du die Garderobe in den kommenden Tagen noch öfter."

Nachdenklich nickte sie ihm zu, es war ja kein Traum, sondern die Wirklichkeit, wie ihr in dem Augenblick bewusst wurde. Ihr erster Auftritt als Solistin!

Sie scherzte mit ihren Kollegen, blieb aber stets an der Seite ihres Freundes, ihm verdankte sie einfach alles.

Übermütig stimmte einer der Männer das Trinklied aus La Traviata an, woraufhin die anderen begeistert mitsangen. Mit einem Zwinkern übernahmen die Frauen den weiblichen Part, bis fast das gesamte Lokal mit ihnen sang. Immer wieder forderten sie auch die normalen Gäste auf, sich ihnen anzuschließen. An dem Abend kam es nicht mehr auf Perfektion an, sondern auf die Gemeinsamkeit.

Müde, beschwipst und unendlich glücklich fiel Charlotte sehr viel später ins Bett.

~~°~~

„Ich wusste, dass du ein besonderes Talent hast", bemerkte Maurice am nächsten Mittag, als er ihr bei einem Brunch Gesellschaft leistete. „Jetzt weiß es auch ganz Paris."

Erstaunt blickte sie ihn an, während er die Tageszeitung, in der er gelesen hatte, so faltete, dass sie einen Artikel lesen konnte. „Oh, ich dachte, dass es nur ein hauseigener Journalist gewesen ist." Sie erinnerte sich an den höflichen jungen Mann, der sie um ein Foto gebeten hatte. Nur, dass er von der Zeitung *Les Parisien* war, damit hatte sie nicht gerechnet.

Der Text zeichnete ein Bild von ihr, dem sie nur teilweise zustimmte. „So gut bin ich auf gar keinen Fall. Er übertreibt, womit er Erwartungen weckt, die ich kaum erfüllen kann", murmelte sie besorgt.

„Non, ma petite, darüber mache ich mir keine Gedanken. Du bist genau so gut, wie er beschreibt." Er runzelte trotzdem die Stirn.

„Was treibt dich um, Liebster? Behagt dir der Rummel um meine Person nicht?" Als sie über die Konsequenzen nachdachte, keimten in ihr die gleichen Sorgen auf. Je mehr sie ins Rampenlicht gerückt wurde, desto mehr Aufmerksamkeit fiel auf ihn. „Wird es dir zu viel?"

Lachend schüttelte er den Kopf, nahm die Zeitung wieder an sich, um sie zusammenzufalten. „Nein, damit komme ich sehr gut klar. Aber spätestens jetzt wird Miller genau wissen, wo du arbeitest. Das stört mich."

Ungläubig musterte sie ihn. „Das denkst du nicht wirklich, oder? Glaubst du, dass er jede Zeitung liest, nur um herauszufinden, wo ich auftrete? Die Wahrscheinlichkeit, dass er ausgerechnet auf den Artikel stößt, ist doch ziemlich gering."

„Da irrst du dich." Er deutete auf einen Stapel weiterer Tageszeitungen, darunter zwei Magazine. „Die Journalisten waren fleißig, ihnen kam es natürlich gelegen, dass die Aufführung am Nachmittag stattgefunden hat. Ich habe sie bereits gelesen, darüber hinaus findet man auch im Internet einige Statements."

„Das ist ein Scherz, oder?" Charlotte konnte kaum glauben, was er ihr da erzählte. „Ich meine, wir reden von der Oper, nicht von einem Rockkonzert."

„Genau und den Parisern ist der Palais Garnier ans Herz gewachsen. Du kannst es alles selbst nachlesen." Er zwinkerte ihr zu. „Es gibt allerdings ein paar negative Stimmen, die gehen jedoch davon aus, dass du eine Eintagsfliege bist."

Zu gerne hätte sie sich die Artikel durchgelesen, wobei es sich bei manchen lediglich um zwei Zeilen handelte, andere berichteten ausführlich von der Erweiterung des Programms und der neuen Besetzung. Leider musste sie sich langsam beeilen, da sie am Nachmittag eine weitere Vorstellung gab. „Dumm nur, dass ich Miller kaum sehen werde, wenn er im Publikum sitzt." Sie besaß keine Zeit, um sich jeden anzusehen, der ihr zuhörte. In der Opéra Garnier war es etwas anderes als im Varieté.

„Überlass die Sorgen mir, vielleicht ist er ja auch tatsächlich nach Amerika zurückgefahren." In der Tat hatte Matthias sich nicht mehr blicken lassen, selbst im Drôle d´oisseau hielt er sich in den letzten Tagen nicht auf. In dem Punkt ließ Maurice lieber Vorsicht walten, daher hatte er einen Spitzel beauftragt, der seinen Feind beobachten sollte. Dummerweise war Miller wie vom Erdboden verschwunden.

Viel zu schnell musste sie wieder zur Arbeit, sodass sie die Gedanken an den boshaften Kerl zur Seite schob. Eventuell hatte Adelines Drohung ja doch gewirkt.

Leider wurde ihre Hoffnung zerstört, denn schon als sie die Garderobe betrat, bemerkte sie die einzelne rote Rose mit dem schwarzen Band. Mit gemischten Gefühlen öffnete sie die beiliegende Karte, nur um entsetzt aufzustöhnen. Natürlich hatte Miller sie geschickt.

„Meine liebe Madame Renard,
ich gratuliere Ihnen zu Ihrem Erfolg, obwohl ich davon
ausgehe, dass Ihr Geliebter seine Hand im Spiel hatte.
Er überlässt nichts dem Zufall und auf diese Weise macht
er Sie von sich abhängig. Doch das werden Sie mir kaum
glauben, da Sie völlig unter seinem Bann stehen.
Noch einmal warne ich Sie eindringlich vor dem Mann,
der sich für etwas ausgibt, was er keinesfalls ist.
Ich erwarte, dass Sie sich sofort von ihm trennen. Sobald
Sie das getan haben, sind Sie außer Gefahr. Sollten Sie
sich weigern, müssen Sie die Konsequenzen tragen.
Legen Sie eine entsprechende Nachricht an den Bühnenrand,
dort werde ich sie auf jeden Fall finden. Denken Sie
nicht einmal daran, mich täuschen zu wollen.
Matthias Miller!“

Fassungslos las sie sich den Brief erneut durch, ehe sie ein Foto davon zu Maurice schickte. Sollte sie zum Schein auf die Forderung eingehen? Konnten sie den Kerl vielleicht mit dem Manöver aus der Reserve locken?

„Dieser Mistkerl ist zu allem fähig. Leg ihm den gewünschten Zettel hin, sodass wir ihn fassen können. Lass dir aber eine halbe Stunde Zeit, damit ich André schicken kann. Ich liebe dich.“ Die Antwort ihres Gefährten kam innerhalb von Sekunden, was sie ein wenig aufatmen ließ. Eilig schrieb sie die Nachricht, in der sie bestätigte, dass sie sich von Maurice trennen würde, anschließend ging sie zum Aufwärmen.

Als sie André bemerkte, der ihr unauffällig zunickte, schlich sie sich in ihre Garderobe zurück, um den Zettel zu holen, doch der war schon verschwunden. Stattdessen lag ein neuer Brief ihres Widersachers dort.

„Madame Renard,
ich habe Sie gewarnt! Es war ein dummes Unterfangen,
mich täuschen zu wollen. Jetzt müssen Sie die Konsequenzen
tragen, dabei nehme ich es Ihnen überaus übel, dass Sie
mich offensichtlich für minderbemittelt halten.
Natürlich habe ich den persönlichen Sekretär Ihres Liebhabers erkannt.
Wir sehen uns, sehr bald!

Matthias Miller"

Wieder schickte sie ein Foto von der Nachricht zu ihrem Liebsten, obwohl sie wusste, dass er seine Jacht zu der Tageszeit nicht verlassen durfte. Dummerweise wurde es Zeit, sich um ihre Arbeit zu kümmern. Es gab vor einer Aufführung immer noch etwas zu besprechen, sie musste sich warm singen und tausend andere Dinge erledigen.

Eilig schob sie die Gedanken an den lästigen Kerl zur Seite, hier im Opernhaus fühlte sie sich sicher und nach der Vorstellung kam Maurice sie abholen. Später wollte sie in Ruhe überlegen, was zu tun war.

~~°~~

Maurice fluchte leise vor sich hin, ihm war bewusst, wie viele versteckte Gänge die Oper besaß. Im Grunde konnte Miller überall im Haus sein, nur würde er auffallen, sobald er sich blicken ließ. Natürlich bestand die Möglichkeit, dass er Charlottes Auftritt sabotierte, doch hatte er davon keinerlei Vorteil.

Unruhig rannte er durch den Salon, sah ständig auf sein Smartphone, ob André sich meldete, denn er hatte ihn beauftragt, seine Liebste nicht mehr aus den Augen zu lassen. Leider kam keine Bestätigung. Irgendetwas lief gewaltig schief.

Wieder nahm er das Gerät zur Hand, nur um auf den Bildschirm zu starren. Weder André noch Charlotte antwortete ihm. Bei seiner Gefährtin lag es bestimmt daran, dass sie arbeiten musste, doch was war mit seinem Sekretär los? Sonst war er extrem zuverlässig.

Sein Telefon klingelte, was ihn dermaßen erschreckte, dass er es fast fallen ließ. Erstaunt erkannte er Neebs Nummer. „Herr Neeb, was kann ich für Sie tun?"

„Es widerstrebt mir, Sie anzurufen, aber Madame Renard ist offensichtlich nach Hause gegangen. Sie hat lediglich eine Notiz in ihrer Garderobe hinterlegt, dass Sie den Stress nicht weiter aushält." Neeb bemühte sich verzweifelt um einen neutralen Ton, doch man hörte ihm die Besorgnis deutlich an. „So hätte ich sie niemals eingeschätzt. Gestern machte sie den Eindruck, als ob sie zu vielem fähig wäre."

„Können Sie mir ein Foto machen und es mir umgehend schicken? Ich versichere Ihnen, dass Charlotte nicht bei mir ist." Mit aller Kraft unterdrückte er einen Fluch. „Ich melde mich wieder, sobald ich mehr weiß." Ohne eine Antwort abzuwarten, legte er auf, nur um sofort bei seiner Liebsten anzurufen. Wie erwartet ging niemand ans Telefon, genau wie bei André.

Verdammte Sonne, es war noch zu früh, um loszufahren, um nach den beiden zu suchen. Er konnte das Opernhaus unmöglich in Aufruhr versetzen, ohne sich selbst zu verraten. Wütend schlug er mit der Faust auf den Tisch, ehe er sich an seinen PC setzte. Vielleicht schaffte er es, die Handys zu orten. Bei André war es ihm schon einmal gelungen, nur wusste er auch, dass die Mauern der Opéra Garnier vieles abschirmten.

Die erwartete WhatsApp des Intendanten ging ein und er betrachtete das Foto, wobei ihm deutlich auffiel, dass es sich keinesfalls um die Handschrift seiner Liebsten handelte. Um sicher zu sein, zog er einige Notizen aus einem Stapel, die sie sich vor ein paar Tagen gemacht hatte. Den Abschiedsbrief hatte Charlotte definitiv nicht geschrieben. Verdammt!

Sofort rief er im Opernhaus an. „Die Nachricht ist keineswegs von ihr“, schrie er ins Telefon, ohne darauf zu warten, dass Neeb sich meldete.

„Was wollen Sie damit sagen?“ Erschrocken schnappte der Mann nach Luft. „Denken Sie, dass sie entführt worden ist?“

„Genau das und ich habe auch eine Ahnung von wem.“ Wutschnaubend stieß er die Worte hervor. „Wegen meiner Sonnenallergie ist es mir unmöglich, jetzt schon zu Ihnen zu kommen. Mein Mitarbeiter hält sich in Ihrem Haus auf, lassen Sie nach ihm suchen. Ich schicke Ihnen ein Foto. Sobald es möglich ist, erscheine ich persönlich. Ich glaube, dass der Entführer noch im Gebäude ist.“

Neeb bewahrte glücklicherweise die Nerven. „Sie denken, er ahmt das Phantom der Oper nach? Er hat Madame Renard in die unterirdischen Labyrinthe entführt? Dort können wir uns tagelang aufhalten, dennoch ist er in der Lage, uns aus dem Weg zu gehen. Vertrauen Sie mir, es gibt keine Luxuswohnung unter der Bühne, nur ellenlange Gänge, von denen viele zugeschüttet wurden."

„Das ist mir bewusst, trotzdem befürchte ich, dass der Kerl sich nicht aus dem Gebäude wagt. Ich kenne Charlotte, sie wird sich kaum ruhig verhalten, sollte sie die Möglichkeit bekommen, irgendjemanden auf ihre missliche Situation aufmerksam zu machen, tut sie es." Maurice fuhr sich durch die Haare. „Gehen Sie auf die Suche, ich flehe Sie an. Je eher wir irgendeinen Hinweis finden, desto besser können wir vorgehen."

Die Männer verabschiedeten sich und Maurice versuchte, endlich das Smartphone seines Vertrauten zu orten. Wie erwartet, befand André sich noch im Gebäude, doch ein weiterer Anruf beim Intendanten, brachte nur das Telefon zutage, von dem Sekretär fehlte jede Spur.

~~°~~

Während in der Oper rege Betriebsamkeit herrschte, weil viele sich an der Suche nach Charlotte beteiligten, schoss diese wütende Blicke auf Miller, der sie auf einem verschlungenen unterirdischen Pfad vor sich her schubste.

Wie dumm war sie gewesen, anstatt direkt nach Hilfe zu rufen, hatte sie ihn aufgefordert, ihre Garderobe zu verlassen. Das war seine Chance, mit einem Satz sprang er auf sie zu, packte sie am Hals und zwang ihr einen Knebel zwischen die Lippen, anschließend zog er ein Messer, mit dem er sie auch jetzt bedrohte.

Durch eine, von einem Teppich bedeckte, Bodenklappe hatte er sie in den Untergrund gezwungen. Sie liefen auf den unterirdischen See zu, das war ihr bewusst. Sie nahm jedoch an, dass er nicht so dumm war, sich ausgerechnet dort zu verschanzen, da die Pariser Feuerwehr den Grundwassersee immer wieder kontrollierte.

Mit einem irren Kichern schubste er sie in einen abzweigenden Gang, bis sie an einen Punkt kamen, der an eine Höhle erinnerte. Hier lagen Kleider, mehrere Decken, Lebensmittel, sodass Charlotte sofort wusste, dass es sich um Millers Versteck handelte.

Endlich nahm er ihr den Knebel ab, fuchtelte allerdings weiterhin mit dem Messer vor ihrem Gesicht herum. Hass blitzte aus seinen Augen, als er sie ansah. „Jetzt kannst du schreien, soviel du willst, du Vampirhure. Mich hast du abgewimmelt wie Abschaum, nur um mit ihm ins Bett zu steigen." Er spuckte sie an, aber sie hob den Kopf nur ein kleines Stückchen höher.

„Maurice wird mich finden", bemerkte sie kühl, gleichzeitig hielt sie ihre Stimme eisern unter Kontrolle. Ihr war kalt, sie hatte Angst und doch zeigte sie keines dieser Gefühle.

„Natürlich wird er das, das ist ja der Sinn der gesamten Aktion." Matthias verfiel in ein keckerndes Lachen. „Du bist der Köder, damit meine Familie endlich wieder stolz auf mich sein kann." Er sank auf den Boden, wo er in den Sachen wühlte. „Sie haben mich verstoßen, weil sie manipuliert worden sind. Auf einmal wollen sie Frieden." Er stieß das Wort mit Abscheu hervor. „Frieden mit den Blutsaugern! Sie behaupten, dass sie keine Gefahr mehr darstellen."

Charlie wich langsam von ihm zurück, prallte jedoch mit dem Rücken an die Wand. Hier würde sie ihm nicht so leicht entkommen können, außerdem sah sie deutlich den Wahnsinn in seinem Blick. Sie musste verdammt vorsichtig sein, um heil aus der Sache herauszukommen. Kurz dachte sie daran, dass sie ihre Aufführung verpasste, aber darum konnte sie sich jetzt kaum kümmern.

Kapitel 23 - Verzwickte Situation

„Weshalb glauben Sie, dass Sie in der Lage sind, Maurice zu überwältigen? Bisher war er immer stärker und schneller." Sie blieb bei der höflichen Anrede, denn allein der Gedanke, vertraut mit ihm umzugehen, widerte sie an.

Erneut erklang ein wahnsinniges Kichern. „Weil ich der Bessere bin. Meine Fallen wird er dieses Mal kaum umgehen können."

Fast erwartete sie, dass er um sie herumtanzte wie Rumpelstilzchen, doch er starrte sie nur an, dabei brabbelte er leise vor sich hin.

Charlotte überlegte angestrengt, wie sie ihn überrumpeln könnte. Egal, wie verwirrt er sich zeigte, seine Kraft überstieg ihre bei Weitem. Ihn einfach über den Haufen rennen, fiel damit aus. Sie musste ihn irgendwie hereinlegen. Aber wozu hatte sie denn Schauspielunterricht gehabt? Sie stöhnte laut auf, legte eine Hand an die Stirn, gleichzeitig lehnte sie sich an die Wand. „Mir wird schwindelig." Mit den Worten ließ sie sich auf den Boden rutschen, während sie die Augen verdrehte.

Miller beobachtete sie misstrauisch, stieß sie sogar mit dem Fuß an, doch sie bewegte sich nicht mehr. „Verdammt, jetzt ist das dumme Stück auch noch ohnmächtig geworden", murmelte er. Erneut trat er sie, dieses Mal ziemlich fest, sodass sie sich einen Aufschrei verkneifen musste. „So ein Mist, sie muss schreien, sonst kommt der Vampir niemals her. Der hat den Brief als Fälschung erkannt, im Gegensatz zu dem idiotischen Operndirektor." Unruhig lief er durch die kleine Höhle, blieb immer wieder bei ihr stehen, bis er sie an den Armen packte, um sie auf die andere Seite zu ziehen.

Charlotte machte sich so schwer wie möglich, unterdrückte eine Bewegung, ließ sogar zu, dass er ihre Hände fesselte.

Eine Zeit lang passierte nichts, bis er ihr hart ins Gesicht schlug. Erneut verkniff sie sich jede Regung, sorgte dafür, dass ihre Lider lediglich leicht flatterten.

„Scheiße, du dummes Dreckstück, du musst aufwachen." Er tobte, schrie, trat mehrfach gegen sie, aber ohne Erfolg. Endlich tastete er ungeschickt nach ihrem Puls. „Sie lebt, natürlich lebt sie."

Wieder brabbelte er etwas Undeutliches, dann hörte sie, dass sich seine Schritte entfernten. Vorsichtig öffnete sie die Augen ein wenig, um festzustellen, dass er die Höhle tatsächlich verlassen hatte. Sofort sprang sie auf die Beine, schlich sich an den Rand, um in den dunklen Gang zu spähen. Sie konnte nichts sehen, was ihr allerdings den Vorteil verschaffte, ihn frühzeitig zu entdecken, da er eine Taschenlampe besaß. Der Lichtschein würde sie schon von Weitem warnen.

Langsam tastete sie sich voran, immer mit ihren gefesselten Händen an der Wand entlang, damit sie auf keinen Fall in ein Loch fiel. Oft genug stolperte sie, gleichzeitig hatte sie keine Ahnung, wo genau sie sich befand, aber alles war besser, als sich in der Gewalt dieses Irren zu befinden.

Weshalb er die Kenntnisse über das Labyrinth unter der Oper hatte, war ihr schleierhaft, doch darüber konnte sie sich Gedanken machen, sobald sie einen Ausgang gefunden hatte.

Ein Lichtschein schreckte sie aus ihren Überlegungen auf, zum Glück schaffte sie es, sofort in einen anderen Gang abzubiegen. Eilig tastete sie sich weiter, wobei sie immer wieder einen Blick über die Schulter warf. War er ihr auf den Fersen? Hatte sie überhaupt eine Chance ihm zu entkommen?

~~°~~

Endlich war es dunkel genug, sodass Maurice zur Oper aufbrechen konnte. Sorge und Wut mischten sich, daher verzichtete er auf sein Auto, zu Fuß war er sowieso schneller.

Erstaunt bemerkte er, dass die Aufführung im vollen Gang war, als er das Opernhaus betrat, doch darüber machte er sich jetzt keine Gedanken. Ohne sich um die Angestellten zu kümmern, die ihn aufhalten wollten, stürmte er in das Büro des Intendanten. „Sie haben die Vorstellung nicht abgesagt?"

Neeb sah ihn an. „Ja, wir hielten es für besser, den Entführer im Glauben zu lassen, dass wir seinen Abschiedsbrief geschluckt hätten. So wiegt er sich in Sicherheit."

Nachdenklich stimmte Maurice ihm zu. „Konnten Sie meinen Sekretär finden?"

„Leider nein, aber wir suchen weiter. Außerdem sind einige meiner Leute in den Gängen unter dem Gebäude." Unglücklich zuckte der Intendant mit den Schultern. „Bisher sind nur sehr schwache Hinweise gefunden worden. Nichts, was uns wirklich weiterbringt."

„Damit habe ich auch kaum gerechnet. Ich befürchte, dass wir es mit jemandem zu tun haben, dem jedes Mittel recht ist, um mich zu erpressen." Wütend ballte Maurice die Hände zu Fäusten.

„Ich kann mir gut vorstellen, dass es einige Feinde in Ihrem Umfeld gibt.“ Neeb überlegte angestrengt, was er noch tun könnte.

„Ich mache mich auf die Suche.“ Maurice ließ keinen Widerspruch zu, nickte dem Intendanten zu, anschließend stürmte er aus dem Büro. Miller sollte sich auf sein letztes Stündlein vorbereiten, falls er Charlotte auch nur schief angesehen hatte!

Natürlich kannte er etliche der Geheimgänge, zumal er sie in der Vergangenheit öfter benutzen musste. Wie gut, dass er im Dunkeln perfekt sah, sodass er keine Taschenlampe benötigte.

Über eine Bodenklappe in der Nähe des Foyers gelangte er in das unterirdische Labyrinth. Hier brauchte er einen Moment, um sich zu orientieren, ehe er den Kopf ein wenig anhob, um zu schnuppern. Deutlich roch er, dass sich mindestens fünf Menschen in diesen Gängen aufhielten. Nur, Charlotte befand sich nicht unter ihnen. Sie hätte er sofort erkannt.

Eilig ging er den Leuten aus dem Weg, seine Gefährtin war jetzt sein vordringlichstes Ziel.

~~°~~

Charlie hätte am liebsten geschrien, immer wieder stieß sie sich an dem rauen Stein, stolperte über Unebenheiten und bekam das Gefühl, keinen Schritt in die richtige Richtung zu kommen. Außerdem verlor sie ihr Zeitgefühl in der Dunkelheit. Wie gerne hätte sie sich einfach auf den Boden gesetzt, doch das kam auf keinen Fall infrage, aufgeben lag ihr nicht.

Seufzend tastete sie sich weiter, bis sie endlich einen Schimmer sah, der verdächtig nach einer Lampe aussah. Der Lichtschimmer blieb an einer Stelle, daher durfte sie davon ausgehen, dass es sich nicht um eine Taschenlampe handelte. Erleichtert hastete sie darauf zu, um festzustellen, dass sie auf einen der Gänge gestoßen war, die auch heute noch benutzt wurden. Sie bog ab und kam an eine Tür, die natürlich abgeschlossen war. Mit beiden Fäusten hämmerte sie dagegen, rief um Hilfe, dabei betete sie, dass die Bühnenarbeiter sie eher hörten als Miller. Die Tür wurde aufgerissen und Maurice stand vor ihr, der sie augenblicklich in eine feste Umarmung zog. „Gott sei Dank, du bist unversehrt“, murmelte er, während er sie an sich drückte.

„Ja, aber wir müssen hier weg. Er ist wahnsinnig, hat irgendwas von Fallen gemurmelt, denen du nicht entgehst.“ Sie zitterte, jetzt da sie sich in Sicherheit befand, durfte sie sich erlauben, ihre Angst zu zeigen.

Sofort hob er sie auf seine Arme, um mit ihr zum Büro des Direktors zu laufen, wo er sie auf einem Sessel absetzte, ehe er die Kabelbinder abschnitt.

Dankbar rieb sie über die Abdrücke, wo das Plastik sich in ihre Haut eingegraben hatte.

„Dafür wird der Schweinehund büßen“, murmelte Maurice mit unterdrückter Wut, während er sanft über die aufgeschrammten Stellen strich.

Langsam schüttelte Charlotte den Kopf. „Nein, wir überlassen das der Polizei. Wahrscheinlich wird er zwangseingewiesen. Er ist nicht mehr zurechnungsfähig.“

Gerade als ihr Liebster ihr widersprechen wollte, kam auch Neeb herein. „Gott sei Dank, Ihnen ist nichts passiert." Erst jetzt bemerkte er ihren lädierten Zustand. „Es geht Ihnen doch gut oder sollen wir einen Arzt holen?"

„Nein, das ist unnötig, ich habe nur ein paar Schrammen abbekommen." Sie atmete tief durch. „Aber Matthias Miller ist noch in dem Labyrinth unter der Oper. Er will meinen Lebensgefährten fangen und töten, weil er ihn für einen Vampir hält." Sie schüttelte den Kopf. „Er ist wahnsinnig und braucht dringend ärztliche Hilfe."

„Sämtliche bekannte Ausgänge sind abgesichert, außerdem suchen einige unserer Angestellten zusammen mit den Polizeibeamten in den Gängen nach Ihnen. Ich werde Bescheid geben, dass sie sich jetzt nach dem Mann, der Sie entführt hat, umsehen sollen." Neeb ließ sich auf seinen Stuhl hinter seinem Schreibtisch fallen. „Es tut mir unendlich leid, dass Sie so etwas in unserem Haus erleben mussten, Madame Renard." Er rieb sich über die Lider, anschließend nahm er ein Funkgerät, um seine Mitarbeiter zu informieren.

Erstaunt blickte sie auf das Gerät, bis ihr Gefährte einen Arm um sie legte. „Wir haben die Leute, die sich auf der Suche nach dir befinden, mit Funksprechgeräten ausgestattet. Wobei einer ständig in der Nähe eines Eingangs bleibt, um Informationen weitergeben zu können", erklärte ihr Liebster ihr.

„Ich würde mich gerne duschen." In dem Augenblick fiel ihr André ein. „Wo ist eigentlich André? Er war fast immer in meiner direkten Umgebung, bis ich in meine Garderobe gegangen bin." Sie sah Maurice fragend an, während ihr eine Gänsehaut über den Rücken jagte.

„Wir haben nur sein Handy gefunden, von ihm fehlt jede Spur." Maurice verkniff sich nur mühsam das Seufzen. Ihm war klar, dass sein Vertrauter irgendwo in dem riesigen Gebäude lag und wahrscheinlich sogar Hilfe brauchte. „Auch nach ihm wird gesucht."

Charlotte stand auf, straffte die Schultern. „Ich gehe ihn suchen. Auf keinen Fall werde ich einfach nur hier herumsitzen und abwarten." Vergessen war der Wunsch nach einer heißen Dusche, jetzt ging es um das Leben eines Freundes.

Sofort hielt Maurice sie am Arm fest. „Du gehst nirgendwohin." Er legte ihr einen Zeigefinger auf die Lippen, als sie Luft holte, um ihm zu widersprechen. „Denk mal darüber nach, dass Miller dich nur wollte, um mich in seine Gewalt zu bekommen. Glaubst du dann immer noch, dass es eine gute Idee ist, in der Oper herumzustreifen?"

Missmutig schüttelte sie den Kopf. „Nein, du hast recht, aber ich kann doch unmöglich einfach nur rumsitzen."

„Das sollen Sie auch nicht, Madame Renard", mischte sich der Intendant ruhig ein. „Es würde uns bestimmt helfen, wenn Sie uns erzählen, wie der Kerl Sie überhaupt in die unterirdischen Gewölbe gebracht hat."

Sofort stimmte Charlotte zu, alles war besser, als auf Nachrichten zu warten. „Ich saß in meiner Garderobe, wo ich mich auf meinen Auftritt vorbereitet habe." Bei dem Satz schluckte sie. „Ich kann verstehen, dass Sie mich jetzt feuern." Offen begegnete sie dem Blick ihres Chefs.

„Davon ist keine Rede, im Gegenteil, ich entschuldige mich bei Ihnen, dass es in unserem Haus zu so einem Vorfall kommen konnte." Neeb seufzte schwer. „Wir können uns glücklich schätzen, falls Sie unter den Umständen bereit sind, weiter für uns zu arbeiten."

Charlotte lächelte leicht. „Sehr gerne, es ist ja auch nichts wirklich Schlimmes passiert.“ Sie holte etwas zittrig Luft. „Plötzlich ging die Tür auf, Miller kam herein. Er hat mich schon früher bedrängt, belästigt und mich gewarnt, dass mein Lebensgefährte ein Vampir sei. Ich hätte ihn sofort anzeigen müssen.“ Jetzt drückte sie sich fester an ihren Freund. „Anstatt um Hilfe zu rufen, habe ich den Mann aufgefordert die Garderobe zu verlassen“, gab sie leise zu. „Er war mit einem großen Schritt bei mir, packte meinen Hals, anschließend zwang er einen Knebel in meinen Mund. Kurz darauf schob er den Teppich zur Seite, bevor er eine Klappe im Boden öffnete. Er hat mich durch etliche Gänge geschubst, bis zu einer Art Höhle, wo bereits Kleidung und Lebensmittel lagen.“ Sie zuckte verlegen mit den Schultern. „Mehr weiß ich leider nicht. Ich habe mich bewusstlos gestellt, woraufhin er losgerannt ist, um etwas zu holen.“

Neeb nickte ihr beruhigend zu, während Maurice sanft über ihren Rücken strich.

„Er wollte mich als Köder für meinen Freund, das hat er immer wieder gesagt.“ Mit den Worten beendete sie ihren Bericht.

„Aber es ist seltsam, dass er den Abschiedsbrief geschrieben hat, obwohl er darauf zählte, dass Monsieur Leblanc nach Ihnen suchen würde“, bemerkte der Intendant nachdenklich.

In dem Augenblick klopfte es und ein Polizeibeamter kam herein, in seiner Hand hielt er mehrere Zettel, die dicht beschrieben waren. „Wir haben verschiedene Drohbriefe sowie Aufforderungen gefunden.“ Er drehte sich zu Maurice um. „Es geht darum, dass Sie gegen Madame Renard ausgetauscht werden sollen.“

„Darf ich mal sehen?“

Sofort zog der Mann die Beweise zurück. „Es tut mir leid, aber das sind Beweismittel.“ Bedauernd schüttelte er den Kopf, ehe er sich an Charlotte wandte. „Wir brauchen Ihre Aussage, Madame. Können Sie mit mir kommen? Oder benötigen Sie einen Arzt?“

„Ich bin in Ordnung, allerdings möchte ich, dass Monsieur Leblanc an meiner Seite bleibt.“ Fest sah sie dem Polizeibeamten in die Augen, fast als besäße sie die gleichen Gaben wie ihr geliebter Vampir.

Der junge Mann trat unter ihrem Blick von einem Bein auf das andere, bis Maurice ihn manipulierte, sodass er ihr das Zugeständnis machte.

Gemeinsam fuhren sie zur Polizeiwache, wo Charlie die gesamte Geschichte erneut erzählte, ehe sie ihre Aussage unterschrieb.

„Ich bringe dich jetzt zu meiner Jacht, das war genug Aufregung für heute“, bestimmte Maurice zärtlich, als sie vor der Wache standen, aber da hatte er die Rechnung ohne seine Freundin gemacht.

Charlotte fühlte sich zwar immer noch schmuddelig und spürte langsam jeden Knochen, trotzdem schüttelte sie wild den Kopf. „Auf gar keinen Fall, wir fahren zum Opernhaus! Ich werde mich nicht gemütlich in deinen Salon setzen, solange André verschwunden ist.“ Sie stemmte die Arme in die Seiten, dabei blitzte sie ihn wütend an. „Er ist unser Freund und nur wegen mir in Gefahr.“

Seufzend stimmte er zu, rief ein Taxi, womit sie gemeinsam zurück zur Oper fuhren.

„Bitte, sagen Sie mir, dass Sie André gefunden haben“, bat Charlie, als sie in das Büro des Intendanten kam. In ihrem Gesicht sah man deutlich die Verzweiflung.

„Leider gibt es noch keine Spur Ihres Sekretärs." Neeb zuckte bedauernd mit den Schultern. Wie gerne hätte er ihr mitgeteilt, dass sie ihn wohlbehalten vorgefunden hatten. Mit jeder Stunde, die verging, wurde die Wahrscheinlichkeit größer, dass ihm etwas Schlimmes passiert war.

Resignierend setzte Charlie sich auf den angebotenen Sessel, gleichzeitig überlegte sie, was sie unter Umständen vergessen oder übersehen hatte. André war immer in ihrer Nähe gewesen, sodass er bestimmt an ihrer Garderobe überwältigt wurde. Das Smartphone fand man allerdings auf der anderen Seite des Gebäudes. „Wie ist sein Handy an den Fundort gelangt? Er hat sich keineswegs freiwillig so weit von mir entfernt." Sie murmelte die Frage nur, trotzdem griff Maurice sie auf.

„Das ist wahrscheinlich der Knackpunkt. Wurde er weggelockt? Wenn ja, mit welchem Argument?"

„Ich glaube, dass er in der Nähe der Garderobe eingefangen wurde. Sein Smartphone könnte eine Ablenkung sein." Sie drängte die Sorge um den Freund zurück. „Existieren noch andere unterirdische Gänge oder Schächte in dem Bereich der Oper, an dem ich ihn zum letzten Mal gesehen habe?"

Neeb zuckte leicht mit den Schultern, griff aber zum Telefon, um sich die alten Pläne bringen zu lassen. „Wir besitzen ein sehr gutes Archiv, da sollten wir fündig werden. Falls es weitere Einstiege in den Keller gibt, müssen wir sofort dort nach dem Mann suchen."

Es klopfte und jemand reichte ihm einen Ordner mit etlichen Zeichnungen, die nach Jahren geordnet waren. Gemeinsam beugten sie sich über die neusten Baupläne, studierten die Angaben, bis Charlotte auf einen Punkt zeigte. „Hier, das sieht aus wie ein ehemaliger Kühlkeller." Anders konnte sie es nicht beschreiben.

Neeb drehte den Plan, damit jeder sah, was sie meinte. „Da war in der Tat mal ein Zugang zu dem unterirdischen Labyrinth, aber der ist zugeschüttet worden. Er tippte auf den Bericht, den er gleichzeitig durchlas. Übrig ist nur ein kleiner Zwischenraum geblieben."

Sofort liefen sie zur Tür, rannten über den Flur bis zu der Garderobe, die man Charlie zur Verfügung gestellt hatte. Hier hörten sie bereits ein dumpfes Pochen, das aus der Richtung kam, in der der ehemalige Gang lag. Ohne an die Folgen zu denken, riss Maurice den Teppich vom Boden, woraufhin eine Klappe erschien.

Jetzt hielt Charlotte den Atem an, denn die Klopfgeräusche verstummten abrupt. Insgeheim betete sie, dass André unversehrt war.

Eilig zog Maurice das Stück Holz von dem Loch weg, anschließend hob er seinen Freund aus der Versenkung. „Er lebt", flüsterte er erleichtert.

Vorsichtig legte er ihn neben der Öffnung ab, während der Intendant losrannte, um einen Notarzt zu holen.

Zuerst befreiten sie ihn von dem Knebel, danach tupfte Charlie etwas Blut von seiner Stirn, dabei nutzte sie ihren Pullover.

„Was ist passiert?" Mühsam öffnete André die Lider.

„Gott sei Dank, du bist wach." Tränen traten ihr in die Augen, die sie sofort wegzwinkerte. „Miller hat dich bewusstlos geschlagen und in diesem Loch versteckt."

Langsam nickte der junge Mann. „Stimmt, ich erinnere mich undeutlich. Als ich aufwachte, lag ich wie in einem Sarg. Ich habe gegen die Decke gehämmert, bis ich keine Kraft mehr hatte. Was nicht lange gedauert hat“, gab er verlegen zu. „Mein Kopf brummt wie ein böser Bär.“

Maurice hob ihn auf seine Arme, trug ihn ein Stück den Flur herunter, bis sie auf den Arzt stießen, der ihnen entgegenkam.

„Bringen Sie ihn zum Sanitätsraum, dort kann ich ihn vernünftig verarzten“, befahl der Notarzt ruhig.

Neeb machte sich auf den Weg, um einige Leute zu holen, die das offene Loch im Fußboden absperrten, außerdem würde er die Polizei verständigen, während der Rest bei André blieb.

~~°~~

In der Nacht entwischte Miller ihnen, sodass sie kurz vor Morgengrauen zur Jacht zurückkehrten.

Hier setzten sie sich in den Salon, Charlie kam etwas später zu den Männern, nachdem sie sich geduscht und endlich umgezogen hatte.

„Ich werde heute Abend auftreten“, verkündete sie energisch.

Sofort besaß sie die volle Aufmerksamkeit ihrer Begleiter.

„Auf gar keinen Fall! Miller treibt sich immer noch in der Oper herum. Zumindest müssen wir das annehmen.“ Warnend sah Maurice sie an, doch er kannte ihren Sturkopf bereits.

„Genau deshalb. Die Polizei ist dort, sie suchen mit allen Mitteln nach ihm.“ Charlotte lehnte sich ein wenig vor. „Wahrscheinlich wird er versuchen, mich wieder in die Finger zu bekommen. Dafür wird er erneut den Gang in der Garderobe nutzen. Das ist eine einmalige Chance.“

André schüttelte vorsichtig den Kopf. Der Arzt hatte ihm geraten, ins Krankenhaus zu gehen, doch er weigerte sich standhaft. „Das ist eine sehr dumme Idee, meine Liebe. Sobald jemand in dem Raum ist, wird er sich zurückhalten, darüber hinaus lasse ich nicht zu, dass du dich ihm alleine stellst."

Charlie seufzte leise. „Ich bin nicht so zerbrechlich, wie ihr denkt. Es gibt bestimmt eine Möglichkeit, mir einen Peilsender zu verpassen. Damit könnt ihr mich problemlos orten." Sie sah von einem zum anderen, wusste allerdings sofort, dass keiner der beiden diesem Plan zustimmen würde. „Wir können kaum darauf warten, dass er aus seinem Loch hervorgekrochen kommt. Glaubt mir bitte, er hat den Verstand verloren. Seine Familie hat Frieden mit den Vampiren geschlossen, was er auf keinen Fall akzeptiert."

Bei der Information horchte Maurice auf, gleichzeitig klingelte sein Telefon. Verdammt, er hatte seine Eltern völlig vergessen. Mit einem Seufzen nahm er das Gespräch entgegen, erzählte kurz, was geschehen war und lächelte leicht. „Ihr geht es gut. Sie ist Miller entkommen."

Charlotte streckte energisch die Hand nach dem Gerät aus. „Hallo, Adeline, ja, mir fehlt nichts. Matthias ist irregeworden. Seine Familie will Frieden mit euch, doch er versucht sich dagegen zu wehren. Er glaubt, wenn er Maurice fängt, um ihn zu töten, sind alle stolz auf ihn." Sie hörte einen Moment zu. „Ich glaube kaum, dass ihr helfen könnt. Wir halten euch auf dem Laufenden." Sie verabschiedete sich und gab ihrem Freund das Handy zurück.

Auch er versicherte seinen Eltern, dass er ihnen Bescheid gab, falls sie gebraucht wurden, anschließend legte er auf. „Um zum Thema zurückzukommen, ich erlaube dir nicht, dass du dich in Gefahr begibst." Er sah ernst auf seine Gefährtin.

„Stattdessen soll ich gelassen darauf warten, dass er den Polizisten durch die Lappen geht, ja? Es ist natürlich sicherer, abzuwarten. Nur platzen damit meine gesamten Zukunftspläne." Mit einem bösen Blitzen in den Augen hielt sie seinem Blick stand. „Ich lasse mir von niemandem mehr, meine Träume stehlen. Egal, was passiert. Ich habe die letzten Jahre so viele Chance übersehen, weil ich dachte, ich hätte diese Strafe verdient. Jetzt bin ich dran, mein Leben in die eigene Hand zu nehmen."

Bewundernd lächelte Maurice sie an. „Das ist auch richtig so, mein Herz, nur werde ich niemals zulassen, dass du dabei von Miller verletzt wirst. Wer sagt denn, dass er dich tatsächlich gehen lässt, sobald er mich hat?"

„Dazu wird es ja gar nicht kommen. Er hat den Verstand verloren, das nutzen wir für uns." Charlie überlegte, welches Argument ihn umstimmte. „Er denkt nicht mehr rational, daher gehe ich davon aus, dass er keineswegs mit einer Falle rechnet."

„Sie könnte Recht haben, mein Freund. Er hält sich für besser, außerdem ist er gezwungen, sich zu verstecken. Er hat nur diese eine Chance. Darüber hinaus wissen wir von den unterirdischen Gängen." André seufzte leise. „Mir gefällt die Idee auch nicht wirklich, aber du solltest mit der Polizei reden und ihnen vorschlagen, deine Lebensgefährtin besonders zu bewachen."

Unwirsch schüttelte Maurice den Kopf. „Ich kann den Beamten kaum vorschreiben, wie sie ihren Job machen müssen."

„Dann tue ich es." Ohne auf seine Antwort zu warten, nahm Charlie ihr Smartphone, um die Wache anzurufen. „Guten Morgen, entschuldigen Sie die Störung, ich bin

Charlotte Renard. Ich teile Ihnen mit, dass ich heute trotz der Entführung wieder auf der Bühne stehen werde. Bitte leiten Sie die Information an den zuständigen Polizisten weiter." Sie legte auf, gleichzeitig zeigte sich ein störrischer Gesichtsausdruck bei ihr. „Niemand zerstört meinen Traum."

Mit einem unguten Gefühl gab Maurice nach. „André bringt dich hin und lässt dich keine Sekunde aus den Augen, bis ich selbst hinkommen kann. Du wirst tun, was er sagt."

„Das verspreche ich. Genauso spreche ich vorher mit Neeb, damit er weiß, wo genau ich mich aufhalte." Müde stand sie auf. „Ich gehe ins Bett, es wird ein anstrengender Tag werden."

Besorgt blickten die beiden ihr hinterher.

„Wow, was für ein Temperament, das hätte ich ihr kaum zugetraut." In Andrés Stimme klang Bewunderung mit.

Vorsichtig stimmte Maurice ihm zu. „Da hast du recht, allerdings wäre es toll gewesen, wenn sie dieses Selbstbewusstsein früher entwickelt hätte." Auch die Männer gingen schlafen, zumal die Sonne bereits aufgegangen war.

~~°~~

„Ich halte Ihre Idee für sehr risikoreich", bemerkte der Intendant ablehnend, als Charlie am kommenden Tag in seinem Büro erschien. André hatte sie natürlich begleitet, außerdem war der leitende Polizeibeamte bei dem Gespräch dabei. Sie suchten weiterhin nach Miller, wobei sie versuchten, den Ablauf in der Oper so wenig wie möglich zu stören.

„Da gebe ich Ihnen recht, allerdings ist es die beste Gelegenheit, den Mann aus seinem Loch herauszulocken." Der Polizist zuckte mit den Schultern. „Das Labyrinth unter dem Gebäude ist so verschachtelt, dass es für ihn eine

Leichtigkeit ist, uns aus dem Weg zu gehen. Wir sind auch unsicher, ob er überhaupt noch dort ist."

André verkniff sich einen Kommentar, zumal er Charlottes Ansicht bereits kannte.

„Ich habe einen Vertrag unterschrieben, den ich zu erfüllen gedenke, oder bin ich gefeuert?" Sie sah ihren Chef direkt an.

„Davon kann keine Rede sein, es ist ja kaum Ihre Schuld, dass dieser Irre sich hier herumtreibt." Neeb rieb sich müde über die Lider. „Wir überlegen aktuell, die zweite Aufführung abzusagen."

„Auf gar keinen Fall! Ich gehe jetzt zum Einsingen, anschließend bin ich in der Garderobe, um mich für den Auftritt fertigzumachen." Charlotte nickte André zu, ehe sie sich auf den Weg machte. Sie würde dem Mistkerl die Stirn bieten. Für den Notfall hatte sie einen kleinen Elektroschocker eingesteckt, von dem niemand etwas wusste. Damit konnte sie ihn zumindest erschrecken, um Zeit für sich herauszuholen.

Zuerst ging alles seinen Gang, die Vorbereitungen liefen auf Hochtouren, Charlie scherzte mit den Kollegen, bis sie sich zurückzog, um sich umzuziehen. André hielt sich im Hintergrund, genau wie die Polizei, trotzdem spürte man die Anspannung, außerdem sah man die Beamten natürlich.

„Bleib direkt an der Tür, ich schreie, sollte er auftauchen", flüsterte Charlotte ihrem Beschützer zu, als sie die Garderobe erreichten. Mit klopfendem Herzen zog sie sich um, dabei versuchte sie die Stelle am Boden, an der sich die Klappe befand, keine Sekunde aus den Augen zu lassen. Es passiert nichts, erst als sie sich schminkte, sah sie im Spiegel, dass sich der Teppich anhob.

Kurz darauf erschien Miller mit einem verzerrten Grinsen. „Du warst unvorsichtig, Schlampe, damit hast du dein Todesurteil unterschrieben." Er kämpfte sich gerade aus dem Loch heraus, als sie so laut schrie, dass er erschrocken zurückwich. Durch ihre Ausbildung schaffte sie es, ziemlich weit gehört zu werden, obwohl die Tür geschlossen war.

Sofort stürmten Polizisten in den Raum, während André sie am Arm packte und mit sich zog. Erst als ihre Kollegen sie umringten, blieb er stehen.

Pascal sah sie aufmunternd an. „Jetzt kann er gerne kommen. Wenn er an dich heran will, muss er zuerst an uns vorbei."

Dankbar lächelte sie jeden Einzelnen an, da die gesamte Crew sich so platziert hatte, dass sie von allem abgeschirmt wurde. „Ich glaube, dass das unnötig ist." Sie hörte Miller zetern, als er abgeführt wurde. „Die Polizei hat ganze Arbeit geleistet, trotzdem danke ich euch." Sie umarmte die Leute, die schützend um sie herum standen. „Wir haben eine Oper aufzuführen." Mit den Worten gingen sie an ihre Plätze, denn die Show musste weitergehen.

Auch an diesem Abend brillierte sie, besonders, als sie Geoffrey, Adeline und Maurice im Auditorium erblickte. Stolz verbeugte sie sich nach der Aufführung, nahm mit einem Lächeln einen Blumenstrauß entgegen, den der Intendant ihr übergab, ehe sie glücklich ins Publikum winkte.

In der Garderobe erwartete Maurice sie, der ihr ein Glas Sekt in die Hand drückte. Einen Moment später kamen seine Eltern, André sowie ihre Kollegen herein.

„Auf die Freundschaft." Pascal hob sein Sektglas, stieß mit ihr an, während er ihr zuzwinkerte. „Wir haben uns enorme Sorgen um dich gemacht, als du verschwunden warst, aber niemand hat diesen lächerlichen Brief geglaubt." Charlie sah überglücklich in die Runde. „Ihr seid wundervoll! Trotzdem verabschiede ich mich für heute, die letzte Nacht war extrem anstrengend."

Kurz darauf war sie auf dem Weg ins Hotel, begleitet von Maurice, André, Geoffrey und Adeline.

„Du bist bewundernswert! Ich hätte niemals den Mut aufgebracht, mich als Köder anzubieten", erklärte Adeline, nachdem sie es sich mit einem Glas Wein gemütlich gemacht hatten.

Lächelnd winkte Charlie ab. „Ich war kaum in Gefahr. Miller ist nicht in der Lage, logisch zu denken, außerdem hat er sich von Anfang an überschätzt." Sie lehnte sich dichter an ihren Gefährten. „Maurice hat mir die Augen über mich selbst geöffnet. Jahrelang habe ich mich für eine Fehlentscheidung bestraft, mich boykottiert und jede Chance im Ansatz bereits vernichtet. Jetzt, wo ich diese Phase überstanden habe, lasse ich keineswegs zu, dass ein anderer mir meine Träume nimmt." Sie drehte sich ein wenig. „Danke für alles." Mit der gesamten Liebe, die in ihr war, küsste sie ihn. Die Zukunft konnte kommen, denn ab sofort würde sie für ihre Ziele kämpfen, besonders mit einem solchen Mann an ihrer Seite.

Epilog

„Ich bin fürchterlich nervös“, gab Charlie verlegen zu, während sie erneut über das weiße Kleid mit dem Spitzenbesatz strich.

Julie lächelte sie an. „Man heiratet ja auch nicht jeden Tag.“ Sie zwinkerte vergnügt. „Ich würde dich beneiden, wenn ich nicht schon mit dem besten Mann verheiratet wäre.“

„Darüber lässt sich streiten, meine Liebe“, mischte sich Adeline lachend ein. „Aber ich gebe zu, dass ich voreingenommen bin.“ Sie drehte sich zu ihrer zukünftigen Schwiegertochter. „Du siehst bezaubernd aus und mein Sohn ist ein wahrer Glückspilz, eine Frau wie dich zu bekommen. Ich lasse dich mit deiner Trauzeugin alleine. Ich warte im Wagen.“ Sie umarmte Charlie, die sie nur dankbar anlächelte.

Miller war in einer Psychiatrie untergebracht worden, nachdem er vor Gericht ständig beteuerte, dass Maurice ein Vampir wäre. Die Regierung der Nosferatu hatte angeordnet, dass man ihn tötete, wenn er jemals aus dem Krankenhaus herauskam, woraufhin Charlotte um einen Termin gebeten hatte. Ihr behagte der Gedanken überhaupt nicht, in einen Mord verwickelt zu werden, den auch noch ihr Liebster ausführen sollte. Es gab ein sehr hitziges Gespräch, doch zum Schluss wurde das Urteil geändert. In dem Fall, dass Matthias seine Freiheit zurückbekam, durfte Maurice ihn wandeln. Die Strafe war für ihn bestimmt härter als der Tod, aber Charlie kam damit besser klar. Außerdem war unklar, ob er jemals wieder aus der Anstalt herauskam.

„Träumst du?“ Julie stieß sie an. „Wenn ja, dann ist ein Albtraum.“

Charlotte lächelte ein wenig verzerrt. „Ich musste an Miller denken.“

„Er ist eingesperrt und wird es für eine ganze Zeit bleiben. Vergiss den Kerl.“ Julie umarmte sie, anschließend machten sie sich auf den Weg zur Kirche.

Die Sonne war schon untergegangen, Schneeflocken fielen vom Himmel und vor dem Hotel stand eine weiße Limousine. Ihr Liebster hatte an alles gedacht.

Eilig liefen sie auf den Wagen zu, dabei hoffte sie, dass Maurice tatsächlich am Altar auf sie wartete. Sie waren sich aus dem Weg gegangen, damit er ihr Kleid auf keinen Fall vorher sah.

Geoffrey saß zusammen mit Adeline bereits im Auto, als die Frauen dazukamen.

„Du siehst bezaubernd aus, mein Sohn hat wirklich Glück.“ Er drückte ihre Hand, ehe sie sich in Bewegung setzten.

Vor der Kirche Saint-Sulpice stiegen sie aus, liefen ein kurzes Stück durch die Schneeflocken, die jetzt dichter fielen, ehe sie im Kirchenschiff ankamen.

Erleichtert bemerkte Charlotte, dass Maurice am Altar stand, an seiner Seite sein Bruder Philipp, während sein anderer Bruder Jules in der ersten Reihe saß. Nervös spielte sie am Saum ihres Ärmels herum, bis Geoffrey ihre Hand durch seinen Ellenbogen zog. „Bereit?“

Zaghaft nickte sie, woraufhin Adeline mit Julie loslief, um dem Organisten Bescheid zu sagen.

Als der Chor das Lied *Treulich geführt* anstimmte, atmete sie tief durch. „Ich habe deinem Sohn gesagt, dass ich mich wandeln lassen möchte, sobald mein Engagement hier in Paris ausläuft.“ Sie zwinkerte ihrem Schwiegervater in spe zu, denn das Thema hatte ihnen noch im Magen gelegen.

„Eine weise Entscheidung, aber jetzt sollten wir losgehen, sonst kommst du zu spät.“ Er lachte über ihren erschrockenen Gesichtsausdruck, tätschelte beruhigend ihren Handrücken, gleichzeitig schüttelte er den Kopf. „Ich mache nur Spaß.“

Angemessen ernst führte er sie den Kirchengang hinunter, blieb bei seinem Sohn stehen, um ihre kalte Hand in seine zu legen. „Pass gut auf sie auf, sie ist es wert.“

Maurice starrte sie nur einen Moment an, bevor er zustimmend nickte. „Du siehst aus wie ein Engel, meine Liebste.“ Gerne hätte er sie geküsst, doch der Pfarrer räusperte sich bereits.

Die Messe flog an Charlie so vorbei, dass sie nachher kaum wusste, worum es bei der Predigt ging. In ihrem Kopf tanzte der Gedanke, dass sie von nun an ganz zu Maurice gehörte. Sobald ihre Kollegen ein Lied anstimmten, jubelte ihr Herz erneut auf, denn in ihrem Leben hatte sich so viel geändert. Allein die Tatsache, dass der gesamte Chor oben auf der Empore stand, zeigte, dass sie einen festen Platz im Ensemble der Opéra Garnier gefunden hatte, und das war ein großer Teil ihres Traums.

Ihr Jawort gab sie, ohne zu zögern, genau wie ihr Liebster, der es kaum erwarten konnte, ihren Bund mit einem leidenschaftlichen Kuss zu besiegeln.

Als er sie endlich in seine Arme reißen durfte, brandete in der altehrwürdigen Kirche Jubel auf. Um Charlotte versank die Welt, bis Maurice sie etwas von sich schob, um sie zu der

Limousine zu führen. Die Gratulanten wurden gebeten zu warten, bis sie im Hotel ankamen, ehe sie gratulierten.

Draußen erwartete sie der Chor, der sie jetzt lachend mit Reiskörnern bewarf, sodass sie durch das Spalier rannten. Der Schnee knirschte unter ihren Schuhen, während die Sterne am Himmel glitzerten. Vor dem Wagen verharrte sie einen Moment, um nach oben zu sehen. „Es ist traumhaft schön, fast wie in einem Märchen." Charlie schluckte, weil ihr in dem Augenblick ihre Familie einfiel.

„Komm, du frierst." Maurice legte einen Arm um sie, half ihr galant in die Limousine und rettete sie davor, in Melancholie zu versinken.

Am Hotel Keppler angekommen brachte er sie direkt in den Saal, den sie für die Feierlichkeiten gemietet hatten, doch sie blieb wie angewurzelt an der Tür stehen. An einem Tisch, keine zwei Meter entfernt, stand tatsächlich ihre jüngere Schwester, die ihr verlegen zulächelte.

„Geh zu ihr, sie ist extrem unsicher, ob du überhaupt noch etwas mit ihr zu tun haben willst", raunte Maurice ihr zu, gleichzeitig gab er ihr einen kleinen Schubs.

Mit Tränen in den Augen lief Charlotte auf Cécile zu, umarmte sie stürmisch. „Ich bin so glücklich, dass du da bist. Ich habe dich vermisst", flüsterte sie ihr zu.

„Das ging mir auch so, die ganze Zeit." Cécile drückte sich an sie, hielt sie fest, als ob sie die Schwester nie wieder loslassen wollte. „Mutter hat mir verboten, Kontakt zu dir aufzunehmen und ich dachte, dass es jetzt zu spät wäre. Papa hat immer versucht, sie umzustimmen, aber er ist vor zwei Jahren verstorben. Es tut mir so leid, was wir dir angetan haben."

Charlie schob sie ein kleines Stückchen von sich, wobei sie sie glücklich musterte. „Lass die Vergangenheit ruhen, es kommt nur darauf an, dass du am wichtigsten Tag meines Lebens hier bist."

„Wichtiger als dein erster Auftritt im Palais Garnier?", neckte Cécile sie.

In dem Moment trat Maurice zu ihnen, außerdem erkannte sie, dass die restlichen Gäste ebenfalls angekommen waren. Liebevoll schmiegte sie sich an ihren Ehemann. „Oui, sehr viel wichtiger, denn heute habe ich die Weichen für meine Zukunft gestellt." Sie strahlte vor Glück, besonders als auch ihre Schwiegereltern, André und etliche Kollegen zu ihr kamen. Sie hatte gelernt zu sich selbst zu stehen und auf diese Weise ihren Platz gefunden. An der Seite ihres Vampirs konnte kommen, was wollte, sie würde jede Herausforderung mit einem Lächeln annehmen.

Ende

Leseprobe „Kein Werwolf zum Heiraten"

Kapitel 1 - Ein ungewöhnliches Angebot

Ungeduldig trommelte Chrissi mit den Fingern auf die Tischplatte. Sie hatte einen Termin mit ihrem Manager, mit dem sie ernsthaft reden musste. Seit sie in seinem Bett gelandet war, bekam sie nur noch Auftritte auf Geburtstagen oder privaten Feiern, die nur mittelmäßig bezahlt wurden. Abgesehen davon, dass sie sich eine Karriere als Sängerin anders vorstellte, reichte die Gage hinten und vorne nicht.

Endlich öffnete sich die Tür und Gerold kam herein, eilig richtete er seine Kleidung, was ihr eine ganze Menge verriet, auch die Lippenstiftflecken an seinem Kragen sprachen eine deutliche Sprache.

„Du hast mich tatsächlich wegen eines Quickies warten lassen?" Christine bemühte sich kaum, ihren Unmut zu verbergen. Er sollte wissen, dass sie mächtig verärgert war, wobei es sich bei dem Ausdruck um eine Untertreibung handelte.

„So schlecht gelaunt an einem so schönen Tag?" Charmant lächelte er ihr zu, als er sich hinter seinem Schreibtisch niederließ. „Du scheinst mit dem falschen Fuß aufgestanden zu sein."

Innerlich zählte sie bis zehn, um sich ein wenig zu beruhigen, es brachte einfach nichts, ihn anzugehen, dadurch bekam sie kein besseres Engagement. „Wir müssen ernsthaft reden, Gerold. Es kann so nicht weitergehen. Du hast mir versprochen, wenn ich dich als Manager annehme, bringst du mich groß raus." Sie holte tief Luft, weil sie sich erneut in Rage redete. „Bisher hatte ich genau einen Auftritt am Deutschen Eck als supporting act." Auffordernd blickte sie ihn an, jetzt sollte er die Hosen runterlassen oder den verdammten Vertrag aufheben.

Nachdenklich blätterte er in seinen Unterlagen, ehe er sie fast schon mitleidig musterte. „Du bist nicht das, was ich erwartet habe, Chrissi. Es tut mir leid, aber ich erhalte nur Absagen, sobald ich deinen Namen ins Spiel bringe." Er runzelte die Stirn. „Ist irgendwas auf dem Konzert in Koblenz schiefgelaufen?"

Sofort schüttelte sie den Kopf, sodass ihre blonden Locken flogen. „Ganz im Gegenteil, die Leute waren begeistert. Ich hab dir die Fotos gezeigt, außerdem bekomme ich immer noch Fanpost." Sie riss sich zusammen, um ihre Stimme unter Kontrolle zu halten. „Viele fragen, wann ich wieder auftrete."

„Das ist seltsam, wie gesagt, ich tue, was in meiner Macht steht, allerdings sind deine Coversongs ziemlich abgenutzt. Vielleicht kannst du deine Stilrichtung ändern? Etwas mehr, sagen wir, Erotik?"

Spöttisch stieß sie die Luft aus. „Tut mir leid, ich bin Sängerin und verkaufe meinen Körper nicht." Im Stillen fragte sie sich, wie lange noch. „Pass auf, ich brauche eine Chance, außerdem müssen meine Auftritte besser bezahlt werden." In der Tat lebte sie seit einiger Zeit lediglich von Nudeln und Toast.

Seufzend strich Gerold sich über die Lider. „Vielleicht kannst du einen Job im Einzelhandel oder als Kellnerin bekommen." Er machte eine Kunstpause. „Allerdings wäre dann die Vertragsstrafe von 10.000 Euro fällig." Bei der Aussage blitzte die Gier in seinen Augen auf. „Wir könnten aber bestimmt einen Weg finden." In seinem Blick stand deutlich, was er im Sinn hatte.

„Vergiss es, egal, was du tust, ich schlafe nie mehr mit dir." Jetzt war ihr klar, was er mit seiner Taktik bezweckte: Sie sollte sein Betthäschen werden. Nur dazu war sie sich zu schade. „Also, was ist? Kannst du mir einen Auftritt anbieten oder bist du nicht in der Lage, deinen Teil des Vertrags einzuhalten." Was er konnte, konnte sie schon lange. „Vielleicht zahlst du mir eine Abfindung, damit du mich loswirst. Du scheinst nicht der richtige Manager zu sein."

Jetzt richtete er sich auf, in seinen Augen erkannte sie eine eindeutige Warnung. „Zweifelst du meine Fähigkeiten an?"

Chris zuckte nichtssagend mit den Schultern. „Komm zum Punkt." Sie hielt seiner stummen Drohung stand.

„Es gibt da eine Möglichkeit, aber die wird dir kaum gefallen", begann er, während er auf seinem PC eine Seite aufrief.

„Alles ist besser, als vor einer besoffenen Horde Männer zu singen, die einen Junggesellenabschied feiern." Sarkasmus troff aus ihrem Mund, denn bei ihrem letzten Auftritt wurde sie keineswegs wegen ihres Gesangs gebucht. Im Gegenteil, die Kerle hatten sie lautstark aufgefordert, sich auszuziehen. Gerold musste ihnen falsche Informationen gegeben haben, zumal sie die Gage um die Hälfte kürzten.

„Da ist ein Pub in Inverness, Schottland. Sie suchen derzeit eine Sängerin, um dem Ganzen ein wenig Schwung zu verleihen."

Ungläubig riss sie die Augen auf. „Schottland? Das Land ist nicht gerade dafür bekannt, dass dort jemand aus Deutschland mit Coversongs groß rauskommt, oder? Gib es zu, du nimmst mich auf den Arm."

Jetzt drehte er den Bildschirm, sodass sie draufsehen konnte. Tatsächlich gab es ein solches Lokal, in dem sie wohl einen bunten Abend mit verschiedenen Künstlern veranstalten wollten, trotzdem klingelten bei ihr alle Alarmglocken. Irgendwas war hier im Busch, darüber hinaus hatte sie gar keine Kohle, um nach Schottland zu fliegen. „Tolles Angebot und wie soll ich da hinkommen? Wie du weißt, war ich in der letzten Zeit kaum in der Lage, Geld zu verdienen." Bitter stieß sie die Luft aus.

„Da greife ich dir gerne unter die Arme, Kleine." Er lächelte hinterlistig. „Ich strecke dir die Kosten für den Flug vor, außerdem habe ich einen Bekannten, der dir dort ein Auto leiht. Du müsstest lediglich für deine Verpflegung aufkommen, da du in dem Lokal ein Zimmer bekommst."

„Was verlangst du dafür? Ich gehe auf gar keinen Fall mit dir ins Bett!" Sie beobachtete ihn eindringlich, um jede Hinterhältigkeit sofort zu erkennen. Der Auftritt war zwar nicht das, was sie erhofft hatte, aber besser als das, was er ihr bisher vorgeschlagen hatte. Darüber hinaus ergab sich vielleicht ja eine weitere Möglichkeit. Bei dem Gedanken hätte sie fast spöttisch aufgelacht, sie durfte keine Angebote annehmen, ohne die Genehmigung von Gerold. Immer wenn sie etwas an Land zog und ihm eine Nachricht schickte, bekam sie kurz darauf eine Absage. Christine biss die Zähne aufeinander, während sie auf seine Antwort wartete.

Gerold zupfte sich eine Fluse vom Hemd, gleichzeitig tat er so, als ob er überlegen müsste. „Ich bekomme statt der Hälfte siebzig Prozent, zumal anzunehmen ist, dass unter Umständen neue Anfragen kommen werden."

Empört schnappte Chris nach Luft. „Du bist ein Halsabschneider, Gerold. Hast du es wirklich so nötig? Lassen deine anderen Häschen dich nicht ran?" Sie verlor die Fassung, weil er sie dermaßen über den Tisch ziehen wollte.

„Du solltest auf deinen Ton achten, Kleine. Du bist nichts weiter, als eine von vielen, die sich einbildet, singen zu können." Sein Gesichtsausdruck verhärtete sich. „Du kannst dir mit etwas Aufwand gute fünfhundert Pfund verdienen, wenn dir das zu wenig ist, dann lehn das Angebot ab." Er zuckte gleichgültig mit den Schultern.

„Du kommst für alles auf, bis auf meine Verpflegung. Ich bekomme es schriftlich, dass ich den Flug, ein Auto und ein Zimmer erhalte. Wir reden hier von Hin- und Rückflug. Außerdem bezahlst du den Sprit, keine hinterhältigen Touren, ich warne dich." Ernst musterte sie ihn, wobei ihr ein eiskalter Schauer über den Rücken lief. Wie war sie nur auf die Idee gekommen, mit ihm ins Bett zu steigen und mit ihm einige spezielle Praktiken auszuprobieren?

„Deal." Er hielt ihr seine Hand hin, dabei grinste er auf eine Weise, die ihr Angst einjagte, trotzdem schlug sie ein.

„Keine krummen Dinger, ich reiße dir den Allerwertesten auf." Sie musste sich überwinden, ihn anzufassen.

„Du kennst mich doch. Glaub mir, ich tue, was in meiner Macht steht, um dich zu unterstützen. Jetzt wartet mein nächster Termin auf mich.“ Er deutete zur Tür. „Ich schicke dir alles per Mail. Mach es gut.“

Damit war sie wohl entlassen. Chris beeilte sich aus dem Büro herauszukommen, weil sie sich besudelt fühlte. Außerdem breitete sich das Gefühl, betrogen worden zu sein, in ihrem Inneren aus. Irgendetwas stimmte hier nicht, davon war sie überzeugt, aber sie hatte keine andere Wahl.

Während sie mit dem Bus nach Hause fuhr, dachte sie darüber nach, wie dumm sie gewesen war. Sie hatte den Vertrag im guten Glauben unterschrieben, dass Gerold ihr tatsächlich helfen wollte. Wie naiv sie in seine Falle getappt war!

~~°~~

Blake fluchte unterdrückt, während er versuchte, irgendwie zur Ruhe zu kommen. Seit ein paar Tagen fühlte er sich rastlos, unruhig, als ob eine Katastrophe auf ihn zurasen würde. Das letzte Mal, als er sich so ähnlich gefühlt hatte, wurde kurz darauf seine Familie abgeschlachtet, nur er und sein Bruder überlebten das Massaker. Schnell schüttelte er die Erinnerungen von sich, sie brachten ihn nur dazu, die verdammte Buchhaltung hinzuschmeißen.

Erneut blickte er auf die Konten, die ihn zu verhöhnen schienen. Weshalb konnte er sich nicht mehr konzentrieren? Klar, das Jonglieren mit den Zahlen war ihm schon immer verhasst, aber er kannte sich nun mal am besten damit aus. Er hatte ja genug Zeit gehabt, um alles zu lernen.

Wie gerne würde er sich jetzt in der Werkstatt aufhalten, einen Motor auseinandernehmen oder an seinem alten Ford F 250 basteln. Er hatte den Pick-up von einem Bauern bekommen, der ihn in seiner Scheune verrotten ließ. Ein wahres Prachtstück, sobald er fertig restauriert war.

Seufzend zwang er sich, sich auf seine Aufgabe zu konzentrieren. Verdammt, es war aber auch zum Schreien. Immer wieder schweiften seine Gedanken ab, außerdem erwischte er sich selbst dabei, dass er auf der Tischplatte herumtrommelte.

Mürrisch stand er auf, schaltete das Radio ein, anschließend suchte er einen Sender, der seine Lieblingssongs spielte. Er hörte im Prinzip alles, nur meistens wurden die guten Songs totgespielt. Natürlich fand er nichts, was ihm gefiel, daher entschied er sich für seinen iPod, der die entsprechende Playlist zum Besten gab.

Unruhig lief er in seinem geräumigen Büro herum, fuhr sich mehrfach durch die Haare, ehe er sich zurück an die Arbeit zwang. Das Clantreffen war in ein paar Tagen, da musste er einen kompletten Bericht abgeben. Als Schatzmeister war er für die Finanzen verantwortlich, dabei handelte es sich um ein richtiges Vermögen.

Blake verwaltete die Gelder seiner Clanleute, legte sie gewinnbringend an oder sorgte dafür, dass sie ihren Besitz behielten, falls sie gezwungen wurden zu verschwinden. Seine Werkstatt deckte seine eigentlichen Ausgaben, außerdem machte es ihm Spaß an Autos oder Motorrädern zu schrauben. Erneut stieß er unwillig die Luft aus, der Bürojob raubte ihm heute wirklich jeden Nerv.

Es klopfte, doch ehe er eine Antwort knurren konnte, kam sein Bruder Cameron herein. „Bist du immer noch an der Buchhaltung?“ Erstaunt musterte er ihn.

„Ja, oder denkst du, dass ich hier meinen Jahresurlaub verbringe?“ Schlecht gelaunt betrachtete er ihn. „Was willst du?“

Lächelnd setzte Cameron sich auf die Tischplatte. „Nach dir schauen, du bist in den letzten Tagen außergewöhnlich harsch.“ Er blickte kurz auf den Bildschirm. „Außerdem kommst du mit den Buchungen nur schleppend voran.“

„Ja, weil ständig so ein Klugscheißer wie du mich von der Arbeit abhält.“ Blake biss die Zähne aufeinander. „Tut mir leid“, murmelte er. Sein Bruder konnte absolut nichts dafür, dass er so neben der Spur lief. Wieder trommelte er auf der Tischplatte herum.

„Du bist nervös“, stellte Cameron mit einem wissenden Lächeln fest. „Du weißt, was David gesagt hat, oder?“

Völlig entnervt nickte er. „Ja, unser liebenswerter Cousin aus Irland ist der Meinung, dass mein Zustand meine Gefährtin ankündigt.“ Er lachte spöttisch auf. „Als ob sie so plötzlich vom Himmel fällt. Ich habe weiß Gott viele Frauen kennengelernt, aber keine war die Richtige. Außerdem haben die Normalen die dumme Angewohnheit zu sterben.“

Traurig stimmte Cameron ihm zu. „Du hast recht, trotzdem vertraue ich ihm. Er ist Wächter der Magischen Welt, die wissen immer etwas mehr.“

Blake machte eine wegwerfende Handbewegung. „Am Ende ist es doch nur eine Vermutung. Glaub mir, ich brauche kein Weib, das mir sagt, was ich tun soll oder mir die Ohren volljammert, dass ich mich zu wenig kümmere.“

Cameron lachte leise. „Den Eindruck hatte ich weder von Emily noch von den anderen Gefährtinnen. Ich würde eine solche Frau mit Kusshand nehmen, sogar die Kleine von Brian ist taff."

„Wenn du jetzt genug gequatscht hast, ziehe ich es vor, weiterzumachen. Das Treffen ist in zwei Tagen, wie du weißt." Er deutete mit dem Kinn auf die Tür, woraufhin sein Bruder das Büro verließ.

Nachdenklich rieb er sich über das Gesicht, hatte David vielleicht doch recht? Sofort wehrte er den Gedanken ab, dass er sich in Kürze um eine Gefährtin zu kümmern hatte. Dazu hatte er weder Zeit noch Nerven. Am Ende war es sogar ein Mensch, sodass er sie in ein paar Jahren begraben durfte. Nein, danke, da verzichtete er lieber. Andererseits gab es die Möglichkeit, sie wandeln zu lassen.

Wütend warf er den Stift, mit dem er herumgespielt hatte, auf den Tisch. Jetzt dachte er schon über eine Frau an seiner Seite nach, er musste übergeschnappt sein. Alle weiblichen Wesen im Umkreis kannte er bereits, darunter versteckte sich seine Zukünftige bestimmt nicht. Wahrscheinlich war es nur ein dummes Gerücht und David machte sich einen Spaß daraus, sie auf den Arm zu nehmen.

Blake hielt es keine Sekunde länger aus, er stand auf, rannte fast aus dem Büro und lief auf seinen Patrol zu. Im Vorbeigehen rief er seinen Leuten zu, dass er für die nächsten Stunden weg sei.

Eine Staubwolke hinter sich herziehend, raste er die Straße entlang, bis er auf einen Schotterweg stieß, der ihn zwang, besonnener zu fahren. In der Nähe des Glencoe Campingplatzes ließ er seinen Wagen stehen, stieg aus, um auf einem der vielen Wanderwege einfach geradeaus zu gehen.

Als er tief im Wald war, schlug er sich ins Gebüsch, streifte seine Kleider ab, anschließend ging er auf die Knie. Ein blaues Licht flackerte auf, gleichzeitig surrte es leise, während er sich in einen Wolf verwandelte.

Seine Haut platzte auf, das grau-braune Fell erschien, bevor sich sein Kiefer verlängerte. Aus seinen Fingern wurden Pfoten, zeitgleich verformte sich sein kompletter Körper. Die ganze Aktion dauerte nur wenige Momente und sofort fühlte er sich leichter. Die Nervosität klang im gleichen Maße ab, wie sich seine Sinne schärften.

Kurz hob er den Kopf, schnupperte, dabei nahm er die Gerüche des Waldes wahr. Der kräftige Duft von Harz und Holz besänftigte ihn.

Sein Gehör verriet ihm, dass keine Normalen in der direkten Umgebung herumliefen, aber Rehe, die sich durchs Unterholz bewegten. Neben ihm huschte eine Maus in ein Loch im Boden, außerdem plätscherte in der Nähe ein kleiner Fluss.

Gierig sog er die frische Luft ein, berauschte sich an den verschiedenen Eindrücken, ehe er losrannte.

Äste brachen, als er sich seinen Weg durch den alten Wald bahnte, sie verfingen sich zum Teil in seinem Fell, trotzdem blieb er nicht stehen. Immer schneller lief er, bestrebt, die Bäume hinter sich zu lassen, sein Herz pumpte kraftvoll, seine Muskeln spannten sich an. Ein Reh sprang auf, was seinen Jagdtrieb weckte, doch heute würde es ihm entkommen. Die Auszeit war wichtiger, als sich den Bauch vollzuschlagen.

Er kam aus dem bewaldeten Gebiet heraus, stoppte am Rand, um Witterung aufzunehmen, so kurz vor dem Clantreffen musste er verhindern, gesehen zu werden. Als er sicher war, dass sich niemand in der Nähe befand, setzte er sich in Bewegung, beschleunigte seine Schritte, bis er erneut rannte. Jetzt, wo er keine hinderlichen Äste mehr um sich hatte, fühlte er sich endlich frei. Der Wind peitschte über ihn hinweg, obwohl es ein sonniger Tag war.

Er witterte einen Hasen und die Versuchung, ihn zu fangen, ließ ihn knurren. Er bog jedoch sofort in die entgegengesetzte Richtung ein. Der Boden war am Waldrand matschig, da es in den letzten Tagen geregnet hatte, sodass er sich aus seiner Deckung herauswagte.

In dieses Gebiet wagten sich nur die wirklich erfahrenen Wanderer, zumal es bereits auf den Berg hinauf ging. Hier bedeckte nur noch Moos die blanken Felsen, dennoch rannte er weiter, spürte sein Blut durch die Adern rauschen.

Nach einer ganzen Weile bremste er seine Geschwindigkeit ab, hob den Kopf und heulte seinen Frust in die Welt. Wahrscheinlich fragte seine Sippe sich jetzt, was los war, aber er zählte darauf, dass Cameron ihnen Bescheid sagen würde.

Langsam trottete er den Weg zurück, wobei seine Krallen leise über die Steine kratzten. Er fühlte sich besser, trotzdem wusste er, dass die Unruhe viel zu schnell zurückkommen würde.

Vorsichtiger als auf dem Hinweg, schlich er sich in das Waldstück, wo seine Kleider lagen. Fluchend bemerkte er, dass seine Sachen feucht waren, kein Wunder, überall entdeckte er Löcher voll Morast, da der Waldboden sich beim letzten Regen vollgesogen hatte.

„Verdammte Scheiße, das muss aufhören", murmelte er, ärgerlich über sich selbst, weil er anscheinend kaum klar denken konnte. Außerdem fühlten sich die klammen Klamotten unangenehm an.

Blake fuhr zurück, zog sich um, ehe er sich in sein Büro verkroch, wo er wenigstens einen Teil der Buchhaltung hinter sich brachte, dabei betete er, dass der Zustand bald beendet wurde.

~~°~~

Chris überlegte, ob sie den Trip nach Schottland wirklich antreten sollte, andererseits hatte sie kaum eine Alternative. Ihr Geld war mehr als knapp und blödsinnigerweise hatte sie den Vertrag unterschrieben. Sie haftete dafür, dass der Auftritt auch zustande kam.

Wieder schüttelte sie über ihre Naivität den Kopf. Sie war gerade volljährig geworden, als sie glaubte, das große Los gezogen zu haben, weil Gerold ihr anbot, sie zu einem Star zu machen. Spöttisch lachte sie auf. Der Kerl war lediglich an seinen Spielchen im Bett interessiert. „Später ist man immer schlauer", murmelte sie, während sie überlegte, welche Outfits sie mit nach Schottland nehmen sollte. Wahrscheinlich musste sie sich auf ein Minimum beschränken, da ihr liebenswerter Manager kaum zusätzliches Geld für einen normalen Koffer ausgeben würde. Den Punkt hatte sie völlig vergessen, sodass sie sich jetzt mit der flachen Hand vor die Stirn schlug. Sie wusste doch, dass er sie über den Tisch zog, wo er konnte.

Eilig nahm sie ihr Handy, um die Mails zu checken. Mit einem mulmigen Gefühl öffnete sie die Nachricht, auf die sie gewartet hatte, nur um kurz darauf vor Wut mit der Faust auf die Tischplatte zu hämmern. Er hatte in der Tat einen Billigflug gebucht, bei dem sie das Gepäck selbst zahlen musste. Hinterhältig teilte er ihr mit, dass er ihr die Summe von ihrem Verdienst abziehen würde.

Chris rieb sich über das Gesicht, weshalb war sie auch so überstürzt aus dem betreuten Wohnen ausgezogen? Ihre Betreuer hätten sie vor so einem Schwein beschützt, aber sie hatte ja gedacht, es besser zu können. Plötzlich fühlte sie sich dermaßen einsam, dass ihr die Tränen in die Augen traten. Eilig lenkte sie ihre Aufmerksamkeit wieder auf die Mail, soweit schien alles in Ordnung zu sein. Das Auto sollte vollgetankt in der Nähe des Flughafengeländes auf sie warten und Gerold hatte ihr das Spritgeld überwiesen, zumindest behauptete er das. Ein schneller Blick auf ihr Konto sagte ihr, dass die Buchung noch nicht durch war, doch bisher war er in dem Punkt ehrlich gewesen.

Mit gemischten Gefühlen packte sie ihre Sachen, anschließend checkte sie die Möglichkeiten, um zum Flughafen zu kommen.

Danksagung

Wie immer an dieser Stelle sage ich Danke, denn an einem Buch sind mehr Leute als nur der Autor beteiligt.

An erster Stelle danke ich meinen Lesern, die mich immer wieder auf so tolle Weise motivieren. Eure Begeisterung treibt mich an und jedes Treffen, sei es virtuell oder auch real, ist für mich eine Bereicherung! Danke.

Einen ganz großen Anteil an diesem Buch haben meine Testleser Vero, Ute, Christine, Tanja, Nadine und Nicole. Ihr seid echt Klasse!

Das wunderschöne Cover stammt von Paul Dahl von D-Design Cover Art. Danke für deine Geduld und deine tolle Arbeit. Es macht wirklich Spaß mit Profis zu arbeiten.

Ein dickes Danke geht auch an meinen Lektor Dietmar, den ich regelmäßig in den Wahnsinn treibe.

Über die Autorin

Lisa Skydla ist 1971 geboren, gelernte Datenverarbeitungskauffrau und lebt heute mit ihrer Familie im wunderschönen Rhein-Lahn-Gebiet.

Im Alter von etwa zehn Jahren bekam die heutige Autorin ein Buch in die Hand, von dem sie so enttäuscht war, dass sie beschloss, selbst etwas zu schreiben. Aus den Mini-Liebesromanen für Klassenkameradinnen wurden dann nach und nach richtige Bücher.

Als sie in die fantastische Welt des BDSM fand, wurde das Pseudonym „Lisa Skydla“ geboren. Eigentlich sind das die beiden Namen ihrer Pferde, die jetzt als Autorenname für die SM-Liebesromane herhalten. Wobei es ihr extrem wichtig ist, einen Einblick in die Welt des BDSM zu geben. Den Menschen zu zeigen, dass diese Art Liebe großes Vertrauen erfordert und nichts Perverses oder Abartiges ist. Vieles hat sie selbst erlebt und genossen, einiges ist nur ihrer Fantasie entsprungen. Was davon was ist, überlässt sie der Vorstellungskraft ihrer Leser.

Allerdings sind die SM-Szenen nur die Sahnehäubchen innerhalb der Geschichten. Lisa Skydla schreibt Bücher über Beziehungen, Liebe und Gefühle für ganz normale Menschen.

Ihre Geschichten haben den Hintergrund, die Leser zu bestärken sich nicht verbiegen zu lassen, zu sich selbst zu stehen und zu erkennen, dass jeder Mensch wertvoll ist.

Außerdem ist sie unter dem Pseudonym „Aimée Moreau" unterwegs. Dort schreibt sie Liebesromane mit Tiefgang.

Website: www.lisa-skydla.com
Facebook: https://www.facebook.com/Skydla
Instagram: https://www.instagram.com/lisaskydla
Blog: https://skydla.wordpress.com

Weitere Bücher von Lisa Skydla:

Werwölfe in Schottland:
Kein Werwolf zum Heiraten

Mystic Ireland:
Vom Werwolf entführt
Vom Tiger geliebt
Vom Leoparden gerettet
Vom Kätzchen verführt
Vom Puma geküsst

Highland-Reihe:
Highlander sind auch nur Männer
Weihnachtswunder in den Highlands
Sommernachtstraum in den Highlands

Wild Thing - Reihe:
Wild Thing - Dem Jaguar verfallen
Wild Thing - Wolfsliebe
Wild Thing - Das Herz des Luchses
Wild Thing - Eigentum des Wolfs

Wild Thing - Dämonische Gefährtin
Wild Thing - Gefangene des Panthers
Wild Thing - Die Liebe des Drachen

Elementals - Reihe:
Elementals - Gefangenes Wasser
Elementals - Gezähmtes Feuer
Elementals - Gesprengte Erde
Elementals - Gefesselte Luft

Dämon - Reihe:
Jill - Sklavin des Dämons
Emma - Eigentum des Dämons
Bella - Geliebte des Dämons

Russian Fighter - Reihe:
Russian Fighter - Eigensinnige Herzen
Russian Fighter - Widerwillige Gefühle
Russian Fighter - Rebellische Liebe
Russian Fighter - Vergessenes Vertrauen
Russian Fighter - Wiedergewonnenes Glück
Russian Fighter - Verdrängte Leidenschaft

Wiesbaden-Lovestory:
Finstere Leidenschaft
Finstere Zärtlichkeit
Finstere Hingabe

Einzelromane:
Tanz der Finsternis
Ein Kätzchen zum Zähmen

(K)ein Löwe zum Küssen
Ein Bär zum Verlieben
Ein Tiger mit Gefühl
Ein Werwolf mit Herz
Die Sklavin des Drachenreiters
Lustsklavin des Königs
Fesseln der Zärtlichkeit
Die Sklavin des Zauberers
Reitstunden der Lust
Tabu - Eigentum des Lehrers
Sklavin der Finsternis
Die Geschichte der Sabrina P.
Cassandra - Sklavin des Wassermanns
Im Bann des keltischen Tigers
Der Rigger und das Model
Endstation Sklavin?!
Tanja - Gefährtin des Höllenfürsten
Therese - Eigentum des Grafen

Liebesromane:
Liebe, Stolz und andere Schwierigkeiten
Im Rennpass ins Glück
Ast - Liebe auf Isländisch

Außerdem gibt es noch die Romane von Aimée Moreau, ohne BDSM, aber mit genauso viel Gefühl:

L'Amour éternel
Klang der Tränen
Liebe! Gegenwehr sinnlos
L'Amour du voleur: Die Liebe des Diebes